Rätsel des »Selbst« :
Die Frage nach dem Selbst und Heideggers »Ereignis«

〈自己〉という謎

自己への問いとハイデッガーの「性起」

小柳 美代子 著

法政大学出版局

逝ける父母と兄に

凡例

一　ハイデッガーの文献に関しては、クロースターマン社の『ハイデッガー全集』(Gesamtausgabe, Frankfurt a.M.: Klostermann) は GA と略記する。

それ以外のハイデッガーの文献の引用略号は、巻末の「文献一覧」に一括して記す。

一　西田幾多郎に関する文献は、『西田幾多郎全集』岩波書店、一九七八−八〇年に従い、巻数、頁数を、西 1: 23 のように記す。

一　文中での引用文献は、出版年、出版地等を省略し、略記する場合がある。詳細は「文献一覧」に記す。

一　引用文中の〔　〕は、原語、あるいは筆者の補足を表す。

一　引用文中の（　）は原文にあるものである。なお、ドイツ語原文の »« は訳文では «» に、›‹ は ‹› に変えた。また本文中の《　》は外国語を表すが、場合によっては引用原文中の »« を踏襲して使用したものがある（《転回》等）。

一　本文中、引用文中の〈　〉は、特殊な意味をもつ言葉を表す場合（〈自己〉等）と、文章を明確にするために便宜上付けた場合とがある。

＊目　次

第四章　「存在」：「ある」ということをめぐる「格闘」――存在と性起

第七章　芸術の可能性――芸術と性起

総括　ハイデッガーの「性起」とは何だったか
――ハイデッガーにおける「自己」

序論

㈠ 〈自己〉という謎：〈他〉〈世界〉という謎

〈自己〉というようなものを問いに付すとしたら、はたしてどのような解答が可能なのか。以下はこのことに一つの解答を示そうとする試みである。

「自己という謎」。哲学は、おそらくはこの謎の回りをぐるぐるとめぐる、果てしない円環運動だ。たしかにそれは私に近い。なにしろそれは私自身なのだから。だがそれは、その始まりからして、私の勢力範囲内にはなかった。気づいたときには、あらゆる条件にがんじがらめにされた〈自己〉を、私は引き受けるしかなかった。「気づいたときには自己であらざるをえなかった」。これが〈私〉の生を語るすべてだ。そして私の生の間中、〈自己〉は私を裏切り続ける。たとえば私は私の身体の中の小さな病巣さえ、自分では見つけられない。〈私の身体〉であるにもかかわらず、私はその外観やぼんやりした「身体感覚」以外、何一つ確かなことは知らない。私のうちで、私の生を蝕む〈他〉。この〈自己のうちなる他〉の最も端的な形は、死であろう。死は私の生と対立する最も端的な〈他〉である。あるいは気づいたときには私が背負わされている、世界・他者との関わりのうちでのさまざまな「条件」。もはやどこまでが「自己固有」と言いうるのか定かではない、いわば私のうちで私を見つめる「他なる眼」とも言うべきもの。こうした仕方で絶えず私に突きつけられる〈自己のうちなる他〉。ここにおいて〈自己〉は「謎」となる。アウグスティヌスは「私は私にとって謎となった」[1]と語り、ヘラクレイトスは「私は自己自身を探究し、一切のことを自己自身から学んだ」[2]と語った。哲学二千数百年の時間のうちで、人ははたしてこの〈自己という謎〉の真の戸口までさえ、辿り着くことができたのだろうか。

古代ギリシアでは「自己」への問いをことさらに立てなかったとされるが、これは自己が問題にならなかったということではなく、むしろ自己への問いが近代的な仕方では立てられなかったということを意味する。つまり社会・世界と対立的に、主観として捉えられた自己という仕方では。哲学の問いがたとえどのように展開しようと、その根底にあるのはつねに〈自己〉への問いであり、これは哲学のアルファにしてオメガだと言ってよい。

他方、〈自己〉への問いと等根源的にあるのが、〈他〉、特に〈世界〉の問題である。〈自己〉が問いになるということは、同時にまた〈世界〉が問いになるということでもあるのだ。だが中世キリスト教下において、人間的自己と世界とへの問いは、自己の存立根拠としての神への問いと一体になる。これは近代的自我探究の出発点とされるデカルトでも同様であり、『省察』で彼は「神の観念が私のうちにあるという、ただこのことからのみ、私もまた存在する」(3)とした。このように、ニーチェが一貫して問い質したように、人間と世界とへの問いはいわば神のうちに収斂させられた。

さらにデカルトからカントへと繋がる近代的自我の探究は、自己の問題を人間の自己意識の問題に変様させ、自然科学的知に基づいたカントの批判哲学において、世界の問題は人間的自己の主観の中へといわば取り込まれてしまう。「世界を認識しようとする者は、まず世界を組み立てねばならない。しかも彼自身のうちに」(4)。このようなカントの世界論に対して、ハイデッガーは『存在と時間』の中で、「カントは世界という現象を見て取らなかった」（SZ: 321）と批判した。このように批判するとき、ハイデッガーが考えた「世界」とは、一体どのようなものだったのか？　たしかに、このようなカントの世界観において、世界と人間的自己との根源的連関とも言うべきものが見失われ、同時に「自己」の本質も見失われてしまったと言わざるをえないのではないか。これ以後の認識論的問題設定のうちで、「自己のうちに組み立てられた世界」はいわば幻の像となり、認識主観として立てられた人間も本質の見失われた幻の像と化して、人間は幻のうちを漂いながら、幻と空しく格闘することになる。

一方近代哲学でも、「自然」と呼ばれたときには、世界の問題は少し違うニュアンスで論じられた。たとえばスピノザの「神即自然」における自然（特に「能産的自然 natura naturans」）は、先のカントの「自己のうちに組み立てられた世界」とはまったく異なるものだと言いうる。「能産的自然」は、「神あるいは自然」として、それ自身のうちに力動的「潜勢力」を持つ根源的「働き」と捉えられている（これに関しては後に論じる）。

ただしカントでも、たとえば『純粋理性批判』では、世界が「あらゆる現象の数学的全体」と見られたのに対し、「現象の現実的存在における統一性に注目して」「力学的全体」として見られると、「自然」と言われた[5]。だがこの場合も、古代ギリシアの、たとえばヘラクレイトスやアリストテレスにおけるピュシス（φύσις）のような、「一切の自然物のうちに内在する、それ自身の動きと静止との原理原因であるピュシス[6]」としての自然の根源的力とも言うべき働きが、カントによって考えられていたとは言いがたいだろう。

同様のことは、シェリングが自然を世界と区別して論じたことにも、ある意味では当てはまる。自然は「世界の前提」、いわば世界以前のものとして、世界とは区別されている。だが、彼はまた次のようにも述べた。すなわち、「人間のためには全宇宙が共に作用した。……宇宙のすべての内在力は……最後の単位である人間の中で一致するように、定められていた[7]」と。彼が述べたこの言葉の意味が、彼自身にもっと徹底されていたなら、おそらく自然と人間との連関は別の相において語られたかもしれない。そのような相のもとでは、おそらくは自然と世界との区別ということも意味を失い、両者はいわば同じ根源的「事態」を指すものになる。ここにおいては、人間も自然・世界も神も、まったく別の相のもとにもたらされるかもしれないのだ。

だが実際の西洋哲学では、ニーチェが言うように、「人間はすでに二千年の間、幻に惑わされていたのではないか[8]」。だとすれば、「神の死」によってこの「幻」が消え、自己の存立根拠を失った後で、一体そこに見えてくるものは何なのか。神の死の後の世界と人間とは、それ自身「像」として、また新たな幻となった。しかも死んだとされながら、実はその後も長く、否、いまだ亡霊のように哲学のうちを秘かにさまよっている、神という幻。この錯綜した幻の中で、一切を問いに付すとしたら、一体解答はどこにあるのか。

デカルト以来の近代哲学の成果は、しかし人間の自己性の問題に関しては、かえって近代主観主義の巨大な迷宮となって、むしろ私を惑わすのみなのではないか。この迷宮は、見かけの華々しさの裏で、実はそれが迷宮だということとさえ気づかれないほど、深く暗い。だがこの迷宮を突破する道は、おそらくは迷宮のうちでさまよっている私自身のうちにあるのだ。

さらに、これまで論じてきたように、「自己という謎」の根底には「世界という謎」、「神的なるものという謎」が潜んでいた。だがまだ隠された謎がある。それは絶えず私を侵食し、あるいは私の生を規定してくる最大の〈他〉としての、「他者という謎」だろう。ある意味では自己にとり、これは最も強大な「伏蔵されたもの」だとも言いうる。だが、本論では意図的にこの問題には触れない。それは、これによって、私は「世界・神」といった次元とはまったく異なる次元に引き入れられるからだ。「他者という伏蔵された謎」。だがそれを解く試みは、別の機会に譲ろう。

以上見てきたように、「人間・世界・神」への問いの根底には、「自己への問い」があった。しかしそのような「自己への問い」を真に問おうとするとき、私は一体「何が自己であり、何が自己でないのか」ということ自身が、すでに解答不能なことに気づく。だが逆に、はたして「自己」とあらかじめ限定されるようなものがありうるのかということ自身が、問題なのだ。「自己」とは何か？　この問いが、今こそ私の前に、「謎」となって立ちはだかるのだ。

㈡　本書の問いの構造

西欧哲学が陥った以上のような迷宮の突破を目指し、思索の根本において「自己」への問いを問うた者として、マルティン・ハイデッガーを挙げうる。「存在」への問いから出発したハイデッガーが最終的に「性起」(Ereignis)[9]という事柄に行き着いたのは、彼の思索の根本が「自己の真の自性と他」への問いだったことを意味する。彼は「性起」について論じることにより、その思索の根底で「自己」と「他・世界」との問題について問うたのだ。彼の思索の中核に自己への問いがあったということは、一体何を意味するのか。我々は言いうる。彼はいわば近代哲学の問題性の真っ只中で、この問題性を突破する道を、自己への問いを通じて提示したのだ、と。この道が、ハイデッガーにおける「性起」と「自己」との解明において明らかになりうるのであり、我々は以下においてこの問題を論じる。はたしてハイデッガーはこの問題に対し、いかなる解答を下したのか？　それは〈自己〉を問おうとする我々に対する、最終的解答であるのだろうか？

ハイデッガーは「一九三六年以来、性起は私の思索の主導語〔Leitwort〕だ」(GA 9: 316) と述べた。「主導語」とは彼の思索を導くいわば最重要語ということである。それゆえ、それへの理解なくしては、彼の思索の根本が理解しえないとも言いうるだろう。にもかかわらず、「性起」について全面的に究明した論文は非常に少ない。それは性起についての彼のこれまでの言表があまりに少なく、断片的で、非常に難解だったからに他ならない。それは「性起について」という副題をもち[10]、彼の「第二の主著」ともされる『哲学への寄稿[11]――性起について』(Beiträge zur Philosophie »Vom Ereignis«, 1936–38 以下『寄稿』と略記) が刊行されたことによっても、それほど変わらない (先の「一九三六年以来」というハイデッガーの言葉は、この『寄稿』等を指すとも考えられる)。つまり『寄稿』あるいは同時期の他の全集版は、あくまで「断片集・覚え書き」という性格をもっており、性起についての言表はやはり断片的で難解な言表となっているのだ。それゆえ『寄稿』刊行後すでに約二〇年経った今も、性起について全面的に論じた論文が少ないという状況は、なんら変わっていない。だが、ハイデッガー自身が「主導語」だとする語についての解明なしに、彼の思索の根本がはたして理解されうるのだろうか？

また、「一九三六年以来、私の主導語だ」と述べられたからといって、一九三六年になってまったく何もないところからいきなり「主導語」となったということではないだろう[12]。それ以前から、いわば「性起の醸成」とも言うべきことがあったはずであり、それが一九三六年になって顕現したと解すべきだろう。では、それ以前において、「主導語」となるべく醸成されていたこととは何だったのか？

さらに、ハイデッガーの思索はまた最初期から一貫して「存在への問い」だった。それは最晩年まで、いたるところで述べられている。だとしたら、「主導語」としての「性起」と「存在」との関わりは一体どのようになるのか？ 彼自身、両者の関わりについての決着はついていたのか？ また、思索の途上で性起が「主導語」となったのなら、一体それ以前に「存在」として追究されていたものは何だったのか？　一体彼において「存在」とは何を意味するのか？　実はこのようなことさえ、性起についての研究が少ないことの必然的結果として、いまだほとんど解明されていないのだ。

以上のような状況は、ハイデッガーの思索の根本的な理解がいまだなされていないと言わざるをえない事態を意味する。本書が目指したことは、そのような理解を試みるということである。しかも、今挙げた事柄、つまり「主導語としての性起の本質」「一九三六年以前に性起の醸成となった事柄」「存在と性起との関わり」ということは、「自己」「自性」ということを手引きとして考察することによって、初めて明確になりうる。それゆえ我々は本書において、「自己」の問題を手引きとして「性起」についての解明を試みる。だがそれは単に「ハイデッガーにおける性起」の解明にとどまらず、「自己という謎」への、一つの解答の試みである。

本書では、以上のような意図の下に、『〈自己〉への問いとハイデッガーにおける「性起」』について究明する。以上に述べたように、性起は彼の思索の「主導語」であるにもかかわらず、いまだ全面的にその根本的意味が解明されたとは言いがたい。それゆえまた、中・後期以降述べられる性起論と、初期・前期（『存在と時間』前後）に述べられた「存在」や「時間」等の根本的事柄との連関が十分解明されることもなく、ハイデッガーの思索全体の十全な理解の不足へと繋がっていたと言わざるをえない。しかも性起は、ハイデッガーの思索の根本を貫くがゆえに、「存在」や「時間」にとどまらず、「真理」「世界」「物」「言葉」「芸術」「思索それ自身の可能性」といった、ハイデッガーの思索の根本的事柄と本質的に連関する。だがこのような連関もまた、これまで十分解明されることはなかった。

しかし、「自己」「自性的」という観点からハイデッガーの「性起」についての言表を考察するとき、これまで見えてきにくかった事柄が明確に見えてくるようになりうる。そのとき、実は彼の思索の前期から、根底において「性起」の醸成となり、「性起」に繋がる事柄が思索されていたことが明らかになる。それゆえまた「時間」「存在」等という根本的事柄と「性起」との連関も明確になる。またそのようにして、先に挙げた「真理」「世界」「物」「言葉」「芸術」等という事柄と「性起」との根本的連関が明らかになりうるのだ。本書ではこのような事柄の解明を試み、従来のハイデッガー研究では見て取られなかったことを見て取るべく試みる。

（なお、「性起」に関するまとまった論文としては、フォン・ヘルマンの『性起への道――ハイデッガーの「哲学への寄稿」に寄せて』がある。これは「性起について」という副題をもつ『寄稿』を表題としているが、内容的にはその詳しい解釈というよりも、フォン・ヘルマンのそれまでの諸論文をそのまま集めた論文集であり、体系だったものではない。ここでは「性起」と「芸術、言葉、神」等との関わりについて論じられているが、本書で扱うような「世界、物、時間、存在」等との関わりに関しては、本格的に論じられていない。何よりも「時間と性起」の関わり合いを見て取っていない。(13) またポルトの『性起』があるが、これは入門書的に解説したものであり、性起についての本格的論述とは言いがたい。(14) さらに、性起に部分的に論及したものはこの他にもあり、たとえばシーハンの『転回と性起』は、我々が後に論じるハイデッガーの「転回」(Kehre) と性起との関わりを論じている。(15) だがこれらも性起についての全体的・全面的論究とは言いがたい。性起に関して、「自己」との関わりで、ハイデッガーの初期から後期までを全体的に捉えたうえで、性起と「存在、時間、世界、物、真理、言葉、芸術、奥義、亀裂」等との関わりを全面的に論じたものは、これまで見当たらない）。

以上のような事柄を明らかにするために、本書は以下のような手順で進んでゆく。

まず、「**序論**」の後、全体は内容的に「**本論**」と「**展望**」との二つに大きく分かれる。

「**本論**」は「**ハイデッガーにおける『自己』の問題と『性起』**」であり、ここで我々はハイデッガーの性起についての思索を導きとして、「自己」の問題を問う。

ことに**第一章**「**『自性』と『奥義』と性起（真理と性起）**」で、ハイデッガーの「自己」論と性起論との中枢をなす「自性」(Eigenes)・「自性的」(eigen) という事柄を解明する。その際、「自性的」ということの根底に潜む「奥義」(Geheimnis) という事柄との相即のうちで、解明が進められる。しかもこれらは根底において「真理と性起」の関わりの問題となる。それゆえこの章の論述は、「自性」「奥義」「真理」と「性起」という、いわば四つ巴の関わり合いとして展開される。このような複合的構造は、たしかに複雑な様相を呈する。だがこれらの連関は、各項を単独に切り離しては理解されえないのだ。

ハイデッガーにおいて《Ereignis》（性起）という言葉自身は、すでに初期から使われていた。だが後に見るように、初期には一般的な「出来事・事件」という意味で使われることが多く、それが「自己」論との連関で彼の「主導語」とされるようになるのは、彼の思索の中期（一九三〇年代）以降である。それゆえこれまでは、ハイデッガーにおける性起の問題は、中・後期の思索の問題と見なされてきた。だが実は、性起の問題は彼の思索の初期からその根底にあったのであり、それが「自性的」ということの究明によって見えるようになる。しかもそれは、彼が「時間」と呼んだ事柄と性起との連関として明らかになる。このことについて、近年刊行された諸全集版でハイデッガー自身が言明していることが、明らかになった（後に論じる）。だが、このようなことについて解明した研究論文は、いまだ見当たらない。たしかに、性起という事柄自身が難解である以上、「性起と時間」の連関はさらに難解な問題となるだろう。だが、難解だからという理由でその意味の解明を放棄することは、許されることではないだろう。ただし、ハイデッガーの言表は断片的であり、一体いかなる意味で「時間」と「性起」とが連関するのかということは、明確には述べられていない。我々はその解明を目指すが、その鍵となるのが「自己・自性」ということである。

この第一章では、ハイデッガーの「自性」論について見ることで、非本来的自己から本来的自己へと「自性的・本来的」になるということがハイデッガーにおいて考えられていることが、明らかにされる。その際何か「自性的・本来的ならしめる働き」ともいうべきものが考えられていた。それが「時間性」「時間」と呼ばれた。だが『存在と時間』を中心とする前期には、そのような働きに対して、人間的現存在の「投企的・超越的意志」ともいうべきものに重点が置かれたと言いうる。しかしその後、いわゆる「転回」と呼ばれる事態のうちで思索が大きく転換することとなる。そこにおいて鍵を握っていたのが「自己・自性」であり、また「自己のうちなる他」とも言うべき「奥義」ということだった。そしてそれらの根底にあったのが、「性起」だった。これは端的に「自性的・本来的ならしめる働き」とされた。したがって、「自性」「時間」「性起」というようなハイデッガーの根本問題の根底には、「自己」の問題があったことが明らかになる。このようなことが第一章で論じられる。

第一章での究明を通じて見えるようになる性起ということを、さらに第二章以降で深める。すなわち、彼の思索の他の根本的事柄と性起との連関を、各論的に明らかにする。あるいはより正確に言えば、性起が他の「時間、言葉、世界、物、芸術」等という事柄の根底をいかに統べているかということを、明らかにするべく試みる。それによって、一般に「自己」ということとは関係ないと見なされているこれらの事柄の根底に、実はハイデッガーの「自性・自己」論の本質が隠されていることを、明らかにしよう。

その展開は次のようになる（第一章第三節の最後で、「自性的」ということと性起との関わりで、それ以後の章の展開の意味を述べる）。

まず第二章は「**『存在の亀裂』と性起**」であり、ここでは性起の根本構造である「亀裂」ということの意味が究明され、それが「自己性」の根本にあることと、ハイデッガーの思索全体に関わることとが究明される。「亀裂」の構造を見て取ることにより、「人間的自己と世界との根本構造」が明らかになり、またそれを「可能ならしめている働き」が明確化されるのだ。またそれは、ハイデッガーが西欧哲学に対してもつある独自性を明らかにする。

このような仕方でハイデッガーにおける「亀裂」という問題を取り出して究明した論文は、今のところ見当たらない。

さらに第三章は「**〈時間〉という謎——時間と性起**」である。第一章・第二章で取り出されたハイデッガーにおける「時間」ということは、ハイデッガーの「自己」論の根本を決定するものだった。「時間」は「自己」の「あり方」として捉えられた。だが「時間」は、ハイデッガーの思索の後期になればなるほど、表明的には論じられなくなる。それは一体なぜだったのか？　それを探ることにより、彼の思索全体における「時間」の意味が明らかになり、最終的には彼の「自己」論の根底にある「性起」が明確になってくる。ここで「自己」と「時間」と「性起」との根本的連関が、さらに明確になるのだ。それにより、伝統的な時間論と比べて、ハイデッガーの時間論のもつ意味が明らかになる。

第四章は「「存在」：「ある」ということをめぐる「格闘」——存在と性起」である。ハイデッガーの思索の根本はあくまで「ある」ということとしての「存在」の問題だった。だが、性起ということが徐々に表明化されるにつれて、「存在と性起」の関わりが彼の思索の根本的問題となってくる。しかもそこでは、前期ハイデッガー存在論の基盤となる「存在論的差別」（「存在と存在者との差別」）のもつ、ある種の「矛盾」が明らかになる。その矛盾を露呈するのが、パルメニデスの「存在は存在する」（断片六）という言葉だった。ハイデッガーの思索はこの問題をめぐるある種の「格闘」となるのであり、それはまた伝統的哲学との格闘ともなるのだ。それゆえパルメニデスの「存在は存在する」という言葉をめぐるハイデッガーの解釈の変遷を辿ることによって、彼の「存在をめぐる格闘」の全貌が明らかになる。このような究明は、これまでのハイデッガー解釈において、例がない。

またさらに、ハイデッガーが「存在」という言葉で探究しようとしたことの真の意味が、一般にすでに明確になっていると言いうるのだろうか？　そのことはたとえば、彼の思索の中期以降説かれる「存在棄却」(Seinsverlassenheit)というような事柄に明確に現れる。これは「存在者が存在から見捨てられていること」だと説かれるが、しかし一体「存在から見捨てられ、存在を失った存在者」とは何なのか？　「存在者」とは「存在するもの」である以上、「存在を失った存在者」とは言葉の矛盾ではないか？　実は「ハイデッガー研究者」の多くがこのような事柄をうまく説明しえていないという、驚くべき事態が見過ごされている。それは≪Seyn≫（真存在）という事柄への無理解とも相即しており、畢竟ハイデッガーにおける「存在」という事柄への無理解にも通じている。だがこれらのことは、「存在と性起」をめぐる彼の生涯の「格闘」を正確に辿ることにより、明らかにされるだろう。それによって、彼の思索が「存在」の思索から「性起」の思索へと深められてゆく過程が明確になり、「性起」の本質が明確に見えてくる。

そのような過程は、「自己が存在するという謎」の真相を明らかにする。それはまたハイデッガーにおいて、人間的「自己」のみならず、「それは　ある」と言われる一切のものが「存在するという謎」を解くことともなる。そこにおいて鍵となるのが、「存在自身」「性起」ということだったのだ。以上のようなことが、第四章で論じられる。

第五章は「**言葉と性起**」である。ここでは、第四章で扱われるパルメニデスの「存在は存在する」という言葉をハイデッガーが「最高・真正のタウトロギー」と呼んだことから必然的に出てくる、「言葉」の問題が論じられる。性起に基づいて、「言葉」の本質はこのような「タウトロギー」だとされる。それが一体どのようなことであり、それがまたハイデッガーの思索の根本的態度としての「顕現せざるものの現象学」と呼ばれるものと、いかに連関するかが究明される。

これらの探究によって見えてくるのは、「言葉と人間的自己」との根本的関わりの問題である。「《人間》が《言葉》を《もつ》のではなく、「《言葉》が《人間》を《もつ》のだ」(GA 85: 3) と言われるとき、言葉は人間的自己にとって、一体いかなるものとしてありうるのだろうか？

このような「タウトロギー」や「顕現せざるものの現象学」について、性起との関わりで、その根本的連関を論じた論文は、現在のところ見当たらない。

次の**第六章**は「**〈物〉という謎：根源的物性——物と世界と性起**」である。ここでは、ハイデッガーにおいて「自己」と「他」としての「世界」との関わり合いが、いかに思索されたかを究明する。ここで我々は、ハイデッガーにおける「自己と世界との関わり合い」の問題の中枢に達することになる。この関わり合いの根底で、それを可能にする働きとされるのが、性起であり、ここに「性起」の根本的な本質が明らかになるのだ。ここで取り出されるのが「根源的物性」ということであり、我々はこれと人間的自己の「身体性」との関わりを究明することにより、「自己」とは何かということについて、自ら思索する手がかりを得られるはずである。

続く**第七章**は「**芸術の可能性——芸術と性起**」である。前章までで、ハイデッガーにおける「自己と世界との根源的関わり合い」が見て取られた。だがハイデッガーは、哲学的思索と同じ根本的可能性として、「芸術・詩」ということを追究した。

この章では、前章までで究明された性起と、芸術とがいかに根底的に関わるかを究明する。そのようにして、「芸術」という仕方での「自己と世界」の関わり合いの可能性が、追究される。「自己は世界といかに関わりうるのか」。このことが、「芸術」ということを通して追究される。それによって、伝統的芸術観にある新たな観点がもたらされることになるだろう。

最後の「**総括**」「**ハイデッガーの『性起』とは何だったか？——ハイデッガーにおける『自己』**」では、これまでの究明を基に、最終的にハイデッガーにおいて「性起」とはどのようなことであり、それによって「自己」の問題がいかに思索されたかを、総括する。ここでは、伝統的西欧哲学において「自己と世界との真の関わり合い」についての問いが閑却されてきたことが指摘され、それに対してハイデッガーの「性起」と「自己」との思索がどのような意味をもつかということが、示される。

だが、それによって同時にまた、この問題に対するハイデッガーの思索のある種の問題性が浮かび上がってくる。「自己と世界との真の関わり合い」は、いかにして可能になるのか。ハイデッガーはこの問題に関し、最終的には、自らが否定しようとした伝統的西欧哲学と同じ領域のうちにとどまってしまったのではないか？ それはまた、彼が思索した「性起」ということのもつ根本性格として表れているのではないか？ そのことを、最終的に明らかにしよう。

次の「**展望**」「**性起と思索の可能性——〈自己〉の問題の新たな可能性へ**」では、そのようなハイデッガーの問題性を踏まえたうえで、〈自己〉ということの真相を問うことが試みられる。そのために、特に自己と世界との単なる「関わり合い」を超えて、「自己と世界とが根源的に働き合う」とも言うべき事態の可能性が追究される。この可能性への問いはまた、「自己と世界との根源的働き合い」という次元にまで立ち戻って考えられた、「哲学的思索の可能性」への問いでもある。そのことが「**はじめに——哲学の終焉：哲学の可能性**」で提示される。

続く第一章は「**哲学と〈自己〉との一つの可能性――ハイデッガーと西田哲学**」である。ここで、「自己と世界との根源的関わり合い」ということと、「哲学的思索の可能性」ということとが、ハイデッガーと西田幾多郎との比較を通じて究明される。西田もまた、その思索の根底において、この問題を徹底的に追究したのだ。両者を比較することにより、この問題の真相が、おそらくはより明確に浮かび上がってくるであろう。

さらに、特にこの章では、「〈場〉としての人間」ということが論じられる。ハイデッガーと西田とにおいては、「〈場〉と人間」の関わりが追究されたと言いうる。だが、我々はそれにとどまらず、「〈場〉としての人間」ということの可能性を追究する。これは自己と世界との単なる「関わり合い」を超えた、いわば「自己と世界との根源的働き合い」とも言うべき事態の追究である。

そこで明らかになるはずのことを基に、我々は最後の第二章「**〈自己〉の真相：〈自己〉の問題の新たな可能性へ――〈自己〉という「事態」：〈自己する〉自己**」で、〈自己〉ということの真相を明らかにすべく、試みたい。それはまた〈自己〉という深い謎に対する、一つの解答となりうるであろう。

ハイデッガーもまた、ある仕方では、「自己と世界との根源的働き合い」を見ようとした。それが彼の言う「根源的関わり合い〔Verhältnis〕」を可能にするものとしての「性起」という事柄となった。だが我々は、最終的には〈自己〉と〈他〉・〈世界〉との「根源的関わり合い」についての彼の思索の問題性に、言及せざるをえない。そこでは一体何が問題となるのか？　一体「自己と世界との根源的働き合い」とも言うべきものは、いかにして真に可能になるのか？　一体〈自己〉とは何であり、〈世界〉とは何なのか？　そこでは、〈神〉ということも、おそらくは問いとなる。ここにおいては、これまでの哲学における人間と世界と神との問題が、等根源的に問いに付される。

本論　ハイデッガーにおける「自己」の問題と「性起」

第一章 「自性」と「奥義」と性起（真理と性起）

第一節 問いの構造――「自己」の「自性的」ということと「奥義」

第一項 〈自己〉への問い――「事態」としての〈自己〉

本書において、我々は〈自己〉ということの真相を、ハイデッガーにおける「性起」の問題の考察によって、明らかにすべく試みる。それが、まずこの章では「性起」の根底にある「自性的ということ」の究明を通じて行われる。それはまた、彼が「奥義」と呼んだ事態の究明と相即する。だがそれによって本章で我々が最終的に問おうとするのは、ハイデッガーが問うた「自性的」という問題の根本をなす「自性」ということとそれ自身であり、〈自己〉の問題である。

その際まず第一に、我々が言う「自性」への問いとは、さしあたって「そのものが、そのもの自身であること」への問いというほどのことを意味する。これは単に人間に限らず、すべての事象、事物を含む。それゆえ、自性への問いは、伝統的西欧哲学における人間の「自我」（Ich）性への問いとは異なる。また自性ということは、一般に「自性」と訳されている、インド六派哲学のサーンキヤ学派における《prakṛti》とも異なる。我々の問う自性は、単に物質的な根本原質のみに関わるものではないからである。我々が自性という言葉を使うのは、今述べたような意味を表す適当な言葉が他にないからに他ならない。このことによっても、この問題の困難さが示されていると言えるであろう。だが、この「自性」ということの究明によって、おそらくは〈私〉という〈自己〉の本質も見えてくるに違いない。

本書「総括」で述べるように、伝統的哲学では「自己」(Selbst)と「自我」とが区別されてきた。だがそこにおいて、実はある決定的なことが見て取られないままだった。それを明らかにするために、本書では、このような区別を超えて、いわば「仮に自己とも言うべき事態」というような自己を、〈自己〉と表記する。これは「自己・自我」としてこれまで捉えられてきた事柄と連関しつつも、いわばそれだけでは表しきれない事柄を表そうとする、ある種の方便的表現である。その意味は、本書全体の叙述を通じて、最終的に明らかにするべく試みられる(それに対し、伝統的哲学やハイデッガーにおいて根底的に問題となっていた自己は、「自己」と表す。同様に、一般的な意味と区別された、特別な意味をもつ世界や物等も、〈世界〉〈物〉等と表す)。

最終的に問題になるのは、あくまでも〈自己〉への問いへの、我々の側からの一つの解答の試みである。〈自己〉の本質は、これまでの哲学で論じられてきたような、何らかの実体的なものではないだろう。〈自己〉がある種の「事態」とも言うべきものであるということ。これが我々の出発点になる。そのとき、おそらく、〈自己〉は〈他〉・〈世界〉と根源的に「働き合う」。〈自己〉の真相は、〈他〉・〈世界〉とのこのような「根源的働き合い」とも言うべき「事態」において、初めて明かされうるだろう。

第二項　ハイデッガーにおける「自性的」ということと「奥義」

ハイデッガーにおいて「自己」の問題は、西洋哲学で一般に「自我」論として論じられている«Ich»(自我)という仕方では問題になっていない。彼は最初から、西洋哲学でこれまでなされてきたような、「自己」を主観的なものと捉える見方をしていないのだ。「自己」の問題は、初期には«Selbst»(自己)という仕方で論じられた。たとえば一九一九―二〇年の『現象学の根本諸問題』では、「自己の現象学」(Phänomenologie des Selbst)ということが唱えられた(GA 58: 259f.)(この時期の«Selbst»の問題については、本書「総括」で論じる)。また『存在と時間』(一九二七年)でも、特に第六四節「ゾルゲ〔Sorge〕と自己性〔Selbstheit〕」で、≪Selbst≫の問題が論じられた。ここでは「先駆的覚悟性の存在論的構造が、自己の自己性の実存性を露呈する」（SZ: 322）とされ、『存在と時間』の中心的問題の一つである「先駆的覚悟性」によって、「自己性」が明らかになる、とされている。また「十分に把握されたゾルゲの構造は、自己性という現象を包含している」（SZ: 323）ともされ、人間的「現存在」（Dasein）の「関心・配慮」としての「ゾルゲ」が「自己性」の問題を包括する、とされているのだ。だが、ここで気づかれるように、すでにこの『存在と時間』において、≪Selbst≫の問題は人間的「現存在」の「ゾルゲ」、あるいは「先駆的覚悟性」の問題に還元されているのだ。そして中期以降、人間の問題はもっぱら「死すべきものたち」（die Sterblichen）、「人間」（Mensch）という仕方で論じられるようになる。

だが、一体なぜ彼は≪Ich≫、≪Selbst≫という仕方で人間の問題を問おうとはしなくなったのか。実は、そこにこそハイデッガーにおける「自己」の問題の根本があるのだ。

我々が後に見るように（本書「総括」）、伝統的西洋哲学では「自己」の問題はもっぱら≪Ich≫≪Selbst≫という仕方で論じられてきた。しかしハイデッガーは、そこにおいて人間的自己がすでに何らかの「実体」（Substanz）的・「主体」（Subjekt）的なものとして捉えられている、と見る。たとえば先に挙げた『存在と時間』第六四節「ゾルゲと自己性」で、彼はデカルトからカントに至る自己論について論じている。カントは『純粋理性批判』の中の「純粋理性の誤謬推理について」で、「単純性」「実体性」「人格性」を理論の根底に置いた。[16] それについてH・ハイムゼートが『カント哲学における人格性の意識と物自体』[17]の中で、詳しい資料を用いて論じている。ハイデッガーはこの論文を取り上げて論じながら、カントが「我思索する」（Ich denke）を「主体すなわち実体的なもの」という「不適切な意味で捉えている」とし、その理由として次のように述べた。すなわち「主体という存在論的概念は、自己としての我の自己性を性格づけておらず、つねにすでに只在的にあるもの〔Vorhandenes〕の自同性や恒存性を性格づけるものだから」（以上SZ: 320f.）と。「只在的にあるもの」とは、現実に「生きられたもの・実存するもの」としての自己ではなく、いわば「学問的・認識論的対象」として「実存との連関」抜きで捉えられた自己を意味する。したがって、「我思索する」ということを正当に出発点としたにもかかわらず、カントはそれを「主体」と捉えてしまった。それにより、カントは再び自己の真相を見失ってしまった、とされるのだ。だがそのように「自己の真相」を見失ってしまったのは、カントにとどまらない。「〔『純粋理性批判』における〕諸々の誤謬推理は、……デカルトの res cogitans〔思惟実体〕から、ヘーゲルの精神の概念に至るまでの、自己の問題性の存在論的地盤喪失〔Bodenlosigkeit〕を明らかにするのではないか?」(SZ: 320) とハイデッガーは問うのだ。

ハイデッガーにとって問題だったのは、そのような「学問的・認識論的な対象」である「主体的・実体的」なものとしての「自己」が、同様に実体的なものの「総体」と見られた「世界」といかに関わりうるか、というようなことではなかった。そうではなく、彼は、そもそも「生きられたもの・実存するもの」としての「自己が自己であるとはいかなることか」を問おうとしたのであり、そのような意味での「自己性」つまり「自性」こそが、彼の「存在の問い」の根本にあったのだ。そして彼の思索が深まるにつれ、「自己」(Selbst)、「自己性」という、それ自身伝統的形而上学の色彩を色濃く帯びた言葉を離れ、「本来固有の」「自性」としての «Eigenes»、及び「自性的」(eigen) であるということが、問題となっていったのだ。

このことは彼の「存在の問い」の根本と繋がる。後に詳述するように、彼において「存在の問い」の最終的な根本問題は、単に「何かがある」こととしての「存在」ではない。そうではなく、「本来的・真に、ある」ことの可能性こそが一貫して問われていたのであり、これが、彼が「本来性」(Eigentlichkeit) として求めたことの意味だったと言いうるのだ。『存在と時間』の前掲の「ゾルゲと自己性」の節でも、次のように言われている。「自己性は、実存論的には、ただ本来的に自己でありうることに即してのみ、つまりゾルゲとしての現存在の存在の本来性に即してのみ、読み取られうるのだ」(SZ: 322) と。つまり、「自己性」の問題が真に見て取られうるのは、「本来的に自己である」ということからのみだ、とされているのだ。

だが、ここで我々は気づく。«Eigentlichkeit»（本来性）ということは、「自性的」（eigen）ということと何らかの関わりがあるのではないか、と。事実そうなのだ。彼は「本来的」（eigentlich）ということを「自らに自性的である」（sich zueigen sein）ことと規定しており（SZ: 42）、また「本来的」ということは「性-起せしめること〔Er - eignen〕の自性的ならしめること〔Eignen〕から思索されるべきである」（GA 9: 332）ともしている。さらに、ハイデッガーの思索の「主導語」である「性起」（Ereignis）を規定するにあたって、彼はこの性起の「性起せしめること」（Ereignen）を、「自性的なるもの」のうちへと「もたらしつつ自性的ならしめること」（das erbringende Eignen）だとしている（UzS: 258）。「自性的」ということは、このように「本来的」、「自性的ならしめること」、「性起」といったハイデッガーの根本的な事柄と関わるものなのだ。ハイデッガーにおいて「存在への問い」とは、また真の「自性」への問いだったのだ。

だがこのように根本的であるにもかかわらず、自性を主題的に論じた論文は少ない(18)。これは自性の問題の根本にある性起について十分な解明を行っている論文が少ないことと対応しており、性起、自性の問題が容易に取り扱いえない難解な問題であることを示している。

ここで何よりも問題だったのは、自らの「存在の問い」「自性への問い」を深めてゆくにつれ、ハイデッガーにおいていわば「自己を真の自己ならしめる働き」とも言うべきものが顕在化してきたということである。そこにはしかし、彼の思索の大転換を生じさせる重大問題が潜んでいた。

自性・「自性的」ということは、そのうちに「自性的ならざるもの」との関わりを含んでいる。だがそれらの関わりの根底に「自性的ならしめる働き」とも言うべき働きを捉えるようになったとき、そこに彼が「奥義」（Geheimnis）と呼ぶ事柄が潜んでいた。しかも、これらの問題は特に「真理」の問題をめぐって明らかになった。これらの事柄はハイデッガーの思索の中枢をなす問題だと言ってよい。それが彼の思索の中枢であったがゆえに、これらの事柄はまた、ハイデッガーのいわゆる「転回」（Kehre）において重要な鍵を握っていた。

特に一九三〇年代のハイデッガーの思索の大転換とも言うべきものは、これまで「転回」と呼ばれてきた。だがこの問題はそれ自身あまりに多くの問題性を孕んでおり、ハイデッガー自身、その問題性の説明・整理を十分なしえていなかったと言わざるをえない。それゆえ彼の「転回」についての言は錯綜しており、彼自身「転回……というような一切の語もまた、多義的〔mehrdeutig〕である。ただ多層的な〔mehrfältig〕思索のみが、そのような事態の事柄に呼応しつつ言うことへと到達しうるのだ」（GA 11: 152）と述べるに至った。それゆえにまた、ハイデッガーの「転回」についての解釈も、いまだ混乱の極みに陥ってしまっていると言わざるをえない。我々は、まずその錯綜を整理することから始めなければならない。それによって、彼における「自己」の問題を真に解明する糸口が開けるのだから。

その後我々は「自性的」と「自性的ならざるもの」と「自性的ならしめる働き」との関わりを見る。その底にあるのが「奥義」「真理」ということだった。特にこの「奥義」という考えは「転回」という「事態」を通じて徐々に形成され、しかも転回にとって決定的に重要な意味をもつものだった。それゆえ《転回》[19]以後の彼の思索は、「自性的」と「自性的ならざるもの」と「自性的ならしめる働き」との関わり、そして「奥義」ということによって、その根底を貫かれることとなる。それがどのような事態だったかを見ることにより、彼が「自性」ということをどのように思索し、またどこまで思索したかということを解明する。これらによって、我々は最終的には〈自己〉への問いを自ら問うことを試みる。

だがまた、「奥義」が思索の根底を貫くことにより、彼の思索は必然的に人間的思索のある種の限界を見据えねばならなくなる。つまり彼の後期の思索は、それ自身思索の限界と可能性とについての思索となるのだ。我々は彼がこれらについていかに思索したかということを、最後に究明しよう。

第二節　ハイデッガーにおいて「転回」とは何だったのか

第一項　「転回」という事態の錯綜

一般に「ハイデッガーの転回」と言われている事柄は、それについての解釈書の数の多さにもかかわらずいまだに定説とされるような解釈がない、という点において、ハイデッガーの思索の事柄のうちでも最も困難な問題の一つである[20]。

しかしこの問題の困難さは、この問題についての解釈書の数の多さによって、かえって増幅させられている、ということもまた事実なのである。つまり、「ハイデッガーの転回」という同じ言い方で、同じ事柄を論じているように見えながら、その実、人によって「転回」という言葉の意味が異なっているという驚くべき事態が、実は一般にほとんど看過されているのである。しかしこのような事態は、解釈者の怠慢によるというよりは、むしろハイデッガー自身の言葉のある種の錯綜によって生じてきたものである、と言わざるをえない。

それゆえ、以下においてまず我々は、ハイデッガーにおける転回という言葉の錯綜を整理し、それを解き明かしてゆくことによって、「ハイデッガーの転回とはどのようなものであったのか」という、転回という事柄の事象内容を究明する。しかる後に、そのような転回の内容の究明を越えて、さらにそのような転回がなぜ彼の思索を転換させねばならなかったのか、という問いに答えるべく試みたい。その際手がかりとなるのは、「自性的」「自性的ならしめる働き」ということと、「存在の自己伏蔵（Sichverbergung）」としての「奥義」とである。それらの究明によって、最終的には「性起」の問題がその底に潜んでいたことを、明らかにしよう。

まず、転回という言葉の錯綜を整理するために、その材料となるハイデッガー自身の転回に関する代表的な言葉を、ごく短く抜粋して挙げる（『哲学への寄稿』前後の断片における「性起の転回」「性起のうちでの転回」等、及び講演『転回』における「存在自身の転回」等は、(八)として挙げ、その詳細への言及は後に行う。また、はっきりと「転回」〔Kehre〕と名指していないものは除く）。

(一)「存在論のこのような基礎づけと仕上げとの全体が、基礎的存在論である。それは①現存在の分析論と、②存在のテンポラリテートの分析論とである。しかしこのテンポラールな分析論は同時に、転回〔Kehre〕であって、この転回のうちで存在論それ自身は、そのうちに自らが非表明的な仕方でつねに存立しているような形而上学的存在者論〔Ontik〕のうちへと、表明的に駆け戻る。根底化と普遍化という動性を通じて、存在論を、そのうちに潜在的にある転化〔Umschlag〕へともたらすことが、肝要である。そのとき、転回すること〔das Kehren〕が遂行されるのであり、メトントロギー〔Metontologie 超存在論〕のうちへの転化という事態になる」（『論理学の形而上学的諸原初根拠』一九二八年 GA 26: 201 以後『原初根拠』と略記。傍点一部筆者。以下同）

(二)「真理の本質への問いは、同時に、かつそれ自身のうちで、本質の真理への問いである。真理の問いは、根本の問いとして問われるなら、それ自身のうちで、それ自身へと向けて、転回する。我々がここで遭遇した転回は、我々が真正の哲学的問いの範囲に至るための徴標である」（『哲学の根本諸問題』GA 45: 47）

(三)「〔『真理の本質について』の〕(五)と(六)との間に、（性起のうちで現成している）転回のうちへの跳躍がある」（『真理の本質について』一九四三年版への欄外註 GA 9: 193）

(四)「……ただし、別の思索を追-遂行し、共に-遂行することは、『存在と時間』の公刊の際に第一部第三編「時間と存在」が差し控えられたことによって、困難にされている（『存在と時間』三九頁参照）。ここで全体が逆転する〔sich umkehren〕。問題の第三編が差し控えられたのは、思索がこの転回〔Kehre〕を十分に言うということにおいてうまくいかず、そのようにして、形而上学の言葉の助けによっては切り抜けられなかったからである。……講演『真理の本質について』は、『存在と時間』から「時間と存在」への転回の思索のうちへのある観入を与えている。この転回は『存在と時間』の立場の変更などではなく、この転回において初めて、〔『存在と時間』のうちで〕企てられた思索は、そこからして『存在と時間』が経験され、しかも存在忘却の根本経験において経験されるような次元の場処へと、達するのである」（『ヒューマニズムについての書簡』a.a.O. 327f.）

(五)「真理の本質への問いは、その答えを次の命題のうちに見いだす。すなわち、真理の本質は本質の真理である。……真理の本質への問いの答えは、真存在の歴史のうちでのある転回の言である。……講演『真理の本質について』は、第二の講演『本質の真理について』によって補完されるはずであった。この第二の講演は、諸々の理由から、失敗した。それらの理由は、今では書簡『ヒューマニズムについて』のうちで暗示されている……思索は問うことのある変革〔Wandel〕を遂行しており、この変革は形而上学の克服に属している」(『真理の本質について』一九四九年版への註記 a.a.O. 201f.)

(六)「公には、すなわち著作のうえでは、私は『ヒューマニズム書簡』のうちで初めて転回について語りました。……転回という名のもとで思索された事態は、〔『ヒューマニズム』書簡が公刊された〕一九四七年より一〇年も前に私の思索を動かしていたのです。転回の思索は、私の思索のうちでのある転換〔Wendung〕です。……転回はまず第一には、問いつつ思索することにおける出来事ではありません。転回は、『存在と時間』、「時間と存在」という表題によって名づけられている事態それ自身に属しています。……転回は、私によって考案されたものでもなければ、ただ私の思索にのみ関わるものでもありません。……転回の思索のうちで『存在と時間』の立問は補-完されます。補完しうるのは、全体を見るものだけです。この補完が初めて……存在そのものの真理から思索された人間の本質の十分な規定をもたらすのです(『存在と時間』第六六節参照)。……転回という《生起》は、真存在それ自身なの《です》。……存在と時間との間の転回、時間と存在との間の転回は、いかにして〈それが存在を与え〉、〈それが時間を与える〉かということから、規定されます。

〔ハイデッガーの思索の転回以前、以後をI、IIと分けた〕《ハイデッガーI》と《ハイデッガーII》というあなたの区別は、次のことが絶えず顧慮されるという条件のもとでのみ、当たっています。すなわち、Iのもとで思索されたことからのみ、次にIIのもとで思索されるべきことに近づきうるということ。だがIが可能になるのは、それがIIのうちに含まれている場合のみだ、ということです。

とはいえ、あらゆる定式的なものは誤解を招きやすいものです。存在と時間というそれ自身において多層的な〔mehrfältig〕事態に相応して、その事態を言う〈転回、忘却、贈遣〔Geschick〕〉というような一切の語もまた、多義的〔mehrdeutig〕なのです。ただ多層的な思索のみが、そのような事態の事柄に呼応しつつ言うことへと到達しうるのです[21]」（『リチャードスンへの書簡』GA 11: 149ff., Rich., Vorw. 16f.）（この書簡は、二〇〇六年に出版された全集第一一巻『同一性と差別』にも載っており、ここでは全集版『同一性と差別』の箇所の方を挙げておく）

(七) 「現存在が存在の真理のために存在の意味という語を放棄することによって、これより後、『存在と時間』から出で来たった思索は、存在の開性〔Offenheit〕に直面した現存在の開性よりも、存在それ自身の開性の方を強調するようになる。これが《転回》を意味する。この《転回》において、思索はますます決定的に、存在そのものへと向かうようになるのである」（『一九六九年ル・トール・ゼミナール』GA 15: 345）

(八) 「存在自身（真存在）の転回」「性起の（うちでの）転回」（ここには現存在・世界・大地等のさまざまな局面での転回が含まれる）

以上挙げたハイデッガーの転回についての言葉は、その意味するものが錯綜している。我々はこの錯綜を解くために、ここであらかじめ結論を先取りして、転回を次の三つに分ける。

① 予定されていた転回：「形而上学的存在者論」(metaphysische Ontik) への転回──『存在と時間』から「時間と存在」への転回

② 思索の《転回》（転換）（──ハイデッガー自身の《Kehre》という表記に基づく）(Vgl. GA 15: 345)

③ 「存在自身」(Sein selbst)・「真存在」(Seyn) の転回：「性起の（うちでの）転回」（現存在・世界・大地等のさまざまな局面での転回を含む）

これら三つは、それぞれ明確に区別されるべきだが、また同時に、これらは同じ事態のうちを動いているのではないか？　それは一体どのような事態なのか？

それを探るために、まず今挙げたハイデッガーの言葉が語られた背景を簡単に追ってみよう。

ハイデッガーの『存在と時間』は第一部の第二編までで途絶し、序論で予告された第三編「時間と存在」以下、第二部は公刊されないままに終わった。その後、彼が先に挙げた『ヒューマニズム書簡』で、「第三編」を「差し控えた」ことと、それが「転回」ということに関わり、「形而上学の言葉の助けによっては切り抜けられなかったからだ」と語ったことにより、彼の転回という問題が論議されるようになった。しかし、ハイデッガーは『存在と時間』公刊後何年間か、『存在と時間』で行った予告を、主に講義・講演という形で実行していた。このことが、近年の全集の刊行によって知られてきた。特に問題の第三編「時間と存在」は、『存在と時間』既刊部が書き上がっていたと言われる一九二六年には同時に仕上がっていたが[22]、この草稿は焼却され、その「新たな仕上げ」として書かれたのが一九二七年の講義『現象学の根本諸問題』である[23](GA 2: 582, GA 24: 472f., vgl. GA 24: 1　以下『根本問題』と略記)。またフォン・ヘルマンによれば、『存在と時間』の「序論」(以下「序論」と略記)は「第三編」の最初の草稿が書き上げられてから書かれたものだとされており[24]、したがって「序論」で述べられている「第三編」の予告は、実際に一度書かれたものを土台にしているわけである。それゆえ、「第三編」の内容を知るには『存在と時間』の序論と『根本問題』とを見てみればよいことになるが、しかし「序論」の予告はあくまでも簡単な予告にすぎず、また『根本問題』も、「時間と存在」の主要問題の「存在のテンポラールな解釈」のほんの入り口までしか述べられないまま、最も重要な部分の直前で、やはり途絶してしまった。したがって、「第三編」の内容はあくまでも類推するしかないことになる。以下において我々はそれを見てみることによって、彼の転回が生じてきた背景と、①の「存在者論への転回」とはどのようなものであるのかということを整理する。

第二項　予定されていた転回：「形而上学的存在者論」(metaphysische Ontik) への転回
――『存在と時間』から「時間と存在」への転回

一　『存在と時間』の途絶

ハイデッガーが『存在と時間』の最終的目標としたことは、「《存在》の意味への問いを具体的に仕上げること」(SZ: こ)だった。この目標のために、第一部「現存在を時間性に向けて解釈することと、時間を存在への問いの超越論的地平として解明すること」、及び第二部「テンポラリテートの問題性を手引きとして存在論の歴史を現象学的に解体することの諸動向」を予定として挙げていたわけだが、既述のように第一部の第二編までで途絶してしまった。「序論」の予告によれば、第二部は第一部までで獲得されること、特に第三編で明らかにされる存在のテンポラリテートを手引きとして、自分の「独自な思索」を導きの糸とすることにより、伝統的存在論の歴史を解体してゆくことであったから、ハイデッガー独自の思索の主なものは第一部で述べられるはずだったことになる。そして実際に公刊されたものを見てみると、この第一部の前半「現存在を時間性に向けて解釈すること」の部分は、第一編「現存在の準備的基礎分析」と第二編「現存在と時間性」とにおいて遂行されている。したがって問題の「第三編」は後半の「時間を存在への問いの超越論的地平として解明すること」に当てられるはずだったことになる。ところが、ハイデッガーはこの箇所で原稿の焼却、書き直し、書き直したものの途絶という事態に見舞われ、いわば大変難渋することになった。難渋はしたが、しかしその後『根本問題』及び内容的には一九二八年の講義『論理学の形而上学的諸原初根拠』等でこの課題をある程度遂行している。そして、先に挙げた「形而上学的存在者論への転回」ということは、この『原初根拠』のうちで語られているのである。以下に、それについて見てみる。

『存在と時間』既刊部では、「存在の意味」を取り出して「具体的に仕上げること」のために、まず「我々自身がそれであるような」(SZ: 7) 人間的「現存在の存在の意味」が問われ、これが時間性として取り出された (SZ: 17, 323ff.)。この現存在の存在の意味としての「時間性を根源的な時間と名づける……」とされ(25) (SZ: 329ff., vgl. GA 24: 362, 376 傍点筆者)、この根源的な時間としての時間性を究明することが、もともとの目標である「存在の意味」あるいは、この時期のハイデッガーにのみ見られる言い方で言えば、「存在一般の意味」を問うための「地盤」だとされた (SZ: 17)。既刊部はここまでで終わっている。「第三編」はこのような時間性を「地盤」にして、すなわち「現存在の存在としての時間性に基づいて、時間を存在了解の地平として根源的に解明すること」(ibid.) に当てられるはずだった。この文の後半で語られている「時間」と「存在」とは、もはや人間的現存在の存在及びその意味としての時間性(26)にのみ関わるものではなく、「第三編」の主題である「存在一般」と「存在のテンポラリテート」とに関わるものなのだ。

では、ハイデッガーは存在一般とテンポラリテートとについて、どのように考えていたのか。

二　「存在一般」とテンポラリテート

『存在と時間』序論で最初にテンポラリテートについて定義した際、ハイデッガーは「存在とその諸性格と諸様態とが、時間から根源的に意味を規定されていること」を「テンポラールな被規定性」と名づけた (SZ: 19)。この「存在とその諸性格と諸様態」という言い方は、『根本問題』序論でその第二部の内容が予告されている箇所において、存在一般の意味への問いの問題の範囲として規定されている事柄へと、直接繋がってゆく。すなわち、

(一) 存在を存在者から区別して問う「存在論的差別〔ontologische Differenz〕の問題」(存在)

(二) 存在が「何で-あるか」(Was-sein) と「あり-方」(Weise-zu-sein) とに根本的に分節され、さらにその「あり-方」の可能的変様と統一とが問題になること、すなわち「存在の根本分節の問題」

(三) 「存在の、その存在諸様式のうちへの可能的変様の問題」(存在の諸様態)

(四) 存在が真理及び非真理と連関していることを扱う「存在の真理性格の問題」(存在の諸性格)

（『存在と時間』では三つだったものが、『根本問題』ではさらに四つに分けられている。Vgl. GA 24: 25）

『根本問題』第二部で取り扱われるのは以上四つの問題であり、したがってこれらは『存在と時間』「第三編」で取り扱われるはずの問題でもあったことになる。だが既述のように、㈠の「存在論的差別の問題」の箇所で『根本問題』も途絶してしまった。

　これらの諸問題は、もはや現存在の存在のみについてのものではなく、「存在一般」についてのものである。すなわち（これは『存在と時間』で「第三編」の内容を示唆するいくつかの箇所から結論づけられることだが）、問題になっているのは「我々がそれについて、それはある、と言っている一切のものの存在」なのだ（SZ: 333）。このようなものは、我々自身がそれである現存在の存在のみならず、「手許的なもの」（Zuhandenes）と「只在的なもの」（Vorhandenes）、及び手許的でも只在的でもなく単に「存立している」ものも含めた、一切の「現存在ならざる存在者の存在」（ibid.）をも意味する。テンポラリテートとは、このようなものとしての存在一般が「時間から根源的に意味を規定されていること」だった。

　テンポラリテートについては、『存在と時間』と同時期（一九二五―二六年）の講義『論理学――真理への問い』（『論理学』と略記）でも多少論じられている。『論理学』で、ハイデッガーは「現象学的クロノロギー」（phänomenologische Chronologie）ということを提起している。この「現象学的クロノロギーの課題は、諸現象が時間によって規定されていること――つまり諸現象のテンポラリテートを、探究することであり、それによって時間それ自身を探究することである」（GA 21: 200）。この『論理学』で述べられるテンポラリテートは、後の『根本問題』でのテンポラリテートより、まだ広い意味で使われており、「ゾルゲ〔Sorge〕のテンポラリテート」「世界への存在それ自身としての現存在のテンポラリテート」（GA 21: 409）といった言い方が出てくる。この「世界への存在」とは、「配慮」（Besorgen）であり、最終的にはゾルゲだとされており、これは現存在が特に日常性において「世界」と関わる際の「時間的規定性」である。

　このようなテンポラリテートに対して、『存在と時間』「第三編」の「新たな仕上げ」としての『根本問題』で主に論じられるテンポラリテートが、「第三編」途絶の鍵を握ることになる。そこでの規定を総括すれば次のようになる。すなわち、テンポラリテートとは「存在了解と存在論それ自身との可能性の条件として、それ自身が主題とされる場合の、時間性」であり（GA 24: 324）、かつ「時間性に属している地平的諸図式の統一を顧慮した時間性である」（a.a.O. 436）。つまり一言で言えば、ここで言われるテンポラリテートとは、存在一般についてその存在を了解する場合に関わってくる時間性であり、しかも地平的な側面から見られた時間性である、ということになる。

以上のように、この時期のハイデッガーが存在一般ということとテンポラリテートとについてどのように考えていたかということを見てきた。『存在と時間』「第三編　時間と存在」では、このような存在一般とそのテンポラリテートとが主要問題となるはずだった。それは一体どのようなことだったのか？

三　幻の『存在と時間』「第三編　時間と存在」

我々は『存在と時間』既刊部と『根本問題』等とから、ハイデッガーが幻の「第三編」で意図したことの主要な点を、以下のように総括できる。すなわち、彼は「第一編」において我々現存在の存在構造を「ゾルゲ」として分析し、「第二編」においてその存在構造を可能にしている意味としての時間性を取り出し、この時間性の時熟によって現存在の本来性と非本来性とが可能になることを証示し、本来性について詳述した（時間性と非本来性との関わりについても、論じてはいるが）。この現存在の時間性に定位して、さらに彼は現存在の（本来的）歴史性と、通俗的時間概念の起源としての内時間性とについて述べて、この「第二編」を終えた。「序論」の予告によれば、この後の「第三編」では、現存在の存在にとどまらず、存在一般の構造を取り出し、それを可能にしている条件を取り出すことが試みられるはずだった。『根本問題』によれば、存在一般だとされた一切の「それはある」（es ist）と言われるものの「存在」を可能にしているのは、存在と存在者との「存在論的差別」を遂行する現存在の時間性であり、存在者は現存在が存在しなくとも存在するが、「存在は、真理が、すなわち現存在が実存する限りで、与えられている」とされた（GA 24: 25 傍点筆者)。ここで注意されるべきことは、ハイデッガーがこのように述べた「存在」とは、「人間的自己」としての現存在が実存する限りでのみ思索されるものであり、単純に「存在者が存在する」ということとは異なるものだということである。これが、ハイデッガーにおける「存在」とは何を意味するのかということを解く、重要なヒントとなる。

そして、このことは「存在了解」の問題として究明される。すなわち、問題は「存在了解を可能にする地平」を取り出すことであり、そのような地平がテンポラリテートだとされたわけである。これによって「存在が時間から解釈される」ことが可能になるわけである。このようなテンポラリテートとしての地平は、さらに「世界」として、一切の存在者を超越しているとされる。だがこのような世界の超越に対して、「本来的に超越者であるのは現存在である」と言われる (a.a.O. 425)。このような超越に基づいて、存在論にして「超越論的学」(a.a.O. 23, 460) としての「哲学」が可能なのであるとされ、ハイデッガーはここにおいて存在論の基礎を確立しようとした。このような学としての存在論が可能になるのは、時間性に基づいて、存在一般についての現存在の存在論的存在了解が生じることによってなのである。

ここで重要なのは、この「存在論的」存在了解ということである。すなわち、現存在は自己と存在者とに関わることにおいて、すでに存在を「前存在論的」に了解してしまっている。だが、学としての哲学が可能になるためには存在の「対象化」(Vergegenständlichung, a.a.O. 398 usw.) が必要であり、そのためには存在を存在者から表明的に区別する「存在論的差別」が生じねばならないとされた。したがって、『存在と時間』「第二編」までで、手許的なものと只在的なものとについての「非本来的了解」(SZ: 148) ないし (本来・非本来の区別のない)「無差別的了解」と、現存在の存在についての「本来的了解」とは解明されていたが、「第三編」では存在一般についての存在論的了解が解明されねばならなかったのである。

しかもさらに確認しておかねばならないのは、このような存在論的了解としての存在論的差別が生じるのは現存在の本来性に基づいてだ、ということである。すなわち存在論的差別において現存在の超越が生じるが、「超越は現存在の本来的存在のうちに根源的に根差している」（GA 26: 236）のであり、それゆえ現存在の本来性において「開けている」（frei）こととしての「自由」（Freiheit）が、「超越と同一である」（GA 26: 238）とされうるのである。

以上のような存在一般についての存在論的了解は、それを「可能にする地平」を必要とする、とされた。なぜなら、現存在が自己の存在のみならず、一切の「現存在ならざる存在者の存在」を了解するという仕方で「出会ってこさせる」（Begegnenlassen）ためには、ある「開けた場」が必要だからである（「出会ってこさせる」ことは、「現在化すること」〔Gegenwärtigen〕と同様、本来的意味と非本来的意味とが微妙に区別されている。Vgl. SZ: 326, 338, 407ff., GA 24: 435）。このような地平は時間性の時熟によって開けるとされ、これについては『存在と時間』で触れられたが、「第三編」ではこの地平が、テンポラリテートとして主に究明されることとなるわけである。

以上のことは『根本問題』等において実際に遂行されたことだが、問題は、これらのことが『存在と時間』の「第三編」として、「第一編」及び「第二編」とどのように連関しているのかということを、正確に把握することにかかっている。

「第三編」で意図されている中心的課題は、既述のように、『根本問題』の序論からもわかるが、「存在一般についての学としての哲学」（GA 24: 15ff.）の基礎を形作ることだった。これが「基礎的存在論」の役割であり、ハイデッガーは『存在と時間』でわずかに触れている「根源的にして本来的な真理が、現存在の存在の了解と存在一般の了解とを保証するに違いない」（SZ: 316）ということに基づいて、「真理-内-存在」としての現存在の「本来的実存からの学の起源」（a.a.O. 363）を解明すること、「存在そのものについての学」（a.a.O. 230）を確立することを、「第三編」の課題とした。つまり、「第二編」で行われた現存在の本来性についての分析は、もっぱら現存在自身の存在の解明に終始していた。だが「現存在の存在がその包括的にして存在論的な明晰性を受け取るのは、現存在ならざる存在者の解明された存在の地平において初めてである」（a.a.O. 333）にもかかわらず、本来性のうちで自らの存在を了解している現存在が、現存在ならざる存在者の存在をいかにして存在論的・本来的に了解するのかということが、「第二編」まででは説かれていないのだ。「第三編」では、自己のみならず、自己以外の存在者についても、存在論的・本来的に存在を了解しようとする現存在に関し、その存在了解を可能にする地平（としてのテンポラリテート）を取り出し、それを基盤にして、存在論としての学を確立することが企てられたのだ[27]。これが、「第三編」の最終的な意図である。ハイデッガーは「第三編」において、それまでに獲得された現存在の本来的存在了解の構造を「地盤」にして、その「地盤」のうえで、さらに我々現存在の存在規定を越えて、現存在以外の存在を含む一切の存在との関わりの次元に出てゆこうとしたのであり、またそれを可能にする条件を取り出そうとした。そして『根本問題』からわかるように、最終的には現存在の超越をすべての根底に置こうとした。

このような企てが、『存在と時間』後何年間かのハイデッガーの主要な問題となる。我々が先に挙げた「形而上学的存在者論への転回」ということは、このような企てから必然的に生じてくるものだった。だが同時に、この「転回」はハイデッガー自身の思索の転換を引き起こす端緒となった、と言わざるをえない。それはどのようなことだったのか？

四　「形而上学的存在者論」への転回——『存在と時間』から「時間と存在」への転回

「形而上学的存在者論への転回」ということが述べられる『原初根拠』では、今挙げた現存在以外の存在との関わり、及び現存在の超越の優位ということが、やはり主要問題となっている。その限りでは、『原初根拠』は「第三編」の意図をそのまま踏襲するものである。このことは、この講義の「問題次元の露開」において、哲学の中心問題としての存在問題が以下のことによって仕上げられねばならないと述べられている箇所で、顕著に現れている。すなわちそれは次のようになる。

㈠　「根底化」（Radikalisierung）
㈡　「普遍化」（Universalisierung）（GA 26: 187ff.）

すなわちハイデッガーは、ここで現存在とその時間性とについて究明することを「根底化」と呼ぶ（これが『存在と時間』第二編までで行われたこと）。一方（「第三編」で行うはずだった）「存在一般の意味への問い」に関して、「存在の問い一般」を扱うことを「普遍化」と呼んでいる。そしてこの普遍化の内容として、『根本問題』で挙げられた存在についての四つの問題を、ほぼそのまま挙げているのである。すなわち

「㈠ 存在論的差別
㈡ 存在の根本分節
㈢ 存在の真理性格〔veritativer Charakter〕
㈣ 存在の領域性と存在の理念の統一」（a.a.O. 193f.）

この四つは『根本問題』序論で挙げられた先の四つの問題と、ほとんど同じである。さらに遡れば、既述のように、この四つは『存在と時間』序論で、「第三編」において論じられるはずだったテンポラリテートに関連して予告された「存在とその諸性格と諸様態」の解明ということと対応していた（SZ: 19）。これらの対応は、存在の問いの「普遍化」と呼ばれたことの具体的内容を表していると共に、この一九二八年においてもハイデッガーがなお「第三編」の執筆を目指していたということの具体的証明となっている。このような執筆の意図は、一九二八年に成立した他の講義・講演の草稿はむろんのこと、一九二九年の『カントと形而上学の問題』においても見られる（Kant: 198ff.）。彼は『存在と時間』それ自身の継続、特に第二部執筆の意志は、かなり後までもっていたと思われる（vgl. GA 9: 159）。

このように、『原初根拠』は「第三編」の意図を踏襲しながら、なおかつ四つの問題のうちの「存在の真理性格」としての存在と真理との連関の問題を（根拠との関わりで）主に扱っていることによって、『根本問題』より一歩を進めている。なぜなら、現存在以外の存在者の存在を了解するに際して、肝心なのはその存在了解の真理性を確保することであり、これが「第三編」の「中心的問題」となるはずだったからである（vgl. SZ: 357）。

「形而上学的存在者論への転回」ということは、この主要問題を扱う注意書という仕方で述べられる。すなわ

ち、先に挙げたように、『存在と時間』で目指されていた基礎的存在論とは「(一)現存在の分析論であり、(二)存在のテンポラリテートの分析論である」が、「このテンポラールな分析論は同時に転回〔Kehre〕であって、この転回のうちで存在論それ自身は、そのうちに自らが非表明的な仕方でつねに存立しているような形而上学的存在者論〔Ontik〕(28)のうちへと、表明的に駆け戻るのである」と。そして「根底化と普遍化」という先に述べた動きによって、存在論を「そのうちに潜む転化〔Umschlag〕へと」もたらしたとき、「転回することが遂行され、メトントロギー〔超存在論 Metontologie〕への転化という事態になるのである」と述べられた（以上 GA 26: 201 傍点一部筆者）。

ここで言われている「転回」については、我々がすでに述べてきたことから次のことが容易にわかる。

(一) この転回は、「第三編」における『存在と時間』から「時間と存在」への転回である。これはさまざまなレベルでの転換を含むが、基本的には、先に述べたように、現存在の存在規定を掘り下げることから、現存在以外の存在を含む一切の存在を扱う次元に出てゆくことであり、またそれが可能になる条件を究明することである。

(二) この転回は『存在と時間』序論で予告された道筋に属すものであり、いわば予定されていた転回である。

(三) この転回は二重の仕方で生じる。すなわち、「形而上学的存在者論への転回」が生じたとき、「メトントロギーへの転化」という事態になる、とされている。

これらのことはこの転回の性格を端的に表しており、またハイデッガー自身の思索の転換と端的に結びついている。しかしこれについては次の節で述べる。今は、これまでのことを基に、ハイデッガーの転回と言われる事態の錯綜を整理する作業を行っておくこととしたい。

第三項　「転回」という三重の「事態」

今まで述べてきたことによって、ハイデッガーにおける転回とは、以下のように整理される。これは、我々が始めに挙げた転回の三重の事態と対応している。

まず、①ハイデッガーが『存在と時間』から「時間と存在」への転回と言っていることは、直接には「形而上学的存在者論への予定された転回」のことを言っている。このことはこの節の冒頭で引用された箇所の㈠、㈣、㈥の一部に当てはまるだろう。ハイデッガーがこれらの箇所で述べていることは、まず第一には、もともと『存在と時間』で予告された全体としての存在者を扱う存在一般への問いが、それまでの現存在自身の存在をもっぱら扱う方向から「逆転」したことを意味する。[29] すなわち「根底化」から「普遍化」へと、言い換えれば、現存在の自己内部の本来性から、現存在ならざるものとの（現存在の本来性を基盤にした）関わりの次元に出てゆく方向への転回だということを意味する（ただし、彼が引用文の㈣で「逆転」と言っている事態には、単に「予定された転回」のみではなく、その底に後述のような「存在自身の転回」、性起がある。あくまでも事態は「多層的」である）。

そして第二として、そのような予定された転回を行ううちに、その「転回を言うということにおいてうまくゆかなくなり」(GA 9: 328)、ハイデッガー自身の思索の転換が起こり始めた。これが、②「思索の《転回》」である。

この「思索の《転回》」は、昔から一般に「ハイデッガーの思索の転回」として議論されてきた。だがこれは今述べたような予定された「形而上学的存在者論への転回」を行ううちに生じてきたものであり、そのことによって「第三編」が「差し控えられた」。したがって、これらの箇所で言われている転回という言葉においては、第一の意味と第二の意味とが錯綜している。その錯綜のいちいちについて詳論する余裕はないが、この錯綜ということ自身を正しく把握することによって初めて、今までの転回についてのさまざまな解釈が見落としていたある種の矛盾が解決される。[30]

たとえば、ハイデッガーが『存在と時間』から「時間と存在」への転回と言っていることを、「第三編」の「時間と存在」と何らかの関わりはあるとはしながらも、即座にハイデッガー自身の思索の転回として解釈する解釈者が昔から多かった。だが、そうなると先に挙げた『リチャードスンへの書簡』にある次の言葉との矛盾が生じてくる。す

なわち、

㈥「……転回はまず第一には、問いつつ思索することのうちでの出来事なのではなく、『存在と時間』、「時間と存在」という表題によって名づけられている事態それ自身に属」し、「転回は単に私の思索にのみ関わるものではない」（GA 11: 149f.）。「……転回の思索のうちで『存在と時間』の立問は補-完される。補完しうるのは、全体を見るものだけである。この補完が初めて……存在そのものの真理から思索された人間の本質の十分な規定をもたらす（『存在と時間』第六六節参照）」（GA 11: 150）

ここで言われているように、転回は『存在と時間』を「補完する」ものだとされており、参照として挙げられている『存在と時間』の箇所は、我々がすでに触れた箇所、すなわち現存在ならざるものの存在、ないし存在一般を解明することによって初めて「現存在の存在がその包括的、存在論的明晰性を得る」（SZ: 333）と予告されている箇所を含む。したがって、ここで言われている転回は、直接には『存在と時間』から「時間と存在」への「予定された転回」を表しているのだと解釈しなければ、ハイデッガーは奇妙なことを言っていることになってしまう。このような予定された「形而上学的存在者論への転回」というものがあったということが把握されていないと、ハイデッガーが『存在と時間』以後何をめぐって難渋し、何によって思索を転換させたのかということ自身が、不分明なままになってしまうのだ[31]（それゆえ彼の転回はいまだ十分に理解されていないのだが）。

ハイデッガーの「思索の転回」についての議論は、最近沈滞気味である。だが、『寄稿』等で述べられた「性起のうちでの転回」との関わりで、特に一九三〇年代の彼の思索の大転換とも言うべきことを無視しては、彼の前期・後期の思索の根本を理解しえないと言わざるをえない。ただし、ハイデッガー自身の曖昧な言い方によって事柄の正確な理解が妨げられていることは、否定できない。先に述べたように、この章のまず第一の意図は、そうした曖昧さによる錯綜を解くことにある。彼の言い方の曖昧さのうち、特に問題になってくるのは、次のような言葉である。

まず先の引用の㈦（「本論」第一章第二節第一項）で言われていた次の言葉が問題となる。

「……思索は、存在の開性に直面した現存在の開性よりも、存在それ自身の開性の方を強調するようになる。これが《転回》〔«Kehre»〕を意味する。この《転回》において、思索はますます決定的に、存在そのものへと向かうようになるのである」(『一九六九年ル・トール・ゼミナール』VS: 83, GA 15: 345　傍点筆者)

ここで言われている「転回」は、「思索」自身が「〜よりも、〜の方を強調するようになる」ということであり、「思索自身の転回」ととらざるをえないだろう。ハイデッガーの「思索の転回」を否定しようとする解釈者たちは、この言葉をどう説明するのだろうか？[32] 我々も、ハイデッガー自身の言表に従うなら、「思索の転回」を「転回」の意味の一つとして挙げざるをえないだろう。ただしここでハイデッガーは«Kehre»とカッコ付きで述べている。それゆえ我々も、「思索の《転回》」と表記しよう。

また先の引用の(六)の『リチャードスンへの書簡』中の、「転回は単に私の思索にのみ関わるものではない。……転回の思索は私の思索のうちでのある転換です」という発言がなされたコンテクストも問題である。すなわちこの発言は、その前のリチャードスンからの「ハイデッガーの思索の転回に関する議論についてどう考えるか」という質問への答えとして、「転回は単に私の思索にのみ関わるものではない」と述べられたものなのだ。ここでハイデッガーは、リチャードスンがハイデッガーの思索の転回を前提したうえで「ハイデッガーI（転回以前）、ハイデッガーII（転回以後）」という区別をしたことに対し、条件付きではあるが、「当たっています」(GA 11: 152) と認めているのだ。

このような曖昧さによって議論が生じてきたのが、「思索の転回」という事態だった。ここで問題なのは、彼が「思索の転回」という言葉を言明したかどうか、というような詮索ではない（自らの思索が「揺らぎ」「転回」したというようなことを、自ら言明する者は少ないだろう。ただし、先に挙げた『一九六九年ル・トール・ゼミナール』のように、自ら言表している場合もある）。問題は事柄自身のうちにある。一九三〇年代の彼の「思索の転換」について、あたかもそのようなこと自体なかったかのような見方が最近一部でなされるが、実はそれによってハイデッガーの思索の根本的なことが見落とされてしまいかねない。転回の思索によって引き起こされた彼の思索の転換の事実を、正確に理解することこそ、すべての出発点だと言えよう。[33]

だが、おそらくそれによって最終的に明らかになるのは、ハイデッガーが難渋し、自らの思索の転換を引き起こさねばならなくなったほどの、事柄自身のもつ困難さであるだろう。

このような困難さを引き起こしたのが、ハイデッガーの転回の底にある、我々が先に挙げた③「存在自身の転回」あるいは「性起の（うちでの）転回」という事態である。これについては、ハイデッガーが一九四九年の講演『転回』や、『寄稿』（一九三六―三八年）及びそれ以降の論文で述べており、我々が先に引用したハイデッガー自身の転回についての言表は、（『原初根拠』での「予定された転回」発言を除けば）すべて根底においてこの「存在自身の転回」「性起の（うちでの）転回」が念頭に置かれている（特に㈡、㈤、㈥は主にこの転回について言われている）。この「存在自身の転回」「性起の（うちでの）転回」がハイデッガーの思索の《転回》の底にあるということは、最近しばしば言及されるようになってきた。特に『寄稿』で「性起の（うちでの）転回」が多言されたことから、今や「転回」と言えばこの「性起の（うちでの）転回」を意味するというような解釈が流行するようになってきた。しかし事態はそれほど単純ではなく、これまで見てきたように、「転回」は「多層的」である。何よりも、「転回」を「性起の（うちでの）転回」とのみ解した場合、説明のつかないハイデッガーの言表が多すぎるだろう（特に先に挙げた「転回発言」の㈠、㈣、㈥、㈦）。「転回」は「もはや解決済み」の問題などではなく、いまだ「謎」なのだ。しかもその「謎」のうちに、ハイデッガーの思索の根本的問題が潜んでいる。

（転回に関する新しい解釈書のうちでは、たとえばロザレスは、彼の論文が比較的新しいものであるにもかかわらず、ハイデッガーの「転回」において、「思索の転回」を重要な事柄として位置づけている。[34] ケッテリングも、「転回」を次の「三つの根本意味」に分けている。㈠「存在自身の転回」、㈡『存在と時間』「第二編」から「第三編」への「計画された転回」、㈢「三〇年代初頭に遂行された、ハイデッガーの思索の転回」。この論は説得的であるが、㈠には「性起の（うちでの）転回」が根底にあり、また㈡には「形而上学的存在者論への転回」があることを論じていない。[35] またフォン・ヘルマンも、「ハイデッガーはその思索の行程で、〔「転回」というような〕彼の主導語をさまざまな意味で使っている」とし、ハイデッガーの思索の転回は「基礎的存在論的な思索から、真存在歴史的な思索への転換(36)」だと見る。さらにリーデルは、「転回とは実存する現存在の存在了解への問いから、《真理の本質》への根源的問いの方向へと連れ戻し、……西欧形而上学の歴史の最も根源的次元に通じるもの(37)」だとする(38)。

以下において我々は、『存在と時間』及びその直後のハイデッガーにおいて、後に「存在自身・性起の転回」と言われるようになるものが(『存在と時間』当時には、彼はこのような言い方はしていない)、どのような仕方で根底にあり、どのようにして彼の思索を《転回》・転換させたのかということを、明らかにするべく試みる。すでに述べたように、その手がかりとなるのは、ハイデッガーが「自性的」「奥義」と言っていることであり、さらにその底にあるのが、性起の問題だった。以下の究明は、ハイデッガーの転回の具体的な内容を明らかにしようとするものであり、また我々が始めに意図したような、「思索の《転回》・転換を引き起こした転回という事態自身」についての究明を、行おうとするものである。

第三節　性起と転回――「自性的」ということと「奥義」

第一項　真理と「地平・世界」の生起

『存在と時間』既刊部執筆以後のハイデッガーの思索は、すでに述べたように、現存在にとどまらぬ「全体としての存在者」との関わりを問題にするようになる。この関わり方を今簡潔に要約すれば、次のようになるだろう。すなわち、現存在の時間性の時熟に基づいて、自らの本来性のうちで真に存在を了解することが可能になった現存在が、存在論的差別の遂行によって、存在者を超越する。この超越を根拠にして、現存在は自らの自由のうちで、全体としての存在者の存在を真に了解する、と。

その際、ここにおいて「根源的に超越論的な真理」(GA 26: 281)が生起する、とハイデッガーは言う。このような超越論的な真理は、全体としての存在者の存在を了解するための地平を必要とする。それゆえ『存在と時間』「第三編」の目標は、「存在了解一般を可能にしている地平」を求めることだとされた。したがって、『存在と時間』既刊部執筆以降のハイデッガーの思索の重要問題は、このような地平を求めることと、またそれによって可能になる「真理」の問題にあったと言ってよい(39)。

このような地平はまた、彼が「世界」と呼ぶ事柄と連関する。ハイデッガーはこのような「地平」ないし「世界」が生じてくることを、さまざまな言い方で表現しようとしている。その重要な箇所を『存在と時間』前後に絞って挙げると、たとえば次のようになる。

「世界の可能性の実存論的-時間的条件は、時間性が脱自的統一として、何らかの地平というようなものをもつということのうちにある」(SZ: 365)

「現存在が時熟する限りでのみ、何らかの世界もまたある」(SZ: 365)

「時間性とは根源的自己-外〔**Außer - sich**〕であって、「脱自態には、自己-外ということによって与えられているある特有な開性〔**Offenheit**〕が属して」おり、そのような脱自態が「そのうちへと向けて自らのうちで開けているようなものを、我々は脱自態の地平と名づける」(以上 GA 24: 377f.)

世界の生起と時間性との連関については後に詳述するが(「本論」第三章)、この『存在と時間』前後の時期において共通して言えることは、今簡単に述べれば、次のことである。すなわち、一方では「脱-自」としての現存在の時間性の時熟に基づいて、地平が開けるとされる。だが、その地平はまた、「根源的自己-外」としての「時間性自身のもつ開性」によって開けるともされ、地平はいわば二重構造的に言われている。このような二重構造から、徐々に、現存在と世界との対抗的関係が顕在化してくる。時間も、現存在の時間性とテンポラリテートとのある種の二重構造をもつ（「本論」第三章で詳述）。これは予定されていた二重構造だが、両者のいわば「架橋」が問題となってくるのであり、そこに問題の根があった、と言いうるのだ。

　ここで注意されねばならないのは、世界の生起が、現存在の時間性の時熟によって開ける地平だとされ、またそのような世界ないし地平からして存在者の存在を了解することとしての「真理」は、現存在のあり方によって左右されるとされている、ということである。

　すなわちまず、この時期「真理」については、「真理」（Wahrheit）という伝統的な表現と並んで、存在者が「発見されていること・被発見性」（Entdecktheit）、「露呈されていること・被露呈性」（Enthülltheit）、「開蔵されていること・被開蔵性・開蔵性」（Entborgenheit）ないし「非‐伏蔵性」（Un-verborgenheit）といった言い方で言われるようになる（中期以後は、伝統的意味での「真理」は《Wahrheit》、本来的意味では「非‐伏蔵性」という言い方が多くなる）。そのような「真理」が可能になるのは、時間性の脱自が開く地平としての世界が、時間性の時熟によって開け、このような「世界の開示性に基づいて、内世界的存在者の被発見性がある」（SZ: 220）ことによる、とされる。だがまたこの過程は、「現存在の超越」の生起として世界が生起し、それによって存在者の「世界関入」（Welteingang）が生じることによって可能になる、ともされる。それゆえ最終的には、「真理が《与えられている》〔es gibt〕のは、現存在が存在する限り、かつ存在する間だけだ」（SZ: 226, 230 傍点筆者）とされるのだ。つまり現存在が本来的（eigentlich）に、言い換えれば自らの「最も自性的な」（eigenst）あり方になったとき、自己の存在と、世界と、非現存在的存在者の存在とが、同時に本来的に「了解」される。これはゾルゲの構造と対応している。このようなときにのみ、「真理は与えられている」とされる。かくして「現存在は真理のうちにある」とされるのだ。

　ところが同時に、「現存在は非真理のうちにある」とも言われる。ここにおいて内世界的存在者の隠蔽が生じる。この非真理は、すでに『存在と時間』において、後に強調されて言われるようになる二重のあり方で表現される。すなわち仮象という仕方で偽装的に「塞ぎ立てられていること」(Verstelltheit) と、まったく隠されている「伏蔵性」(Verborgenheit) と。さらに「被発見性」の反対の「閉隠性」(Verdecktheit) がある。だがここで注目すべきことは、この時期、非真理・伏蔵性が現存在のあり方に根拠をもつとされていることである。たとえば一九二九年の『ドイツ観念論(フィヒテ、シェリング、ヘーゲル)』で次のように言われている。

「真理が《与えられている》のは、現存在が実存する間だけである。だがまた存在者の伏蔵性、非真理が与えられているのも、現存在が実存する限りでのみなのだ」(GA 28: 360)

「一切の伏蔵性の根拠は、人間的現存在の有限性(無性)である」(GA 28: 361)

また『存在と時間』でも、非真理は現存在の頽落というあり方に関連するとされ (SZ: 222)、そして「存在一般の意味」を「只在性」と解する「……今日でも克服されていない現存在の存在了解が、それ自身真理の根源的現象を閉隠する」(SZ: 225) とされているのだ。さらに何よりも特徴的なのは、この時期のハイデッガーは、真理に比べて非真理について言及することが非常に少ないということである(それが増えるのは、後述のように、彼の思索の転換の渦中である)。

以上のように、『存在と時間』前後では、真理をめぐって、現存在と地平・世界との関わりが、問題性を孕んだ仕方で語られていた。つまり、それぞれのうちにいわば二重構造的な仕組みが隠されていたのだ。このような構造が、これ以降さまざまな局面での「逆転」となって現出してくる。それはいわばハイデッガー自身の思索のある種の「迷い」とも言いうるのだ。

第二項　真理をめぐる「逆転」

では、彼の思索はいかにして「逆転」し、またその思索の逆転を根底において統べている「存在自身の転回」「性起の転回」とはいかなることなのか。我々は次にそれを明らかにするべく、まず『存在と時間』以後の彼の思索の変化において非常に重要な意味をもつと思われるものをいくつか取り出し、これを解明することとする。

一 「超存在論」（メトントロギー）における「超力」

転回に関わるハイデッガーの思索の変化は、厳密には『存在と時間』「第三編」の最初の草稿を焼却したときに始まると言わねばならない。すでにこの時点で、彼が「謎・暗がり」（GA 21: 197, SZ: 4, 148, 371, 389, 392, GA 24: 443, 467 usw.）等といった言葉で呼んでいた事柄が彼の思索を難渋させていたことは、想像に難くない。また彼の思索は『存在と時間』後ほとんど一年毎に変化していると言っても過言ではない。しかしそれらについて詳論する余裕はないため、ごく重要なもののみを取り上げよう。

まず、『存在と時間』が書き上げられた一九二六年の講義『古代哲学の根本諸概念』で、次のように語られる。

「存在への問いは自らを超越する。存在論的問題は転換する〔**umschlagen**〕のだ！　メトントロギー的、テオロギケー〔θεολογική 神学的〕、全体としての存在者」（GA 22: 106）

ここで「存在論的問題の転換」「メトントロギー（超存在論）」「神学」「全体としての存在者」ということが語られているが、これらについてはそれほど詳論されていない。これらについて詳述されるのが、『原初根拠』である。この中で先に挙げた「形而上学的存在者論への転回」について述べられている箇所で、メトントロギーが語られる。すなわちここで言われている転回は、二重の仕方で生じるとされた。つまり「テンポラールな分析論」における「形而上学的存在者論への転回」が遂行されたとき、「メトントロギー（超存在論）への転化という事態になる」とされていた。メトントロギーとは「全体としての存在者」を扱うものであり、その限りでは「存在者論」とメトントロギーとは同じである。しかしまた一方で、メトントロギーは基礎的存在論のうちで生じるとされながら、「基礎的存在論とメトントロギーとが、それらの統一のうちで形而上学の概念を形成する」（GA 26: 202）とされ、基礎的存在論とは区別されているのだ。

このような二重性は、アリストテレスにおける「第一哲学」（πρώτη φιλοσοφία）と「神学」（θεολογία）との二重性に対応するとされている（ibid.）。アリストテレスにおいて形而上学としての第一哲学がその底に第一原理への問いとしての神学を包含するように、ハイデッガーは自らの存在論としての形而上学もまた、「基礎的存在論とメトントロギー」という二重性を含むとするのである。むろん、アリストテレスの『形而上学』における存在論と神学との関係の問題については、古来さまざまな議論がなされている。だがハイデッガーは『形而上学』の初期の巻を解釈することにより[40]、その関係を、第一哲学としての哲学がもつ「二重性格」だとする。そしてこのような哲学とは「存在についての学と超力的なもの〔das Übermächtige〕についての学とである」とする（GA 26: 13 傍点筆者）。さらに「この二重性格は、実存と被投性との二重的なものに対応している」と述べているのである（ibid.）。つまり、単に存在者についてではなく、存在者の存在について扱う学は、存在者を超えたある「超力的なもの」を探究することになる、とハイデッガーは見ているのだ。

この講義にとどまらず、『存在と時間』以後、「超力的なもの」、現存在の「無力」（Ohnmacht）、「有限性」（Endlichkeit）、及びそれとの関連で、「神学」などについての言及が増える[41]（a.a.O. 13ff., 33, 211, 279, SZ: 384f., Kant: 210ff., GA 24: 387, 438 usw.）。全集第九〇巻『エルンスト・ユンガー』では、一九三〇年代半ばから四〇年代にかけて、ユンガー解釈という仕方で、「力」〔Macht〕とは何か?」と問い、「力」について再三論究している（GA90: 165 - 187）。このことはたとえば一九三一－三二年の『真理の本質について――プラトンの洞窟の比喩とテアイテトスとに寄せて』における「力を与える働き」（Ermächtigung）に繋がる。これは「存在及び非伏蔵性に、それらの自性的本質へと向けて力を与える〔ermächtigen〕」（GA 34: 109）とされ、「存在」や「非伏蔵性」をある意味で「超えた」働きとして語られ、プラトンの「洞窟の比喩」における「善のイデア」と比肩するものとされている。また『ヘーゲルの精神現象学』（一九三〇－三一年）では、「脱自的時間の地平としての存在」を「存在は有限性である」こととして規定している（GA 32: 145）。これは、この頃のハイデッガーの主要問題が超越だったことと関連する（すなわち、存在及び世界が個々の存在者を超越すること。さらに現存在の超越)。だが同時に、現存在にとどまらず、「全体としての存在者」及び世界という現存在ならざるものと、その存在を了解するという関わりのうちに出たとき、彼が何らかの超力、「力を与える働き」、無力ということを思索しようとしていたことを、うかがわせる。これは『存在と時間』でもわずかに触れられているが(SZ: 384f.)、この後ますますハイデッガーの思索を支配するようになり、彼の思索の転換と結びついている。それはどのようなことなのか?

すでに見たように、ハイデッガーはメトントロギーを、アリストテレスの神学に比せられるような、[42] 何らかの「超力的なもの」との相関のうちで捉えており、それを現存在の「被投性」と対応させていた。この場合の「超力的なもの」とは、『原初根拠』(一九二八年)では存在者を超えた「存在そのもの」ということだった[43](vgl. GA 26: 33)。しかし、彼は『存在と時間』では逆に「現存在の超力」と言い、それを現存在の「自由」と捉えていたのである。すなわち、

「現存在は死へと開かれて、その有限的自由という自らの自性的超力のうちで、自らを了解する。……このような自由のうちで、現存在は、自己自身に委ねられているという無力を引き受けるのである」(SZ: 384)

ここでは現存在の投企の側面が超力と言われ、被投性の側面が無力と言われている。これが『原初根拠』では、現存在の「存在者に対する無力」ということだけがもっぱら言われ(GA 26: 279)、もはや「現存在の超力」というようなことは言われなくなる。「超力的なもの」は「存在そのもの」や存在者であり、それはむしろ現存在の被投性との関わりのうちで問題にされるものとなるのである。

もっともこの一九二八年の段階では、最終的にはまだ現存在の自由が中心問題となっており、現存在ということそれ自身についても、人間的現存在とのいわば「乖離」ともいうべきものはそれほど明確にされていない。

しかし全集第三六―三七巻『存在と真理』に収められている一九三三―三四年の講義『真理の本質について』で、次のように語られる。

「人間は存在の超力のうちへと拘束〔binden〕されているがゆえにのみ、実存しうるのだ」(GA 36-37: 101)

「我々にとって、存在の超力のうちへとこのように拘束されていること〔Gebundenheit〕こそ、人間の最深の本質

なのだ」(GA 36-37: 100)

さらに一九三四—三五年の『ヘルダーリンの讃歌《ゲルマーニエン》と《ライン》』では、超力は「真存在〔Seyn〕の超力」と言われており、「現存在とは、真存在の超力のうちへと晒し出されていることに他ならない」(GA 39: 31) とされるようになる。

ここでは超力ということに関して、人間的現存在のあり方が、いわば「逆転」していると言いうる。

このような逆転はほんの一例にすぎない。『存在と時間』以後一九三〇年代の半ばまでに、世界の開け、自由といったことをめぐる人間的現存在の役割がいわば逆転し、現存在自身の意味さえも転換するのだ。これらの転換が明確に読み取られうるのは、ハイデッガー自身が「転回の思索のうちへのある観入を与える」(GA 9: 328)、「〔その章の〕㈤と㈥との間に(性起のうちで現成している)転回のうちへの跳躍がある」(GA 9: 193) と述べた、『真理の本質について』である(以下『真理の本質』と略記)。これは一九三〇年から講演されたものだが、公刊された一九四三年までに、彼自身によって幾度か修正された。また三〇年代には同様の表題の講義・講演が幾度も行われ、この頃のハイデッガーにおいて「真理」とそれをめぐる問題とが非常に重要な位置を占めていたことがうかがわれる。それゆえ「転回の思索のうちへのある観入を与える」とされているのだ。

三〇年版のものは現在公にされていないが、フレンツキがその論文『転回——ハイデッガーの書「真理の本質について」』中で行っている三〇年版からの詳細な引用によって、その主な内容は把握されうる(44)(以下、Keと略記)。この『真理の本質』で、我々は一九三〇年においてすでに重要な転換があるのを見いだす。また四三年版との異動を比較することにより、彼の《転回》の決定的内容を明らかにすることができる。そしてその鍵となるのが、「自性的」ということと「奥義」なのだ。

二 「超越」「根拠」「世界」「自由」——人間的「現存在」の「変貌」

『真理の本質』三〇年版では、超越の問題が変化している。『存在と時間』既刊部の課題は、「超越を具体的に-露呈しつつ、投企することに他ならない」（GA 9: 162）とされた。ところが『存在と時間』以後あれほど執拗に追究された超越の問題は、『真理の本質』三〇年版では（フレンツキの引用する限りでは）まったく姿を消している。『原初根拠』では「真理は超越の本質のうちに存する」（GA 26: 281）とされ、『根拠の本質について』では「真理の本質がその内的可能性をくみ取るところ、すなわち超越の本質」とされ、「真理、根拠、超越を一括して括弧に入れる」（GA 9: 135）ことが試みられた。その限り、真理と超越との問題は、根拠の問題との相関のうちで、切り離されがたい連関のうちにあり、「超越論的真理」に基づいた「超越論的学」（GA 24: 23）が目指された。だが、それが『真理の本質』では消えているのである。真理はもはや、現存在の時間性に基づいた超越論的方向性のうちで獲得されるものでは、なくなっている。

根拠の方は、西欧哲学における「知性と物との一致」としての「正合性」（Richtigkeit）という意味での真理を可能にするものとして、言及されている。特に三〇年版では「一致の内的可能性の根拠は、すなわち真理の一般的本質は、自由である」（Ke: 52）と述べられてはいる。しかしこれも、四三年版ではもはや中心的意味をもつものではなくなっている。

さらに『真理の本質』では、世界の開《ひら》けの問題が変化している。世界に関しては、『存在と時間』での「環《まわ》り世界」（Umwelt）の詳細な分析は「従属的意義をもつにとどまる」（GA 9: 155）とされ、「世界の開けそれ自身」の問題が、地平との関わりで『存在と時間』以後重要問題となっていた。彼のそれまでの主要な主張は、次のように要約される。すなわち、世界（地平）は時間性の時熟によって開け（SZ: 365, GA 24: 377f., GA 26: 269ff.）、「自由のみが、世界が統べ、世界する〔**welten**〕ことをせしめうる」（GA 9: 164）ということだった。しかし世界の開けは、現存在の超越との関わりで微妙に変化してくる。世界は、徐々に現存在に「対向的」なものとして、あるいは現存在の自由に対する「拘束性」（Verbindlichkeit）という仕方で捉えられるようになっていた（vgl. GA 24: 420ff., GA 26: 218f., GA 29-30: 507f.）。このような変化が『真理の本質』で表明的になる。三〇年版では「世界」という表現はされていないが、それ以前に《全体として》〔im Ganzen〕ということ、すなわち世界」(GA 29-30: 513) ということはすでに言われており、三〇年版ではこの「全体として」ということが重要問題となっている。四三年版では、世界という意味での「開け」(das Offene) がやはり重要な意味をもつようになっている。これら両方に共通しているのは、もはや時間性の時熟によって世界という場が開けるとか、現存在の超越との関わりとかは言われていないということである。むしろ四三年版では、すでに開けている「開け」に人間が「晒し出されている」(GA 9: 190) とされるようになる。ここでも世界（開け）と人間との関わりは変化しているのだ。

さらに、「真理の本質」として中心的に究明されるのは自由だが、これもそれまでのような現存在の超越との密接な関係のうちで捉えられてはいない。自由とは、存在者を「存在-せしめること」(Sein - lassen) として捉えられている。これは三〇年版も四三年版も共通している。しかし注目されねばならないのは、自由と人間的現存在とのいわば意味の「分離」ともいうべきものであって、自由はもはや人間的現存在のもつ特性などではなくなっている。これは三〇年版で「真理も自由も人間の特性ではない。人間は自由の担い手でもなければ所有者でもない。一切は逆なのだ」(Ke: 53 傍点筆者) という言葉のうちで表されている。もっともこの版ではまだ存在者に対して「人間的に関わること」が自由だとされており、自由と人間との分離はそれほど表面には出ていない。しかし同じ一九三〇年の『人間的自由の本質について』では、「自由自身はその本質において、人間よりさらに根源的である」(GA 31: 134) とされ、ここでは自由と人間との分離がより明確にされている。これが四三年版になると、「自由が、つまり脱-存しつつ開蔵しつつある現-存在が、人間を所有している」(GA 9: 190) とされ、自由はもはや人間のほしいままにしうるものではない、何らかの「事態」として捉えられるようになるのだ。

このことは、今挙げた引用にもあるように、さらに「現存在」の意味の転換を表している。現存在については、すでに一九二九年の『カントと形而上学の問題』で、次のように述べられていた。すなわち、「人間のうちの現存在の有限性は、人間よりも一層根源的である」(Kant: 222)、「人間が人間であるのは人間のうちの現存在を根拠にしてのみであるなら、人間より一層根源的であるものへの問いは、根本原則的にいかなる人間学的な問いでもありえない」(Kant: 223) と。ここで表されているのは、人間と現存在との「乖離」とも言うべき事態だろう(45)。このことは一九二九—三〇年の『形而上学の根本諸概念』においても「現存在それ自身のうちにおける転換」(GA 29-30: 511) と言われており、この講義では随所に類似した表現が見られる (GA 29-30: 509ff., 519, 525, 531 usw.)。さらに先に挙げた『真理の本質』四三年版からの引用で、このことが決定的に表明されているのである。

これらのことから明らかなのは、超越、根拠、世界、自由の変化に対応して、現存在の意味が変様され、現存在と人間との何らかの「乖離」とも言うべき事態が思索されているということである。このような乖離をハイデッガーは「現-存在」(Da-sein) という言い方をすることによって表すが、しかし、いかにこのような言い方で区別しても、やはり現存在という言い方で表す限り、それは人間的自己をまったく離れたものを表すわけではない。むしろハイデッガーがこのような言い方をしたことの真意は、次のことのうちにあるだろう。つまり、人間のうちに、いわば「人間を超えたもの」とも言うべきものが、徐々に表面化してくるようになったのだと。そしてこのようなものがもはや「人間的自己」ということでは言い表しえなくなったとき、彼は「人間的自己」について「現存在」という言い方をすることはなくなり、「現存在」という言い方に別れを告げるのだ。後期ハイデッガーにおいては、現存在という言い方はほとんど見られなくなり、「人間」、もしくは「死すべき者」という言い方が主流となる。

だが一体「人間のうちなる・人間を超えたもの」とは何なのか。そしてそれが、これまで述べた真理、超越、根拠、世界、自由の変化と、どのように関わるのだろうか。

第三項　「人間のうちなる・人間を超えたもの」——「奥義」

『真理の本質』三〇年版は、それまで問題になっていた主要な事柄の転換を示す重要な講演だが、とりわけ重要なのは、真理の本質と人間的現存在との関わりの問題である。ハイデッガーはここで、真理の本質としての「開-蔵性」（Ent - borgenheit）に対して、「本来的非-本質」としての非真理すなわち「伏蔵性」（Verborgenheit）と、「非-本来的非-本質」としての非真理すなわち「迷い」（Irre）とを、対照させている。この構造自体はそれまでの彼の真理解釈とそれほど異なっていないが（表現は多少異なる）、真理と現存在との関係がそれまでとは異なっているのだ。すなわち、既述のように、それまでは「真理が《与えられている》のは、現存在が存在する限り、かつ存在する間だけである」（SZ: 226, 230）とされた。また非真理も「一切の伏蔵性の根拠は、人間的現存在の有限性（無性）である」（GA 28: 361）とされ、「存在一般の意味」を「只在性」と解する「現存在の存在了解が、それ自身真理の根源的現象を閉隠する」とされていた（SZ: 225）。だが三〇年版では、もはやそのようなことは言われていない。三〇年版では、特に伏蔵性に関して「現存在と共に、それは現にある。すなわち全体としての存在者の伏蔵性が」（Ke: 90）とされ、真理・非真理（開蔵性・伏蔵性）は現存在によって限定されるものではなくなっている。このようなことは四三年版でさらに決定的に転換する。すなわちここでは、真理の本質とはまず第一に存在者を「存在-せしめること」としての「自由」だとされる。だが、このような自由の本質は「真理のより根源的な本質から」受け取られるとされ（GA 9: 187）、このようなものとして「開蔵する働き」（Entbergung）と「伏蔵する働き」（Verbergung）という、いわば人間的現存在とは別の「働きそれ自身」とも言うべきものが表明されるようになるのだ。

だがこのような働きは、これまでのハイデッガーにおいては、「時間性」「時間」という仕方で表されるべきものだった。すなわち、現存在の本来性も非本来性も時間性の時熟という働きによって可能になるとされ（SZ: 328）、したがって真理と非真理ともまた、現存在のあり方に左右される限り、最終的にはこのような時間性の時熟に帰せられるというのが、これまでの彼の主張だと言える。『根本問題』では次のように言われている。

「時間性が、われわれが現存在と名づける存在者の根本体制を形成し、……時間が根源的自己投企を端的に形成するがゆえに、各々の事実的現存在のうちで、……そのつどすでに存在が露呈されており、つまり存在者が開示され、発見されているのである」（GA 24: 453）

しかし『真理の本質』四三年版では、もはやこのようなことは言われていない。それどころか、次のように言われるようになるのだ。

「伏蔵性は真理〔ἀλήθεια〕に対し開蔵〔Entbergen〕を拒否し、……最も自性的なもの〔das Eigenste〕を固有なもの〔Eigentum〕として守る」（GA 9: 193）

このようなこととしての伏蔵することは、人間には容易に見通されがたい「奥義」（Geheimnis）だとされる。すなわち、

「あれこれのものに関する個々の奥義ではなく、唯一のもの、すなわちそもそも奥義（伏蔵されたものの伏蔵）そのものが人間の現-存在を貫いて統べている、という奥義である」（GA 9: 194）

このような「奥義」は真理の本質の「最も自性的」で「本来的な非-本質」だとされる。これはまた同時に、真理の「反本質」（Gegenwesen）（これは三〇年版での「非-本来的非-本質」に相当する）としての「迷い」のうちでも統べているものであり、人間は迷いのうちでこのような「奥義」を忘却するとされる。そしてこのような伏蔵することと迷いとのうちで統べている「奥義」が、「奥義として、人間の現-存在を貫いて統べている」（ibid.）とされるのだ。このような「奥義」はさらに「現-存在の奥義」（GA 9: 197）として、現-存在のうちにも見て取られているのである。

　ここで述べられていることは、もはや時間性の時熟ということだけでは説明のつかない事態を表明している。すなわち、真理の根源的本質としての伏蔵は、開蔵を自ら拒否するとされているのだ。それは人間的現存在を「統べる」という働きそれ自身であり、「奥義」だとされているのだ。

　もっとも、このような働きと時間性の脱自的時熟とは、本来それほどかけ離れたことを言っているわけではない。

彼において、通常理解されている「通俗的時間」がそこから発現してくる「根源的時間性」とは、本来「時熟」という働きそれ自身につけられた名であり、これは現存在の「自己から自己へ」ないし「自己から他へ」という脱自の動きそのものを表すものなのだ（次の第四項で詳述）。しかも『存在と時間』では、存在了解を可能にする「根源的にして本来的な真理」（SZ.: 316）は現存在の先駆的覚悟性において読み取られているが、先駆的覚悟性は時間性の時熟によって可能になった。さらにこのような時間性の脱自的時熟が現存在の根底を貫いている。

したがって『存在と時間』や『根本問題』当時「時間性」「時間」の働きとされたことと、『真理の本質』における「開蔵・伏蔵の働きそれ自身」とは、ある決定的な相違を除けば、それほど異なるものではない。ではどこが決定的に異なるのか。それは伏蔵が真理の「最も自性的なもの」としてことさらに取り出され、それが人間には容易に知られがたい「奥義」だとされていることであり、しかもそれが自ら開蔵を拒否する「自己伏蔵」だとされていることである。既述のように、これまでも伏蔵は真理について論じられる際には論じられていたが、しかしそれが「奥義」だとされることはなかった。それが『真理の本質』三〇年版でまず「そもそも実存する現存在と共に全体としての伏蔵性がある、という奥義」（Ke.: 97）と言われるようになり、「伏蔵性がある」という「奥義」が現存在のある限界を告げるようになる。そしてさらに注目されねばならないのは『真理の本質』三〇年版と四三年版との相違である。既述のように、四三年版では伏蔵することという働きそれ自身が「奥義」だとされるようになり、しかもこのような「奥義」は「現存在と共に」あるわけではなく「人間の現-存在を貫いて統べる」のだ。そしてさらに決定的なのは、「奥義」としての伏蔵することは自ら開蔵を拒否する「自己伏蔵」（Sichverbergung）だとされることであり、これは最終的に「存在自身の自己伏蔵」だとされる（後述）。このような相違は、次に述べるように、端的に人間的な「現存在」ということの意味の転換と、さらに形而上学的方法それ自身の途絶とを示しているのだ。

すなわちまず、真理が開蔵と伏蔵という働きそれ自身であり、それが現存在を統べるとされたとき、もはや現存在は、かつてハイデッガーが説いたような「超越者」ではありえなくなっている。すなわち「世界が超越者であるなら、本来的超越者は現存在である。これによって初めて、われわれは超越の真正な存在論的意味に到達するのである」とされ（GA24: 425）、自らの脱自的動きとしての時間性に基づいて存在者を超越し、このような超越としての自由を根拠にして存在者の存在を了解し、この存在了解を基に「超越論的学」としての形而上学を形成するとされた、そのような「超越者」ではありえなくなっている。人間的現存在は「迷い」としての「奥義」によって真理の本質への目を塞がれ、真理の開蔵と伏蔵という働きそれ自身によって支配される、いわば「受動的」なものとなる。これが、ハイデッガーが「被投性」という言葉で呼んだことの真の意味なのだ。そして「現-存在」という言い方で表されたときの現存在は、既述のようにそれ自身のうちに「奥義」的事態を秘めたものと捉えられていた。すなわち『真理の本質』四三年版で、「自由が、つまり脱-存しつつ開蔵しつつある現-存在が、人間を所有している」（GA 9: 190）とされていた。また二〇〇八年に出版された全集第八八巻『一九三七－三八年と四一－四二年のゼミナール（演習）』では、次のような言い方がなされている。

「人間への問いは、存在の真理からして〔基づいて〕問うがゆえに、このような人間への問いは、人間の背後のあるまったく別のもの（現-存在）のうちへと立ち帰って問うのだ」（GA 88: 46）

ここで「現-存在」は「人間の背後のあるまったく別のもの」と表現されている。むろんそれは、あくまで人間をまったく離れたものではなく、「現-存在」は人間的現存在の底にある、いわば自由という働きそれ自身であり（『真理の本質』）、あるいは「（時間-空間としての）現に、ある」「現を、ある」という人間の「あり方」でもある（«Da - sein»の«sein»は他動詞とされることもある。GA 65: 296）。しかもそれは人間には見通しがたい「現-存在の奥義」として、いわば「人間のうちなる・人間を超えたもの」とも言うべきものである。

だが実はこのような「人間のうちなる・人間を超えたもの」とは、この『真理の本質』で初めて言われることではない。すでに『存在と時間』及びそれに続く時期において、我々はこのようなものが随所で説かれていたのを想起しうる。すなわちそれは、人間的現存在の脱自のうちで出会われる自らの死という「最も自性的な」存在可能と、自らの被投性という「最も自性的な」既在と（SZ: 325f.）を貫いているような、「現存在の根底において、現存在を規定している無性」（SZ: 308）と言われたものである。このようなものは無気味で「異質な」（fremd）（SZ: 276）「現存在を支配する力」（SZ: 310）であり、より後の講演『物』での言い方では「存在自身の奥義として現成する無の、祠《ほこら》」（VA: 171）としての死でもある。このようなものは現存在のうちなる「深淵」（Abgrund）であり（GA 9: 174, GA 26: 234）、自己にとって「異質」な、いわば「自己のうちなる他」とも言うべきものである。またこのような「他」なるものは、現存在のうちで露呈されながら現存在にとって「何らかの異質なもの〔Fremdes〕」（GA 26: 257）としての時間それ自身でもある。さらには「現-存在」（Da-sein）、「世界-内-存在」という現存在規定のうちですでに告げられており、「自己と世界とは現存在という一つの存在者のうちで共属する」（GA 24: 422）とされた世界も、現存在の自己性を構成しながら、一方では端的な「他」でもある。

　このようなものすべてが、人間のうちで露呈されながら、人間がほしいままにすることのかなわない「人間のうちなる・人間を超えたもの」とも言うべきものであり、日常的現存在には見えてこない自己のうちなる「奥義」である。『存在と時間』以後のハイデッガーにとって、このような「奥義」が人間的現存在のうちでより本質的な位置を占めるようになったとき、彼は「奥義が人間的現存在を統べる」と言うようになり、現存在の意味の転換を告げる。

　しかもこのような「奥義」は現存在の「外」でますます支配的になってくる。それはもはや現存在のうちなる時間性というよりは、それ自ら自己を伏蔵する働きとして「存在の真理のいまだ経験されていない領域」（GA 9: 194）であり、人間は「人間がそのうちへと関入〔eingehen〕しうる現-存在に基づいて初めて」（GA 9: 202）、それへの「近さ」に到達しうるだけなのである。「奥義」とは、このような人間のいわば限界を告げ知らせる言葉なのだ。

　現存在の意味がこのように転換するとき、ハイデッガーのとった思索の方法それ自身も転換せざるをえなくなる。既述のように、彼は現存在の超越を根拠に形而上学の形成を試みた。しかも当時の彼が追究した「存在としての存在」は、アリストテレス的な«ὂν ᾗ ὄν»、「第一原理」という色彩の強いものだった。さらに、『真理の本質について――

プラトンの洞窟の比喩とテアイテトスとに寄せて』（一九三一—三二年）や『真理についてのプラトンの教説』（一九三一—三二年）等々における、プラトンの「洞窟の比喩」への再々の言及から読み取れるのは（GA 9: 203ff., GA 24: 400ff., GA 26: 144, GA 34 usw.）、ハイデッガーが「存在者を超えた存在」「存在了解の地平」と語ったもののもつ、プラトン的・イデア的性格である。[46] それはたとえば『根本問題』での次のような発言のうちに見られる。

「そこからして、そのうちへと、存在自身が了解の明るさのうちへと至るような、そのような光〔Licht〕へと、存在を超えて至ろうとする試みにおいて、いかに我々がプラトンの根本問題のうちを直接的に動いているか」（GA 24: 400）

また、たとえば『真理の本質について——プラトンの洞窟の比喩とテアイテトスとに寄せて』（一九三一—三二年）では次にように語られた。

「イデアは存在者であるようなものを我々に見させ、そのようなものを通して、同時に、存在者を我々へと到来させる。……存在、すなわちイデアは、透過させるもの〔das Durchlassende〕であり、つまり光である」（GA 34: 57）

ここで明確に、「存在」は「イデア」「光」として語られている。この書の前半では、プラトンの「洞窟の比喩」解釈を通じて、真の世界を見させる「光」（φῶς）が究明されている。プラトンの『国家』において、それは「見ること」（ὁρᾶν）と「見られたもの」（ὁρώμενον）とを繋ぐ「軛」（ζυγόν）として語られており、そのように世界の真の姿を見させるものこそ、「イデア」だとされていた。ハイデッガーは、そのような「軛」としての「イデア」「光」を「存在」と解釈しているのだ。[47] 彼がこの頃「存在」「存在了解の地平」と呼んだものはプラトン的・イデア的性格をもつものだということが、以上のような例で明確に示されている（むろん、一方では早くからプラトン批判がなされており、ハイデッガーのプラトン批判は周知の事実だが、しかし初期・前期には以上のようなプラトン的性格がたしかにあったということが、一般に認識されておかねばならない）。

さらに、すでに『存在と時間』で目指された「存在の意味への問い」が存在の「可能性の条件」を取り出すことであり（SZ: 145）、また超越に関して「我々はカントの超越概念の根源的意味と、おそらくカントにはいまだ伏蔵されていた本来的傾向とを、受け継ぐのだ」（GA 24: 23）とされているように、カントの方法論が全体として強く意識されている。これに関連して、W・シュルツは、ハイデッガーの「超越」概念は、たとえばフィヒテが『全知識学の基礎』で行った「絶対的自我からの演繹」というような超越とは異なり、ハイデッガー独自の超越概念だとするが[48]、しかしやはりこのようなカント的方法論の継承という方向性は確かだろう。

このように、ハイデッガーが当初目指した存在論はそれ自身西欧形而上学の伝統を引き継ぐものだった。『存在と時間』「第二部」で行う予定だった「テンポラリテートの問題性を手引きとした存在論の歴史の現象学的解体」（SZ: 39）も、その後その準備として行われた諸講義の内容を見ると、その本質は自らの形而上学に基づいた超越論的・形而上学的存在論の歴史的再構築とも言うべきものだった。しかしこのような現存在の超越を根拠にした形而上学的方向は、「存在」の真理のうちに自らを伏蔵する働きを認め、それを人間にとっての「奥義」とすることで、必然的に途絶せざるをえない。自らの最も自性的なものを伏蔵しているものには、もはや人間的現存在の「超越」という仕方では到達しえないのだ。「現存在」の意味は「人間」と「現-存在」とにいわば乖離してゆくのであり、人間的思索は、人間的現存在の超越論的方向に拠らない、「奥義」に相応する新たな思索の方法を求めねばならなくなるのだ。

以上のように、ハイデッガーの思索の逆転の鍵となっていたのは、彼が「奥義」と呼んだ事柄だった。この「奥義」は、「人間のうちなる・人間を超えたもの」として、実は〈自己〉の問題の最内奥と関わる問題を含んでいる。そしてそのことがまた、ハイデッガーの思索の逆転のもう一つの鍵となるのだ。ここで根底的に関わってくるのが、人間的自己を本来的・「自性的ならしめる」ということであり、その底にあったのが、最終的には「性起」だったのだ。

第四項　逆転の鍵となる「自性的ならしめるもの」

ハイデッガーが「根底化」と呼んだ『存在と時間』既刊部のうちでも最も根底的なことは、人間的現存在の存在を可能にするものとして時間性を取り出したことであり、しかもそれが「根底化」である所以は、時間性が現存在の本来性ということを可能にするということのうちにある。ハイデッガーにとっては、本来性ということへの問いがつねに最も根底にある。『存在と時間』のうちで最初に本来性と非本来性とについて規定する際、ハイデッガーは次のような言い方をしていた。

「現存在は本質的にそのつど自らの可能性であるがゆえに、この存在者は自らの存在のうちで自己自身を《選び》、獲得しうるのであり、また自己を喪失したり、ないしは決して獲得しなかったり、単に《見かけ上》獲得するにすぎなかったりしうるのだ。現存在が自己を喪失してしまったり、いまだ獲得していなかったりしうるのは、現存在がその本性上可能的に本来的なものである、すなわち自らにとって自性的である〔sich zueigen sein〕限りでのみなのだ。本来性と非本来性〔**Eigentlichkeit** und **Uneigentlichkeit**〕というこの両方の存在様式は——この表現は厳密な語の意味で術語的に選ばれた——現存在がそもそも各自性によって規定されているということに、基づいている」（SZ: 42f. 傍点一部筆者）

「〔日常性のうちで〕自らの固有な現存在の自己と他者の自己とは、自己自身をいまだ見出さないか、または自己自身を喪失してしまっている。ひとは非自立性と非本来性というあり方のうちにある」

「日常的現存在の自己はひと-自己〔das **Man - selbst**〕であり、それを我々は本来的自己、すなわちことさらに獲得された自己と区別する」（以上 SZ: 128f.）

ここでハイデッガーは、本来性を「自己獲得」と、非本来性を「自己喪失」ないし「見かけ上の自己獲得」と、連関させている。つまり、日常性のうちで「喪失」し、あるいは本当は獲得していないにもかかわらずあたかも「獲得」したかのように思い込んでいる「自己」と言われるものを、真に「獲得」することが「本来性」であり、逆の「自己喪失・見かけ上の獲得」が「非本来性」だとしているのだ。

だが、ここで言われている「自己」とは何か？　人間的現存在は、存在しているだけで「自己である」のではないのか？　一体それを「獲得」したり「喪失」したりするとは、どのようなことなのか？

これらの問いに対する答えは単純だろう。つまり、ここで言われている「自己」とは、単に「自分自身である」ということではなく、「本来の自己」「真の自己」ということなのだ。「ひと〔das Man〕のうちに、そして顧慮された《世界》のもとに埋没することは、本来的に自己で-あり-うることとしての自己自身から現存在が逃避するというようなことを、顕らかにする」(SZ: 184)。つまりここで言われている「自己」自身とは「本来的に自己で-あり-うること」なのだ。したがって「本来性」とは「真の自己を獲得していること」であり、「非本来性」とは「真の自己を喪失していること」ないし、いわば「偽の自己を《獲得》していること」なのだ。そして、そのような仕方で「本来的」(eigentlich)であるということは、「自らにとって自性的」(sich zueigen)であることと言い換えられている[49]。結局、本来的であるということは自らに「自性的」であるということを意味する。では、一体「自性的」であるとはどのようなことを意味するのか。

このことは本来性の具体的現れとしての「先駆的覚悟性」の分析において明らかにされる。しかもハイデッガーは、周知のようにこの先駆的覚悟性の構造において、現存在の意味として求めていた時間性ということを説き明かす（構造的には、時間性によって先駆的覚悟性が可能になるのだが）。

すなわち、元来『存在と時間』で求められていた「現存在の存在を可能にする意味」とは、現存在の存在として規定された「ゾルゲ」の「(内世界的に出会って来る存在者の)もとに、-自らに-先立って-、(世界-の-)うちに-すでに-あること」(a.a.O. 192)という三重の構造を「統一するもの」だとされる。この統一は先駆的覚悟性の次のような構造から説き明かされる。すなわち、先駆的覚悟性が自らの「死」という「最も自性的な〔eigenst〕存在可能へと」先駆することは、「自らの最も自性的な可能性のうちで、自らへと〔auf sich zu〕到来する」(将来)ことによって可能になる。またこのことは、自らの被投性という「最も自性的な既在〔Gewesen〕へと了解しつつ帰来すること〔Zurückkommen〕」(既在性)であって、先駆的覚悟性はそのような仕方で「現〔Da〕のそのつどの状況を開示」しつつ「内世界的存在者を現在化すること〔**Gegenwärtigen**〕」（現在）であるとされる（以上 a.a.O. 325f.）。そのようにして、頽落的な「ひと」（das Man）という仕方でさまざまな世間的な事物や人間との関わりのうちで失ってしまった本来の自己を取り戻し、頽落的な自己から、「自性的な自己」（eigenes Selbst）（a.a.O. 273）になるのだとされている。つまり「非本来的自己」から、「本来的自己」へと至るのだ。

そして、その際行われるこのような「既在しつつ-現在化しつつある-将来」という〈脱自的動き〉の統一的現象が「時間性」と名づけられた（a.a.O. 326）。時間性とはこのように本質的に「自己から」出る脱自であるとされる。この脱自ということは、今挙げた時間性の過去、現在、将来の三様のあり方にしたがって、「自ら-へ-と」(Auf-sich-zu)（将来）、「〜へと戻って」（Zurück auf）（既在性）、「〜を出会ってこさせる」（Begegnenlassen von）（現在）という三つの「脱自態」に分けられる（a.a.O. 328f.）。このような脱自的動きとしての時間性のあり方は、「自らを時熟させる」（sich zeitigen）という言い方によって特徴づけられる（ibid.）。また「実存とは、存在論的に見られたならば、自己-へと-到来しつつ、自己-へと-帰来しつつ、現在化する自己-外-存在の根源的統一なのである。脱自的に規定された時間性が、現存在の存在体制の条件なのである」(GA 24: 378)とされる。現存在はこのような性質をもった「時間性として規定される限りでのみ、先駆的覚悟性という、今特徴づけられた本来的全体存在可能を、自己自身に対して可能にする」と言われるのである(SZ: 328f.)。

このようにハイデッガーは、（言い方はややこしいが）現存在の本来性ということを、死という自らに「最も自性的なもの」へ先駆することのうちで、被投性という自らに「最も自性的なもの」へと帰ってくることによって、頽落的な自己から「自性的な」自己になることとして捉えている。そして、そのような仕方で「自己から」出て行き、また「自己へと」戻ってくるという、いわば現存在のうちにある何らかの〈脱自的動き〉それ自身こそが、時間性という名で呼ばれるものなのである。しかもこのような自己から自己への動きによって、現存在は「自性的な」自己になる。既述のように、「自性的自己である」ことが「本来性」を意味した。そしてこの本来性を可能にするものが、時間性だ

とされた。すなわち、

「時間性はしかも自らの可能な諸様態を時熟させる。この時間性の諸様態が現存在の存在様式の多様性を可能にしているのであり、とりわけ本来的実存と非本来的実存との根本的可能性を可能にしているのだ」(SZ: 328)

それゆえ、このような〈脱自的動き〉としての時間性は「本来的・自性的ならしめるもの」として捉えられうる。「自性的」ということは、このように死、ないし被投性という人間的現存在の最も根底的なあり方を表すものであり、かつまた「(非本来的)自己から」「(本来的)自己へ」という独特な〈動き〉をもった自らのあり方を表すものでもあるのだ(50)。

以上のように『存在と時間』では、根底において、現存在における「自性的」ということと、それを「自性的ならしめるもの」との関わりが問題の中心にあり、その関わりが現存在の本来性、先駆的覚悟性、時間性、脱自という最も重要な事柄を規定している。ハイデッガーの予定では、すでに述べたように、この後現存在以外の「全体としての存在者」を扱う「形而上学的存在者論」に移行するはずだった。このような「形而上学的存在者論」への「転回」の必然性は、今や右に述べた「自性的」ということから容易に説明されうる。

すなわち、時間性の根源的あり方としての脱自態のうちには、現在の脱自態として、「〜を出会ってこさせる」という様態があった。このことは、「自己から」「自己へと」という人間的現存在の「自性的」あり方と等根源的に、現存在のうちには「自己から」「他へと」という動きがあることの、根源的基盤である(51)。つまり、現存在はその根底において、「自性的ならざるもの」との関わりとして存在するのである。そして、このような関わりを可能にするものとして、三つの脱自態の「地平的図式」(horizontales Schema, SZ: 365f.)の統一に基づいて、「世界」が開けてくるとされる(ibid.)。世界はもともと現存在の自己性を構成するものだとされていた(ibid., vgl. GA 24: 420ff.)。つまりハイデッガーは、「世界-内-存在」としての現存在の存在は、その可能性の基盤を自らの「自己から」「他へと」という動きのうちにもっている、と捉えようとしているのだ。現存在は自らのうちなるこのような動きとして、他と関わる。『存在と時間』

既刊部は、本来的部分に関しては、現存在自身の「自性的」であることと「自性的ならしめるもの」との関わりの叙述に終始しており、随所に示唆されている、根源的真理を基盤にした「存在了解の地平としての世界」ないし「存在一般」についての議論は、「形而上学的存在者論」に持ち越されたのである。これが基礎的存在論の内部で「形而上学的存在者論」への転回が生じるとされたことの、具体的意味である。

これは予定されていたものだったが、しかし既述のように、さまざまな局面において転換が生じ、ハイデッガー自身の思索の《転回》が生じることとなった。この《転回》の理由について、あらかじめ我々は次のように言うことができる。すなわち、それは現存在における「自性的」ということ、ないし「自性的ならしめるもの」ということへのハイデッガーの見方が転換したからであり、しかもそれは、「地盤」だとされた現存在分析論のうちに内包されていた事態それ自身によって、いわばハイデッガーが強いられた結果生じたものである、と。では、彼は一体何によって「強いられた」のだろうか？

第五項　「自性的」ということと思索の転換

一　「呼ぶもの」は誰か？——「自己」のうちなる「他」

ハイデッガーは現存在分析論のみならず、「形而上学的存在者論」においても、基礎を存在の意味としての時間性に置いた。すべては時間性の時熟の様態に起因する。そしてこのような時間性は、他の派生的時間の根源となる「本来的・根源的時間性」としては、現存在それ自身の存在のあり方だとされた。すなわち、時間性という「現存在の存在の意味は、……自らを了解している現存在それ自身なのである」(SZ: 325)。そして現存在の存在構造の具体的分析においても、たとえば現存在が自らの存在を開示して、本来性の様態になりうるきっかけとなる「良心の呼び声」について、次のように言われる。

「《それ》が呼ぶ〔»Es« ruft〕」。「呼ぶものは、自らの無気味さ〔Unheimlichkeit〕のうちにある現存在自身であり、……世界の無のうちでの赤裸々な《事実》である」。そして「呼びかけられるものも、まさしくこのような現存在なのである」。（以上 a.a.O. 275ff. 傍点筆者）

このようにハイデッガーは、現存在自身が自らのうちで自らを呼ぶことによって、頽落のうちから取り戻された自性的な自己になる、という構造を提示する。この構造と同様の構造はいたる所で示されており、まさしくこの構造こそが時間性の時熟ということに他ならなかった。しかしながら彼の叙述を詳細に見てみると、彼自身このようなことだけでは説明しきれない事態を随所で記述しているのである。その最も重要なものは、現存在の「最も自性的なるもの」と言われたもののうちで、明らかになる。

既述のように、現存在にとって「最も自性的なるもの」とは、自らの死という「最も自性的な存在可能」であり、また被投性という「最も自性的な既在」であった。これらはたしかに現存在自身の最も自性的なあり方である。しかし同時にこれらは「現存在の根底において、現存在を規定している無性」（a.a.O. 308）だ、とも言われる。すなわち、現存在は被投的現存在として、「自己自身によって自らの現のうちにもたらされたのではない」（a.a.O. 284）という無性を背負っており、また同時に、回避しえない死という「可能な不可能性という無」によって支配されているとされる（a.a.O. 266）。これらは被投的現存在の無気味さという「異質な」（fremd）ものであり（a.a.O. 276）、また死への先駆において発源してくる「脅威」（a.a.O. 265）、ないし現存在を「支配する力」（a.a.O. 310）だともされる。したがって「最も自性的なるもの」は、日常的な目から見れば自己にとって無気味で異質な、いわば自己のうちなる「他」とも言うべきものなのだ。

このような「最も自性的なるもの」は、自らによってもたらされたのではなく、かつ回避しえないものであり、自己の力の及ぶ範囲にはない。だが現存在が本来的になるのは、このようなうちなる異質な「他」にして、自己の随意にならないものに、現存在が直面することによってである。すなわち、現存在は無気味さのうちで被投性によって「呼ばれ」（a.a.O. 276ff.）、かつ死が可能性として「露呈される」ような仕方で死へと先駆することによって（a.a.O. 262）、本来的になる。つまり、現存在はこの場合あくまでもいわば「受け身」である。一般的には、先駆の方は「投企」（Entwurf）として現存在の積極的側面を表すと思われている。だがその内実は、今挙げたように、先駆とは死が露呈されるような仕方で死と関わるということであり、また自由というのも、死に対して「自らを開け与える」（sich freigeben）ということだった（a.a.O. 264, 287）。さらに「良心を-もとうと-意欲すること」（Gewissen - haben - wollen）でさえも、呼び声の呼びかけに対して「準備ができている」（Bereitschaft）ということにすぎなかった[52]（a.a.O. 288）。つまり、現存在はうちなる「他」としての「最も自性的なるもの」に、いわば「受動的」に自らを開くことによって、本来の自性的あり方になるとされていたのである。

「自性的」ということは、このように、単に頽落的に自らの本来的なあり方を失っている自己が、自らの脱自的投企という動向のみによって、本来の自己になるということを表すだけではなかった。そうではなく、人間を本来的に「自性的ならしめるもの」とは、本来このような人間の随意にならぬものと「受動的」に関わることを可能にするようなものなのである。このような意味での「受動的」ということこそが、既述のようにハイデッガーが「被投的」（geworfen）という言葉で表そうとしたことの本来の意味である。このことはハイデッガー自身が随所で述べていたことである。だがまた一方で、既述のように、彼は随所で「現存在の超力」（Übermacht des Daseins）と言い、「外からの何らかの力」というようなものは拒否すると言い（この発言はおそらくキリスト教的な意味での神を意識していると思われるが a.a.O. 274ff.）、いわば自己自身のうちで揺れ動いているのだ。

二　「自己」を「自性的ならしめるもの」

以上に述べたような揺れ動きは、『存在と時間』以後、「形而上学的存在者論」に至ってますます増幅される。すなわち、既述のように、一方では現存在は本質的に「超越者である」と言われ、超越論的方向が目指されていた。にもかかわらず、また一方では、『形而上学とは何か』（一九二九年）や『根拠の本質について』（一九二九年）等々で、現存在の自由が、つねに現存在の随意にならぬ「深淵」（Abgrund）との関わりで言われる（GA 26: 234, GA 9: 118, 121f, 174f. usw.）。この深淵は、後の『根拠律』（一九五七年）の言い方では「根拠が離れ去った-ままである〔Ab - bleiben〕」ということとしての「深-淵・脱-根拠」（Ab - Grund）であり（SvG: 93）、つまり現存在が根拠づけるという仕方では近づきえない、隠されたものである。[53]

また特に世界の問題に関して、既述のように、世界が現存在に対する「対抗的支え」（GA 26: 248ff.）、「拘束」（Verbindlichkeit, vgl. GA 24: 420ff., GA 26: 218ff., GA 29-30: 507ff.）といった仕方で言われるようになり、世界が「統べること」（Walten）と現存在の超越との関わりが問題になるようになってくる。これらのいちいちについて詳論している余裕は今はないが、決定的に言えるのは次のことである。つまりハイデッガーにおいて、このような揺れ動きを通じて徐々に、現存在の意のままにならず、超越・根拠づけという仕方では近づきえぬものが、自己自身と、さらに自己ならざるものとを貫いて統べており、しかもそれは自らを本来的に「自性的ならしめるもの」だということが、明確になってくるのだ。

このことが、『真理の本質』で顕著に語られるようになる。すなわち、すでに述べたように、ここでは自由と現存在と世界との意味は転換しており、何よりも、今まで現存在のあり方によって左右されるとされていた真理のうちに、開蔵されることを自ら拒絶する「真存在の自己伏蔵」（Sichverbergung des Seyns）を見るようになる。この「自己伏蔵」は、現存在において死と被投性とがそのように言われたように、真理の「最も自性的なもの」であると言われ（GA 9: 193）、その「伏蔵する働き」（Verbergung）は人間によって左右されぬ「奥義」（Geheimnis）であって、そのような「奥義が奥義として、人間の現存在を徹底的に統べている」（a.a.O. 194）と言われたのである。

ここで真存在・真理と人間的現存在との関わりはいわば「逆転」するのであり、それは、先に見た『存在と時間』における「良心の呼び声」において明確になる。すなわち『存在と時間』では、「《それ》が呼ぶ」「呼ぶものは、自らの無気味さのうちにある現存在自身である」とされていた。だが後期にはたとえば『同一性と差別』『形而上学への想起』等で説かれるように、「存在の呼び声」と、それに「呼応する」(entsprechen) ものとしての人間という構造が語られるようになる (ID: 18f., N2: 484f. usw.)。『思索とは何の謂いか』(一九五四年) では「〔存在の〕言い渡しは、本来的に思索さる-べきものとして、それに呼応するある思索を待っている」(WhD: 103) と語られるのだ。

以上のように、「最も自性的なもの」は「自己のうちなる他」としての「奥義」は、既述のように、「奥義」がハイデッガーの思索の逆転の根底を支配していた。そして今やまた「奥義」であり、「自性的ならしめるもの」として、さらに彼の思索の逆転のもう一つの鍵となるのだ。すなわち、現存在における「自性的なるもの」と、それを「自性的ならしめるもの」とについての彼の見方の転換が、逆転の鍵なのだ。つまり、現存在を本来的な仕方で「自性的ならしめるもの」は、存在の意味として求められていた、現存在自身の脱自的動きとしての時間性だけではなかったのだ。このような現存在の時間性と同時に、さらに現存在の意のままにならず、現存在には深淵として隠されておりながら、一切を統べているようなものに対して、現存在が自らを開くようにせしめるということこそが、自らを「自性的ならしめるもの」だった。また現存在にとって「自性的」であるとは、このようなものに対して自らを開きうるということであり、そのような仕方で「自己から」出るという動きをうちに秘めているということなのだ。

このことは「地盤」とされた『存在と時間』のうちにすでにあったことである。しかし、ハイデッガーにおいてこのことが、いわば事柄それ自身に強いられるというような仕方で明確になるのは、自ら予定していた「形而上学的存在者論」への転回を遂行することにおいてだった。つまり、現存在にとって「自性的ならざるもの」としての、非現存在的な「全体としての存在者」、及びその開けとしての「世界」と言われるものとの、本来的存在論的関わりの次元に赴いたことによるのだ。このようなもののうちで初めて、現存在の超越というような仕方では意のままにならず、根拠づけ不能の深淵的なものが一切を統べているということが、開き示されたのである。以上のようなことは現存在自らの構造のうちにあり、「地盤」のうちにすでにあったのであり、かくして『存在と時間』の問題性のうちにすでに含まれていたものである。ハイデッガーが自らの転回に関して『存在と時間』の立場の変更というようなものではない」と言うのは、このような意味だとも解されるだろう。

第六項　「存在自身（真存在）・性起の転回」

以上述べてきた事態はすでにハイデッガーの思索の決定的な《転回》を告げている。彼の思索はその重要な事柄に関して決定的に転換した。既述のように彼は「存在者論への予定された転回」を遂行したが、このような遂行により、その転回のうちに含まれていた事柄それ自身にいわば導かれて、自ら《転回》したのである。そしてその鍵となったのが、一方では「自性的ならしめるもの」ということだった。これはこの章の冒頭に挙げたように、最終的には「性起」に繋がる。すなわちハイデッガーは「性起」（Ereignis）を規定するにあたって、性起の「性起せしめること」（Ereignen）を、「自性的なるもの」のうちへと「もたらしつつ自性的ならしめること」（das erbringende Eignen, UzS: 258）と規定していたのだった。また後に彼は、「《存在自身》という表題は、……いたる所ですでに性起のことを謂っている」（zSD: 46）と述べた。それゆえ「自性的ならしめるもの」はまた「存在自身」だとも言え、その言い換えとしての「真存在」（Seyn）だとも言いうるのだ。また他方、性起・存在自身（真存在）の「自己伏蔵」としての「奥義」ということが、彼の思索の転換の根底を支配していたのだ。

（«Seyn» は «Sein» というドイツ語の古形だが、その意味することは単なる「古形」ということにはとどまらない。«Seyn» とは、単に「あるものがある」ということとしての「存在者の存在」と区別するために、ハイデッガーが意図的に用いた言葉である。[54] すなわち、彼自身が説くように、「Seyn は性起として現成する」〔GA 65: 254, 260 usw.〕のであり、「Seyn とは性起である」〔GA 13: 31〕。つまり «Seyn» とは、性起として「存在をその真理のうちで言う」〔GA 9: 334f.〕ということに他ならず、「真理のうちにある存在」つまり「真に・本来的にあること」「真なる存在」を名づけるために、ことさらに用いられた言葉なのだ。それゆえ本論では「真存在」と訳す。これについての詳論は本書第四章「存在と性起」で行うが、いまだにこれらのことは一般にあまり理解されていない。なお『我らの本質への省察』〔一九四三—四四年〕と題された手稿には、「現-真存在」〔Da - seyn〕という言い方もあり、「人間の本質・現成」〔Menschenwesen〕の意味で使われている(55)。

この章の冒頭に挙げたハイデッガー自身の言及によれば、転回は「ただ私の思索にのみ関わるものではない。……転回という《生起》は真存在それ自身なのである」（Rich., Vorw. 16ff.）とされた。また『真理の本質』の「五と六との間に、（性起のうちで現成している）転回のうちへの跳躍がある」（GA 9: 193）とも言われていた。『真理の本質』（四三年版）の五とは「真理の本質」の節であり、ここまでは現-存在の自由による真理の開蔵ということが説かれていた。それに対して六は「伏蔵することとしての非真理」の節であり、ここで現存在を離れた存在の真理自身の自己伏蔵と「奥義」ということとが初めて説かれる。したがって五と六との間にある「転回のうちへの跳躍」とは、このような存在の真理（性起）自身の開蔵と自己伏蔵という転回のうちへと、思索が跳躍することに他ならない。

このような「性起のうちで現成している転回」については、『哲学への寄稿』（一九三六—三八年）及びその前後の年の断片で特に説かれている(56)。ことに『寄稿』は、「性起について」（Vom Ereignis）という副題からもわかるように、その全体が性起論だとも言え、その構成自身が「真存在・性起の転回」を表しているとも言いうる。すなわちここで簡単に見てみると、次のようになる。

『寄稿』の構成は、一「先視」（Vorblick）、二「序音」（Anklang）、三「対向遊戯」（Zuspiel）、四「跳躍」（Sprung）、五「創基」（Gründung）、六「来たる-べき者たち」（Die Zu - künftigen）、七「最後の神」（Der letzte Gott）になる(57)。これらの内実を端的に表している箇所で、次のように言われている。

「言われることは、次のことのうちで、問われ、思索されている。すなわち、最初の原初〔Anfang〕と別の原初との相互の《対向遊戯》のうちで、存在棄却〔Seinsverlassenheit〕の困窮のうちでの真存在の《序音》からして、真存在のうちへの《跳躍》のために、《最後の神》に帰属する《来たるべき者たち》を準備することとしての、真存

在の真理の《創基》へと向けて」(GA 65: 7)

これらの内実を叙述の順序に従って端的に述べるなら、次のようになる。まず「序音」については、その内実が次の箇所で端的に表されている。

「真存在忘却の開襞〔Entfaltung〕のうちで、別の原初と真存在とが響き始める〔anklingen〕。そのような開襞と共に、真存在棄却からして、序音が響き、始まる〔anheben〕に違いない」(GA 65: 114)

つまり、これまでの歴史のうちで存在が忘却されてきたことは、実は真存在自身が存在者を見棄てることとしての「真存在棄却」による(ただし『寄稿』やその前後の断片では、「真存在」と「存在」との区別は曖昧で、以下、いちいちの区別の詳細には立ち入らない)。だが、このような「真存在棄却」の真っ只中で、これまでの「最初の原初」とは「別の原初」が、「真存在」の「序音」として「響き始める」のだ。これは、後に講演『転回』で語られる「存在自身の転回」と同じ事態を示唆していると言ってよい(これに関しては後に詳述する)。つまり、ヘルダーリンの詩句から採られた次のような事態が、示唆されているのだ。

「されど　危険の存するところ
救うものも　また芽生う」(GA 79: 72 usw.)

このような「序音」が真に響き始めるとき、「最初の原初」と「別の原初」とが相互に「対向遊戯」を行う。これは、二つの原初相互の働き合いとしての「遊戯」という事態であると同時に、その事態のうちで我々人間が二つの原初をそれとして「思索しぬくこと」(Erdenken)でもある。そしてそのようなことを真になしえるのは、真存在の真理という深淵のうちへの「跳躍」としてである。このような「跳躍」によって、「最後の神」に帰属する者としての「来たるべき者たち」を準備することが可能になる。またそのような真理の開ける「時間-空間」「現」「瞬間の-座」〔Augenblicks-stätte〕としての、「別の原初」という「基盤・根底」(Grund)を、「創る」こととしての「創基」が、可能になるのだ。

このような一連の流れは、ある意味では「最初の原初」から「別の原初」へと向かう「歴史的」な流れだとも言える。だがこれはまた、真理の生起する「事態」としては、一瞬にして生じることでもある。そしてこのような事態のうちで、この「生起を引き起こしている働き」にして、また「生起それ自身」でもあるような働きが、「性起」と呼ばれる事柄なのだ。つまり「性起について」と題された『寄稿』全体の結構（「接合」Fuge）自身が、性起の働きを叙述したものだと言いうるのだ。

しかもこのような結構それ自身のうちに、さまざまな局面での「転回」が生じているとされる。それはまず、「序音」において、「存在棄却」から「真存在の響き始め」へと転ずる転回であり、「……帰属と呼びかけとの間の、存在棄却と合図することとの間の、転回」（GA 65: 372, vgl. 380）である。既述のように、この転回が後に講演『転回』等で「存在自身の転回」として詳述される。そして次に「最初の原初」と「別の原初」との「対向遊戯」自身が、相互に投げ合い、「転じ合う」という転回的働きを意味する。そしてここにおいて「跳躍」がなされるが、これは「性起の転回の亀裂的に裂ける中央への跳躍」（GA 65: 231）だとされ、「性起自身の転回」という事態そのもののうちに「跳び込むこと」だとされる。つまりここでは「性起」自身のうちに「転回」という事態が見られているのだ。

> 「真存在によって現-存在を性-起せしめることと、現-存在のうちで存在の真理を創基すること――性起のうちでの転回は、呼びかけ（未発〔Ausbleib〕）のうちにも帰属（存在棄却）のうちにも、それぞれ単独で含まれているわけではない。……性起のうちで、性起それ自身が、対向振動〔Gegenschwung〕のうちで振動している〔schwingen〕のだ。性起の転回のうちでのこのような振り動かしの震動〔Erzittern dieser Erschwingung〕は、真存在の最も伏蔵された本質である」（GA 65: 262）

このような「性起の（うちでの）転回」によって、「真存在」あるいは「最後の神」からの「呼びかけ」「合図」（Wink）が、「存在棄却」の只中での「性起への帰属」として、生じる。この「最後の神」の「合図」も、それ自身「神々の近づきと遠ざかり」という転回の根源である。

> 「現-存在とは性起の転回の転換中心の亀裂〔Erklüftung〕の生起である。亀裂とは性起-せしめることであり、同

時にかつあらかじめ亀裂〔があり〕、亀裂からして各々歴史的人間と、存在の現成することと、神々の近づきと遠ざかりと〔がある〕」(GA 65: 311)

「神々の到来と逃走との突発と未発として、また神々の支配の座の突発と未発として、最後の神の諸々の合図は、転回のうちで遊動している」(GA 65: 408)

このような転回的意味をもつ「神の自己開示と自己伏蔵」に基づいて、「最後の神」の「過《よぎ》り」(Vorbeigang) ということが語られる。この語の意味するものをめぐってはさまざまな議論が生じているが、次にこれを明確にしておこう。『寄稿』において「最後の神」(Der letzte Gott)、「神」(der Gott)、「神々」(die Götter) の区別は厳密ではない。特に「神」は、場合によって「最後の神」、「凡そ神なるもの」、「在来の神々」をも指している。「最後の神の《Vorbeigang》」の意味を理解するには、そのことを踏まえていなければならない。つまり「神」という言い方で「最後の神」の《Vorbeigang》の意味内実が述べられている場合もあるのだ。ドイツ語の《Vorbeigang》には、「立ち寄る」「傍らを通り過ぎる」という意味がある。結論的に言えば、「最後の神の《Vorbeigang》」にはこの二つの意味が混在している。それゆえ我々は「過り」という訳語を当てる。[58] その理由は次のようになる。

まず、「最後の神の過り」は、それを「見張る者」(Wächter) としての人間との関わりで言われており、「来たるべき人間であることの根拠」は「最後の神の過りの静まりを見張る者」(GA 65: 294) だということだとされる。また「最後の神の過り」は、〈場〉との関わりでも言われる。すなわち「最後の神の過りの静まりの時空〔Zeitraum〕としての、真存在の真理の創基をめぐる闘争」(GA 65: 412) のうちに人間は立つ、とされている。つまり「最後の神」が人間のもとに「立ち寄る」がゆえに、人間はそのための「時空」を「創基」せねばならず、またそのような事態を見過ごさぬよう「見張る」ことが必要となるのだ。そのようにして、「最後の神」は現れる。すなわち

「最後の神の過りの偉大な瞬間のためには、長い準備が必要となる」(GA 65: 414)

「最後の神の現れ〔Erscheinen〕の準備は、真存在の真理の極限の冒険〔Wagnis〕である」(GA 65: 411)

「最後の神」は「現れる」。それが「最後の神の過りの偉大な瞬間」である。このとき、「過り」とは「立ち寄り」を意味するだろう（「立ち寄る」のでなく、拒絶しつつ「通り過ぎてしまう」だけなら、それは「存在棄却」の時代の常態的あり方であり、「偉大な瞬間」とは言われないだろう）。そのような「最後の神の立ち寄り」は、「偉大な瞬間」であるにもかかわらず、しかし目立たぬ仕方で、静寂のうちで生起する。それゆえ人間はそのような「瞬間」を見過ごさぬよう、「最後の神の過りの静まりを見張る者」でなければならず、それこそが人間の役割となるのだ。このような「最後の神の過り」は「一瞬の立ち寄り」としての「合図」を伴う。「自らの現成を、最後の神は合図のうちにもつ」（GA 65: 409）。「合図とは、自己伏蔵するものそのものの自己開示〔Sicheröffnen〕である」（GA 65: 385 傍点筆者）。一瞬の「合図」として、だがたしかにそれは「自己開示」するのだ（このような「自己開示」は、後に『転回』等で語られる一瞬の「閃入」〔Einblitz, GA 79: 74〕、「閃光」〔Blitz, GA 79: 74〕等と、その本質は同じだと言いうる）。しかし

> 「《個人的》《体験》においても、《大衆的》《体験》においても、神は現れず、唯一、真存在自身の深淵的《空間》〔»Raum«〕のうちでのみ、神は現れる〔erscheinen〕」（GA 65: 416）

「真存在自身の深淵的《空間》のうちで」なければ、神は現れない。「最後の神は……拒絶の最高形態である」（GA 65: 416）のだから。そのとき、「最後の神の過り」とは、神が「拒絶」として人間の傍らを「通り過ぎてしまう」ことであるだろう。

このような「自己伏蔵にして、自己開示」であるような「最後の神の過り」に基づいて、「神々」の「逃走」（Flucht）と「到来」（Ankunft）という転回的事態が生じる。もっとも、「到来」とは言っても、ごく僅かの者に垣間見えるのみであり[59]、このことは明確に捉えられておかねばならない。そしてこのような「到来と逃走」は、「歴史」のうちですでに生起してしまった事態でもあるが、同時に「神々がすでに逃走してしまっていること」（最初の原初において）と、「到来しうること」（別の原初において）でもあるような、それ自身転回的事態なのだ。

このような「神」あるいは「真存在・性起」の「呼びかけ」に「呼応」（entsprechen）し、「必要とされる」ものとして、

人間的現存在は「性起に帰属する」。このような「神と人間」の関わり自身が、また「転回」だとされるのだ。すなわち

「人間の帰属〔Zugehörigkeit〕と神が必要とすること〔Bedürfen〕との間の転回の充溢〔Übermaß〕のうちで、性起-せしめることが、開け〔das Offene〕のうちへ来たる」(GA 65: 414)

このようにして、「現存在は、その根源を、性起と性起の転回とのうちにもつのだ」(GA 65: 31)。

しかもこの人間的現存在自身が転回だとされる。「被投的投企としての了解のうちに存しているのは、現存在の根源に必然的に従い、転回である。すなわち投企の投者が、投げられた者だということ」(GA 65: 259 傍点筆者)。このような「被投的投企」を行う人間的現存在は、その「根源を性起のうちにもつ」ことにより、性起によって「自性的ならしめ」られる。だが、このような事態において、既述のような、人間的「現存在」と、「時間-空間」にして「働き自身」でもある「現-存在」との「乖離」が語られることになる。

「……この領域とは現-存在である。すなわちそれ自身を初めて創基しつつ、人間と神とを分け、かつ向き-合わせ、そうして互いに自性的ならしめる〔eignen〕ような、あの間〔Zwischen〕である。この現-存在の創基のうちで自らを開くのが、性起である。……この現〔Da〕こそがまさしく、このような転回のうちの空け開きつつ-伏蔵する転回点なのだ」(GA 65: 28f.)

このように、「性起の転回」の「転回点」として「現」という〈場〉が開け、それによって「人間」も「神」もそれぞれ「自性的ならしめ」られる。この「現-存在とは、(歴史を創基するものとしての)人間と、(自らの歴史のうちにいる)神々との間なのだ」(GA 65: 311)。

以上のような転回を根底において統べている「性起の転回」は、さらに次のような転回として語られる。

「この転回がその真理を獲得するのは、この転回が大地と世界との闘争として闘われ、そのようにして真なるもの〔das Wahre〕が存在者のうちへ保蔵される〔geborgen〕ことによってのみだ。現-存在のうちで創基される歴史の

みが、存在の真理への帰属を保証するのだ」(GA 65: 29)

つまり、転回はさらに「世界と大地との相互闘争」として語られ、それが真になされたとき、存在者が「真なるもの」となり、「歴史」が創基される、とされるのだ。ここで「世界と大地との闘争」は存在者との関わりで言われていることが、確認されておかねばならない。

このようにして、「真理」ということ自身のうちに、「転回」が語られることになる。すなわち

「真理の問いにおいても転回が迫ってくる。すなわち真理の本質現成〔Wesen〕と、本質現成の真理ということが」(GA 65: 288)。「性起の転回のうちで、真理の現成〔Wesung〕は、同時に現成の真理である。この逆転性自身が、真存在自身に属しているのだ」(GA 65: 258)。

以上のように、「転回」はさまざまな局面をもつ。そしてその根底で統べているのが「性起の転回」であり、『寄稿』の結構自身が「性起の転回」の「様相」だと言いうるのだ。

このように、『寄稿』等では「性起の転回」が説かれた。ここでは「性起の転回」といういわば「事態自身」が、言葉となった。特に後期のハイデッガーは、自らの思索の深奥を語ろうとするとき、あまりに寡黙だった。それを知る者から見れば、『寄稿』前後の断片での彼の語りは、一切のためらいを取り払ったかのような語りだ。だが『寄稿』は断片であるために、「性起の転回」という「事態自身」が語られてはいても、その事態のいわば具体的内実がどのようなことなのかについては、詳述されていない。その事態の具体的内実が明らかにされるのは、一九四九年の講演『転回』のうちで、「存在自身の転回」としてである。既述のように、ハイデッガーが『寄稿』前後の断片での性起論を公刊する以前には、「《存在自身》という表題が、……すでに性起のことを謂っている」(zSD: 46)のだった。我々も「存在自身の転回」というこの事態自身の詳しい内容については「本論」第四章で詳述するが、今簡単に要約するなら、次のようになる。

講演『転回』では、現代の「集め-立て」(Ge - Stell)構造のうちで、存在は自らが忘却されるという忘却性と「危

険」とのうちにある、とされる。だがこのような忘却性は、それ自身のうちに「存在の忘却性が存在の本質の真守り〔Wahrnis〕へと転回する」（TK: 40）という可能性を自ら伏蔵しているとされる。つまり危険としての忘却性がまさに危険として真に「ある」とき、真守りへのこのような伏蔵された転回が性起するとされるのであり、「存在の救うものがある」（TK: 42）とされる。そしてこのような転回全体を存在自身が遂行するとされるのである。

ハイデッガーはこのように存在自身・真存在・性起の自己転回を明らかにすることにより、自らの転回の全体について自ら説いている、とも言いうる。つまり「自性的ならしめるもの」としての存在自身・真存在・性起の自己伏蔵による存在忘却という「奥義」に対して、それを真に自己伏蔵の「奥義」として受け取るという仕方で「奥義であらしめ」たとき、彼の思索もまた《転回》したのである。

（ロザレスも、転回についての多様な議論を総括したうえで、最終的に「転回の根本は存在の伏蔵性の問題のうちにあるということを、ハイデッガー自身の指示が証拠立てている」[60]と見ている。またブラッサーも、特に思索の「転回」と「伏蔵性」「奥義」との関わりを重視している。そしてたとえばシンについて、シンは自らの転回議論に際してこのような「伏蔵性」と「奥義」との重大さを理解していない、と批判している[61]。ただし筆者は、これらの指摘がなされる随分以前から、このことは論じていた[62]。）

したがって彼の思索の《転回》の根底で統べていたのは、このような存在自身・真存在・性起の転回であり、彼の思索の《転回》は存在自身・真存在・性起の転回への「呼応」（Entsprechen）だと言いうるのだ[63]。つまり「……思索は、存在の開性に直面した現存在の開性よりも、存在それ自身の開性の方を強調するようになる。これが《転回》を意味する。この《転回》において、思索はますます決定的に、存在そのものへと向かうようになるのである」（GA 15: 345）。

以上によって、我々はハイデッガーにおける転回の正確な意味を明らかにすることができただろう。転回とは、「予定された転回」と、「彼自身の思索の《転回》」と、「存在自身・真存在・性起の転回」とが、錯綜しつつ根底において同一であるような事態それ自身だったのだ。転回についてのこれまでの解釈が人によってさまざまに異なっていたのは、このような錯綜を正確に把握し理解することがなかったからだと言わざるをえないだろう。転回は、ハイデッガー自身が言うように、「多義的・多層的」なのだ。それゆえ、そのような転回を思索すること自身もまた、「多層的」であらねばならないのだ。

第七項　ハイデッガーの思索の《転回》と「真存在の自己伏蔵」との関わり

では、ハイデッガーの思索の《転回》において、「真存在の自己伏蔵」ということが時期的にいかに関わったのか。彼の思索の転換は、既述のように、厳密には『存在と時間』「第三編」の草稿を焼却したときに始まると見るべきであり、それ以後ほぼ一年毎に思索の変化が見られた。だが重要な転換は、一九三〇年に伏蔵性という「奥義」について言及したことにおいて、すでに見られた。そして『真理の本質』四三年版で存在の自己伏蔵という意味での「奥義」と人間的現存在の限界とについて述べられたことにより、彼の思索が決定的に転換したことが表明されたのである。

しかし人間的現存在の限界については、既述のように現存在ということの意味の転換という仕方で、すでに一九三〇年には言及されていた。また「全体としての存在者」の自己伏蔵ということについても、次に見るように、早い時期に言及されていた。すなわち現在公刊されているもののうちでは、一九二九―三〇年の『形而上学の根本諸概念』で「存在者がその諸可能性に関して全体として自らを拒否する」(GA 29-30: 210) ということが言われている。同様のことは、一九三三年の『ドイツ大学の自己主張』でも「学とは、自らを絶えず伏蔵する全体としての存在者の真っ只中で、問いつつ持ちこたえることである。その際このような行為しつつ持ち耐えることは、運命の前の自らの非力を知っている」(SdU: 12, GA 16: 110) と述べられている。また一九三一年の『アリストテレス《形而上学》Θ一―三』のうちでは、アリストテレスの「可能態」(δύναμις) について詳細に究明する中で、「欠性」(στέρησις) を「力の脱去〔Entzug〕」と解釈しており (GA 33: 108ff.)、自ら脱去し伏蔵する働きについて究明している。

このように、一九三〇年頃から「全体としての存在者の自己拒否、自己伏蔵」、あるいは「脱去の働き」ということが言われているのだ。だが全集第三六―三七巻に収められている一九三三―三四年の講義『真理の本質について』で、ある重要なことが語られる。すなわち、

「伏蔵性とは、我々が奥義と名づけるようなものの、一つの性格なのだ」

「伏蔵性とはまず第一に、いまだ経験されざるもの、経験不可能なもの〔das nicht Erfahrbare〕の奥義なのだ」（以上GA 36-37: 188）

ここで伏蔵性が「いまだ経験されざるもの」「経験不可能なもの」の「奥義」として語られている。このとき、伏蔵性は人間の「経験」を絶するものとして捉えられることとなる。そして「伏蔵性自ら自己を伏蔵する」ということが、一九三四―三五年の『ヘルダーリンの讃歌《ゲルマーニエン》と《ライン》』で言われる[64]。すなわち、

「奥義の開顕性を露呈するとは、まさしく説明-しようと-しないことであり、むしろ奥義について、自らを伏蔵する伏蔵性として了解することである」（GA 39: 250　傍点筆者）

この講義は他にも、性起の意味で思索された「真存在」（Seyn）という呼び方が頻繁になされ、重要な意味をもつようになるヘルダーリン・詩作についての最初の講義がなされ、さらに「奥義」について詳細な究明がなされているという点で、非常に重要なものであり、彼の思索の決定的な《転回》を告げるものである。これ以後の講義・著作はここで究明されていることの深化であり、転回にとって決定的なことはすでにこの一九三四年の段階で述べられていると見て間違いはないであろう。

ただし転回の思索のほぼ完全な仕上げは、既述のように一九三六―三八年に書かれた『寄稿』における性起の究明によってである。この内容とパラレルな一九三七―三八年の『哲学の根本諸問題』では、真存在の自己伏蔵ということが全面的に究明されることとなる。すなわち、

「真存在は単に単純に伏蔵されているのではない。そうではなく、真存在は自らを脱去せしめ、自らを伏蔵するのだ。ここから我々はある本質的洞察を得る。すなわち、存在者がそのうちで存在する空け開け〔Lichtung〕は、

何らかの伏蔵されたものによって単純に制限され、限界づけられるわけではないのだ。そうではなく、自らを伏蔵するものによって、制限され、限界づけられるのだ」(GA 45: 210)

ここで明らかに、「単に伏蔵されたもの」に対して、「自らを伏蔵するもの」としての真存在が際立てられ、それを見て取るのが「本質的洞察」だとされているのだ。

(周知のように、一九三三—三五年頃の先に挙げられた諸講義は、ハイデッガーの「総長就任問題」の頃に行われた。ファリアスによってハイデッガーのナチ関与の問題が再燃して以来[65]、ハイデッガーとナチズムとの関わりについての議論が盛んだ。だが彼はすでに『学問の脅威』〔一九三七年〕では「国家社会主義と学問の脅威」を比較しつつ論じ、ナチへは批判的論評をしている[66]。ここで我々は、ナチ問題が時期的に彼の思索の《転回》にある意味では関与しており、しかもそれが「奥義」「真存在・性起の自己伏蔵」とも関わりうることを、指摘しうる。「時代」という仕方で動く大きな「超力」は、我々の意志ではいかんともしがたい、いわば「自己伏蔵する力」だ。ハイデッガーがそのような「超力」としての政治的動きと自ら関わったことによって、「自己伏蔵する力」を身をもって経験し、それが最終的に思索の転換に繋がっていったというようなことは、想像しえないことではない。まさに彼自身、先の引用の『ドイツ大学の自己主張』〔一九三三年〕で述べたような「自らを絶えず伏蔵する全体としての存在者の真っ只中で、……行為しつつ持ち耐えることは、運命の前の自らの非力を知る」〔SdU: 12, GA 16: 110〕という事態のうちに投げ込まれた、とも言いうる。だが、今はこれについては、これ以上の論評を控える)。

第八項　「自己」への問いの転換からその先の思索へ

かくして、我々はハイデッガーの「転回」と言われることを次のように総括しうる。すなわち転回に関わる彼の思索の《転回》は、以上見てきたような、「自性的」ということと「自性的ならしめるもの」(すなわち、その本質は「性起」)とについての彼の見方が変わったこと、あるいは(正確には)変わらされたことを契機にして起こった。その中心にあったのは、「真存在・存在自身・性起の自己伏蔵」としての「奥義」だった。このことは当初から予定していた「形而上学的存在者論」への転回を遂行するうちに、その転回それ自身のうちに含まれていた問題によって、いわば強いられるという形で生じた。このような思索の転換は、予定した現存在の超越論的方向が不可能になったという意味では彼の「挫折」であるとも言えようが、しかしこの転換によってそれまで隠されていた根本的なもの（「奥義」「自性的ならしめるもの」としての性起）の本質が明らかになってきたという意味では、思索の深化である。挫折と深化とはいわば同じ事態なのであり、総じて、ハイデッガーの思索の《転回》について、（一般には行われているが）挫折か深化かというような議論を行うことは意味がない。肝要なのは、この《転回》においてハイデッガーの思索の方向が決定づけられていることを観て取ることである。そしてこのような《転回》の根底にあるのが、「自己」ということへの問いだった、と言いうるのだ。

では一体彼の思索はどのように決定づけられたのか？　そしてそれは「性起」と「自己」ということと、いかに関わるのか？　我々はこの問題を、以下に次のような手順で見てゆく。

ただし、これらの事柄は、すべてその底にハイデッガーの思索の《転回》との連関を含んでいる。それゆえ我々の論究も、必然的にそれぞれの事柄と思索の《転回》との連関を見ることになる。もっとも、ハイデッガーの思索の《転回》の主要な点はすでに論じたので、それぞれの項目においては、簡潔に見るにとどめる。

㈠　ここで明らかにされた「自性的」ということは、ハイデッガーの思索の《転回》以後どのように思索されるようになるのか？（↓第四節「自性的」ということと性起）

㈡　思索の《転回》を決定づけた「真存在の自己伏蔵」としての「奥義」は、その後いかにハイデッガーの思索の根底を貫くこととなるのか？（↓第五節「奥義」と性起）

㈢　ここで明らかにされた「自性的ならしめるもの」は、既述のように、その後「存在者の存在」とは区別された「存在自身」、あるいは「真存在」として思索され、後には「性起」と呼ばれるようになる。すでに見たように、その「予感」はすでに『存在と時間』における時間性と呼ばれた事柄のうちにあった。思索の《転回》以後、このような「存在自身」、性起、そして時間性はどのように思索されるようになるのか？　それは「自己」の問題の根本をも決定しているのではないか？　まず「真存在・性起の転回」で語られた「亀裂」ということが、性起の根本構造を明らかにするのだろうか？（↓第二章「存在の亀裂」と性起）

さらに「時間性」はその後どうなるのか？　一体ハイデッガーにおいて「時間」とは何だったのか？　それは「自己」といかに関わりうるのか？（↓第三章　時間と性起）

(四) さらに「《存在自身》という表題で……性起のことを謂う」（zSD: 46）とハイデッガーが述懐するようなことが、なぜ必要だったのか？　一体彼が「存在の問い」として生涯問い続けたものと性起とは、どのように関わるのか？　そこには何か重大な事態が潜んでいたのではないか？　それはまた「自己」という謎にとっても、重大な問題を含んでいたのではないか？（↓第四章　存在と性起）

「自性的ならしめるもの」は「脱根拠」としての「深淵」的なものであり、「奥義」だった。それは人間的現存在の「根拠づけ」というような「形而上学的」仕方では近づきえないものであった。それゆえ、すでに述べたように、転回において「形而上学の言葉の助けによっては切り抜けられなかった」と言われた。したがって、転換以後の彼の思索は、そのような深淵的な「奥義」に対応した新たな言葉を探す試みとなる。ここから言葉の問題が生じてくる（↓第五章　言葉と性起）

(五) 彼の思索の《転回》は、「形而上学的存在者論」との関わりで、「全体としての存在者」の開けとしての地平ないし世界との本来性のうちでの関わりを探究したことによって引き起こされた、と言ってよい。これによって、人間的現存在のみならず一切のものを貫いて統べているものが明確になった。このようなものは「自性的ならしめるもの」だった。だが、これは時間性であるのみならず、また「一切を統べている」ということに目を開かれることにおいて出会われる、人間的現存在にとって端的な「他」としての「世界」の根底を貫くものでもある。世界（地平）は思索の《転回》以前には、時間性の脱自が開くとされた。だが、思索の《転回》を経ることによって、すでに開けているそのうちに現存在が自らを放ち入れるようなものとして規定されるようになった。そして現存在ということ自身が、「現」という〈場〉それ自身として規定されるようになってくる。ハイデッガーの思索において、このような〈場〉の問題が、その根底を貫いているのではないか？　そのとき、〈場〉としての「世界」と、そのうちにある「人間」「物」とは、いかに関わるのか？　それは我々が問おうとしている「自己と他」の問題に関し、どのような「解答」を与えてくれるのだろうか？（↓第六章　物と世界と性起）

㈥「自己と他（世界）との根源的関わり合い」の可能性は、単に哲学的思索のみに尽きるのか？　そうではないだろう。その関わり合いはおそらく、「芸術」と呼ばれるものの根底をも決定づけているのではないか。それゆえハイデッガーもまた「芸術・詩」ということをその思索の根底に関わるものとしたのではないか？　一体芸術とは何なのか？　それは「自己と他」の問題に関して、いかなる解答となりうるのか？（↓第七章　芸術と性起）

第四節　「自性的」ということと性起

思索の《転回》を経ることによって「自性的」ということをめぐって生じてきた問題は、先に挙げたような、「時間性―存在自身―性起」という一連の関わりの問題、真理の問題、言葉の問題、世界ないし場の問題ということになってゆく。これらの問題は、ハイデッガーにおける最も重要な、根本問題である。しかしハイデッガーにおいては、これらの問題は別個の問題ではなく、むしろすべて同じ事態のうちに収斂してゆく。なぜなら、もともとこれらの問題の根底には「自性的」ということがあり、最終的には「性起」の問題があるからだ。そして、特に「自性的」ということに関して、その後決定的なことが語られるようになる。

ハイデッガーは詩人のうちでも特にヘルダーリンに「傾倒親炙する」(67)が、ヘルダーリンにおいて「自性的なるもの」(das Eigene)は、「異郷的なるもの」(das Fremde)に対する「故郷的なるもの」(das Heimische)として捉えられている。これに関してハイデッガーは、『追想』(一九四三年)で、「この自性的なるものを自らのものとするためには、彼らは彼らにとって異質なるもの〔異郷的なるもの〕を通り抜けねばならないのだ」と述べる(Höld: 87)。このことこそ、「自性的なるもの」と「自性的ならざるもの」との根源的関わりを言い当てた言葉である。つまり、「自性的なるもの」はそれ自身だけでは真に「自性的なるもの」にはなりえないのであり、自己ならざる「異質なもの」との関わりのうちでのみ、本来的なあり方になりうるのである。そしてこのことこそハイデッガーの思索を《転回》せしめた事態であり、またそれ以後の思索をも決定づけている事態なのである。このように、詩人的言葉においては、深淵的なものへの「近さ」(die Nähe)のうちへと到達することができるのである(a.a.O. 23)。

このような「自性的なるもの」の連鎖のうちで、人間は「四方域」(Geviert)と呼ばれるようになる世界の一員として、自らの「自性的なるもの」を他の一切と委ねあう「死すべき者」として思索されるようになる。これについては後に詳述する(「本論」第六章)が、今一言で述べるなら、次のようになる。すなわち、人間は、深淵的に隠すものそれ自体として捉えられる「大地」と、開くものそれ自身としての「天空」と、不死なる「神的なるものたち」とに対して、四者が互いに他のものの本質を自らのうちに映し、そのようにして同時に四者の「各々が……自らの自性的なるもののうちへと自らを映し返す」(VA: 52)ような「関わり合い」(Verhältnis)それ自身として思索されるようになるのである。ここに至って、ハイデッガーの「自性的」ということについての思索は、その頂点に達することになる。ハイデッガーは「自性的なるもの」について思索してゆくことによって、このように一切のものがその自性を委ねあい、そのような委ねあい自身が自らの自性となるような事態にまで到達したのである。

第五節　「奥義」と性起——「思索の根源」としての「自己伏蔵」する真存在・性起

これまで、特に前期から思索の《転回》に至るまでのハイデッガーにおいて、「奥義」ということがいかなることであり、彼の思索においていかなる意味をもつかということを究明してきた。だが、ここにおいて示唆されていたのは、ある重大な事柄だった。つまり、思索において人間には見通しがたい「奥義」が重要性をもつということは、それ自身、思索のある種の限界とも言うべきことを告げ知らせるのだ。以下にそのことを、特に後期ハイデッガーにおいて「奥義」がいかなることとして思索されたかを見ることによって、論じよう。だが次にそれを越えて、我々は人間的思索の成り立つ根源ともいうべきものと、思索の可能性ということとについて模索することを、試みたい。

第一項　「奥義」と真理・「空け開け」

ハイデッガー中・後期の思索において、思索の根本問題はすべて「奥義」と密接な関わりをもってくる。まずその「最も自性的なもの」が「奥義」だとされた真理は、《転回》を通じて以後もっぱら「非伏蔵性」(ἀλήθεια)と「伏蔵性」(λήθη)との拮抗作用として思索されるようになる。たとえば一九三六年の『芸術作品の根源』で、真理はあけ開くものとしての「世界」と閉ざすものとしての「大地」との闘争として思索されている。この段階ですでにこのような闘争は「作品それ自身」によって惹き起こされ、いわば人間を離れた次元で生じるものだとされ、その根底を統べているのは「空け開け」(Lichtung)対「拒絶」(Verweigern)と「塞ぎ立て」(Verstellen)という働きそれ自身の「原闘争」(Urstreit)だとされている(HW: 43)。このような拮抗作用としての真理についてはさらに一九四二―四三年の『パルメニデス』で詳論される。ここではパルメニデスの真理論を究明することにより、伏蔵が「塞ぎ立てる伏蔵」と「脱去する伏蔵」とに分けられ、そして「伏蔵の、真正の奥義にとって自性的な非顕現性〔Unscheinbarkeit〕」（GA 54: 93）ということが語られる。つまり伏蔵の「奥義」とは、ケッテリングも言うように、ことさらにその「……謎を解かないことにより、伏蔵と関わる」[68] 態度を要求するものであり、「奥義を奥義として守ることによってのみ」（Höld: 24）知られうるという仕方で「自らを示し、かつ同時に自らを脱去せしめるようなもの」（Gel: 24）なのである。真理がこのようなものとして捉えられるとき、もはやデカルト以来の近代哲学が目指した、科学的「明晰判明」を求めようとする方向は途絶せざるをえないであろう。「奥義」は、いわば人間の思索それ自身の転換を要求してくるのだ。

　このような「奥義」の要求はさらに、真理と共に論じられる「空け開け」（Lichtung）においてもなされる。「空け開け」は、すでに見たように、『芸術作品の根源』では真理の「開蔵の働き」それ自身の別名として語られており、「アレーテイア」の別名とされることも多い。だが、すでに『存在と時間』で「脱自的時間性が現〔Da〕を根源的に空け開く〔lichten〕」（SZ: 351）とされているように、ハイデッガーにおいては、「空け開け」はこのような「空け開き」（lichten）によって開ける「現」や「真理の場」として語られることも多い。このような「空け開け」に関し、ハイデッガーは、晩年一九六四年の『哲学の終わりと思索の使命』（『思索の使命』と略記）で自ら語った「空け開け」（アレーテイア）と「伏蔵」（レーテー）との関わりに関し、実に死の三年前まで「訂正・再考」を試みた！　この問題は彼の生涯にわたる難問だったと言いうるのであり、しかもその際最も問題だったのは「伏蔵」としての「奥義」の問題だった、と言いうるのだ。それは一体どのようなことだったのか？

　『思索の使命』でハイデッガーは、「空け開け」（Lichtung）は、«licht»（明るい）ではなく«leicht»（軽い）に由来する「場を空け透かす」意味での«lichten»から思索されているとし、「《明るさ》を意味する形容詞《明るい》〔licht〕とは、言葉上も、事柄においても、何の共通点ももたない」（zSD: 71）と述べた。このような「空け開け」は「自らを伏蔵する保蔵という《空け開け》」（zSD: 79）だとされ、このような「空け開け」がこれまで思索されることがなかったのはその自己伏蔵のゆえだとされる。だが、『存在と時間』で、「空け開け」はまさしく「光」「明るみ」との関わりで論じられていたのだ。たとえば、「現」が開示されていることが「人間のうちなる理性の光〔lumen naturale〕」との関連で論じられており、次のように述べられていた。

「〔人間という〕この存在者が《明るくされている》〔erleuchtet〕ということは、……彼自身が空け開け〔Lichtung〕であるという仕方で空け開かれている〔gelichtet〕ということを意味する」(SZ: 133 この他にも SZ: 350f.)

既述のように、彼が「光」(Licht)「明るくされている」と言うときには、プラトンの「洞窟の比喩」が念頭に置かれていることが多かった。「存在了解の地平」とは、イデア的「光」の場という意味合いを強くもつものだった。それゆえ「空け開け」は前期には「明るみ」、「開け」との関わりで論じられることが多かった。

では一体なぜハイデッガーは『思索の使命』で、「空け開け」における「明るみ」の側面に否定的言表を行うようになったのか。それを解く鍵が、奥義ということだった。一九四三年の『アレーテイア』では次のように言われる。

「おそらく奥義とは、我々が《空け開け》という名で暗示しようとしているものの現成するものに他ならない」(VA: 272)

「空け開けの顕現せざる輝きは、……健やかなる自己保蔵〔Sichbergen〕から溢れ出る」(VA: 273)

ここで「空け開け」と伏蔵・保蔵と「奥義」との関わりが語られるようになる。奥義が伏蔵を意味し、そのような奥義が「空け開けの現成するもの」とされるとき、「空け開け」はもはや「明るみ」を意味しない。性起の思索の全面展開とも言いうる『寄稿』では、次のように語られるようになる。

「伏蔵の空け開け〔Lichtung der Verbergung〕とは……まさしく伏蔵のための深淵的根底を創基するということなのだ」(GA 65: 352)

この「伏蔵の空け開け」とは、「伏蔵」を開き、「明るくする」ということではなく、いわば伏蔵が伏蔵のままで「空け開け」という「真理の場」が開ける、ということを意味する。それゆえ『思索の使命』での先のような言表となったのであり、このように、「空け開け」をめぐるハイデッガーの言表の「揺れ」の根底には、「伏蔵」としての奥義の問題があったのだ。

しかもハイデッガーにおいて、このような「空け開けと伏蔵」「アレーテイアとレーテー」の関わりは、生涯を通じて大きな問題となってくる。奥義としての伏蔵が「空け開け」においていかなる役割を果たすのか？　このことに関して、既述のように彼は最晩年まで「訂正・再考」を繰り返したのだ（これに関しては「本論」第四章で詳述する）。

さらに『ハイデッガー・スタディーズ』第二巻に載せられた『存在自身への根本の問い』（一九四六年）では、「存在の空け開けとは、伏蔵された仕方で、時間それ自身である」[69]と、「空け開け」と「時間」との関わりも示唆されている。この言表の「謎」を解く鍵も、我々がすでに論じた「時間と性起」の関わり、そして「時間-遊動-空間」の関わりのうちに、おそらくはあるだろう（これへの詳論は、別の機会に譲る）。

さらに「空け開け」はまた〈場〉でもあるがゆえに、ハイデッガーはいわば〈場〉のうちに自己伏蔵を見て取っているのだ。これは一体どのようなことなのか？

第二項　「奥義」と〈場〉――〈場〉の「自己伏蔵」

すでに『存在と時間』で「なぜ存在論の伝統の原初において世界という現象が飛び越されたのか」[70]（SZ: 100）と問うたとき以来、彼は「現」として（本来的な仕方で）開ける世界について問い続けてきた。そして既述のように、《転回》を通じて世界の開けの問題は、人間的現存在の自由に対する「拘束」として、徐々に威力をふるうようになった。このことは現存在の意味の転換と呼応していた。つまり、現存在の自己性を構成するうちなる「他」と捉えられた世界と、人間的現存在の「外」で真存在の自己伏蔵が働く「いまだ経験されざる領域」としての世界とが、共に威力を増すようになるのに比例して、人間的現存在は「受動的」つまり「被投的」側面が強調されるようになる。中期以後のハイデッガーにおいて、時間だけではなく空間（場）が決定的に重要な位置を占めるようになるのも、このことから理解される。つまり時間性の時熟により世界（地平）が開かれるとし、このような現存在の時間性を一切の根拠にしようとした前期の試みは、現存在の「外」で、特に真存在の自己伏蔵として威力をふるうようになる超力を、もはや説明しきれなかった。しかもこのような超力が働くのは世界という〈場〉においてでしかありえないが、そのような〈場〉の開けの問題をすべて時間の問題に還元しようとしたことに無理があった。《転回》以後は、このような超力の働く〈場〉それ自身についての究明が必須のこととなるのである。そして真存在の自己伏蔵の働く〈場〉とは、それ自身のうちに自己伏蔵を含む〈場〉であると捉えられるようになる。それが、すでに述べたような「自己伏蔵の空け開け」としての「現」となるのだ。

しかもこのような〈場〉としての世界の問題は、後期のハイデッガーにとって、思索の《転回》以前のいわば「単独者」としての現存在ではなく、現代の全体としての人間のあり方の問題と関わるようになる。後期のハイデッガーが世界と言うときには、ほとんどの場合「集め-立て」（Ge-Stell）として人間を「使い尽くす」現代技術世界の根本機構について言及する。その際、ここにも『シュピーゲル対談』で述べたような、「技術の思索されざる惑星的超力の奥義」[71]が隠されているとされる。そしてこのような技術の「奥義」はまた、『技術と転回』等では、「世界の拒絶〔Verweigerung von Welt〕」（TK: 46）だとされる。しかしこのような「拒絶は、集め立ての支配の内部での存在の最高の奥義なのである」（TK: 46）とされる。つまり現代技術世界の存在を忘却したあり方も、存在自身の歴史的「贈遣」（Geschick）の一つの「時期」（Epoche）に他ならず、存在自身が自らの忘却を「奥義」として人間に思索すべく要求していると捉えられているのである。

第三項　「奥義」と性起

以上からわかるように、真理の「奥義」も、「空け開け」ないし世界という〈場〉の「奥義」も、また「集め-立て」としての技術の「奥義」も、すべて根底において存在自身・真存在の「奥義」であって、「……真存在が自らを閉隠しつつ、奥義として自らを開く」(GA 39: 237) ということに他ならない。そしてこのような「奥義」を携えた存在自身とは、すでに「性起」(Ereignis) のことに他ならなかった (zSD: 46)。性起は一切の事柄を「それらの自性のうちへともたらすのみならず、それらの共属のうちへ守り、そのうちで保つ」(zSD: 20) ような働きそれ自身を表す名として、後期ハイデッガーにおける根本語となる。そして性起は今述べたような働きを行うが、それ自身は「自らの最も自性的なものを、無制限に開蔵することから脱去せしめる」のであり「性起それ自身には脱性起〔Enteignis〕が属している」(zSD: 23) とされる。このような脱性起は性起の自己伏蔵として、それ自身が「奥義」であり、「性起の合図しつつ-響き始める伏蔵性 (奥義)」(GA 65: 78) なのである。

かくして、ハイデッガーが『存在と時間』以来求め続け、またそれの転回のために彼自らの思索も《転回》することを余儀なくされ、《転回》以後もその「奥義」をめぐって思索することを要求された、そのようなものは性起として結実することとなった。性起の、何らかのものを「その自性のうちへともたらす」という働きは、そのものを「自己から自己へと」、しかも本来的あり方での「自己へと」「本来的ならしめる」ということであり、これは思索の《転回》以前に「時間性」として求められたものと、その働きという面を取り出せば根底において変わりはない。しかし決定的に異なるのは、性起のうちに自己伏蔵としての「奥義」が見て取られたことであり、この点が時間性と決定的に異なるのである。そして性起は一切のものを「それらの共属のうちへ守り、保つ」。性起は一切のものをそれらの自性のうちで「本来的ならしめる」ことにより、また同時にそれらが「本来的に共属すること」を可能にする働きだとされるのである。さらに、性起が共属させるのは、何よりもまず「存在と人間との共属」(zSD: 45) であるとされる。このような存在と人間との共属は、彼の場合、存在についての人間的思索の問題になってくる。ここから我々は、ハイデッガーが人間的思索についていかに思索したかという問題に直面することとなるのである。

第四項　「奥義」と言葉——思索の根源

ハイデッガーにおいて思索の問題は端的に言葉それ自身の問題となってくる。自らの思索の《転回》の理由として彼は「思索がこの転回を十分に言うということにおいてうまくいかず、そのようにして形而上学の言葉の助けによっては切り抜けられなかったから」（GA 9: 327f.）ということを挙げていた。転回において表明的になった真存在の自己伏蔵という「奥義」によって、既述のように思索それ自身の転換が迫られたが、このことはまた「形而上学の言葉」ではない、「奥義」に相応する言葉を模索するべく要求されることを意味している。だがこのような言葉はそれ自身「奥義」であり「奥義という性格が言葉の根源の本質には属している」（EiM: 131　傍点筆者）とされる。このような言葉の「奥義」性格が端的に表されるのは、彼が「真正のタウトロギー」（VS: 135）と呼ぶことにおいてである。

　これについては「本論」第四章、第五章で詳述するが、ここで簡単に述べるなら、次のようになる。すなわち、「真正のタウトロギー」とは、パルメニデスの「なぜなら存在は存在するから」（ἔστι γὰρ εἶναι, Fr.6）という言葉についてハイデッガーが解釈する際に述べられることである。この言葉は「存在（同じこと〔das Selbe〕）が、存在（同じこと）それ自身へと向けて言われ」（GA 9: 479）ており、「この語のうちに一切の思索にとっての原初的奥義が自らを伏蔵している」（GA 9: 334）とされる。このような言葉を受け取るとき、我々自身が「現象せざるもの〔Nichterscheinendes〕の領域にいる」（VS: 135）とされる。つまり、このようなタウトロギーによって表されている事態は存在自身（性起）の自己伏蔵の働きそれ自身であり、言葉は「自己から自己へと」現成することによって、自己という「同じこと」として留まるのである。

　このような事態は現れざるものであるが、しかしハイデッガーは『四つのゼミナール』のうちで、この現象せざるものの領域には「多くのしるし〔Zeignis〕がある」（VS: 135）とする。それが「タウトロギー」であり、「存在を示すしるし」だとするのである（VS: 136）。このように、タウトロギーは伏蔵された「現象せざるもの」の領域に我々を置き移すと同時に、またそれ自身が「奥義」として、このような「現象せざるもの」を「示すしるし」だとされている。つまり《Geheimnis》とは、絶対的伏蔵ではなく、あくまで「奥義」として、我々にその深奥の「しるし」を閃き現す事態なのだ。後期のハイデッガーにとって本質的な言葉とはこのようなタウトロギーであり、それは「言葉が語る」(Sprache spricht)という事態それ自身として、根底においては「性起が語る」(UzS: 266)ということだとされるのである。

このように、思索の方法としての言葉においても、根底において統べているのは性起であり、また「奥義」ということである。しかしながら、言葉のうちをこのような「奥義」が統べており、本質的な言葉がかろうじて「しるし」という仕方でしか与えられないとするなら、はたして人間的思索はいかにして可能になるのであろうか。

ハイデッガーは彼の思索の決定的転換を告げる一九三四—三五年の講義を、既述のように『ヘルダーリンの讃歌《ゲルマーニエン》と《ライン》』の究明に当てている。これは偶然ではなく、彼の思索は《転回》を通じて、ある仕方で詩作への接近となる。これは彼において、「形而上学の言葉」ではなく、「奥義」に満ちた「しるし」としての「言葉の語り」をいかにして受け取りうるか、という問いが切迫してきたからに他ならない。彼は、「奥義」としての「神の閃きを語のうちへ強い、……この閃きに満ちた語を民族の言葉のうちに据える」(GA 39: 30f.) のは「半神」(Halbgott, GA 39: 164) としての詩人だとする。詩人が「半神」だとされるのは、「神々と人間との中央〔Mitte〕として、純粋に発源したもの、奥義、親密性が現成する」[72] (GA 39: 257) ような「真存在の中央を、詩人が守り、持ちこたえる」(GA 39: 259) からに他ならない。このような「中央」は根源への近さであり、「根源への近さとは奥義なのである」(Höld: 24)。かくして、詩作によって「奥義が奥義として開顕的である」(GA 39: 119) ようになる。しかも詩人によって守られる「奥義」(Geheimnis) は、「故郷〔Heimat〕の最も自性的なもの」(Höld: 24) と関わり、それ自身のうちに故郷的なものを蔵しているのである。このように、「奥義」と関わる思索はある種の詩作的思索となる。

また一方で、思索は存在の呼びかけに対しての「呼応」(Entsprechen) とも言われる。すなわち、すでに触れたように、「〔存在の〕言い渡しは本来的に思索さる-べきものとして、それに呼応するある思索を待っている」(WhD: 103)。このように、思索は存在への呼応として可能になるのだ。

さらに、思索においては存在と人間との「中央」が問題となった。この「中央」こそ、性起による存在と人間との共属が可能になる〈場〉であり、そこからして人間的思索が可能になるような〈場〉である。

ハイデッガーはこのような共属としての〈場〉を「四方域」（Geviert）と呼ぶ。既述のように四方域とは、「大地と天空」、「神的なるものたち」と「死すべき者どもとしての人間」とが、「相互-対-向」（Gegen - einander - über）という仕方で根源的に関わり合うとされる〈場〉である。このような「相互-対-向」とはいわば「関わり合い」それ自身という「働き」だとされ、「自性的なものを自らのものとするためには、彼らは彼らにとって異質なものを通り抜けねばならない」（Höld: 87）とされるような本質的「関わり合い」でもあった。これらの「関わり合い」についての言及は、ハイデッガーが存在と人間との共属という事態に関して、最終的に到達した地点だと言ってよいであろう。人間は存在とのこのような本質的「関わり合い」のうちで、「自ずから然ある」というあり方に帰りつつ、それ自身として本来的にあるようになるのであり、そしてそのようなあり方のうちでこそ、思索が根源的に可能になるのである。

我々は以上のようにハイデッガーにおける「奥義」について究明することによって、彼の思索を根底において動かしていたものを明らかにすることを試みた。それは一切を「自己から自己へと」もたらすことにより、「本来的・自性的」なあり方にさせる性起であり、その自らを伏蔵する「奥義」によってハイデッガーの思索は《転回》することを余儀なくされ、《転回》以後はそれに相応する思索を模索することとなった。しかしながら「奥義」が「奥義」である以上、人間的思索には自ずからある種の限界が告げられることとなる。既述のように、人間は「奥義を奥義として開顕的に」することは可能だとされるが、「奥義の覆いを取ること」（Höld: 24）は許されず、あくまでも「呼びかけ」に対して「呼応」する思索を行うのみである。だがはたして人間的自己とは後期ハイデッガーが限界づけたようなものでしかないのであろうか。我々自身がそれである人間的自己には、さらに深い可能性というようなものがあるのではないか。そしてそれこそが思索の真の根源と言われるべきものなのではないか。人間的自己はそれ自身のうちに「自ずから然ある」という「力」をもっており、このような「力」において人間的自己は一切のものと本来相属しているものなのではないか。そして、思索とは本来このような相属のうちでこそ可能となるものなのではないか。これらのことは、今はこれ以上追究されえない。(73) 我々の問い自身が、すでに途上にあるのである。

我々は以上のように、「自性的」ということを手がかりに、ハイデッガーにおける自性・〈自己〉の問題を究明してきた。この問題は、このようにハイデッガーにおける最も中心的な問題となっている。その際、人間的自己の根底の「うちなる他」とも言うべきものが、「自己」の問題にとって決定的に重要な位置を占めていた。それは「自己の根底に無が潜む」ということとしての「死」「時間」でもあり、「良心の呼び声」「奥義」等というさまざまな言い方で表されていた。さらに、ハイデッガーにおいては、そのような「うちなる他」と真に「出会う」ことにより、非本来的自己から本来的自己へと「自性的・本来的」になるということが説かれた。だが彼において、そのような「自性化・本来化」は次第に、人間的自己の「超越論的意志」などによってなされるものではなくなり、何か「自性的・本来的ならしめる働き」ともいうべきものが思索されるようなってきた。それが、初めはいわば間接的なかたちで「時間性」と呼ばれ、後には「性起」だとされた。したがって、「自性」「時間」「性起」というようなハイデッガーの根本問題の根底には、〈自己〉の問題があったことが明らかになる。

しかも先に述べたように、さらに時間性、真理、存在自身、性起、言葉等の問題はすべて同じ事態のうちに収斂してゆく。すなわち、これらは皆「自己から」「自己へと」「自性的ならしめるもの」としての性起の、そのつどのいわば「様相」だと言ってよかった。それゆえ次に我々は、これらの問題がその後どのように究明されていったかということを見てみることによって、「奥義」と「自性的」ということ、すなわちハイデッガーにおける〈自己〉の問題が、どのように思索され、そして一体どこまで思索されたのかということを、明らかにしたい。

そのために、まず「存在の亀裂」と呼ばれる事態について明らかにしよう。性起は「亀裂」ということをその根本構造とする。ここにおいて、彼が述べた「時間」ということと人間的自己との根源的関わりが問いとなり、それはまた人間と何らかの「超越的なもの」とへの問いとなるのだ。

第二章　「存在の亀裂」と性起

第一節　問いの構造――「自己」と世界との根本構造

以下において、我々はハイデッガーにおける「亀裂」(Zerklüfung)の問題を手引きとして、〈自己〉の問題について問う。第一章で取り出された「人間的自己の本来化・非本来化」ということは、ハイデッガーにおいて、さらに人間的自己にとどまらず、「人間・世界」を含めた一切のもののうちに見て取られるようになる。そのような「本来化・非本来化」という二極的構造を可能ならしめているものは、初めは「時間」だとされ、後には「性起」として言明されるようになった。そしてその根本構造が、以下に見るように、「亀裂」として明確化されるようになる。一体「亀裂」とはどのような事態なのか？　「性起」の根本構造としての「亀裂」の構造を見て取ることにより、「人間的自己と世界との根本構造」とも言うべきものが明らかになるのではないか？　しかもそこにおいて、それを「可能ならしめている働き」とも言うべきものが明確になるだろう。またそれは、ハイデッガーが西欧哲学に対してもつある独自性を明らかにするのだ。

西欧哲学において、存在論はつねに何らかの超越的なもの、絶対的なものに行き着く。アリストテレスは『形而上学』において、「第一哲学」がその底に第一原理への問いとしての「神学」を含むとした(74)。しかし存在論が「神的なもの」に行き着くとき、そこで人間的思索は途絶せざるをえないのではないか？　一方カントは思索の能力範囲を決定づけようとして、純粋理性における「物自体」との断絶を容認せざるをえなくなった。はたしてこのような従来の哲学の方向において、人間的自己と「超越的なもの」と「物自体」と呼ばれるものとの関わりの本質は、汲み尽くされたのだろうか？　ハイデッガーは当初カント解釈に関連して、『カントと形而上学の問題』で「純粋理性の救済」と言い（Kant: 209）、自らの哲学を革新的だと捉えた。はたして彼の思索は我々の先の問いに対し、いかなる答えを与えてくれるのか。我々は彼における「存在・真存在の亀裂」の解明により、以上の問題を問う手引きとしたい。[75]「亀裂」は彼の思索の根底を貫いているが、そこにはある問題が生じている。我々は最終的にはこのような問題の突破として、〈自己〉について問いたい。

第二節　時間と人間的現存在

第一項　「カントがひるんだ暗い領域」

ハイデッガーは出発点において、自らの思索の何を革新的であると捉えたか。それは以下の二点に要約できる。まず第一。プラトン以来「存在」という言葉で幾多のことが語られてきたにもかかわらず、その実、真の意味で「存在」は問われておらず、存在の意味も問われていない、という認識をもったこと。このような存在の意味は、人間的現存在の存在の意味としては時間性であり、これを地盤にして「存在一般を了解する地平としての時間」がテンポラリテートであった。ここからハイデッガーは「時間」という、哲学の伝統においてほとんど重要視されずにきた問題を、自らの中心問題として問うこととなる。

時間については[76]、アリストテレスが『自然学』で「今-継起」の「運動の数」として、及び存在と非存在との関わりで論じて以来、[77]幾人かが取り上げている。しかしハイデッガーは「テンポラリテートの次元へと動かされた最初にして唯一の人はカントだ」とする（SZ: 23）。だがカントは『純粋理性批判』において、「超越論的構想力」と根源的時間との連関を前にして、ひるんだ。すなわち「……カントが超越論的構想力という、自らによって露呈された根拠から退避したことこそ、地盤の脱落と形而上学の深淵とを開顕するような、かの哲学する動きなのである」（Kant: 208f.）。ここでハイデッガーは、超越論的構想力と根源的時間との連関が「人間学と形而上学との必然的連関」を可能にすると見ている（Kant: 200）。しかしカントはこのような連関から退避したのであり、このような退避こそが「形而上学の深淵」を開示する、とハイデッガーは見る。同様のことを、また彼はカントの図式論に関しても見る。すなわちカントは『純理』で、「悟性がもつ図式性は、人間の魂の深みに潜むある伏蔵された術であり、その術の真の使い方を自然から学び取ることは困難であろう……[78]」と語った。これに対しハイデッガーは、自ら後に語る「時間性の地平的図式」のことを念頭に置きながら、次のように述べる。すなわちここで「カントはある暗い領域の前に進み入った」が、しかし彼はひるんだのであり、「ここでカントが何に面していわばひるみ退避したのかが、主題的根本的に明るみにもたらされねばならない」と（以上 SZ: 23）。このような指摘は『存在と時間』と同時期の講義『論理学――真理への問い』（一九二五―二六年）でもなされており、「実際、テンポラリテートと時間とをめぐって動く諸現象は、おそらく人間的理性のうちの最も奥義的な〔geheimst〕《判断》であろう」（GA 21: 201）と述べている。

かくしてハイデッガーは、カントがひるんだ「暗い領域」に敢えて踏み込み、時間と存在とへの問いを、人間的現存在への問いとして展開することとなる。これが彼の革新性の第二点となる。ハイデッガーから見れば、カントは「主観の主観性をあらかじめ解明する」ことをせず、デカルトは「我思う」の確実性をもって、「我あり」の意味への問いを閑却した。かくして「時間と〈我思う〉との決定的連関は、まったくの暗がりのうちに留まる」（SZ: 24）。このことはさらに、デカルトが神による被造物という中世的存在観を「我」のうちに移し置いたことへと、繋がる。このような中世的存在観は、古代ギリシアの存在概念を構成する本質的契機である。以上のような認識に基づいて、ハイデッガーは『存在と時間』序論で、時間・テンポラリテートを手引きとする「存在論の歴史の現象学的解体」を予告した。この解体（第二部）は、それに先立つ現存在の時間性（第一部、第一・二編）とテンポラリテート（第三編）との分析を基盤とするが、しかし『存在と時間』は第二編までで途絶した。この途絶とその後のハイデッガーに生じた「私の思索におけるある転換」（Rich., Vorw.）とをめぐって、既述のように彼の思索の《転回》が議論された。だが、「転回は単に私の思索にだけ該当するのではない」（a.a.O.）のであり、思索の《転回》と共に、思索の事柄それ自身の転回が明確にされねばならなかった。だがこのような転回の根は、実は今我々が挙げた彼の思索の革新性それ自身のうちにあった。彼は哲学の伝統に対し革新的であろうとしたことにより、いわば革新性それ自身の底に潜む、ある深い領域に踏み入らざるをえなくなったのである。

第二項　ハイデッガーの革新性——「時間」から「亀裂的性起」へ

彼の革新性の真の本質は次のことにある。すなわちそれは、彼が元来求めていたのは「本来化する働き」とも言うべきものであり、これによる本来・非本来の別ということが終始根底にあり、これが従来の哲学とは決定的に異なるということである。このことはまた、彼が中心的に問うた存在の意味がなぜよりによって時間性であるのか、ということへの解答ともなる。我々は次にこれについて述べる。

ここでもまた、これまでに論じてきた構造と同じ構造が、根底を統べている。すなわち、すでに述べたように、彼において「本来的」（eigentlich）とは「自らにとって自性的である〔sich zueigen〕こと」を意味し、これは平均的日常性において失われていた、それ自らの固有なあり方を取り戻すことを意味した。そしてこれを可能にするものとして語られたのが、時間性だった。時間性とは結局「自己から自己へと」「自己から他へと」という「脱自的動き」自身だった。このような「時間性の諸様態が、……本来的実存と非本来的実存との根本諸可能性を可能にしている」（SZ.:

328）のだった。

ハイデッガーは、以上のように存在の意味を本来化・非本来化の働きとしての時間性と捉えることによって初めて、哲学が可能になるのだ、と考えた。すなわち、既述のように『現象学の根本諸問題』（一九二七年）で、彼は存在についての「学としての哲学」（GA 24: 15f.）の構築を企てたが、これは時間性の時熟による現存在の超越の生起に基づいて、存在者と存在との「存在論的差別」が生じ、かつ存在を了解する超越的地平が開けることにより、（前存在論的でない）存在論的な存在了解が可能になることを基礎とする、とされた。ここで注意されねばならなかったのは、これら一連の動きの根底は時間性による現存在の本来化であり、現存在は本来性のうちで自己の存在を真に了解し（GA 24: 391, GA 26: 236）、「出会ってくる」他の存在者の存在を存在論的に了解する、ということだった。つまり、本来性において初めて存在を学（存在論）として問題にすることができるのであり、従来はこのことが気づかれておらず、存在が存在者と区別されて表明的に問われることがなかった、とハイデッガーは考えた。したがって肝要なのは、これまでの哲学で問われなかったこのような本来化・非本来化の「働き」自身を取り出すことであり、彼はそれを「自己から自己へと」「自性的」ならしめる時間性という働きだ、とした。以上のような理由で、彼は存在の意味を時間性として求めたのである。彼はこのような時間性という（通俗的時間了解がそこから生じてくる）「根源的時間」を究明し、人間的思索との連関を追究することにより、既述のような従来の哲学が等閑に付した諸問題を解明しうると考えた。そして、存在論の歴史の解体を企てたのである。このような領域は、カントがひるんだ「暗い領域」だった。ハイデッガーはこの「暗い領域」に革新的に敢えて踏み入ったが、しかしここには彼自身の予想を越える問題があった。ここから彼の《転回》の問題が生じてきたが、我々が今問題にしようとする真存在の「亀裂」が、ここで表明化されることとなる。はたして彼はいかなる問題に直面したのか。

問題は時間性それ自身のうちにあった。既述のように、転回が取り沙汰される端緒となった『存在と時間』の途絶は「第三編」草稿段階で生じたが、ここではそれまでの現存在の時間性の解釈を地盤にして、「存在一般を了解する地平としての時間」であるテンポラリテートが究明されるはずだった[79]。つまりここで、既述のような本来化・非本来化としての時間性のもう一つの契機である地平的側面が究明されるはずだった。この地平は時間性の三つの脱自態の統一に基づいて開けるとされたが、ここでハイデッガーはこのような開けが「時間性が何らかの地平というようなものをもつ」ことによる、と説明する（SZ: 365）。地平はさらに「時間性自身が根源的自己-外である」という「自己-外によって与えられる開性」として、「時間性がそれ自身のうちで脱自的-地平的である」ことにより開けるとされた（GA 24: 377f.）。しかしここで我々は気づかざるをえない。つまり、地平、諸脱自態の「脱自圏」（Ekstema）（GA 26: 269）と呼ばれるものは、すでにむしろ空間性ではないのか、ということである。彼はこのような疑問に対し、「空間性は時間性に基づく」という仕方で答える（SZ: 367　第七〇節）。しかし彼自身、一九六二年の『時間と存在』で、「現存在の空間性を時間性に帰着させようとした『存在と時間』第七〇節の試みは、維持されえない」と述べるようになる（zSD: 24）。かくして、現存在の空間性に関してのみならず、このような空間性を携えた時間性をもはや時間という名だけで呼ぶことができるのか、という問いが生じざるをえなくなるのだ。

さらにこのことと連関して、時間性が「暗い領域」であるということの真の意味が表面化してくる。すなわち現存在が本来的ならしめられるのは、時間性によって死、被投性という「最も自性的な」ものに出会うことによってであった。これらは現存在自身のあり方ながら現存在によっては支配しえないものと、彼は捉える。既述のように、このようなものをさらに彼は現存在の「死と被投性と」を貫く「無性」（SZ: 308）、「現存在を支配する力」（SZ: 310）、現存在が自らの根拠を支配しえないという現存在のうちなる「深淵」（脱-根拠　SZ: 152, GA 9: 174, GA 26: 234）、「私のうちから私を呼ぶ」「良心の呼び声」（SZ: 275ff.）といった仕方で語った。ハイデッガーはこのようなものと出会わす「暗い領域」としての時間性に踏み入ったのだが、しかし時間性と人間的思索との連関にさらに立ち入ろうとするとき、問題が生じてきたのだ。

既述のように、彼にとって、哲学は現存在において生じる存在論的存在了解を基盤とするが、これは時間性によって開ける地平において可能になる。つまり地平は現存在が自己以外の「他」と出会い、その存在を了解するという仕方で哲学するための条件だとされる。しかしこのような仕方で「他」と出会うことを追究しようとしたとき、すなわち『存在と時間』第三編で予定された「形而上学的存在者論への転回」「超存在論への転化」（GA 26: 201）をその後の諸講義で遂行するうち、彼の思索に変化が生じざるをえなくなった。既述のようにこの時期の彼においては、「他」との出会いは時間性の時熟に基づく現存在の超越という仕方で捉えられている。[80] 超越において現存在は自己自身を超越すると同時に、現存在以外の存在者を超越する（GA 24: 23, GA 26: 212）。しかしここで現存在以外の存在者について「現存在は……存在者をその抵抗のうちで経験する」（GA 26: 279）とされ、世界が現存在の自由に対する「拘束性」と捉えられることが多くなり（GA 24: 420ff., GA 26: 218ff., GA 29-30: 507ff.）、「投企」が現存在の「超力」とされていたのに（SZ: 384）、後には「現存在とは真存在〔Seyn〕の超力のうちに晒し出されていることだ」（GA 39: 31）とされるなどの例に見られるような、ある変化が生じてくる。このような変化の決定的なものは「存在自身（真存在）の自己伏蔵」だった。これは「真理の伏蔵」が、徐々に「真理としての存在自身の自己伏蔵」という「真理の最も自性的な」「奥義」として捉えられるようになり、現存在の力の範囲から「脱去する」事態を表した[81]（vgl. GA 29-30: 210, SdU: 12, GA 33: 108ff., GA 39: 250, GA 9: 195, 334, EiM: 131, GA 45: 209ff., GA 54: 93, Gel: 24, VA: 272, TK: 46, Höld: 24 usw.）。かくして真理と非真理との区別は、存在自身（真存在）の働きによるとされるようになるのである。

以上のように彼の思索は『存在と時間』後大きく《転回》するが、これは根底において現存在の「超越」と呼ばれたものの破綻を意味し（GA 65: 217）、現存在ならざる「超力」が彼の思索の前に現れることを意味する。このような「超力」は、既述のように現存在においてはすでに見られていたが、問題はこのような「暗い領域」が現存在のうちのみならず、むしろ「外」（GA 24: 377）において現存在を統べていることのうちにあったのだ。これは根底において時間性が「他」と出会わす地平をもつことにより表明化されうるのだ。

以上見たように、『存在と時間』以後時間性の空間的側面が重要性を増すようになり、それと等根源的に、現存在ならざる「超力」が問題となってきた。ここから我々はある事実に気づく。それは、彼が時間性としたものは自らのうちに、ある空間性をもった「自性的（eigen）ならしめる」動きそれ自身であり、これは後に「時間-遊動-空間」（Zeit-Spiel-Raum）（GA 65: 244, UzS: 214 usw.）と名づけられるものに他ならないのではないかということである。「時間-遊動-空間」は「性起」（Ereignis）の固有なあり方であり、性起とは何らかのものをそれ固有の本来的あり方にする働きを表す、中・後期ハイデッガーの「主導語」だった。

かくして我々は、彼が時間性、ないしその地平的側面を強調してテンポラリテートと名づけたものは、性起の前形態に他ならないという事実に達する。実際、彼は『寄稿』でテンポラリテートを「時間-空間」だとし（GA 65: 18）、次のように述べた。

「性起の語られざる予感は……《テンポラリテート》として現れる。……『存在と時間』における《時間》とは、性起-せしめることの唯一性において真存在の現成の真理として生起するかのものへの指示であり、序音である」（GA 65: 74）

ここでハイデッガーは、テンポラリテートが「性起の予感」だと言明している。また『言葉の本質』初版本へのハイデッガーの註記で、「時間自身は、自らの本質現成の全体のうちで、動かず、静かに安らっている。註（a）性起」（GA 12: 202）と、「時間自身」が「性起」だとする註が付けられている。

このように、ハイデッガー自身が言明するように、時間は性起へといわば転換するのだ。[82]だが、問題はこの転換が生じた理由であろう。それを探る鍵は、両者の差異のうちにある。両者の差異はさまざまな観点から見られるべきだろう。だがこの差異の最も重要なものは、性起・真存在が、人間自身のあり方としての時間性とは異なり、人間に対する「超力」であり、その「最も自性的」なものを自ら伏蔵するとされることである。人間の本来性と非本来性、真理と非真理との区別は、時間性の働きから、性起・真存在自身の伏蔵と開蔵という転回的対抗的働きに依拠するとされるようになる。

そしてハイデッガーはこのような対抗的働きの根源に目を向けるようになる。このような根源として語られるのが「亀裂」(Zerklüftung, Erklüftung) であり、これは「〔人間が真存在から見捨てられていることとしての〕存在棄却性と、〔真存在からの〕合図との間の転回の、性起せしめられた亀裂」(GA 65: 372) であり、「性起の転回の中心」であって (GA 65: 231, 311)、このような亀裂としての性起により彼のこれまでの思索の事柄が統べられていたということに、彼は気づくこととなるのである。彼の思索は、このような亀裂を中心とする性起の転回を転回として観取するという仕方で、性起の転回への呼応として、自ら《転回》したのだった。

以上のように、ハイデッガーは、カントがひるみ、従来の哲学で問われなかった「暗い領域」としての時間性と人間的思索との連関のうちに革新的に踏み入ることにより、この連関が根底において性起の亀裂的転回によって統べられていることに気づいた。以後、彼の思索は亀裂的性起と人間との連関を中心的に問うこととなる。はたして彼はこれに関し、一体どこまで思索したのであろうか。

第三節　亀裂と性起（亀裂的性起と人間的「自己」）

第一項　亀裂の構造

すでに見たように、亀裂は性起の中心的構造として、性起の最も固有な働きを表す。性起はハイデッガーの思索の根本語として、前期の「時間性」から最後期までを貫いている。したがって性起の亀裂的構造を明らかにすることにより、彼の思索の真の独自性が明確にされうる。我々は以下にこれについて述べるが、しかし亀裂において、また彼の思索のある種の問題点が明らかになる。我々は最終的にはその克服を目指すものである。

まず亀裂の構造を明確にしておこう。「亀裂」という言葉自体は主に『寄稿』及びその前後の著作で述べられることが多いが、「亀裂的構造」は最後期まで彼の思索を貫いている。亀裂的構造とは次の複合した二極的構造である。すなわちその一つは、性起によって、人間へ存在が「贈与されるか拒絶されるか」が決定されるという、二極的構造である。このことは、これまで現存在の「本来性か非本来性か」の区別が時間性によって規定されるとされたのが、亀裂的性起の働きによるとされるようになることに、関わる。これはたとえば「（性起からの）合図と棄却性」（GA 65: 311）、「（存在の）近さと遠さ」（GA 65: 372 usw.）等の他、「真理と非真理」「非伏蔵性と伏蔵性」といった二極的構造の根源である。人間は性起から存在を贈与されることによって、本来的となり、存在を思索しうるとされるようになる。

そしてこの二極的構造の根底にあるのが、真存在・性起自身の二極的構造である。これは「真存在か非存在か」（GA 65: 345）、あるいは「存在と無」「性起と脱性起（Enteignis）」（zSD: 23）「現前と不現前」といった仕方で、人間に関わる。ハイデッガーは、このような構造の根底には「親密性」（Innigkeit）と同時に「闘争」があると捉え、「（開蔵としての）世界と、（伏蔵としての）大地との闘争」（GA 65: 30 usw.）、「神々の到来と逃走とをめぐる闘争」（GA 65: 244）等とする。だが、特に世界と大地との闘争は、一九三〇年代半ばの『ヘルダーリンの讃歌《ゲルマーニエン》と《ライン》』『芸術作品の根源』『形而上学入門』等以来強まる考え方である。これは既述のような「存在自身の自己伏蔵」が彼の思索の転換を決定づけたのと時期を同じくし、伏蔵と開蔵という働き自身が闘争的に関わると考えられている。しかし、特に四〇年代、五〇年代に語られる「四方域」（Geviert）における天空（世界）と大地との関わりでは、親密性の側面の方が強調されるようになる[83]（たとえばHöld: 173, UzS: 219, VA: 170ff.）。

以上に述べた二極的構造と共に、さらに亀裂的性起には「異なる事柄の根源的働き合いを可能にする」という契機がある。亀裂は、ハイデッガーにおける「同一性と差別」の問題が生じる根源である。ケッテリングも指摘するように[84]、ハイデッガーにおいて、同一性は「存在と人間（思索）」に関し、差別は「存在と存在者」に関して強調されることが多い。このうち存在と人間（思索）との同一性は、特にパルメニデスの断片三「なぜなら思索と存在とは同じことであるから」（τὸ γὰρ αὐτὸ νοεῖν ἐστίν τε καὶ εἶναι）の箴言に関連して述べられることが多い（vgl. EiM: 111, GA 9: 477, N 1: 528, VA: 223, WhD: 147, ID: 14, SvG: 127, VS: 11, 17 usw.）。また「同じこと」に関しては、この箴言以外にも、断片八の二九「同じこととして同じことのうちに留まりつつ、それはおのずから安らう」（Ταὐτόν τ᾽ἐν ταὐτῷ τε μένον καθ᾽ἑαυτό τε κεῖται）等も取り上げられる（GA 15: 398 usw.）。ハイデッガーはこのような「同じこと」は性起だと捉え、性起が思索と存在との関わりを既述のような亀裂的連関のうちに保つと捉える。

一方差別は『現象学の根本諸問題』以来の「存在と存在者との存在論的差別」（GA 24: 452ff., GA 26: 193, zSD: 40f., VS: 104）をはじめとして、さまざまな仕方で語られる。すなわち『同一性と差別』で中心的に述べられる「存在と存在者との懐胎〔Austrag〕」（ID: 56f., GA 65: 30, N 2: 209, UzS: 25f.）。その転換したものとして、『言葉への途上』等で説かれる「世界と物との間-分け〔Unter - Schied〕」（ID: 57, UzS: 25ff.）、「世界と物との裂け目〔Riß〕」（UzS: 27）。また『モイラ』『思索とは何の謂いか』等で説かれる「存在と存在者との二重襞〔Zwiefalt〕」（VA: 232ff., WhD: 134ff., 148ff.）。さらに『芸術作品の根源』等で強調される「世界と大地との裂け目」（GA 5: 51）等という仕方で論じられる。そしてここでも、これらの差別を統べ、二つのものを差別のうちで亀裂的に保っているのは、根底において性起だとされているのである。

以上のように、人間と性起・真存在との関わりは、亀裂の二極的構造によって統べられるとされるようになる。だがさらに、ハイデッガーはこのような構造が哲学の歴史そのものをも統べると考えるようになる。すなわちすでに見たように、プラトン以来存在は真に問われておらず、カントは時間性と思索との関わりに面して「ひるんだ」が、このような存在忘却の歴史は性起の亀裂的拒絶による、とハイデッガーは捉える。

> 「亀裂とは性起-せしめることであり、……亀裂からして、各々歴史的人間と、存在の現成と、神々の近づきと遠ざかりと〔があるのだ〕」（GA65: 311）

亀裂は、存在の現成と神々の到来とを統べることにより、存在と人間との関わりの歴史の根底を統べているのである。

第二項　亀裂とハイデッガーの思索の根本

我々は以上のように亀裂の構造を簡単に見てきたが、このような亀裂からハイデッガーの思索の真の独自性が明らかになる。

すなわちまず、すでに見たように、彼が『存在と時間』以前から問い求めてきた時間性の根本的働きは、結局「自性的ならしめる」ことであり、これは「自己から自己へ」という本来化を可能にする性起の働きに結実した。このような構造は、彼の思索の性格の根底を貫いている。彼はフッサールの影響の元で出発し、「存在論は現象学としてのみ可能だ」（SZ: 35）とした。現象学へのハイデッガーの定義は「それ自身を示すものを、それがそれ自身からそれ自身を示すように、それ自身から見させること」（SZ: 34）だった。だがこれは、本書で後に詳述するように、「同じことから、同じことへと向けて、同じことを言う」（zSD: 24）こととしての「タウトロギー的思索」になる。すなわちハイデッガーは、「タウトロギー的思索が現象学の根源的意味であり」、これは「顕現せざるものの現象学だ」とする（VS: 137）。つまり亀裂的「〜から、〜へ」という動きに呼応して、思索自身がこのようなタウトロギーになるのであり、すなわち「働きそのもの」として、日常的仕方では「顕現せざるものの現象学」になるのである[85]。

しかもここから、彼の思索のさらなる独自性が明らかになる。すなわちそれは、亀裂に関する次のような記述から明らかになる。

「〔亀裂という〕ここには、いかなる《出会い》もなく、人間に対するいかなる現れもない」（GA 65: 311）

「創基された根底は同時に真存在の亀裂にとっての深淵〔脱根拠〕であり、かつ存在者の存在棄却性にとっての無底〔Ungrund〕である」（GA 65: 31）

亀裂は、根拠づけの学としての形而上学によっては達せない深淵である。それゆえ、ある「別の思索」が要求されるのである。彼は亀裂をカント的「様相」（Modalität）概念と再三比較するが（GA 65: 244, 281 usw.）、このような形而上学的概念としての「様相は、亀裂に取り残される」（GA 65: 279）のである。

第三項　亀裂と「神」と人間的自己の「不-死」

さらに「亀裂が問いになりうるのは、真存在の真理が性起として閃くとき、すなわち人間が真存在に帰属することにより、神が必要とするようなかのものとして真理が閃くとき、初めてである」（GA 65: 279）とされ、亀裂を問うことは「人間と神」の領域に進み入ることとなる。ここから我々は、性起・真存在と人間的思索との関わりに関する彼の思索の中心に達することになる。それは次のような記述から明らかになる。

「〔亀裂における〕闘争は神々の到来と逃走とをめぐって行われ、この闘争のうちで、神々は初めて神となる〔göttern〕」（GA 65: 244）

「〔亀裂という〕ここで、神の下降と、現存在のうちへ創基されたものとしての人間の上昇とが、現成する」（GA 65: 279）

しかも亀裂は「現-存在」であり、既述のように「現-存在とは（歴史を創基するものとしての）人間と、（自らの歴史のうちにいる）神々との、間である」（GA 65: 311）とされ、「現-存在」はもはや単に人間を表すものではなくなる。人間はこのような亀裂という、神と人との間の深淵に「跳躍する」ことにより、真存在・性起と根源的に関わり、それを通じて「創基」（Gründung）としての思索ないし詩作をすべく、性起によって「必要とされる」のである。このような事態はまた、全集第七五巻『ヘルダーリンに寄せて――ギリシア旅行』所収の『西欧の対話』（一九四六―四八年）での、次のような言葉に繋がってゆく。すなわちここでハイデッガーは、ヘルダーリンの言葉に仮託して、次のように語った。

「人間は、神々もなしえぬことを、なしうる。人間こそがむしろなしうることとは、人間が自らの本質の根本に

よって、大地が抱える深淵に、属すということである」（GA 75: 75）

人間こそが深淵に「跳躍」し、深淵に「属する」ことによって、神々もなしえぬことを、なしうる。ここでのハイデッガーの言葉は、人間的自己についての根本的な洞察だと言いうる。人間であることは、またさまざまな苦難・悲しみに耐えねばならないことでもある。そのような苦難・悲しみにおいて、人間はいわば「生のうちの深淵」とも言うべきものに直面することを強いられる。そのような「深淵」はまた、「世界」の根底に深く広がっているものであることを、そのとき人間は知らされる。それは神ならざる人間の避けえぬ「定め」でもある。だが、そのような「深淵」を忌避するのではなく、むしろそのような「深淵」の只中に「跳躍する」こと、それによって初めて、人間には眼前に「観えてくる」ものがある。否、むしろ人間こそが、苦難に耐えることによって、「神々もなしえぬこと」をなしうるのだ。人間こそが、深淵に「跳躍・属する」ことによって、真存在・性起と根源的にまみえることをなしうる。そのとき、人間は同時に、「他」と根源的に「まみえる」ことを、なしうるのだ。

ここで語られている事態は、さらに後のたとえば『ヘルダーリンの大地と天空』における、四方域の「無限の関わり合い〔Verhältnis〕」（vgl. Höld: 163, VA: 152, UzS: 215, 267）に繋がる。[86] すなわち、すでに幾度か触れた「大地と天空、死すべき者たちと神的なるものたち」の四者が互いに自性を委ね合うことにより自己に帰るという働きそれ自身を表す四方域は、「無限に関わり合う」（Höld: 163）とされ、「時間の有限性」（GA 24: 387）から出発したハイデッガーは、ここである「無限性」を思索するようになる。そして、死すべき者としての人間に関し、次のように語られる。

「死は来たることにより消え去る。死すべき者は生において死を死ぬ。死において、死すべき者は、不-死となる」（Höld: 165）

このような「生において死を死ぬ」ことこそが、彼の考える「深淵への跳躍」であり、これは『存在と時間』において、死という「最も自性的なもの」に対して「開けていること」として「先駆的覚悟性」を規定して以来、彼の思索を貫く死生観である。すでに見たように、現存在は時間性によりこのような死と出会うが、《転回》において現存在以外の「他」としての真存在の自己伏蔵が見て取られ、以後はこのような真存在と人間との関わりが中心問題となった。しかしこのような自己伏蔵は、真理としての真存在の「最も自性的なもの」としての「奥義」(Geheimnis) だとされ、また人間の「最も自性的なもの」としての死も「存在自身の奥義として現成する無の、祠」(VA: 171) だとされた。つまり人間はうちなる奥義としての死を死ぬことにより、「他」としての真存在の奥義と、根源的に関わりうるのだ。亀裂の深淵へのこのような跳躍により、人間はいわば「無限の関わり合い」自身となり、死において、ある意味で「不-死」となりうるのである。

我々は以上のように、亀裂を解明することにより、人間と真存在・性起との関わりに関するハイデッガーの思索を見てきた。ここには「無限性」、「不死」といった、彼の思索のある極限が表されている。だが我々は問わざるをえない。すでに触れたように、亀裂においては神ということが語られ、このような神と人間との間が思索される。[87] だが神が神である限り、そこには人間的思索との絶対的断絶が存する。はたして人間的自己の本質は、彼が思索したものに尽きるのだろうか。

我々は、このような問いを問うためには、人間の自己性の一方の契機である身体性の問題について見る必要がある。亀裂的深淵と身体性とは深く関わっており、そこに人間的自己の真の本質が見えてくる。だがそれを見うるためには、「根源的物性」とも言うべきことの解明が必須となる。それゆえ我々は、「本論」第六章「〈物〉という謎」で「根源的物性」ということの意味を明らかにした後に、身体性の問題を論じ、人間的自己の真の本質の開示を試みよう。

以上に見てきた「亀裂的性起」ということから、ハイデッガーが主著『存在と時間』をはじめとして、初期から中心的に論じていた「時間」ということの本質が、さらに明瞭に我々に見えてくる。なぜハイデッガーは「時間」を中心的に論じたのか？　そしてなぜ後には中心的に論じなくなったのか？　一体〈時間〉とは何なのか？

第三章　〈時間〉という謎——時間と性起

第一節　〈時間〉という謎

「一切には終わりがある。時の流れを止めることはできない」。生の只中で、そのことをむろん私は「知って」いる。眼前のこの物はいつか壊れる。窓外の美しい緑の葉は、いつか枯れ、散ってゆく。だが即座にまた思い直す。物はまた購える。春になれば緑の葉はまた萌え出る。そしてまた私は日常の生のうちに戻ってゆく。だがそのとき、むろん私は気づいている。一切の終わりの先に、決して取り戻すことのできないものがあるということに。一つは、「去っていった私」。生のうちで、一瞬一瞬、私はいわば「無」となってゆく。だがこのことは、また「一瞬一瞬有となりうる」ということでもあるだろう。しかし、そのような「一瞬一瞬の無・有」の果てに、「決して取り戻すことのできない無」としての「私の死」が「ある」ということに、私は秘かに気づいている。生は深い無の上を漂う、一瞬の夢だ。そのとき、私の前に〈時間〉という深い闇が広がる。〈時間〉は、私が自らに対して隠した自らの生の真のあり方を、私に突きつける。「ある」ということの底に潜む深い「無」。おそらくは、そのような私の生それ自身が〈時間〉だ。そしてそれに気づかせるものが〈時間〉だ。だが、そのような〈時間〉のさらに「先に」あるものは？〈時間〉のうちに、何か〈時間〉を「超えた」とでも言うしかないものがあるのか？　そのとき、「一瞬の夢」としての私の生が、そのままでいわば「時の彼方に」ゆくのか？　問いのなかで、そのとき〈時間〉は深い謎となる。

第二節　問いの構造――「自己」のあり方としての「時間」と性起

第一章・第二章で取り出されたハイデッガーにおける「時間」とは、一般に「時間論」として論じられていることとは、決定的に異なっていた。つまり「時間」は、人間的「自己」のあり方それ自身として、ハイデッガーの「自己」論の根本を決定するものだったのだ。だが「時間」は、ハイデッガーの思索の後期になればなるほど、表明的には論じられなくなる。それは一体なぜだったのか？　それを探ることにより、彼の思索全体における「時間」の意味が明らかになるかもしれない。そしてそれにより、最終的には彼の「自己」論の根底にある「性起」が明確になってくるだろう。ここで「時間」と「性起」との根本的連関が、さらに明確になる。

ハイデッガーの『存在と時間』はあまりにも有名だが、しかし彼は後にはほとんど時間ということを強調しなくなる。「主著」とされ、あれほど情熱的に語られたにもかかわらず、なぜ「時間」は主題的に語られなくなったのか。『存在と時間』から三〇年以上経った晩年の一九六二年に発表された『時間と存在』では、もはや「時間」も「存在」も、『存在と時間』当時とはかなり異なった観点から論じられるようになっており、後に述べるように、これら両者よりさらに重要だとされるある事柄が強調されるようになっている。これらの事実が示そうとしていることは、次のような一連の問いに収斂する。すなわち、なぜ「時間」が「存在」と関わったのか。なぜハイデッガーは時間について語ろうとし、なぜ後には主題的に語ろうとしなくなったのか。彼が「時間」という名で追究しようとしたものは、結局何だったのか。それは我々が通常わかっていると思い込んでいる時間と、はたして同じものだったのか。彼が「時間」という名で追究しようとしたものが、彼の思索全体においてもつ意味は、何だったのか。一体〈時間〉とは何なのか。

『存在と時間』が出版されてから早八〇年以上経ち、その間この書についてさまざまな議論がなされてきたが、しかし我々は先のような問いに対する明確な答えを、はたして見いだすことができたのか。先の問いへの答えは、少なくともハイデッガーが『存在と時間』当時語ったことだけをおうむ返しに「解説」することによっては、見いだすことはできない。むしろ彼の思索全体を見通し、彼の思索の「変転」の底にある事態を我々自身が読み取ることによってしか、明確な答えは見いだせないだろう。そのためには、早くから公刊された論文に加え、近年新たに出版された彼の全集や、特に「第二の主著」ともされる『哲学への寄稿』が、一助となりうる。これらの著作を手助けに、彼の思索の全体を見通すことにより、我々は先の問いへの答えを目指す（ハイデッガーの時間論を、最新の資料に基づき、彼の思索全体の変転との関連で論じた論文は、現在見当たらない[88]）。先の問いはそのそれぞれが十分な議論を要求する。だが今限られた範囲内で、我々は簡潔に、可能な限り論じたい。それにより最終的に目指すのは、〈時間〉ということの本質と、それを通じて見えてくる我々自身の本質とへの、一つの解答である。

第三節　伝統的西洋哲学の時間論

周知のように、西洋哲学ではプラトンが初めて時間について本格的に論じた。彼は『ティマイオス』で宇宙生成に関して語った際、時間の生成についても論究した。その際、まず言えることは、彼は「永遠なるもの」に対し「時間的なるもの」を対比させたということである。つまり「永遠なるイデア」に対し、有限な「個物」は「時間的なるもの」だとしたのであり、これは「不死なる神」に対する「死すべき者」としての人間のあり方に繋がり、当時のギリシアの一般的な考えに近かった。だがプラトンは、時間をまた「永遠なるものの似像」だともし、単純に「永遠なるもの」と対立するものとはしなかった。すなわち、宇宙の創造者は、「イデア的生き物」としての永遠なる宇宙のうちに、「永遠を映す、何か動く似像を作ろうとした[89]」。これが「時間」であり、つまり「時間は永遠をモデルとして生じた[90]」とするのだ[91]。我々は「永遠なるもの」についても「あったし、あるし、あるだろう」というようなことを言う。

だが、本来は「ある」だけが永遠に該当するのであり、「あった」と「あるだろう」とは、時間のうちを進む生成について言われるのがふさわしい、と彼は語る。「あった」や「あるだろう」というようなことは、時間の様相として生じた、とするのだ(92)。このような「時間」は、「永遠なるもの」の「似像」として、自己のうちに永遠を「映す」。ここで、「永遠」と「時間」との関わりという、〈時間〉ということの底に潜む「謎」の戸口に、人間が辿り着いたのだ。

それに対しアリストテレスは、このようなプラトンの「神話的」語りに対し、「科学的・実証的」な時間論を展開しようとしたと言える。彼は特に『自然学』第四巻の第一〇―一四章で、詳細な時間論を展開した。彼は「時間の本性とは何か(93)」と問い、それに対しさまざまな角度から検討しながら、自ら答えようと、「格闘」している。彼は、「時間は動きそのものではない」のであり、「動きに関する何か」だとした。我々は「より先」と「より後」との区別を認識したとき、時間が経った、と言う。ここから彼は「時間とは、前と後とに関しての動きの数だ(94)」とする、有名な時間の定義に達した。ここで「動き」(κίνησις)ということが時間との関わりのうちに立つのであり、後述のように、ハイデッガーもアリストテレスが時間を「動き」との関連で捉えたことは評価している。このようなアリストテレスの時間論は一般的時間理解に近く、それゆえまた伝統的西洋哲学でも決定的規範となったと言いうる。後述のように、ハイデッガーは「時間概念は根本においてアリストテレスが把握したままにとどまる」(GA 20: 11)とし、以後二千年以上時間論は進展しなかったとしている。したがって特にアリストテレスの時間論との比較でハイデッガーが時間論を展開することが多いのは、このような伝統的時間論に対し、自らの時間論を際立てるという意図によるのだ。

このような流れに対し、例外的と言えるのがアウグスティヌスの時間論であって、彼の『告白』第一一巻での時間論では、時間が「魂の広がり」(distentio animi)として語られた。これは、一般に時間が長さと捉えられる根底に、人間的魂自身の「記憶」「直覚」「期待」という「広がり」としての時間がある、という考えであり(95)、時間を人間存在それ自身のあり方として捉えた時間論だと言ってよい。だがカントが、アリストテレスと並んで、以後の時間論を決定するような時間論を提示した。つまり周知の「感性の内的直観の形式」としての時間である。これはたしかに、人間のコギト（我思う）に基づいた「持続としての時間」であり、人間との関わりで時間が論じられてはいるが、しかし時間が、人間自身が「ある」ということの根本を決定するような仕方で関わってくるものとはされていないのではないか。

たしかにハイデッガーが言うように、近代まで「時間」はほとんど主題的に問われることはなかった。「時間」はその「謎」としての本性を隠し、取り立てて問う価値もないものとして、西洋哲学のうちにいわば埋葬されてしまった。しかし二〇世紀になってから、アインシュタインが一九〇五年に「特殊相対性理論」、一九一五年に「一般相対性理論」を発表した。「特殊相対性理論」では、時間が観測者である人間によって変化することが説かれ、また「一般相対性理論」では、さらに時間・空間が、そのうちにある物によって変化することが提示された。つまり古典物理学では、「時間の尺度」は物質系の絶対的・客観的性質として捉えられ、何らかの質点が軌道上で空間的位置を変動させる場合、この変化は時間の尺度の変化と対応関係をなす。言い換えれば、時間は観測者がどのような基準系にいてもつねに同じ値になるという意味で、絶対的・客観的なものである。だが相対性理論では、この時間の尺度が、観測者のいる基準系によって異なる。つまり時間は物質系の主観的要素となり、普遍的・客観的性質をもつものではなくなるのだ。このように、それまでのニュートンらの古典物理学は、日常的な時間理解に即した、いわば素朴実在論だったと言える。つまり時間は、人間やそのうちにある物とは独立に、物事の尺度・順序としてある、と捉えられていた。これに対し、時間が人間や物によってそれ自身変化してしまうという考えは、大きな衝撃となっただろう。ここで、今まで西洋哲学のうちに埋もれてしまった「時間とは何か」という問いが、再びその姿を現すことになる。[96] 哲学において、フッサールらを始めとする本格的時間論がこの頃から活発化したのには、このような近代物理学の影響があったことも看過しえないだろう。

たとえばフッサールは、「特殊相対性理論」が発表された同じ一九〇五年に、『内的時間意識の現象学』の講義を行った。そこで彼は時間を、アリストテレスが論じたような、「今」という点の継起としては捉えず、「自己産出」的流れ、「自発的発生」(genesis spontanea) と捉えた。時間はこのような絶えざる「自己産出」であり、「過去把持」(Retention)、「未来把持」(Protention) を含む「生ける現在」(lebendige Gegenwart) としてある。これはすでに、伝統的時間解釈とは一線を画する時間論であり、ことに古典物理学的な客観的時間とは異なり、ある意味で相対性理論的な「主観的」時間だと言える。しかもこのような「自己産出」としての時間という考えは、後のハイデッガーやサルトル、メルロ・ポンティらの時間論に大きな影響を与えたと言いうる。

ハイデッガーもアインシュタインや「相対性理論」に関しては、あちこちで取り上げている。たとえば『時間概念の歴史への序説』では、「物理学では相対性理論による革命が起こった」とし、「相対性理論」が意味するのは「自然の根源的連関を際立てようとする傾向以外の何ものでもない」としている（以上 GA 20: 5）。これまでの哲学で埋もれてしまった時間論を再び掘り起こそうとした彼の時間論に、このような時代潮流の中で、アインシュタインらの物理学的時間論が与えた影響は無視しえない。ハイデッガーが、「死」「無」ということが基本としてあったにせよ、なぜよりによって「時間」が存在の根本を規定すると考えたかということの理由として、このような背景があったことは、無視するわけにいかない。

そして時間論に決定的とも言いうる影響を与えたのがベルクソンだった。彼はたとえば『時間と自由』では、「一切の空間性を排した、直接的意識状態」である「純粋持続」としての「時間」を説いた。彼が説いた、このような人間存在の「純粋持続」としての時間という考えは、たしかにそれまで支配的だった「人間とは独立に存する時間」という理解を打ち破るものだったと言いうる。だが後述するように、ハイデッガーは、このようなベルクソンの時間論も伝統的時間理解の枠をでていない、としている。ハイデッガーはどこにベルクソンとの違いを見ていたのだろうか。

以上のような伝統的時間論に対し、ハイデッガーは自分こそが時間の本質を真に問うおそらく唯一の者だという自覚のうちで、前期には自らの哲学の中枢に時間論を置いた。だがハイデッガーもまた、あの〈時間という深い謎〉に、身をもって惑わされることとなったのである。

第四節　ハイデッガーにおける時間論

第一項　なぜ「時間」が「存在」と関わったのか
ハイデッガーが「時間」という名で追究しようとしたのは結局何だったのか

一　初期・前期ハイデッガーの時間論

ハイデッガーは、現在わかる範囲内では、一九一五年の『歴史科学における時間概念』で、時間を初めて本格的議論の俎上に載せた。ここでは自然科学における時間概念についても論じられ、アインシュタインについても触れられている。既述のように、一九一五年は「一般相対性理論」が発表された年だった。これは、この頃既述のような時代潮流が厳然としてあったことを示すものだろう。ハイデッガーは、物理学において「我々は流れのうちにある本来的時間を破壊し、時間を凍結させる。……時間はある均質な位置の秩序となった」(GA 1: 424)、「相対性理論においては時間測定の問題が問題とされているのであり、時間そのものは問題になっていない。……時間概念は、相対性理論によっては、手つかずのままだ」(GA 1: 424) とする。既述のように、この後一九二五年の『時間概念の歴史への序説』では、「相対性理論による革命が起こった」とするようになるが、この『歴史科学における時間概念』では否定的見方をしている。ここで彼は、このように自然科学における時間論を展望した後、自然科学ではない、歴史科学における時間概念を論じる。だがこの初期の論文では、まだハイデッガー独自の時間論の展開はほとんどなく、「本来的時間」という示唆があるのみである。「本来的時間」という言い方で彼が思索した内容の実質的展開は、この後の諸論文で行われる。

すなわちまず、『存在と時間』の前形態となるのが、一九二四年の『時間の概念』である。[97] ここでは、アリストテレスが『自然学』で「動き」(κίνησις)との連関で時間を論じたことが取り上げられる。すなわち、「それによってまた初めて《時間》が存在論的に際立たされる可能性が与えられた」とされ、脚註で「アリストテレスの時間規定において、動き〔Bewegung〕という特有な存在論的概念が構成的に表れたのか」(以上GA 64: 78)と、アリストテレスが「動き」と「時間」との関連を示唆したことは評価している。これは『存在と時間』での「〔アリストテレスにおいて〕《時間》は《場所》〔Ort〕と《動き》と連関している」(SZ: 428)という論に繋がってゆく。またアウグスティヌスの時間概念についても触れられている。

だがこの論文中で強調されている時間論の核は次のことだということが、見て取られねばならない。すなわちこの論文では、再三「現存在自身が時間だ」ということが言われるのだ。

「そのつどの現存在自身が《時間》(そのもの)である」(GA 64: 57)

「現存在の本来的存在は時間存在である。実際、現存在とは《時間》である」(GA 64: 61)

「本来的時間存在は覚悟性のうちにある。……時間と時間の探究とについての了解は、次の真正の問いのうちにある。すなわち《私は時間であるのか》という問いのうちに」(GA 64: 83)

「〈時間とは何か〉という問いは次のような問いになった。すなわち、〈時間とは誰か・誰が時間なのか〉〔Wer ist die Zeit?〕という問いに。より正確には、〈我々自身が時間なのか〉、あるいはさらに正確には、〈私が私の時間なのか〉という問いになったのである」(GA 64: 125)

これらの言表の意味することは、次のことである。すなわち、自然科学や伝統的哲学の時間論(特にアリストテレス、カント)と区別することにより、時間とは「単なる移動」としての「運動の数」でも、移動の「尺度」でもなく、人間的自己との関わりで捉えられねばその本質が見失われる、ということである。これが、「私は時間である」「〈時間とは何か〉という問いは〈時間とは誰か〉という問いに転換する」と言われたことの真意だと言ってよい。

さらに『時間概念の歴史への序説』(一九二五年)があるが、これは実際の時間概念については最後の方で少し触れられているだけで、未完に終った。この講義は、同時に執筆されていた『存在と時間』のまさに前形態と言ってよい。すなわち「存在への問いのためには時間の概念が導きの糸となる」（GA 20: 10）として、ベルクソン、カントとニュートン、アリストテレスという「時間概念の歴史の三つの主要段階の追跡」を予定していたが、これも未講義のまま終る。ただしベルクソンに関しては、「〔アリストテレスが捉えた時間についての〕概念を越えて、より根源的概念に到達すべく試みた」と一定の評価はしている。しかし最終的には「彼は伝統のうちにとどまっており、事柄を進展させていない」と、断じている（以上GA 20: 11f.）。また、アリストテレスが時間を「今」の前後の順序として捉えたことを挙げ[98]、既述のように「時間概念は根本においてアリストテレスが把握したままにとどまる」（GA 20: 11）とし、「時間は存在するのではなく、現存在が時間として自らの存在を時熟させるのだ」（GA 20: 442）とするが、それ以上の論究はされていない。

（ただしアリストテレスに関しては、批判的論調だけではない。たとえば『現象学の根本諸問題』〔一九二七年〕では、既述のように『存在と時間』「第三編　時間と存在」の「草稿」となる時間論を展開した。その中で「瞬間は根源的時間性の一つの原現象〔Urphänomen〕であり、一方、今ということは派生的時間の単なる一つの現象にすぎない」とし、「すでにアリストテレスが瞬間という現象を、すなわちκαιρός〔瞬間〕を見て取っており、『ニコマコス倫理学』第六巻でそれを限界づけた」としている。しかし「καιρός の特有な時間性格を、彼がたいてい時間（νῦν 今）として理解しているものとうまく連関させることができずにいる」と見ている。GA 24: 409）。

さらに、『時間概念の歴史への序説』と同時期（一九二五—二六年）の『論理学——真理への問い』では、既述のように「現象学的クロノロギー」（phänomenologische Chronologie）ということが説かれた（GA 21: 199ff.）。ここでは、先の『時間概念の歴史への序説』で予告されたベルクソン、カント、アリストテレス、さらにヘーゲルらの時間論の追跡がある程度行われており、特にカントの時間論が詳細に論じられている。ここで特にベルクソンの「純粋持続・実在的持続としての時間」に関して、次のような発言がある。すなわちベルクソンは『意識の直接与件に関する試論』で「時間とは空間である」と説いた。これに対しハイデッガーは、次のように断罪する。つまり「ベルクソンは持続のうちに時間の形而上学的本質を、かくして本来的時間を見いだしたと信じたがゆえに、周知の時間を空間と捉える」が、ベルクソンは「実在的時間」がそのうちにある「生の存在」について論じていないがゆえに、「彼は時間を把握していないのだ」と。そして「彼が空間ととる時間は、まったく空間ではなく、まさしく時間なのだ」と説く（以上 GA 21: 266ff.）。ここでの論及は「時間と空間」に関する重要な指摘を含むが、ハイデッガーは自らの空間論を深く展開してはいない。

だが一九二七－二八年の講義『カントの純粋理性批判の現象学的解明』では、カントの時間論との関わりで、注目すべきことが語られている。カントは『純理』で、「時間自身は変化しない。変化するのは時間のうちにあるものだ」[99]、時間は「それ自身移ろいえぬもの、留まるものなのだ」[100]と説いた。これに対しハイデッガーは、次のように述べた。

「最終的に動き〔Bewegung〕とは、より根源的に了解されるなら、存在論の全体において空間や時間よりはるかに根源的機能をもつことになる。……動きとは、ある根源的な意味で、カントが捉えているような時間の前提をなすものなのだ」

「すでにアリストテレスにおいて、時間と動きとの謎に満ちた関わり合いが浮上しているのだ」（以上 GA 25: 143f.）

ここでハイデッガーは、「時間」の本質を「動き」として捉え、むしろこの「動き」の方が時間の「前提」となると述べ、しかもこのような「時間と動き」の連関は「謎に満ちたもの」だと述べているのだ。これは『存在と時間』前後の時期の彼の「時間」論の根本と連関する。

では、『存在と時間』前後の時間論の根本とは一体何なのか？

二 『存在と時間』前後における「時間の二重構造」

『存在と時間』前後で明確になる決定的な事柄は、ここで「時間」と呼ばれたものは、いわば二重構造的に思索されていたということである。すなわち①人間的現存在の「時間性」（「時間」と〈脱自的動き〉）、②「存在了解の地平としての時間・テンポラリテート」（「時間」と「世界」）。次にそれについて論じよう。

①人間的現存在の「時間性」――「時間」と〈脱自的動き〉

今限られた範囲内で、『存在と時間』後半部全体で論じられている時間論を繰り返すことはできないが、人間的現存在の「時間性」として言われたことの本質は、次のように見ることができる。

『存在と時間』の意図は、伝統的哲学で埋もれてしまった「ある」ということの意味をもう一度問い直すことだったが、「現存在の存在を可能にする意味」とは、現存在の存在として規定された「ゾルゲ」の三重の構造を「統一するもの」だとされた。既述のように、この統一は先駆的覚悟性において「既在しつつ-現在化しつつある-将来」という脱自的動きの統一的現象として説かれ、これが「時間性」と名づけられた（SZ: 326）。時間性とはこのように本質的に「自己から」出る脱自であるとされる。現存在はこのような性質をもった「時間性として規定される限りでのみ、先駆的覚悟性という今特徴づけられた本来的全体存在可能を自己自身に対して可能にする」と言われた（ibid.）。このようにハイデッガーは現存在の本来性ということを、死という自らに「最も自性的なもの」へ先駆することのうちで、被投性という自らに「最も自性的なもの」へと帰ってくることによって、頽落的な自己から「自性的な」自己になることとして捉えた。そして、そのような仕方で「自己から」出てゆき、また「自己へと」戻ってくるといういわば現存在のうちにある何らかの脱自的〈動き〉（Bewegung ないし Bewegtheit）それ自身こそが、時間性という名で呼ばれたのだ。

このように「現存在の時間性」とは、結局「自己から自己へ」という〈動き〉としての時熟的脱自である。これがハイデッガー時間論の根本だと言ってよい。だが、人はあまりにも一般的時間理解や伝統的時間概念に染まっているため、いまだこのことがよく理解されていないと言わざるをえない。それがハイデッガー時間論自身の正確な理解を妨げている。

「脱自」とは、本来「過去の自己を一瞬一瞬捨ててゆく」ということであろう。これは自ら望んでなすことではなく、そのようなあり方は「受け入れる」しかないことであり、これは結局「自己が一瞬一瞬無となる」ということであり、このような「一瞬一瞬無となる」自己の行き着く果ては、「自己の決定的にして端的な無」としての「死」である。[101]「死への先駆」とは、このような無に対しての「覚悟性」とされる。すなわち、現存在は無気味さのうちで被投性によって「呼ばれ」(a.a.O. 276ff.)、かつ死が可能性として「露呈される」ような仕方で死へと先駆することによって (a.a.O. 262)、本来的になる。つまり、現存在はこの場合あくまでも「受け身」である。既述のように、一般的には先駆の方は投企として現存在の積極的側面を表すと思われているが、しかしその内実は、先駆とは死が露呈されるような仕方で死と関わるということであり、また自由というのも死に対して「自らを開け与える」(sich freigeben) ということであり (a.a.O. 264, 287)、さらに「良心を-もとうと-意欲すること」(Gewissen - haben - wollen) も、呼び声の呼びかけに対して「用意ができている」(Bereitschaft) ということにすぎなかった (a.a.O. 288)。つまり「先駆」とは「自らの死という無に対して、開けているべく覚悟する」こととして言われている。「先駆」は「投企性」だとされるが、しかしその真意は、あくまで自己の意のままにはならぬ「死・無」に対して「開けているべく覚悟する」という意味だということが、いまだ十分に理解されているとは言いがたい。また「被投性」は、「死のうちへと向けて投げられていることとしての現存在の根底で、現存在を規定している無性」(SZ: 308) によって貫かれているとされるのだ。

このような「自己が一瞬一瞬無となる」という事実それ自身にして、また同時にこのような「自己の無」(死、被投性) に対し「覚悟させる」働きとして言われているのが、「時間」である。自己が絶えず無と隣り合わせであるという事実に、我々は時間を通して気づく。あるいは時間によって気づかされるのだ。このような現存在の時間性は、そこからヘーゲルらの伝統的哲学や日常的時間理解の「派生的時間」が生じてくる、「根源的時間」だとされた。

(ただし、「根源的時間」に関するハイデッガーの言表は変転している。すでに『存在と時間』でも区別の曖昧さが見られる。すなわち、まず彼は「時間性」〔SZ: 17〕ということを「現存在の存在 (の意味)」だとした。それゆえ「根源的時間」を定義した「今取り出された時間性を、根源的時間と名づける」〔SZ: 329 傍点筆者〕という表現は「現存在の時間性」を「根源的時間」と呼ぶ、ということを意味する。だがまた「存在了解の地平としての時間」を「根源的」とも呼んでいる〔SZ: 17〕。また二〇〇七年に出版された全集第一四巻『思索の事柄へ』所収の「自著紹介、マルティン・ハイデッガー『存在と時間』前半」では、「時間性の解明は、そこから通俗的・伝統的時間概念が必然的枝葉として発源してくるような、あるより根源的な時間概念へと導く」〔GA 14: 125 傍点筆者〕としている。だが『存在と時間』では、「〔伝統的〕時間概念と通俗的時間了解とは、時間性から発源している」〔SZ: 18〕としていたのだ。さらに『現象学の根本諸問題』〔一九二七年〕〔GA 24: 429〕では、現存在に即した「実存論的意味での時間」が「根源的時間」とされる一方で、テンポラリテートも「根源的時間」だとされ、『省察』〔一九三八―三九年〕〔GA 66: 424〕でもテンポラリテートが「根源的時間」だとされている。また『シェリング：人間的自由の本質』〔一九三六年〕では「永遠性」が〔GA 42: 197〕「根源的時間」だとされる。「根源的時間」という呼び方は一つの事柄には限定されていない。総じて、『存在と時間』をはじめとして、「時間性」「時間」「根源的時間性」「根源的時間」などの「時間」に関する区別・定義はあまり厳密ではない。またフォン・ヘルマンは、現存在の「脱自的時間性」と「地平的時間」との統一が「根源的時間」だとしている。すなわち「存在一般、つまり全体としての存在の意味とは、脱自的時間性と地平的時間との統一としての根源的時間である」としている。[102] これは『根本問題』〔一九二七年〕等での「脱自的-地平的時間」という表現を言い換えたものである)。

ハイデッガーがこのように述べた真意は一体何だったのか。アリストテレス以来の伝統的時間概念では、時間がこのような人間のあり方に沿って理解されることは稀だった（既述のように、アウグスティヌスやベルクソンらの時間論は例外と言える）。ハイデッガーは、アリストテレス以後二千年以上時間論は進展していないとし、「新たな時間論を試みたベルクソンもその枠を出ない」とした（GA 20: 11）。唯一カントがテンポラリテートへと踏み出したが（SZ: 23）、根源的時間と超越論的構想力との連関を前に「ひるんだ」とした。世界一般、ないし物一般の「過ぎ行き」として捉えられたとき、時間は敢えて論じる価値もない、ありふれた事柄として、西欧哲学史のうちに埋もれてしまった。だが、時間の本質が人間的自己のあり方に沿って、「自己の無」に遭遇させる働きと捉えられたとき、時間は自己にとって骨髄に徹するような仕方で押し迫ってくる、何よりも根源的な事柄として、最も思索さるべきものとなる。あるいは、「一切に終わりがある」という仕方で、「ある」ということをつねに脅かすもの、「ある」ということの根底にはつねに「無」が潜むという事実それ自身、それが時間である。そしてその事実に、我々が自らの根底を揺るがされるような仕方で気づくことを可能にするもの、それが時間である。このような時間の根源的本質と比べれば、「社会の活動のための尺度」「単なる移動としての運動の数」としての時間はあくまで「派生的時間」だとされた。アリストテレスらの伝統的時間理解もこのような域を出ておらず、時間の本質を問うていない、とされたのである。以上が、ハイデッガーがもう一度「ある」ということを問い直そうとしたときに、「時間」の本質も問わねばならなかった理由であり、『存在と時間』が「存在」と「時間」だった理由のうちの一方である。

以上のようなハイデッガーの時間論は、近年の他の時間論と比較するとき、その性格がより明らかになりうるだろう。

たとえば、サルトルはハイデッガーからの影響の下に『存在と無』を書いたが、「無とは存在の身中の虫だ」[103]、「自由とは、自己自身の無を分泌することによって、自己自身の過去を場外に出す人間存在のことだ」という存在のあり方を説いた。『存在と無』と『存在と時間』との共通点と相違点とは慎重に議論されねばならないが、「存在の根底につねに無が潜む」ということの認識においては、サルトルはハイデッガーの真意を読み取っていたと言ってよいだろう。またサルトルは、根本的に人間の対他存在が「自己脱出」(échappment à soi)であり、これが「自由」の根源になるとする。この点でも、ハイデッガーの時間論の根底となっている「脱自」論と共通すると言いうるだろう。『存在と無』の第二部第二章「時間性」の章では、「時間性の存在論」として、「静的時間性」と「時間性の動態」とが区別される。ここで時間論に関して決定的に重要なことが述べられる。すなわち、

「時間性とは、対自が脱自的に対自であるべき限りにおいて、この対自の存在である。時間性は存在するのではなく、〔人間的〕対自が、存在することによって、自己を時間化するのだ」[104]

このような時間論のうちには、これまで見たハイデッガーの時間論との根本的類似が見られるだろう。

また西田幾多郎が「一瞬一瞬死しては蘇る」こととしての時間について論じたが、我々は彼の時間論とハイデッガーの時間論との親近性をここに読み取りうる。これに関しては本書「展望」の第一章で詳述するが、ここで簡単に述べるなら次のようになる。すなわち西田は、自己の根底にはつねに「無」があり、一瞬一瞬が「有であり、かつ無である」という事態を読み取った。さらに西田では「我が時に於いてあるのではなく、時が我に於いてある」(西 6: 188)とされ、これは先の「時間はあるのではなく、現存在が時間として自らを時熟させる」とするハイデッガーと共通し、時間を人間的自己との関わりで捉えている。ただし西田は本来、我々個人の「有・無」を超えた、いわば普遍的「働き」とも言うべきものを思索していた。すなわち、『自覚に於ける直観と反省』等で「自己の内に自己を映す自覚」が追究された後、このような「働きがおいてある場所」が「いかなる実体でも無い」「絶対無の場所」とされた。西田は『無の自覚的限定』で初めて「永遠の今」を論じたが、これは「一般者としての絶対無」のいわば時間的側面とも言うべきものであり、一瞬一瞬が「死しては蘇る」という「非連続の連続」をいい、時間は本来的な「永遠の今の自己限定」を意味する。ここでは冒頭に挙げたプラトンの時間論との類縁性も見られ、〈時間という謎〉の一つの真相が空け開かれたのではないか。またここに、我々は後に見るハイデッガーの性起との類縁性も指摘しうる。(105)

以上のように、現存在の時間性に即して、『存在と時間』が「存在」と「時間」だった理由の一方を見てきたが、ではもう一方は何だったのか。

②「存在了解の地平としての時間・テンポラリテート」——「時間」と「世界」

『存在と時間』は以上のような現存在の時間性を論じた後、途絶した。途絶した『存在と時間』「第三編」で追究されようとしたのは「存在了解の地平としての時間・テンポラリテート」だった。既述のように、これは「現存在の時間性」に「基づいて」、人間が「ある」ということを「了解するために必要な地平」として開ける「時間」、すなわちテンポラリテートだとされた。これが「二重構造的時間」のもう一方である。だがここでハイデッガーの眼前に、〈時間〉という深い謎が立ちふさがった。「地平としての時間」ということでハイデッガーが見ようとしたのは、真実のところ一体何だったのか。このような地平はまた、彼が「世界」と呼ぶ事柄と連関した。だがハイデッガーがこの頃このような「地平」ないし「世界」が生じてくることについて述べた言い方のうちに、我々はこの問題をめぐる彼の「格闘」を認めざるをえない。たとえば次のようになる。

「世界の可能性の実存論的-時間的条件は、時間性が脱自的統一として、何らかの地平というようなものをもつということのうちにある」(SZ: 365)

「現存在が時熟する限りでのみ、何らかの世界もまたある」(SZ: 365)

「時間性とはそれ自身において端的に根源的自己投企であり」(GA 24: 436)、「時間性とは根源的自己-外〔**Außer-sich**〕であって、「脱自態には、自己-外ということによって与えられているある特有な開性〔**Offenheit**〕が属して」おり、そのような脱自態が「そのうちへと向けて自らのうちで開けているようなものを、我々は脱自態の地平と名づける」(以上 GA 24: 377f.)

「地平とは脱自態〔Ekstase〕の脱自圏〔**Ekstema**〕であって、このような「脱自圏的なものが振動しつつ、世界すること〔Welten〕として時熟するのである」(以上 GA 26: 269f.)

「ただ自由のみが、現存在に対して、世界が統べ、世界すること〔welten〕をせしめうる」(GA 9: 164)

「〔拘束性の対抗的保持、全体化、存在者の存在の露呈という根本生起を統一するものとしての〕投企が、世界形成の根本構造なのである。……投企とは、世界投企〔**Weltentwurf**〕である」(GA 29-30: 526f.)

ここで時間は「根源的自己投企」「根源的自己-外」だとされ、「時間性の時熟によって何か地平というようなものが開ける」とされ、時間の本質である脱自によって開ける「脱自圏」ということも言われる。既述のように、自己が、「自らの根底につねに無が潜む」ということを自覚することにより、「非本来的自己から本来的自己へ」と脱自し、「ある」ということが真に了解されうる、というのが『存在と時間』第二編までの論述だと言ってよい。第三編では、このような「存在了解」に「基づいて」、初めて「存在論」が可能になる、ということが説かれるはずだった[106]。この存在了解の際、「ある」ということが「真に了解」されうるのは、時間によって自らの「ある」ということの意味が「自らの根底を揺るがすような仕方で」開き示されることによってだった。そのとき、同時に、これまで見えていた世界が「別の仕方で」見えてくる。そして世界全体が、いわば「問い」になる。すなわち自己の存在のみならず、世界が、「全体としての存在者」が、全体として問いになる。「存在一般」の了解としての存在論も、このように「全体として問いとなった世界」のうちでのみ可能だ、というのがハイデッガーの真意だと言ってよい。「存在了解の地平」と言われたのは、このような世界を意味する。そしてこのような「問いとなった世界・地平」が可能になるのは、結局脱自としての時間性が時熟することによってだとされた。これが『存在と時間』が「存在」と「時間」だったもう一方の理由である。

ここから、当初ハイデッガーが意図した「存在了解の地平としての時間」すなわちテンポラリテートが、「存在了解を可能にするもの」として追究されようとした。これらは先に挙げたように「時間性によって何か地平というようなものが開ける」というような言い方で言及されたが、全面的に展開されることは遂になかった。「第三編」の「新たな仕上げ」とされる『現象学の根本諸問題』(一九二七年)も、テンポラリテートを全面的に展開する途中で、途絶した。これはハイデッガーの思索の《転回》としてこれまで議論されてきた事柄である。すでに述べたように、この問題は非常に複雑であり、簡単に論じることはできないが、今ここで結論のみ繰り返すなら、次のようになった。すなわち、まず言えるのは、人間的現存在のあり方としての「時間性」から、「世界全体・地平の開けを可能にする時間性」への橋渡しは、ハイデッガーの当初の予想を超えて困難だったのではないか、ということだった。ここで「時間」と「世界」との関わり合いが、彼の前に〈謎〉として立ち塞がった。キシールも「ハイデッガーにとっても、世界と時間との関わり合いは、生涯にわたる議論を生じさせる問題だった[107]」と見ている。

そしてさらに言いうるのは、既述のように「自らがあるということの根底に潜む無」に気づかせるものとしての「時間という働き」は、「本来化」「自性的ならしめるもの」だったが、いわばこのような「ならしめる働き」それ自身が取り出されるようになったのではないか、ということだった。これが「本来化」「自性化」としての「性起」に繋がった。

しかも既述のように、一九三〇年代半ばから「真存在の自己伏蔵」ということが言われた。これは「脱自」という人間自らのあり方としての時間とは異なり、「それ自身を伏蔵する」「真存在」である。つまりいわば人間を超えて、「世界全体の根底にある働き」として、世界・物の本来的あり方と非本来的あり方とを決定する働きだとされる。この働きは、「存在」「存在自身」「真存在」とされたが、最終的に「性起」だとされた（zSD: 46）。この性起のうちにこそ、ハイデッガーがなぜ後に時間について主題的に語ろうとしなくなったのかということへの、示唆があるのだ。

第二項　なぜハイデッガーは後に時間について主題的に語ろうとしなくなったのか　彼が「時間」という名で追究したものが彼の思索全体においてもつ意味は何だったのか

時間と性起

〈時間〉とは何か

一九三〇年代すなわちハイデッガーの思索の中期以降は、「時間-遊動-空間」（Zeit - Spiel - Raum）や「時間は時熟する」（Zeit zeitigt sich）「時間は時間する」（Zeit zeitet）というような言表は散見し、「存在が時間性格をもつ」こととしての「現前性」（Anwesenheit）は語られるが、時間それ自身への全面的論究はほとんどされなくなる[108]。ハイデッガーは最晩年の一九六二年になって、いわば『存在と時間』で途絶した「第三編」に決着をつけるとも言うかのように、「第三編」と同じ『時間と存在』と題して、時間論を展開した。はたしてその真意は何だったのか。そしてなぜハイデッガーは後に時間について主題的に語ろうとしなくなったのか。

ハイデッガーの時間論に関して、これまでは『存在と時間』から『時間と存在』までの四〇年近い空白を埋める資料はほとんど提示されなかった。だが近年一九三〇年代の『寄稿』等の全集が刊行され[109]、彼の中期時間論が示されるようになった。たとえば一九三〇―三一年の『ヘーゲルの精神現象学』では、自らの『存在と時間』に関連して、「存在論」(Ontologie)との関わりで、「ロゴス〔λόγος〕の位置に時間〔χρόνος〕が来る」ような「オントクロニー」(Ontochronie 存在時間論)ということが提唱される。ただし、この「オントクロニー」自身は、ここではそれほど展開はされないままだった。また一九三四年の講義『言葉の本質への問いとしての論理学』の中でも、時間は『存在と時間』の記述を継承する形で論じられている。すなわち、

「我々は自らを次のようなものとして経験せねばならない。すなわち、以前のことに基づいて現成しつつ、自己を超えてゆき、将来から自己を規定するようなものとして。つまり我々自身が時間であるようなものとして。我々は時間の時熟そのものなのだ」(GA 38: 120)

これらのことからわかるのは、一九三〇年代になってもなお、ハイデッガーが時間論を展開しようとしていたということだろう。とはいえ、これらの記述は短いものであり、しかもその中で時間論がそれほど全面的に展開されているわけでもなく、『存在と時間』の数百頁に及ぶ時間論とは比べるべくもない。だが特に『寄稿』のうちに、「なぜハイデッガーが後に時間論をほとんど展開しなくなったのか」ということへの示唆がある。次にそれを取り出す。

『寄稿』では、特に第二四二節で本質的時間論が集中的に語られる。既述のように、この『寄稿』は「性起について」という副題をもち、全体が性起論だとも言いうるが、その中でも特にこの節前後は「最後の神」の章と並んで、『寄稿』のいわば心臓部だと言ってもよい。つまり、これまで僅かな言及しかなかったせいで、その重要さに比して理解が非常に困難だった性起の最内奥の構造が、この節前後で(断片的にではあるが)ある程度開き示されるのである。この第二四二節以前では、アリストテレスの『自然学』での«τόπος»(場)と«χρόνος»(時)とについての論や、カント、ライプニッツらに触れられる。それにより、伝統的時間論のうちで「時間と空間とは《数学的》計算のための枠表象

《順序》-概念）《直観の形式》になっている」（GA 65: 373）とされ、これは初期から一貫したハイデッガーの形而上学批判と同じである。それに対し第二四二節は「深-淵〔脱-根拠 Ab-grund〕としての時間-空間」と題されているが、すでにこの時点で本来的意味での時間が単独で語られることはほとんどなくなっており、「空間」との連関で語られることが多くなっている。「時間-空間」となったとき、時間は「脱我的引き離し」（Entrückung）もしくは「時熟化」（Zeitigung）、空間は「惹きつけ」（Berückung）もしくは「空間化」（Räumung）等という「働きそれ自身」として語られる。このような「時間-空間」について、多様な側面から語られるが、ここで特に重要な箇所を挙げる。

「根源的時熟化〔Zeitigung〕と空間化〔Räumung〕との統一としての時間-空間は、それ自身根源的に瞬間の-座〔Augenblicks-Stätte〕である。瞬間の-座とは、伏蔵の開性の、すなわち現〔Da〕の、深-淵的に本質的な時間-空間性である」（GA 65: 384）

「深淵とは空間と時間との根源的統一である」（GA 65: 379）

「時熟化と空間化とは自らの本質を……性起から受け取る」（GA 65: 383）

「時間と空間とは（根源的には）《ある》のではなく、現成する〔wesen〕」（GA 65: 385）

これらをいちいち詳論する余裕は今ないが、簡単に言うと次のようになる。すなわち、「時間-空間」は働きとして捉えられたとき、「瞬間の-座」という本来的「時間-空間」となる。これが「真存在」の「自己伏蔵」との連関で語られると、「根拠の自己拒絶〔Sichversagen〕」としての「根底なき」「深-淵」（脱-根拠）となる。このような「深-淵」としての「時間-空間」は、性起が統べる場として、通常の意味で「ある」わけではなく、本来的な仕方で本質化されて「ある」（現成している）。そしてこのような「時間-空間」は通常の時間と空間との根源であり、その根底には性起の働きがある、とされるのである。ここで述べられる次元は、性起や「時間-空間」がまさに深い深淵として語られる次元であり、もはや日常的思考では理解困難な次元だろう。だがここにこそ、ハイデッガーが後に時間論をほとんど展開しなくなったことへの示唆がある。

すなわち、時間は先述のように、「現存在の時間性」と「地平としての時間」という二重構造をもっていたが、そのそれぞれについて、いわば取って代わるものが語られるようになった、と言いうる。それが性起だった。

既述のように、現存在の時間性とは、「自己から自己へ」と脱自し、「一瞬一瞬無となる」という〈脱自的動き〉であり、またそのような現存在のあり方に気づかせる働きだった。これはまた現存在が「自性的である」(eigen) こととしての「本来性」(Eigentlichkeit) と、「非本来性」とを可能にする、「自性的ならしめる」(eignen) 働きでもあった。このような「自性的ならしめる」働きが、「自己を本来化・非本来化」せしめ、「死・無」との関わりに直面せしめる「性起」(Ereignis) の働きと捉えられるようになったのだ。また「地平としての時間」は、時間性の時熟によって開ける「地平というようなもの」と言われたが、これは「世界」として開ける「空間・場」と、その開けの根底で統べている性起と捉えられるようになる。「世界の開け」ということは初期から言われていたが、後期にはその根底に性起の働きが見られるようになると言える。こうして、時間は性起へと繋がってゆく。ハイデッガーは『原初根拠』で次のように述べている。すなわち「それが世界を与える〔Es gibt Welt〕。与える《それ》は自己を時熟させる時間性である」(GA 26: 272)。彼は後に『時間と存在』で、「それが与える」と言われたときの「それとは性起を意味する」と述べた。それを考えれば、『原初根拠』でのこの発言は時間性と性起との連関を示唆するものだとも言いうるだろう。そのことがさらに、既述のように、『寄稿』での「性起の語られざる予感は、……《テンポラリテート》として現れる」(GA 65: 74) という言表によって確証された。さらにこのことはまた、『言葉の本質』での「時間自身[a]……。註（a）性起」(GA 12: 202) という脚注で、確証されたのだった。

このように、時間は性起へと繋がってゆくが、以上のような内実は時間というだけではもはや論じ切れなかったがゆえに、ハイデッガーは後に「時間」という仕方ではほとんど論じなくなったと言いうるだろう。

以上のことからまた、ハイデッガーが「時間」という名で追究したものが、彼の思索全体においてもつ意味が開き示される。伝統的哲学でほとんど埋もれてしまった、「ある」ということへの問い。それがハイデッガーの終生変わらぬ問いだった。既述のように、彼はそれを、前期には人間的現存在を出発点に問おうとした。そのとき、「本来性を可能にするもの」として「時間」が説かれた。これが中期以降、性起へと繋がった。つまり前期に「時間」の働きとされたものは、中期以降「本来性を可能にするものとしての性起」に繋がっていった。ハイデッガーは終生一貫して、「ある」ということの底に潜むある「働き」を思索した。それは「ある」ということを絶えず「無」に直面させながら、そのことによって自己と世界との本来のあり方に気づかせる。彼が「時間」という名で思索したものは、ある意味で彼の終生の「最も思索されるべきもの」だった、と言いうるだろう。

そして、途絶した『存在と時間』「第三編」と同じ表題をもつ『時間と存在』(一九六二年)で、ハイデッガーは時間論のいわば決着をつける。時間も存在も、性起との連関のうちでその内実が明かされる。これに関してはすでに他の諸論文がある程度解説しているので、今は簡単に最重要点のみ述べる。ここでは最終的に「それが存在を与える」(Es gibt Sein)、「それが時間を与える」(Es gibt Zeit) とされ、このような「与える」「それ」(Es) という「働き自身」として「性起」が取り出される。時間も存在も「それ」としての性起によって「与えられる」とされるようになるのである。いわばここで、時間を「超えて」、時間を「与える」という「働き」が取り出される。このような性起は、また一切を「共属」(zusammengehören) させる働きとして説かれた。これは単なる表面的な関わりではなく、既述のように「一者が他に自らを委ね、そのようにして各々が自己自身に留まる」(UzS: 211) という根源的な「無限の関わり合い」であり、このような根源的関わりのうちで初めて自己が本来の自己になりうる、とされる。そしてそのような共属を可能にするのが性起だとされるのである。

このようなある「時間を〈超えた〉もの」は、すでに『寄稿』でも語られていた。すなわち「永遠的なものとは……いつの日にか回帰するために、瞬間のうちで脱去しうるかのものである。回帰しうるのは、……新たに変貌するものとして、一にして-唯一のものとして、真存在として、である」(GA 65: 371)。ここで「永遠的なもの」が語られ、それは「真存在として回帰する」と言われる。また同時期の『シェリング:人間的自由の本質』(一九三六年)では、「永遠性」が「根源的時間」だとされる（GA 42: 197）。ハイデッガーは、伝統的哲学では存在が無時間的に捉えられたとし、「存在の有限性」から出発した。それゆえ「永遠性」についても否定的言表が多かった。[110] だが上記の箇所では、「永遠性」という、「無限」にして、ある意味で「時間を〈超えた〉もの」が肯定的に語られる。さらに人間を「死への存在」と捉えることから出発し、後期にも人間を「死すべき者」と捉えたにもかかわらず、すでに挙げたように、『ヘルダーリンの大地と天空』（一九五九年）では次のようなことが語られた。

「死は来たることにより消え去る。死すべき者は生において死を死ぬ。死において、死すべき者は、不‐死となる」
（Höld: 165）

以上の言表はそれ自身〈謎〉のようだが、これらの言表前後のコンテクストを読み解くと、次のように言いうるだろう。すなわち、性起との関わりで捉えられたとき、人間も存在も、ある意味で日常的な意味での「時間」を「超えた」次元に行きうるのであり、「永遠」「不‐死」というようなことといわば「まみえる」のだ、と。

「ある」ということも、また「あるということの根底に潜む無」に気づかせる働きにして、同時にそのようなあり方自身でもある「時間」も、何ものかによって「与えられる」。その何ものかは我々や我々以外の物の存在のみならず、時間の「あり方」としての「歴史」をも「作る」、とされる。[111] それはもはや「時の彼方に」〈ある〉。だがそれは、我々の生と隔たったところにあるわけではない。むしろそれは、我々の生の根底で、我々の本来のあり方を呼び覚ます「声」であり、「呼び覚ます」という「働き」それ自身である。そしてそのように「呼び覚まされた」とき、我々は自らの生が本来「世界全体」と「共属」するものであることを悟る。これは、「世界」という仕方で働く何らかの「働き」が自らのうちにもまた働くのを悟ることだとも、言いうるだろう。そのとき、我々は「一瞬の夢」としての生のうちにありながら、同時に「時の彼方に」あることを悟る。ここにおいて〈時間という謎〉は、その深奥を開き示す。ハイデッガーも、このような〈時間という謎〉をめぐり、それと格闘しながら、遂にその深奥を見た、と言いうるのではないか。

我々は以上のようにハイデッガーの思索を見てきた。彼の初期・前期から「転回」を通じて、根底において醸成されたのが、性起だった。だが一方、ハイデッガーの思索の根本は徹頭徹尾「存在への問い」だった。「ある」というこの最も単純な事実が「問い」となるとき、しかし彼を待ち受けていたのは、「存在」をめぐる、いわば西欧哲学全体との「格闘」だった。『存在と時間』の初めに挙げられたように、「存在」は最も自明的で、今さら問う価値もない、いわば「解決済み」の問題として、西欧哲学のうちで葬り去られてしまっていた。そしてそれを、最初にして最終的に決定づけたのが、初めて「存在」を問いとしたパルメニデスだった。彼が語ったこと、すなわち「存在は存在し、非存在は存在しない」(断片六)という言葉は、最も空虚なタウトロギーではないのか? だがこれが、ハイデッガーの生涯にわたる「存在との格闘」の火種となったのだ。それは性起という「事態」のさらなる醸成のための格闘でもあった。ここで「存在と性起」の連関と相違とが、彼の思索の中枢を占めるようになる。それはまた「存在」という、あくまでも西欧哲学のうちで色褪せたものとしか受け止められなくなってしまった「言葉」との、「別れ」の過程でもあったのだ。

第四章　「存在」：「ある」ということをめぐる「格闘」——存在と性起

はじめに：問いの構造——「自己が存在する」という謎

前章「〈時間〉という謎」では、「自己が存在する」ということの根底に潜む「無」それ自身にして、またそれと「出会わす働き」としての「時間」が論究された。そしてハイデッガーにおいて、このようなものは「時間から性起へ」と、思索が深められた。だが、特に《転回》において問題となったのは、『存在と時間』「第三編」で扱われるはずだった「存在一般」への問いだった。言い換えれば、『存在と時間』既刊部で論じられた人間的現存在のあり方への問いから、「第三編」以後問題とされるはずだった「存在一般」への問いとは、「それが存在する（Es ist）と言えるもの一切」と、そもそも「それがある」「それである」ということ自身への問いであり、これは畢竟《ist》（ある・存在する）ということ自身への問いとなった。だが思索の《転回》において、「ある」（ist）への問いのうちに隠された「謎」が立ちはだかった。そしてここには、「ハイデッガー解釈」の混乱を生じさせる大きな陥穽があったのだ。それは一体どのような陥穽だったのか？

たとえばハイデッガーは、中期以降「存在棄却」（Seinsverlassenheit）ということを説き、自らの「存在の問い」の重要な思索の事柄として論じる。すでに触れたように、これは存在者が「存在から見捨てられていること」（GA 70: 121 usw.）だとされる。だがここにおいて、「存在から見捨てられた存在者」とは、現実の事柄として、一体どのようなことを指すのか？　そもそも「存在者」とは「存在するもの」を意味する以上、「存在から見捨てられ、存在を失った存在者」というようなことを、語の矛盾を犯すことなく説明しうるのか？　ハイデッガーの言葉をおうむ返しに並べ替えることはできても、その事柄自身を、一体どのようにして説明するのか？

また同様のことは、ハイデッガーが「存在論的差別」（ontologische Differenz）と呼んだ事柄にも当てはまる。「存在論的差別」とは「存在」と「存在者」とを区別することだが、ハイデッガーは「存在者なしに存在を思索することが肝要だ」（zSD: 2）というようなことを言う（「存在論的差別」については第六章で詳述する）。だが一体「存在から区別された」「存在なしの存在者」とは、事柄自身として、何を意味するのか？　それは「存在棄却」において「存在を失った存在者」と言われることと、同じ疑問を提起するのではないか？　それが正確に理解されていないために、次のような疑問が「ハイデッガー研究者」においてすら生じてくるのだ。すなわち「存在と区別されて浮遊しているかのように経験される存在者が一体どのようなものなのか、つまり単なる知覚像なのか、実体的なものなのか、意味的なものなのか、それとも西田のように影像のごときものなのか、そうしたことも不問のままにされているのである[112]」と。

このように、実は「ハイデッガー研究者」の多くがこのような単純な事柄を十分に説明できずにいるという驚くべき事態が、現実にあるのだ。

だが、「存在論的差別」という自ら立てた定式にいわば最も「惑わされた」のは、他ならぬハイデッガー自身だった。そのことが端的に表されるのが、パルメニデスの「存在は存在する」（ἔστι γὰρ εἶναι 断片六）という箴言だった。これは「存在論的差別」とは矛盾する言葉のはずだった。すなわち「この語は存在を存在者の段階に引き降ろすのではないか。ただ存在者についてのみ、それが存在するということ〔daß es ist〕が言われうるのだ」（VS: 135）。つまりこのように語ることによって、「存在」と「存在者」とが区別されなくなってしまうのだ。だが後期のハイデッガーはパルメニデスを「存在の思索者」として高く評価する。にもかかわらずパルメニデスはなぜ「存在は存在する」というようなことを言ったのか？

ハイデッガーは実に死の三年前、一九七二年から七三年にかけて書いたテクストの中で、次のように述べた。「〔パ

ルメニデスの ἔστι γὰρ εἶναι という〕この語について、私は長い間追思してきた。しかも長い間、私はその中に巻き込まれてきた〔verstrickt〕」(GA 15: 397)と。ここで述懐されている「巻き込まれてきた」という表現は、ハイデッガーの生涯の根本問題とのある「格闘」を物語っている。これはまた彼の「存在論的差別」の抱える「矛盾」との、「格闘」でもあったのだ。

そのような「格闘」は、「存在は存在する」ということをめぐる以下のような言表の変遷のうちに、端的に現れている。

「存在は実際あらゆる存在者から区別されるべきであるにもかかわらず、存在は《存在する》」(『存在と時間』一九二七年 SZ: 230)

「明らかにただ存在者のみが存在するのであり、なおその上さらに存在が存在するというわけではないのだ」(『形而上学入門』一九三五年 EiM: 53)

「真存在が、ただ真存在のみが存在するのであり、存在者は存在しないのだ」(『寄稿』一九三六―三八年 GA 65: 472f.)

「存在するのは、決して存在者ではない。……存在者の存在を成す〔ausmachen〕という意味において、存在するのは、存在なのだ」(講演『転回』一九四九年 GA 79: 75)

「存在は存在しない。存在は、現前の開蔵〔Entbergen〕として、それが与えるのだ〔Es gibt〕」(『時間と存在』一九六二年 zSD: 6)

このように、「存在は存在する」ということに関するハイデッガーの言表はまさに「逆転につぐ逆転」とも言うべきものであり、このような言表の背後には、またパルメニデスの箴言との連関があった。一体このような「逆転」は何を意味するのか?

この問いを解けるかどうかは、ハイデッガーが思索した「存在」とは何を謂うのかということを、その根底に立ち戻ってもう一度正確に捉えなおすことができるかどうかに、かかっている。このことはまた、ハイデッガーが追究した「存在」とはそもそも何を意味するのかということが、実は一般にいまだ正確に理解されていないという驚くべき事態を示唆する。だがそれは、ハイデッガー自身にとってもある意味では当てはまる。彼自身、「ある」「存在」ということが一体どのようなことであり、それがこれまでの伝統的哲学で論じられてきた「存在」とどのように異なるのかを、生涯にわたって追究せざるをえなくなった。それはいわば「存在」をめぐる生涯の格闘となったのであり、その格闘によって明確化されてきたものが「性起」ということだったのだ。したがって、パルメニデスの「断片六」あるいは「存在は存在する」ということに対するハイデッガーの解釈の変遷を辿ることにより、「性起」の内実が明確に見えてくるのだ（既述のように、『寄稿』執筆前後の断片・覚え書きでは、それがあくまで短い「断片・覚え書き」であるという点で、性起の内実が明確化されにくいと言わざるをえない）。

そのような「存在の思索」から「性起の思索へ」ということは、「自己が存在する」という謎の真相を明らかにする。ハイデッガーにおいて、「自己が存在する」ということは、単純に「ある」ということではなかった。では一体それはどのようなことだったのか？

以下において我々は、そのようなハイデッガーの格闘を見ることにより、最終的に「存在」への問いが「性起」への問いとして結実する過程を論じ、「性起」とはいかなるものだったのか、また彼において「自己が存在する」とは結局いかなることだったのかを、明らかにしよう（彼の「格闘」の変遷を正確に見るために、本章では詳細な論述を試みる）。

第一節　「存在の問い」の揺れ動きと性起

第一項　「存在の問い」の揺れ動きとハイデッガーのパルメニデス断片解釈の変遷との「並行関係」

一　存在：「ある」ということをめぐる「格闘」

ハイデッガーは一九三五年の講義『形而上学入門』では、「存在する」ということそれ自身の究明から「存在の問い」を始めている。しかもその際「ここでは特定の一動詞形である《ist》〔ある〕が、すなわち直説法現在三人称単数が、ある優位を占めている」(EiM: 70) とし、ドイツ語の《ist》の問いを先行させている。これについてハイデッガーは、《ist》が最も多様な意味で使用されるということを理由として挙げる。だが彼が《ist》への問いを先行させた最大の理由は、それが『存在と時間』未刊の「第三編」と関わる根本的問いだったからだと言える。すなわち『存在と時間』で人間的現存在の実存分析を行ったときには、結局「私は居る」という《Ich bin》が主要な位置を占めていたと言える。このような人間的自己の存在（現存在）を問題とする「基礎的存在論」を基盤として存在論を問うたということが、伝統的存在論に対するハイデッガーの独自性だった。だがこれに対し、『存在と時間』未刊の「第三編」で論じられる予定だった「存在一般」を、彼は「我々がそれについて〈それは存在する〉〔es ist〕と言う一切のものの存在」(SZ: 333) と規定した。『存在と時間』途絶の理由と《転回》とは、既述のようにこの「存在一般」と深く関わっていたのであり、《ist》への問いは「第三編」以後重要な問題をはらむ根本的問いだったと言いうる。それゆえ『形而上学入門』では「それは存在する」(Es ist) ということが前面に出てきたのだ。また、形而上学で扱われる「存在」は、「それは存在する」という形での、いわば抽象的存在である。彼はそのような非人称的、抽象的存在を意味する《ist》をことさらに取り上げることにより、伝統的形而上学における「存在」がそもそも何を意味するのかということをもう一度問い直そうとした。これはある意味で形而上学の根本を問い直すことであり、そこから一歩身を引いて全体を見直すことでもある。ハイデッガーは「形而上学入門」とは言うものの、実はすでにそこから半分足を出していたと言いうるのだ[113]。

そして一九四六年の『ヒューマニズムについての書簡』で、ハイデッガーは次のように述べる。

「《存在する》〔ist〕ということが存在についてのより詳細な解釈なしに言われると、存在はあまりに容易にある種の《存在者》として表象されてしまう。……にもかかわらずすでにパルメニデスは、思索の初期において次のように言っている。すなわち ἔστι γὰρ εἶναι《なぜなら、それは存在するから、存在が》〔Es ist nämlich Sein〕と。この語の中に、あらゆる思索にとっての原初的な奥義〔Geheimnis〕が自らを伏蔵している。おそらく《存在する》ということは、ふさわしい仕方ではただ存在についてのみ言われるのであって、したがってあらゆる存在者は、本来的には決して《存在する》のではないのだ。しかしながら思索は、存在を存在者の如くに存在者から説明する代わりに、存在をその真理のうちで言うようなところまでまずもって到達するべきであるがゆえに、存在は存在するのかどうか、またいかにして存在は存在するのかということは、思索の慎重さのために未解決なままにとどめておかねばならないのである。パルメニデスの ἔστι γὰρ εἶναι ということは、今日でもなお思索されていない。そのことによって、哲学の進歩とはどのようなものなのかということが測られうる。哲学は、自らの本質に眼を向けるなら、まったく進歩していないのだ」(GA 9: 334f.)

ここでハイデッガーは、パルメニデスの「断片六」のうちに「あらゆる思索にとっての原初的な奥義が自らを伏蔵している」とし、それが「今日でもなお思索されていない」ことで、「哲学は、自らの本質に眼を向けるなら、まったく進歩していないのだ」とまで言い切っている。では、パルメニデスのこの言葉を、一体どのように捉えたらよいのか？　一体「存在」とは何なのか？　ここから、ハイデッガーの「存在」をめぐる生涯の格闘が始まるのだ。

二　「格闘」の火種――パルメニデスの断片六「なぜなら、存在は存在するから」

パルメニデスの断片六の中で語られている«ἔστι γὰρ εἶναι»は、一般に次のように訳されている。[114]　すなわち、

「なぜなら、存在は存在するから」

この言葉は、パルメニデスが西欧哲学において初めて「存在」(τὸ ὄν)を正面から取り上げた際に言われた。すなわち彼は、ヘラクレイトスを中心とするイオニアの自然哲学者たちが「生成」(γένεσις)を唱えたのに対し、「存在」を問題の根本に据えることにより、生成・消滅という考えを「仮象」(δόξα)として退けようとした、と一般には言われている。つまりパルメニデスは、「存在は存在し、非存在は存在しない」と言い切ることにより、存在を「非存在」(μὴ ὄν)から区別し、「揺るぎなきもの」として確立しようとした、というわけである。このような解釈の是非については後に述べるが、ともかくも彼がこのように語ったことにより存在の問題が哲学史の表面に浮上したのであり、以後さまざまな議論を呼び起こすことになったのは確かである。

その一つとして、たとえばプラトンは『ソピステス』の中でこの言葉に関連して、次のように述べた。

「存在すると言うとき、あなたがたは一体何を示そうとしているのか。むろんあなたがたはとうの昔にそのことはご存じだろうが、我々はかつてそれについて知っていると思っていただけで、今は途方に暮れているのだから」

(Platon, *Sophistes*, 244a. この言葉は、周知のように、ハイデッガーが『存在と時間』の冒頭に掲げている言葉であり、彼の「存在の問い」の導きの糸となったものである。Vgl. SZ: 1)

ここでプラトンは、パルメニデスによって語られた存在の問題を正面から取り上げ、それを吟味してゆくことを課題としている。だがプラトンがそれを取り上げるのは、むしろ「非存在が存在しない」という側面について論じるためだった。つまり、パルメニデスが「非存在が存在するということは決して証明されえない」(断片七)と語ったのを受けて、存在しないものがあたかも存在するかのように言い触らすことの欺瞞性を打破するために、存在問題を取り上げた。言い換えれば、プラトンによって、「存在、非存在」の問題が論争における「真、偽」の問題として扱われる端緒が開けた。そしてこのような方向をより拡張したのはアリストテレスであって、彼は『形而上学』では、パルメニデスのこの言葉をもっぱら命題の真・偽の問題として取り上げている。すなわち、

「彼〔パルメニデス〕は、存在の他に非存在があるということのないのは当然自明のことであるとし、そこから必

然的に、存在はただ一つ、すなわち存在のみで、そのほかには何もない、と考えた」(Aristoteles, *Metaphysica*, 986 b 24.)

この言葉は後に「同一律」として確立される原理の原型として一般に受け取られており、アリストテレスはここからまた、

「同じものが同時に、そして同じ事情のもとで、同じものに属し、かつ属さないということは、不可能である」(Aristoteles, *Metaphysica*, 1005 b 19.)

という「矛盾律」の原型となった命題を引き出してきた。つまりアリストテレスは、パルメニデスの「存在は存在する」という言葉を論理学的な観点から取り上げることにより、その後の西欧哲学がこの言葉を論理学的に取り扱うようになる方向を決定づけた。しかもその際、「存在する」ということそのこと、すなわちパルメニデスが「存在は存在する」と言うことによって語ろうとした「存在それ自身」についての議論は棚上げされることになった、と言わざるをえない。したがって「存在は存在する」という言葉は、存在についての議論を抜きに考えられた場合には、同一律の素朴な形でしかなく、命題としてはそれ自身意味をもたない「同語反復」でしかなくなるのだ。

それに対しハイデッガーは、この言葉を論理学的にではなく、あくまでも存在の問題として考えようとした。つまり論理学的に見れば実質的意味をなさないこのような同語反復を、なぜ一体パルメニデスは語らねばならなかったのか、と問うたのだ。

さらにパルメニデスのこの言葉についての研究も、それが語られてからすでに二千年以上経つにもかかわらず、いまだに定説と呼ばれうるものがない、という驚くべき事実がある。たとえばディールスはこの断片を≪denn Sein ist≫(なぜなら存在は存在するから)と訳しているが[115]、それは文字どおりの逐語訳であって、パルメニデスがこの言葉によって表現しようとした内容についての解釈は、今日いまだ統一を見ていないのだ。というのも、たとえばパルメニデスのこの断片に現れる≪ἔστι≫の主語が何であるかという問題そのものすら、依然として謎だからである。ガスリーは、

その主語は一般に「あること」と見なされているが、それでは単なる論理学的な「同語反復にすぎない」[116]と述べている。それゆえ多くの学者は、それを同語反復にしないために、さまざまな解釈を試みてきた。たとえば、その主語にあたるものを「物体」(body) と見なそうとする者(ディールス、コーンフォード、バーネット)、あるいは「存在すると言明されたもの」(オーウェン)、あるいは«it rains»(雨だ)のような非人称的な«it»«es»と見なそうとする者(レーヴン、フレンケル)など、さまざまである。ハイデッガーも時にはこの言葉を«Es ist nämlich Sein»(なぜなら、それは存在するから、存在が)と訳しており(GA 9: 334 usw.)、おそらくレーヴン、フレンケルらの説に従ったものと思われる。[117] また日本語訳の『ソクラテス以前哲学者断片集』では、「なぜなら それがあることは可能である」となっている。[118]

だが、先に指摘したように、実は彼らが回避しようとしたこの「同語反復」こそが、問題の根本だったのだ。

三 「ハイデッガーのパルメニデス解釈」研究の「盲点」としての「断片六」

ハイデッガーのパルメニデス解釈に関してかなり詳細に論じたものとしては、シュリューターの『ハイデッガーとパルメニデス』が挙げられる。[119] この論文は、この論文が出版された一九七九年までのハイデッガーのパルメニデス解釈文献のほぼ全体をカバーしている。ただし、一九七九年以降に出版された文献、特にハイデッガー全集第二二巻『古代哲学の根本諸概念』(一九九三年出版)、第五四巻『パルメニデス』(一九八二年出版)等が含まれていないため、あくまでも一九七九年までの文献に限られる。しかしその限りでは、一九七九年までのハイデッガーのパルメニデスについての言及をほぼ網羅しており、それを年代順に辿って、パルメニデス解釈の変遷を追っている。

だがシュリューターは、断片六の「なぜなら存在が存在するから」(以下「断片六」と略記)に関しては、ハイデッガーの言及を年代順に並べているだけで、ほとんど解釈らしい解釈をしていない。しかもこの断片の解釈に関する結論として、「[ハイデッガーの解釈の]変遷についての明確な根拠は指示されえない」(S. 197) と述べており、ハイデッガーの変遷の理由の追究を行っているとはとうてい言いがたい。

またこの他に、ハイデッガーのパルメニデス解釈に関しては、セーデルの『マルティン・ハイデッガーとプレソクラティックス』も論じている。[120] この論文は特にハイデッガーのヘラクレイトスとパルメニデス解釈とに限定して論じているが、パルメニデスに関しては、次の二つの断片に限定して取り上げている。すなわち

㈠ 断片三の「なぜなら、思索と存在とは同じであるから」(τὸ γὰρ αὐτὸ νοεῖν ἐστίν τε καὶ εἶναι.)。

㈡ 断片六の「必要なのは、〈それがある〉と言い、かつ思索することである」[121](χρὴ τὸ λέγειν τε νοεῖν τ᾽ ἐὸν ἔμμεναι.)。

そしてセーデルもまた断片六の「なぜなら存在は存在するから」に関しては、ほとんど論じていない。かろうじて「存在と思索との連関」という観点から、多少触れているだけである。

これらの他にも、たとえばジェイコブズの『パルメニデスの存在論的教説』がある。[122] だが、これもまたパルメニデスの断片三の「なぜなら、思索と存在とは同じであるから」に関連して、「思索と存在との同一性」という観点からハイデッガーのパルメニデス論に触れているだけである。もっとも、ここではパルメニデスの教説詩中の «ἐόν» に関する著者自身の考察が行われていて、「存在論的差別」の観点から論じたハイデッガーの解釈と比べて、なかなか興味深い考察が行われている。[123] しかし、やはり断片六の「存在は存在するから」に関しては論じられていない。[124]

さらに二〇〇六年に発表されたノイマンの『初期ハイデッガーのパルメニデス解釈』がある。[125] これは初期ハイデッガーのパルメニデス解釈についてまとめたもので、特にパルメニデスの「教説詩」中の「真理の道・ドクサの道」との関連で、ハイデッガーの真理論等を論じている。我々が先に挙げたシュリューターの『ハイデッガーとパルメニデス』についても触れられている。だがここでも、「断片六」についてはまったく触れられていないのだ。

以上の事実が物語っていることは明白だろう。つまり、これまでの「ハイデッガーのパルメニデス解釈」についての諸研究論文では、「断片六」(「なぜなら存在は存在するから」)についてのハイデッガーの解釈はほとんど論じられておらず、注目もされておらず、いわんやその解釈の意味するところなど理解されているとは到底言いがたい、ということである。言い換えれば、「断片六」についてのハイデッガーの解釈は、これまでの「ハイデッガーのパルメニデ

ス解釈」研究の「盲点」だったと言いうる。だが実は、ここにこそハイデッガーの根本問題が潜んでいることが、今こそ明るみにもたらされねばならないだろう。(126)それはまた、存在と性起との関わりの根本問題でもあるのだから。

第二節 「ある」ということとの格闘はいかに行われたか

第一項 「存在は存在する」ということの究明――「存在についての学」

ハイデッガーは『存在と時間』第一部第一編の最終ページで、次のように述べた。

「存在は実際あらゆる存在者から区別されるべきであるにもかかわらず、存在は《存在する》〔ist〕ということ、このことが何を意味するのかは、存在の意味と存在了解の到達距離とがそもそも明らかにされたとき、初めて具体的に問われうる。そのとき初めて、存在としての存在についての学、すなわち存在の諸々の可能性と変転とについての学の概念に何が属するのかということも、根源的に説き明かされうるのだ」(SZ: 230)

この言葉は、『存在と時間』の最終目的である「存在の意味への問い」を問うための「準備的基礎分析」として行った第一部第一編の最後で、言われている。目的とされた「存在の意味」が明らかになったとき、初めて「存在は《存在する》」ということの意味も「具体的に問われうる」とされている。明らかにこれは、彼がこれから行おうとしていることの予告だろう。つまり彼は、『存在と時間』の未刊の「第三編」以後、「存在は《存在する》」ということを「具体的に問う」ことによって、「存在としての存在についての学」の概念を根源的に説き明かすことを予定していたのだ。既述のように、彼のこのような「存在についての学」(「学問」としての存在論)の「予定」は途絶してしまった。だが「存在への問い」の根底にあるこの「存在は《存在する》」ということの意味は、その後実に死の数年前に至るまで、彼の思索の根本的事柄として終生思索され続けた。それが、既述のように、パルメニデスの断片六「存在は存在するから」という語へのハイデッガーの解釈の変遷と、「並行関係」となっていた。いやむしろ、ハイデッガーが「存在は存在する」というようなことに言及するときには、つねにその背後にパルメニデスの断片への意識があった、と言うべきだろう。「存在は存在する」ということは、何よりも彼の「存在への問い」の根本に関わる「事態」なのだから。

では、『存在と時間』でこのように「予告」した後、彼の「格闘」はどのように行われたのか？

第二項　「存在は存在しない」

ハイデッガーは『存在と時間』で「存在は《存在する》」ということの意味を問うと「予告」した後、一九三五年の『形而上学入門』では次のように述べた。

「《存在》という名詞は、そのように名づけられたものそのものが今《ある》〔sei〕のだということを、その底に含んでいる。そうなると、《存在》はそれ自身《存在する》〔ist〕ようなものになってしまう。だが明らかにただ存在者のみが存在するのであり、なおその上さらに存在が存在するというわけではないのだ」(EiM: 53　傍点筆者)

ここでハイデッガーは「存在が存在するわけではない」と言っている。これは一見、『存在と時間』で「存在は《存在する》」と述べたことと矛盾するように見える。この「矛盾」を解くためには、この『形而上学入門』の箇所をもう少し詳しく見てみる必要がある。

すでに述べたように、ハイデッガーは『形而上学入門』では「存在する」ということそれ自身の究明から「存在の問い」を始めた。しかもその際「特定の一動詞形である«ist»が、すなわち直説法現在三人称単数が、ある優位を占めている」(EiM: 70)として、ドイツ語の«ist»への問いを先行させていた。そのように「存在する」ということ自身から「存在の問い」を問おうとする過程で、先の「存在は存在するわけではない」という言葉が言われた。すなわち、本来「存在する」(sein) という動詞の不定法からできた名詞である「存在」(das Sein) は、それが名詞化されることによって、何らかの存在者のように見なされてしまう。つまりそれは、それが本来もつ動詞的性質を抜き取られ、何らかの実体的な存在者のように見なされるようになってしまう。これはとりもなおさず、伝統的に存在と存在者とが混同された捉えられ方に他ならない。ハイデッガーはそのような混同を避けるため、存在について単に「ある、ない」という次元で云々することはできない、すなわち「存在は存在するわけではない」と述べていると考えられる。それゆえこの言葉は一見『存在と時間』の言葉と矛盾するように見えて、その実矛盾しているわけではない、と言いうる。

このように、伝統的に存在と存在者とが混同されていることへの単なる注意喚起のために「存在は存在しない」と述べている箇所は、あちこちに見られる。だが、後述するように、後に彼はもっと別の理由から「存在は存在しない」と言うようになる。しかも、逆に「存在は存在する」と言う場合も並存している。ここに、彼の思索の「格闘」の歴史がある。

第三項　「存在は存在する」

最近刊行された（二〇〇五年）全集第七〇巻『原初について』（一九四一年）では、次のように言われている。

「最初の原初：存在者の存在は存在する。（言〔Sage〕）ἔστιν γὰρ εἶναι（なぜなら、それは現前するから、現前者の現前が〔**es west** nämlich **an** das Anwesen des Anwesenden〕）

形而上学：存在者は存在する。そして存在者の存在者性は〜のうちに存する。（陳述）（《存在する》〔ist〕ということが単純に用いられている）

超え行き：真存在は存在するのか？（問いかけ）《存在する》ということが問いに値するようになり、真価へと指示する。

別の原初：性-起は存在する。（語）（力が真価へと転ずる。原初的な別の勇気〔Mut〕。……）」（GA 70: 63）

「最初の原初：ἔστιν γὰρ εἶναι（パルメニデス、ディールス、断片六）
なぜなら、それは現成するから、現前者の現前が。[127]〔es west nämlich das Anwesen des Anwesenden〕ἔστιν=ἐόν
なぜなら、存在は発現するから〔Aufgeht nämlich Sein〕、つまり存在は発現（現前化）として存在を現成化する（〈ある〉する）〔das Sein erwest das Sein (istet) als Aufgang (Anwesung)〕
［開蔵として存在は現成する］[128] ταὐτό〔同じこと〕
［存在は最初の原初の本質現成を実現する］
別の原初：真存在は《存在する》〔Das Seyn »ist«〕、つまり存在は性起として存在を現成化する」（GA 70: 66）

この『原初について』では、「存在が存在する」「真存在が存在する」ということについての言及が頻繁になされている（GA 70: 11, 15ff., 53, 63f., 69, 105 usw.）。しかもポジティヴで、非常に重要な意味で。「存在が存在する」ということは最初の原初の「言」を代表するものとして述べられており、彼はそれを「別の原初の言」として、「真存在は存在する」等と、ポジティヴに言い換えている。

また『省察』（一九三八―三九年）でも、「存在は存在する」ということが頻繁に論じられている（GA 66: 89ff., 192, 201ff., 241ff., 342ff. usw.）。このうち、特にパルメニデスの断片六«ἔστιν γὰρ εἶναι»が取り上げられ（GA 66: 342ff.）、それとの連関で「存在は存在する」ということに関して次のように述べられている。

「形而上学的に言うこと：《存在は存在する》ということは、存在者のうちで最も存在者的にして第一のものとしての存在を、救おう〔retten〕とすることである。真存在史的に言うこと：《真存在は存在する》ということは、別のものを思索する。すなわち第一のものとしての最も存在者的なものではなく、――《ある》という言にもかかわらず――存在者ではなく、そもそも真存在を思索する。真存在史的な言は、真存在の純粋な現成化を言うのだ。……《真存在は存在する》ということは、性-起が自らに対して〈内なる間〉〔Inzwischen〕の空け開けを性-

起せしめるということを、言う」(GA 66: 343)

さらに『寄稿』には、次のような言及がある。

「存在者は存在する。この《命題》は、直接には何も言っていない。というのも、この命題は《存在者》ということですでに言われていることをただ繰り返しているだけなのだから。……それに対し、この命題が直ちに真理の領域、すなわち存在が現成するという領域に進み入るなら、この命題は次のことを言っている。すなわち、存在者は真存在の現成化に属するということを」(GA 65: 269)

「真存在が、ただ真存在のみが存在するのであり、存在者は存在しないのだ。真存在についてのこのような知によって初めて、思索は形而上学からの超え行きのうちで、別の原初の痕跡に達する。……真存在が存在する。同じことをパルメニデスが言っているのではないか？ すなわち、なぜなら存在が存在する〔ἔστιν γὰρ εἶναι〕と。否。というのも、ここですでに存在するということ〔εἶναι〕は存在者〔ἐόν〕[129]を代弁してしまっているからであり、すなわち存在はここではすでに最も存在者的な存在者、つまりὄντως ὄν〔あらゆる存在者中の存在者〕であり、これは直ちにκοινόν〔共通なもの〕、ἰδέα, καθόλου〔普遍的なもの〕になってしまうから。真存在が存在する――これが言わんとしているのは、真存在はただ自己自身の本質現成（性起）のみを現成せしめる〔wesen〕[130]ということである」(GA 65: 472f.)

後者の引用文がある第二六七節は「真存在（性起）」と題され、「性起の多様性」を多様な角度から論じた節であり、性起についてこれまで明確な言及を控えてきたハイデッガーが、正面から性起を論じた重要な節である。この節の冒頭で、次のように性起と真存在との関わりが示されている。

「真存在とは性-起である。この性-起という語は、真存在を思索的に名づけている〔真存在を思索的に言ったものである〕。性-起という語は、性起の多様性のうちで示唆されうるような真存在の現成化の自性的接合構造のうちへと、真存在の現成化を創基する」(GA 65: 470)

また『真存在の歴史』（一九三八―四〇年）では、それほど多くはないが、「真存在が存在する」ということに関して、次のような短い言及がいくつかある（これ以外では、次の箇所。GA 69: 40ff., 108, 145 usw.）。

「それゆえ一切は次のことにかかっている。すなわち、真存在が存在し、存在者は《存在し》《ない》のだということに。だがどのように真存在は《存在する》のか？ 性起」（GA 69: 144）

以上見たように、『寄稿』及びその前後の「断片集」では、「存在は存在する」ということについての言及が再三行われた。しかも、特に『寄稿』以後に「存在は存在する」「真存在は存在する」ということへの言及が非常に増え、しかもごく重要な意味で論究されていた。これらの例からも、ハイデッガーの思索において「存在は存在する」ということのもつ意味の重要さが明らかになる[131]。

だが断片集としての『寄稿』等では、この「存在は存在する」ということへの彼の解釈の意味が十分説明されておらず、またこれと「存在自身」「真存在」「性起」との関わりも十分に説明されているとは言いがたい。これは現在までに出版されている他の全集版でも同様である。すなわちこれらはやはり彼の「覚書き」という性格が強く、思索の事柄が十分説明されていない。それゆえ過去に公刊された著作・講演などですでに明確に述べられていたことの吟味がますます必要になる。だがそこでは、「公にする」ということの性格上、ハイデッガー独自の「思索の事柄」を明らかにすることに対しては非常に慎重だった。それゆえ性起に関してもほとんど明らかにされず、『寄稿』が死後出版するようにとされた理由の一つも、このような慎重さにあると言ってよいだろう。また『寄稿』はハイデッガーの「第二の主著」とも言われ、その重要さは疑うべくもないが、しかし『寄稿』もまたあくまで彼の思索の一つの到達点なのであり、それ以後も彼の思索、特に「性起の思索」はさらに深まってゆくのだ。そしてハイデッガーは最後期まで、（一般には馴染みのない）「性起」という語ではなく、伝統に根ざした「存在自身・真存在」というような言い方で事態を説明しようとし続けた。それゆえ、過去に公刊された著作中でのこれらの事柄の変遷を厳密に探ることなしに、性起の正確な理解は不可能なのだ。

では、「存在は存在する」という言葉のうちで表されている「事態」それ自身についてのより明確な解明は、どこでなされているのか？　我々はそれを講演『転回』のうちに見いだす。

第四項　「存在は存在する」という「事態」――「自己が存在する」ことの真相

講演『転回』は『存在するものへの観入』(Einblick in das was ist, 1949) と題された四つの講演の一つであり、この四講演で述べられたことは一九四〇年代から五〇年代にかけてのハイデッガーの思索を代表するものだと言ってよい。この一連の講演、すなわち『物』、『集め-立て』(Ge-Stell)、『危険』(Gefahr この講演は長く公刊が差し止められていた)、『転回』は、それ自身ハイデッガーの思索した存在そのものが変遷する過程を表している、と言ってよい。つまりこの講演のうちでは、存在それ自身がまさに「転回」する過程が語られている。しかもこの過程は同時に、根底において西欧の歴史そのものの展開過程でもあると、ハイデッガーは語ろうとしている。以下に、それがどのようにして転回し、展開するのか、差し当たり講演『転回』中の次の言葉に焦点をしぼって見てみる。少し長くなるが、以下にそれを引用する。

「〔本来的に〕[132] 存在するのは、決してあれこれの存在者ではない。本来的に存在するのは、すなわち存在するということ〔Ist〕のうちにもっぱら住まいかつ現成している〔wesen〕のは、唯一真存在〔Seyn〕だけである。ただ真存在のみが《存在する》のであり、真存在のうちでのみ、そしてただ真存在としてのみ、《存在する》と名づけるものが性起する。すなわち存在するのは、自己の現成〔Wesen〕に由来する真存在なのだ」(GA 79: 74)

「存在するところのものは、通常は存在者として受け取られている。なぜなら、存在者について《存在する》ということが語り出されているからである。だが今や、一切は転回した。観入〔Einblick〕とは、我々が存在者に向けてするところの通覧〔Einsicht〕のことを言うのではない。閃入〔閃き入ること Einblitz〕としての観入は、真存在自身の現成のうちでの転回の星位〔Konstellation〕の性起〔Ereignis〕であり、しかもこの集め-立て〔Ge - Stell〕の時期〔Epoche〕における転回の星位の性起なのだ。存在するのは、決して存在者ではない。なぜなら、存在者について《それが存在する》〔es ist〕、《存在する》〔ist〕ということが要求されるのは、存在者が自己の存在に関して呼びかけられる限りにおいてのみだからである。《存在する》ということのうちでは、《存在》が言い表されている。すなわち存在者の存在を成す〔ausmachen〕という意味において、存在するのは、存在なのだ」（GA 79: 75 傍点筆者）

（『技術と転回』版では「存在」〔Sein〕に統一されていたが、全集版では「真存在」〔Seyn〕と「存在」との区別がもともとの原稿通りに戻されている。[133] これによって、「存在者の存在」と「真存在」とが区別されるようになっている。だが、ハイデッガーの文章中での両者の区別は微妙であり、以下の本書では、「真存在」と「存在」とのいちいちの区別の説明には立ち入らない）。

ここでまず「真存在自身の現成のうちでの転回の星位の性起」が「この集め-立ての時期において」生じる、と言われている。後者は真存在自身のうちでの転回が生じるための、いわば土壌を表現した言葉であり、この連続講演の『集め-立て』で語られている事柄と対応している。『集め-立て』では、現代社会の「存在忘却」（Seinsvergessenheit）の様相が端的に「集め-立て」「技術」（Technik）として語られる。ハイデッガーは現代社会の本質を技術社会と特徴づけ、人間が存在者と関わる仕方は、「役に立つか立たないか」というような、人間の側からの一方的な価値判断によって左右されるとする。このとき存在者は「用立てる」（bestellen）働きの対象とされる「用象」（Bestand）となる。西欧近代は、本質において存在者をこのように人間に「対して立つもの」としての「対象」（Gegenstand）としてきた。だがそれによって、存在者の本来のあり方としての本質が塞ぎ立てられてしまい、存在者の本質が真に観て取られることがなくなってしまったのではないか。ハイデッガーは、このように存在者を何らかの形で人間の前に「立てる」（stellen）という働き自身の集約として、「集め-立て」（Ge - Stell）ということを言う。これは «Gestell» というドイツ語が «Gestellung»（出頭、召集）との連関で本来含意している「国家総動員」としての「召集」とも言うべき、現代社会の根底を支配する力である。ハイデッガーはこの「集め-立てこそが技術の本質だ」とする（GA 79: 40）。

だがこのような存在忘却・「存在棄却」（Seinsverlassenheit）の危険を生ぜしめたのは、他ならぬ存在・真存在自身なのだ。「技術の本質、すなわち真存在のうちでの危険としての集め-立てとは、真存在自身である」（GA 79: 69）。つまり「集め-立て」「作為」（Machenschaft）という存在棄却の構造は、真存在自身が自らを引き止める、すなわち「自制」（ἐποχή）することによって、自ら「贈遣」（Geschick）したものだ、とされる。このように真存在自身が自制することによって「時期」（Epoche）が画され、その展開全体がすなわち「歴史」（Geschichte）となる、というのがこの時期のハイデッガーの歴史観である。したがって「集め-立ての時期」としての存在忘却・存在棄却の時代は、真存在自身が定めたものであり、だからこそ存在自身が転回する可能性もまた、この「集め-立て」のうちに存するのである。

以上のようにして、「この集め-立ての時期において」存在自身が転回する。すなわち「真存在自身の現成のうちでの転回の星位の性起」が起こる。ここで使われている言葉は説明を要する。次にそれを説明しながら、ここで語られているのがいかなる事態なのかを明らかにしよう。

まず「現成」（Wesen）とは、「本質」を動詞化した「現成する」（wesen）という言葉の名詞形であり、ハイデッガー独特の意味が付与された言葉である。このことは一般に知られるようになり、本論で取り上げられたハイデッガーの引用文中にもすでに幾度か出てきた。しかしこの言葉の真の理解は容易ではなく、だがそれを理解することがここで生じている事態全体の理解を決定すると言ってよい。それゆえ以下に、「現成」について明らかにしておこう。

ハイデッガーは一九四三年版の『真理の本質について』で、«Wesen» という語について次のように述べている。

「本質の真理への問いは、Wesen を動詞として理解し、この語において、なお形而上学の表象のうちに留まりながらではあるが、存在と存在者との、支配する差別としての、《真存在》を考えている」（WM: 96）

このような「動詞的に理解された本質〔Wesen〕」の動詞化としての «wesen» という動詞は、また「存続する」（währen）に由来し、それはまた「授ける」（gewähren）ことのうちで性起し、「留まる」（weilen）ことに原意をもつ、とされる（vgl. VA 3: 45）。つまり「本質」の動詞化としての、いわば「本質する」とも言うべき事態は、「授ける」「留まる」「存続する」

という事態との連関のうちで思索されねばならないとされるのだ。これは我々に、『言葉についての対話』で語られていた次のようなことを思い出させる。すなわち、「言葉に関して語る」のではなく、「言の本質に親しむ」道をとって歩むとき、「そのとき、一切の《それは存在する》〔Es ist〕ということからの別離が起こる」(GA 12: 146)。それは「既在」(das Gewesen) の到来であり、「存続するもの」の凝集であり、また「授けるもの」として存続するものである、とされる。このようなものこそが、「便り」としての言葉のうちに性起する現成だとされる。つまり、動詞的に思索された「本質」とは、既在の到来であり、いわば初めからあったものが「現に」成じるという事態であり、そのような「存続」のうちで「授け」「留まる」という事態である。このとき、「存在する」ということは一切の対象化的言表に別れを告げ、「本質する」という「動き」それ自身のうちにあるのだ。つまりギリシア以来、「本質」を何か実体的存在者のようにみなす伝統的哲学に対し、それを〈動き〉として捉え、いわば「本質化する」「現に真として成じる・成じている」とも言うべき事態に付けられた名が「現成する」という動詞である。言い換えればこれは、動詞的な意味で「あるものが本質化する、すなわち本来的あり方になる」「本来的にある」という事態を表すのだ。

（このような «Wesen»«wesen» に関しては、「現成」「統べる」「本質化」等の日本語訳が現在一般に付けられているが、本書では「現成」という訳語を使う[134]。また本書中では場合によって「本質」と「現成」とを訳し分ける。というのも、ハイデッガー自身がこの両方の意味を場合によって使い分けているからである）。

したがって「真存在自身の現成」とは、存在者の存在が「本質化する」、すなわち存在が本来あるべき様態に立ち帰ることと考えられるのである。

では存在の「本来あるべき様態」とは何か。それはとりもなおさず、存在が存在忘却から脱却し、真に「存在する」「真にある」と言われるようになることに他ならない。それゆえ先に「Wesen という語において、……《真存在》を考えている」(WM: 96) と言われたのだ。この事態こそ、我々が問題とした「存在は存在する」ということのポジティヴな解釈のうちで語られていた内実なのだ。

この「存在の本来あるべき様態」を、ハイデッガーは次のように説明する。すなわちまず、先に述べたような、現代社会の根底を支配する力である「技術」「作為」が最極端まで増大し、存在忘却・存在棄却という「危険」がその最極端まで深化して、存在を忘却しているということさえ忘却してしまったとき、そのとき「危険」自身の現成が生起する。すなわち、

「危険が危険として〔真に〕存在する〔Ist〕ならば、そのとき危険の現成が自性的に性起する」(GA 79: 72)

だがこのような危険の現成とは、とりもなおさずその危険を生ぜしめている存在自身の「自己転回」(sich kehren) が生起する瞬間に他ならない。すなわち、

「そこにおいて危険が危険として〔真に〕存在するような危険の現成のうちに、真守り〔Wahrnis〕への転回が存在するのであり、このような真守り自身が存在するのであり、真存在の救うもの〔das Rettende〕が存在するのだ」(GA 79: 73)

言い換えれば、危険がそれ自身本来あるべき様態としての最極端にまで深化したとき、同時に、「救うもの」もまた生起するのだ。これはハイデッガーが好んで引用するヘルダーリンの『パトモス』中の、次の言葉において表されている事態に他ならない。

「されど
危険の存するところ
救うものもまた芽生う」(GA 79: 72 usw.)

ハイデッガーは、この「救うもの」もまた存在自身が「贈遣する」(schicken) ものに他ならぬと考えている。「危険として存在は自らの本質から去り、自らの本質の忘却性のうちへと転回する。そのようにしてまた同時に、自らの本質〔現成〕の真理へと向けて転回する。危険のうちでは、このようないまだ熟慮されたことのない自己転回〔Sichkehren〕が統べている。それゆえ危険の現成のうちには、ある転回の可能性が自らを伏蔵している。そ

の転回のうちで、存在の本質の忘却性は向きを変え、この転回によって真存在の現成の真理が、存在者のうちへと自性的に転入する〔einkehren〕」(GA 79: 71)

つまり存在自身が存在忘却の危険という覆いを「開蔵」(entbergen)して、救うものとして自らを贈遣するようになる事態こそ、「存在自身の転回」という事態であり、またそのように自己転回した存在自身のあり方こそが、「真存在自身の現成」と呼ばれる事態なのである。そのように存在自身が自らの固有な(自性的な)あり方になることを、言い換えれば存在自身の本来化の生起、真存在の生起を、彼は存在の「性起すること」と呼ぶのである。

このように「性起した存在」「現成した存在・真存在」こそが、「真にある」ということであり、「ある」ということによって本来表されていることなのだ、とハイデッガーは説く。そのとき、先に引用した言葉の意味が、初めて理解されるようになる。すなわちそれは、次のような言葉だった。

「〔本来的に〕存在するのは、決してあれこれの存在者ではない。本来的に存在するのは、すなわち存在するということ〔Ist〕のうちにもっぱら住まいかつ現成しているのは、唯一真存在だけである。ただ真存在のみが《存在する》のであり、真存在のうちでのみ、そしてただ真存在としてのみ、《存在する》と名づけるものが性起する。すなわち存在するのは、自己の現成に由来する真存在なのだ」(GA 79: 74)

現代社会の「技術的思考」や「作為」の只中で、存在者は真にあるべきあり方を奪われている。そのとき、「存在者が存在する」ということは、いわば偽りのうちに陥れられる。すなわち、存在者はもはや「真に存在する」のではなく、偽りのうちで偽りのあり方をしている、つまり偽りとして「存在している」。このような事態においては、「存在する」「ある」ということ自身が、偽りの仕方のうちに、つまり非本来的あり方のうちに陥っている。だが、このような「危険」がその最極端にまで達したとき、そのときこそ「存在する」ということ自身としての「存在」が、「本来的に」「存在する」時が到来しうる。言い換えれば、「存在する」ということから抜け去っていた存在が、いわば再び「存在する」ということのうちに立ち戻ってくるのだ。つまり「存在する」ということが真に、本来的に「存在する」ようになるのだ。これこそが「真存在が存在する」という事態に他ならない。ハイデッガーは、この連続講演『存在するものへの観入』全体によって、「(本来的には)何が存在するのか」という問いへの答えを与えているのだ。すなわち、(「自己の現成に由来する」)「真存在が存在する」のだ、と。

　このような事態を見て取ることによって、我々がこの章の冒頭で挙げた問いに初めて答えることができる。すなわちその問いとは、「存在棄却」と呼ばれた事態のうちで「存在から見捨てられた存在者」とは現実的に一体いかなることを意味するのか、という問いだった。「存在を失った存在者」というようなことが、語の矛盾を犯さずに説明されうるのだろうか？　この問いに今こそ答えることができる。すなわち、「存在棄却」のうちにある存在者とは「真に・本来的に存在するというあり方を失った存在者」のことであり、「存在者を見捨てる存在」とは、そのような「真に存在する」ということ自身だったのだ、と。このようなことは、ハイデッガーが追究した「存在」ということが、通常考えられているような、単純に「何かが存在する」ということだと解釈された場合には、決して見えてこない事態である。そのような解釈によっては、「存在を失った存在者」ということは決して説明されえないだろう。「ハイデッガー研究者」においてさえ、このような事態が正確に見て取られてきたかは、疑問だと言わざるをえない。ハイデッガーが追究した「存在」とは、「真に存在する」という事態自身に他ならなかったのだ。そしてそのことをより明確にするために、ハイデッガーは「真存在」(Seyn)という言い方を使うようになったのだ。

　このことは「自己が存在する」ということの謎をも解き明かす。ハイデッガーが追究した「自己が存在する」ということは、単純に「ある」ということではなかった。そうではなく、自己が「本来的・真にある」ように「なる・ならしめられる」ということこそが、彼の追究の真の眼目だったのだ。

　そのようなことはハイデッガーにおいて、人間的「自己」のみならず、「それは　ある」と言われる一切のものについて言われるようになる。それが「存在の現成」と呼ばれるものであり、それは(後に述べるように)「存在自身」から「性起」の働きとして言われるようになるのだ。

そのように「存在が現成」したとき、真に「存在は存在する」ということが言われうる。その時「存在論的差別」という「形而上学的」定式は変質する。『寄稿』には次のような言葉がある。

「真存在の単純さは自らのうちに唯一性という刻印をもつ。この唯一性は……存在者との区別〔Unterschied〕を決して必要としない。というのも、そのような区別が要求されるのは、存在自身が存在者のあり方という烙印を押され、それによって唯一のものとしては決して守られず、最も普遍的なものに一般化されてしまう場合のみなのだから」(GA 65: 471)

つまり「存在の現成」としての「真存在」は、もはや存在者との混同の次元を脱しており、「存在者との区別」としての「存在論的差別」を必要としないのであり、ここにおいて「存在論的差別は消滅する」(VS: 104)。そのような次元では真に「存在は存在する」「真存在は存在する」ということが言われうるのだ。それゆえ『寄稿』では、すでに挙げたように、次のように語られる。

「性起の真理のうちでの真存在の十全なる現成は、次のことを認識させる。すなわち、真存在が、ただ真存在のみが存在するのであり、存在者は存在しないのだ、と。真存在についてのこのような知によって初めて、思索は形而上学からの超え行きのうちで、別の原初の痕跡に達する」(GA 65: 472)

「存在論的差別」はやがて「物と世界」の関わりとして言われるようになる(「存在論的差別の消滅」と「物と世界の関わり」については、第六章「物と世界」で詳述する)。「人間的自己が存在する」ということの根底にある「性起」ということが、このとき白日の下に現れることとなるのだ。

第五項　「存在の問い」の変質と性起——十字架にかけられた「存在」

一九五五年の『存在の問いへ』で言われていることを境にして、ハイデッガーの「存在の思索」は新たな展開をとげる。彼は『講演「時間と存在」についてのゼミナールの記録』で「《存在自身》という表題は、……すでに性起のことを謂っている」(zSD: 46) と述べ、また『寄稿』ではこうも述べていた。すなわち「真存在とは性‐起である。この性‐起という語は、真存在を思索的に言ったものである」(GA 65: 470)。だが、彼の思索のうちで、「存在自身」「真存在」ということと「性起」との関わりに関して、ある種の意味のズレとも言うべきものが表明化されるようになってきた。これは彼が自らの性起の思索をいよいよ表明的にしてゆく、決定的過程に他ならない。このようなことはまた、「存在の問いから出発した彼の思索が、〈存在〉という形而上学に由来する言葉から離れることだった」ともよく言い表される。だが、そのように言われたとき、事柄それ自身として考えるなら、それは一体どのような事態なのだろうか。

『存在の問いへ』では次のよう言われる。

「存在は、無と同様、《存在する》のではない。しかしながら、それが両者を与えるのだ〔Es gibt beides〕」(GA 9: 419)

ここで言われていることは説明を要する。ハイデッガーは講演『転回』(一九四九年)では「存在するのは、存在なのだ」(GA 79: 75) と言っていたではないか？　しかしまた「存在は《存在》しない」と言われている。これは一体どのようなことなのか？　この疑問を解くために、我々はこの言葉の少し前で言われている以下の部分を検討しよう。

「……我々は今やより適切に次のように問う。すなわち《存在》は何らかの自体的に存在するものなのかどうか、また《存在》は、その他にさらに時としてまた人間へと回向する〔sich zuwenden〕のでもあるのかどうか、と。おそらくは、その回向〔Zuwendung〕自身が、いまだ覆われた仕方にあるとはいえ、我々が困惑のあまり不明瞭なままに《存在》と名づけているかのもの〔Jenes〕なのだ」(GA 9: 407)

「《存在》には回向が属しており、しかも《存在》は回向のうちに基づいているという仕方でそうであるならば、そのとき《存在》は回向のうちに溶解する〔sich auflösen〕。今やこの回向こそが問うに値するものとなり、このようなものとして今後、自らの現成のうちに立ち帰り、自らの現成のうちに立ち現れた存在が、思索されるのだ。

それに応じて、〔ニヒリズムの本質がある別の言を要求するような〕この領域へと思索しつつ先見することは、《存在》をかろうじてただ次のような仕方でしか書き表せない。すなわち存在〔Sein〕と。この十字架により抹消すること〔die kreuzweise Durchstreichung〕は、差し当たってはただ防いでいるだけである。すなわち《存在》を、自体的に存立しそれからようやく人間に向かって時折近づいてくる対立者のごとくに表象するような、ほとんど根絶しがたい習慣を、防いでいるだけである」(GA 9: 410f.)

ここで言われていることから、次のことがわかる。すなわち伝統的西欧哲学におけるように、存在がまず実体的なものとして自体的にそれ自身だけで存立しているという表象を、ハイデッガーはあくまで拒否しているということ。存在はむしろ「回向する」という働きそれ自身と捉えられるべきであり、この働きを離れて存在ということは成り立たないこと。しかも人間に向かう「回向」ということで、存在が人間との関わりで捉えられるべきだということ。そしてこの「回向」とはおそらく性起の働きを指しており、存在はその性起のうちに「溶解する」と言われていること。さらに「自らの現成のうちに立ち帰り、自らの現成のうちに立ち現れた」ものとしての存在が思索されるべきであり、それは「存在」と×印を施されている、ということである[135]。

この存在に架けられている十字架は、見たとおり存在という言葉のある意味での抹殺である。だがこの十字架によって表されているのは、単なる否定的な抹殺のみではない。

「それはむしろ、四方域〔Geviert〕の四つの方域〔Gegend〕へと、また交差の場〔Ort〕における四つの方域の集約〔Versammlung〕へと、指し示しているのだ」(GA 9: 411)

すなわちこの×印は、一方ではある種の否定であると同時に、また他方四つに区切られた方域の、一つの「場」(Ort)への集約を、表している。つまりそれは「四方域」を表す印でもあるのだ。「四方域」は、「大地」と「天空」、「死すべき者たち」と「神的なるものたち」という四つの方域が、一つの場のうちに集められた「世界」に他ならなかった。このような場はまた、存在自身が存在忘却という「危険」の極みのうちで自己転回するという、「存在自身の現成」

によって性起する、「現成空間」(Wesensraum) でもある。つまり「四方域」とは、存在自身の現成そのものを表す〈場〉に付けられた名なのである。

したがってこの「存在」という表現によって表されているのは、次のような事柄である。すなわち

(一) 存在を自体的・実体的に存立するものとして捉えることの徹底的な否定の態度。

(二) 「自らの現成のうちに立ち帰り、自らの現成のうちに立ち現れた」ものとしての存在。

(三) そのような「現成した」存在自身の現成する〈場〉であり、「四方域」。

これらのことが「存在」という表現のうちで同時に表されている。これはすでに一般に考えられた「存在」という言葉の表しうる限度をはるかに越えたものである、と言わざるをえない。いわんやこのような意味を含んだ「存在」について、たとえ本来的現成の意味においてであるにせよ、「存在する」という仕方で言うことは非常に危険である。

以上のことを考慮すると、先に挙げた、ハイデッガーが「存在は、無と同様、《存在する》のではない」と言ったことの意味は、次のように解釈しうる。すなわちこの言葉は、一方では伝統的存在概念の否定であると同時に、他方では彼の思索の事柄がますます「存在の現成」の働きを明らかにする方へと、またその働きの〈場〉を明らかにする方へと進んでゆくことを意味している、と。このような「働き」とは、性起に他ならない。それが一九六二年の講演『時間と存在』でより明確に語られるようになる。我々は次にこの『時間と存在』について、それがどのように語られ、また性起が「存在は存在する」ということといかに関わってくるのかということを、見てゆこう。

第六項 「それが存在を与える」

一 「それが存在を与える」とは何か?

『時間と存在』では、『ヒューマニズムについての書簡』で取り上げられたパルメニデスの断片六「なぜなら、存在

は存在するから」という言葉が再び取り上げられて、次のように言われる。

「それが存在する〔es sei〕と我々が言うところのいかなるものも、そう言われる際には、何らかの存在者として表象される。だが存在はいかなる存在者でもない。したがってパルメニデスの箴言において強調されているἔστι[136]〔存在する〕は、それが名づけている存在を、何らかの存在者として表象することはできない。強調されたἔστιはなるほど、文字どおりに翻訳されるなら、《それは存在する》〔es ist〕ということを言っている。だがその強調はἔστιということから、ギリシア人が当時すでに強調されたἔστιのうちで思索したかのものを聴き出しているのであり、また我々が次のことによって書き換えうるかのものを聴き出しているのである。すなわち、《それは可能にする》〔Es vermag〕ということによって。にもかかわらずこの可能にするということ〔Vermögen〕の意味は、当時もそれ以後も、存在を可能にする《それ》〔Es〕と同様に、思索されないままだ。存在を可能にするとは、存在を生むこと〔ergeben〕と、存在を与える〔geben〕こととを意味している。ἔστιということのうちには、それは与える〔Es gibt〕ということが自らを伏蔵している」（zSD: 8 傍点筆者）

ハイデッガーはここで«ἔστι γὰρ εἶναι»という言葉を三通りに言い換えている。すなわち

①（なぜなら）それは存在する、存在が（Es ist nämlich Sein）

② それは存在を可能にする（Es vermag Sein）

③ それは存在を与える（Es gibt Sein）

このうちで彼が最も言いたいのは「それが存在を与える」ということであり、それについて次のように述べる。

「存在の開蔵の始まりにおいて、なるほど存在、εἶναι, ἐόνということは思索されているが、しかし《それが与える》ということは思索されていない。その代わりに、パルメニデスはἔστι γὰρ εἶναι《なぜなら、それは存在するから、存在が》と言っているのだ」（zSD: 8）

ここでハイデッガーはパルメニデスの「存在は存在する」という言葉を、「それが存在を与える」と読み替えている。

この読み替えはそれ自身、彼が存在から性起へと思索の焦点を移すことの証拠に他ならない。次にそれを明らかにしよう。

まずハイデッガーはこの『時間と存在』の中で「存在は存在する」ということにどのような形で触れているか。彼が触れているのは次の四箇所である。

(一)「だが存在はある種の物〔ein Ding〕なのだろうか。……そもそも存在は存在するのか。もし存在が存在するとすれば、その際には我々は無条件に存在を何らかの存在者として承認せねばならなくなり、したがって存在をそのようなものとして他の存在者の間に見いださねばならなくなるだろう」(zSD: 3)

(二)「存在者について我々は、それは存在する〔es ist〕と言う。〔だが〕《存在》という事柄と《時間》という事柄への顧慮のうちでは、我々は先見的にとどまる。我々は、存在は存在する、時間は存在するとは言わずに、次のように言う。すなわち、それが存在を与える〔Es gibt Sein〕、それが時間を与える〔Es gibt Zeit〕と」(zSD: 4f.)

(三)「存在は存在する〔ist〕のではない。存在は、現前の開蔵〔Entbergen von Anwesen〕として、それが与えるのだ〔Es gibt〕」(zSD: 6)

(四)「《それが存在を与える》ということの《それ》のうちでは、現前する〔anwesen〕というようなことの現前が語っており、したがってある仕方で、一種の存在〔ein Sein〕が語っている。我々がそれ〔Es〕の位置に存在を置くなら、その際には《それが存在を与える》という命題は、存在が存在を与える〔Sein gibt Sein〕というほどのことを言っている〔ことになる〕。それによって我々は〔『時間と存在』という〕この講演の初めで言及された諸々の困難のうちに投げ戻されてしまう。すなわち存在が存在するということへ。だが時間が《存在し》ないのと同様、存在は《存在し》ないのだ」(zSD: 19)

ここで引用された四箇所は、それ自身のこの『時間と存在』の内容の流れを忠実に表している。それゆえ以下に順を追って論を進めてゆこう。

㈠。これはハイデッガーが「時間と存在」というテーマに即して、時間と存在とがどのように連関し合っているのかを考察する端緒として、存在について述べた箇所である。ここで彼は『存在の問いへ』と同様、存在について「存在する」と言った場合、存在が何らかの存在者と捉えられてしまう、と述べている。つまり「存在は存在する」と言うことは、あくまでも存在者との混同を避けがたい言い方だ、とする。では一体どのように言うことが可能なのか。そこで彼は『存在の問いへ』でも触れていた「それは存在を与える」という言い方を取り上げる。

㈡。すなわち、ここでハイデッガーは、「存在は存在する」と言う代わりに、「それが存在を与える」という言い方を採用する。そしてそのように言われた場合の「存在」「与える」「それ」ということを考察することにより、「存在自身を性起として注視のうちへもたらす」という「この講演の唯一の意図」(zSD: 22 傍点筆者) へと、向かってゆく。では存在について、それはいかなるものと捉えられうるのか。

㈢。ここでハイデッガーは、「存在は存在するのではない。存在は、現前の開蔵として、それが与えるのだ」(Sein ist nicht. Sein gibt Es als das Entbergen von Anwesen) と述べている。つまりここにおいて明確に、彼は「存在は存在する」と言うことを否定している。そして今や「それが存在を与える」ということが、存在について最もふさわしい言い方として取り上げられることになる。

だがここで「存在は、現前の開蔵として、それが与えるのだ」と言われた場合の「現前の開蔵」(Entbergen von Anwesen) という言い方は、ある意味で曖昧であり、二重性を含んでいる。つまりこの言い方は、「それが与える」ということに注視するなら、(それが)「現前を開蔵する」という意味になる。しかし他方、「現前者」(Anwesendes) との関わりで見られた場合には、「現前が」(現前者を) 開蔵する」という意味にもなりうる。つまりこの場合の「現前」には、「それ」と現前者との関わりに関して、ある二重性が含まれているのである。そしてこの二重性こそ、この講演におけるハイデッガーの存在解釈のある重要な分岐点をなしており、また彼の思索そのものにおける分岐点をなしている、と言ってよい。つまりその二重性は、彼の思索の事柄がそれまでのような「存在と存在者」(現前と現前者) の関わりの次元から、「性起と存在」の関わりの次元へと移行することを、意味している。それゆえ以下において、現前のこのような二重性とはいかなるものかということを見てゆく。

そのために、『時間と存在』の以下の箇所を検討することにする。

「存在、つまりそれによってあらゆる存在者がそれ自身として刻印されるところの存在は、現前を意味している。現前者への注視のうちで思索されるなら、現前は現前せしめること〔Anwesenlassen〕として示される。ところがしかし〔Nun aber〕、現前が許されている〔zugelassen ist〕かぎりで、この現前せしめるということを明確に思索することが必要である。現前せしめることは、それが非伏蔵性のうちにもたらすということにおいて、その〔現前せしめることの〕自性を示す。現前 せしめること〔Anwesen lassen〕は、開蔵、つまり開けへともたらすことを言っている。開蔵のうちではある与え〔Geben〕が働いており、すなわちその与えは、現前-せしめること〔Anwesen - **lassen**〕のうちで現前を、つまり存在を、与えるのである」(zSD: 5 傍点は一部筆者)

ここで述べられている事柄は、「それが存在を与える」ということが何を意味するのかということを考察する端緒の部分であり、「存在それ自身をその自性のうちで思索するために」(ibid.)、存在つまり現前がいかなるものと思索されねばならないかを明らかにする箇所である。ここでハイデッガーは現前を「現前せしめること」と解釈しているが、しかしこの「現前せしめること」は、文中の「ところがしかし」という言葉を境にして、一つの領域から他の領域へと「飛躍」しているのである。すなわち「ところがしかし」より前で言われている「現前せしめること」(Anwesenlassen)は、現前と現前者との関わりを示している。それに対し、それより後で言われている「現前-せしめること」(Anwesen-**lassen**)は、現前と他の別のもの、すなわち現前と性起との関わりの領域に移行しているのであり、「せしめること」(Lassen)という働きそれ自身の領域に移行している。

このような「飛躍」と「現前せしめること」の二重性とについては、この『時間と存在』と同年の一九六二年九月におこなわれた『講演「時間と存在」についてのゼミナールの記録』(以下『時間と存在のゼミナール』と略記)で取り上げられた。そこでは次のような説明がなされている。

「……《ところがしかし》のうちで見えてくるようになる区別は、一体何に関係しているのか。それは現前せしめることにおける、とりわけ〈せしめること〉〔**Lassen**〕における、区別である。その区別の二つの項とは、次のようなものである。すなわち、

(一) 現前せしめること：現前せしめること：現前者〔Anwesenlassen: **Anwesen**lassen: das Anwesende〕

(二) 現前せしめること：現前せしめること（すなわち、性起へと）思索された〔Anwesenlassen: Anwesen**lassen** (d.h. auf das Ereignis zu) gedacht〕」（zSD: 40）

ハイデッガーはここで、「現前せしめること」が現前者に関わり、「現前せしめること」が性起に関わる、と指摘している。つまり「現前せしめること」には二重の意味が含まれていると言うのである。このことは、先に触れたように、思索の次元が存在から性起の次元へと進んでゆくことを表している。だがこのことが明確に理解されるためには、一体「現前せしめること」の二重性とはいかなることなのかが理解されねばならない。

まず「現前せしめる」とは一体どのようなことなのか。それを明らかにするために、まず「現前が現前者を現前せしめる」と言われていることについて検討しよう。これに関してハイデッガーはすでに一九四一年の講義『根本諸概念』と一九四六年の論文『アナクシマンドロスの箴言』とで詳しく述べていたので、この『時間と存在』ではそれを前提にしてごく簡単な記述にとどめている、と思われる。またこの現前と現前者との関わりに関するハイデッガーの考え方は、一九四〇年代の段階と一九六二年の段階とでは、一部を除いて、全体としてはほとんど変更がない（ごく一部ではあるが、重要な変更はある。これに関しては後で述べる）。したがって『時間と存在』での簡単な記述の意味を明確に理解するためには、これらの書における「現前が現前者を現前せしめる」ということの理解が必須となるのだ。もっとも、『根本諸概念』の方は講義であり、「現前が現前せしめる」ことについての記述も短く、いまだその事態の十全な記述への途上にあるという感が否めない。事態の十全な記述は、『アナクシマンドロスの箴言』の方が優って

いる。それゆえ以下では、主に『アナクシマンドロスの箴言』の方に沿って見てゆく。

二 「現前せしめる」（「存在せしめる」）ことの「二重性」

ハイデッガーは『根本諸概念』と『アナクシマンドロスの箴言』とで、アナクシマンドロスの次の箴言の解釈を導きの糸とする。すなわち、

「ἐξ ὧν δὲ ἡ γένεσίς ἐστι τοῖς οὖσι καὶ τὴν φθορὰν εἰς ταῦτα γίνεσθαι κατὰ τὸ χρεών· διδόναι γὰρ αὐτὰ δίκην καὶ τίσιν ἀλλήλοις τῆς ἀδικίας κατὰ τὴν τοῦ χρόνου τάξιν.」

この箴言に関して『根本諸概念』では、ハイデッガーは、文献学のダイヒグレーバーの言葉を例に挙げて、「このような無思想な《学問的文献学》よりも、もっと《文献学的》であるという要求を掲げる」（GA 51: 95）として、自らこれを次のように訳す。

「だが、そこからして諸々の物にとっての生成があるようなもの、そのようなものへと去りゆくこともまた、必然的なものに従って生じる。つまりそれらは、時の定めに従って、不正に対して正義と贖いとを互いに与え合うのだ」（GA 5: 329）

これに関してハイデッガーは、またニーチェが『ギリシア人の悲劇時代の哲学』の中で行った訳と、ディールスの訳とをそれぞれ挙げて、これらの訳がアナクシマンドロス解釈を決定しているとする（もっとも、ハイデッガーが挙げているディールスの訳は、ディールス自身の訳とは異なっているが[137]）。だが、このような「いわゆる学問的な解釈は、第一歩を踏み出す前から、いかにすでに一切の批判を忘却しており、無思想をその原理としたか」（GA 51: 98）として、自らの解釈を行ってゆく。

　この箴言への自らの解釈を通じて、ハイデッガーは「現前と現前者」の関わりに関して、まず存在を現前として捉え、その現前と「非現前」（Abwesen）との関わりを問題にする。現前とは「現に、あること」だが、その「現に、あること」は、

「今はもう、ない」と「今はまだ、ない」という二つの非現前を背景にして言われうる。言い換えれば、現前はそのうちに非現前を含む。つまりこのような現前と捉えたときに、同時に、存在がその根源において過去・現在・将来という時間と深く関わっていることが明らかになる、とハイデッガーは説く[138]。つまりハイデッガーは存在を現前と捉えることにより、存在が一方では非現前（非存在）と関わり、他方で時間とも関わっているということを、証示するのだ。

ところでそうなると、このような現前のうちでは、現前者はいかなるあり方になるのか。現前者は、「今はもう、ない」と「今はまだ、ない」との二つの非現前にはさまれた「今現に、ある」という「間《ま》」（Weile）のうちに「そのつど-留まるもの」（das Je - weilige）だ、と言われる（GA 5: 350）。現前者はこのような間のうちにあることによって、同時に、「現れ出ること」（Hervorkommen）と「立ち去りゆくこと」（Hinweggang）とに「接合」（Fuge）している（GA 5: 354f.）。そしてこのように非現前と接合していることによって初めて、現前者は本来的に「現前し」うるのであり、「そのつど留まる現前者は……非現前から現成するのだ」（GA 5: 350）と言われる。

ところがこのような現前者は、間のうちにあることによって、かえってその間に固執し、自己を存続させることに固執するようになる、と言われる。つまり現前者は「現れ出ること」と「立ち去りゆくこと」という二つの非現前との接合を拒み、「非-接合」（Un - Fuge, GA 5: 355ff.）へと脱落してしまうのだ。だがこのようなあり方は現前者の本来のあり方に背くものであり、本来的に現前することを不可能にしてしまう、と言われる。現前者はあくまで自らの非現前に耐えねばならないのだ。

「そのつど-留まりつつ現前するものは、それが留まり、留まりつつ出で-来ては、立ち-去り、留まりつつ到来から消滅への過ぎ行きの接合に耐える限りにおいて、現前するのだ」（GA 5: 357）

では一体どのようにして現前者は非現前に耐え、本来的に現前することが可能になるのか。ハイデッガーはそれを、この『根本諸概念』と『アナクシマンドロスの箴言』とでは、アナクシマンドロスの言葉から引用した «τὸ χρεών» という言葉を解釈することによって、示す。«τὸ χρεών» は、普通は「負い目、必然、定め」という意味で用いられており、しかもギリシア人はこの言葉を「死」という意味でも用いていた(139)。だがハイデッガーはここではこの言葉を、まず「手渡し」（Einhändigen）という意味で解釈する。「手渡し」とは、「現前者に現前を引き渡し、そうして現前者をそのものとして手許に置く、すなわち現前のうちに守る」（GA 5: 366）ことだ、と言われる。そしてこのような「手渡し」という意味をもつ«τὸ χρεών»を、彼はさらに「用」（Brauch）と翻訳し（ibid.）、この「用」が現前者を正しい仕方で非現前と接合させる、つまり「適応」（Fug, GA 5: 357）させる、と述べる。このような仕方で、現前者を非現前との関わりのうちで本来的に現前可能にすることが、ハイデッガーの言う「現前せしめる」ということの意味なのである。それはまた「何らかの他のものに帰属するものとして、そのものに自性的なものを、他のものに帰属せしめる」（ibid.）という「与え」（Geben）でもあり、さらに根源的には「許し」（Zugeben）でもある（GA 5: 356）、と言われる。«τὸ χρεών»（「用」）とはこのような働き自身を表す名であり、ハイデッガーはこれについて次のように言う。「τὸ χρεών とは思索が存在者の存在を言葉へともたらした最古の名であり」（GA 5: 363）、「現前者の現前のことをいう」（GA 5: 362）と。つまり現前こそが現前者を本来的に「現前せしめる」と述べているのである。

　だがここで言われていることは、現前、現前者という、いわば抽象的な次元で述べられているため、かなりわかりにくいものだと言わざるをえないだろう。ここで言われている現前者を、たとえば机や本といったようなものとして捉えると、ハイデッガーが述べていることは何のことかよくわからなくなる。だが、今言われたことを人間に置き換えてみると、非常にわかりやすくなる。すなわち人間は「そのつど-留まるもの」である。人間は誕生と死という二つの非現前の間のうちで、そのつどそれら非現前と接合しているという仕方で、留まるものである。そしてそのような非現前を直視し、それとの接合に対して素直になるということによって、初めて人間は本来的な仕方で生きうる。つまり現成しうる。にもかかわらず人間は自己の存在（現前）に固執する。人間は非現前としての死へと「立ち去りゆく」ことに抵抗する。現在の生という間にしがみつこうとする。だがそれにより、かえって人間は自己自身の間としての生のあり方から眼を背け、自己本来の「自性的」あり方に背くことになる。人間はそのような「過ぎ行き」に耐え、そのような非現前との接合に耐えるのでなければならない。それによって初めて、人間は本来的な仕方で現前することができるのだ。

以上のように、ハイデッガーが『根本諸概念』と『アナクシマンドロスの箴言』とで述べていることは、人間的自己の存在の問題に置き換えた方が理解しやすい。否、ハイデッガーの思索はすべて根底において、存在を人間の存在との関わりで捉えることから始まっている。「存在・現前」と言われていることの根底には、つねに人間的自己と、またその生きる〈場〉としての「世界」という意味が込められていることを、見逃してはならない。そのように考えると、これらの書で「現前者の現前」として述べられていることは、根底において、すでに『存在と時間』の特に第一部第二編で述べられていた「現存在の先駆的覚悟性、本来性」の記述と、相応する。だが決定的に異なることがある。すなわち『存在と時間』では、現存在という存在者を本来的に「存在せしめる」のは、既述のように「時間性」の「時熟」という働きだった。だが『根本諸概念』と『アナクシマンドロスの箴言』とでは、そのような働きは «τὸ χρεών» だとされ、最終的には「現前（存在）」だとされている。つまりここで、「時間性」から「存在・現前」へとハイデッガーの思索の焦点が変遷してゆく過程が示されることになるのだ。しかもそれはさらに「性起」へと移行する。すなわち、特に『アナクシマンドロスの箴言』では「現前が現前者を現前せしめる」ということの意味が詳しく述べられており、既述のように、ハイデッガーはここで述べたことを前提に『時間と存在』での記述を簡略化していると思われる。だが『アナクシマンドロスの箴言』と『時間と存在』とで、ごく微妙な仕方で、しかし意味的に大きく異なるところがある。そこが、思索の焦点が「現前と現前者」の関わりから「現前と性起」の関わりへと移行する、重要な転換点となる。次にそれを説明しよう。

先に挙げたように、ハイデッガーは『アナクシマンドロスの箴言』で、「用」としての「τὸ χρεών とは現前者の現前のことをいう」（GA 5: 362）と述べていた。ところがハイデッガーはこの「現前者の現前」（Anwesen des Anwesenden）という場合の「の」という属格に、次のような二通りの意味を持たせている。すなわち第一の意味は、文字通り「現前者の現前すること」というほどのことを表す。だが第二の意味として、「現前から、現前者が生成〔Genesis〕し、由来〔Herkunft〕する」(GA 5: 364) という、現前と現前者との関係を表している、と言われる。そして次のように言われる。「〔現前と現前者という〕この両者の本質と共に、この由来ということの本質も、伏蔵されたままである。のみならずすでに、現前と現前者との間の関係さえも、思索されぬままにとどまっている」(GA 5: 364)

つまり現前から現前者が生成・由来するという、この両者の差別、すなわち「存在と存在者との区別の忘却こそが、存在忘却であ」(ibid.) り、存在それ自身の忘却を意味するのだ。だが一体なぜそのような忘却が生じるのか。それをハイデッガーは次のように説明している。すなわち「存在は、存在者のうちへと自らを開蔵することにおいて、自らを脱去せしめる〔entziehen〕」(GA 5: 337) からだ、と。そしてそれは、存在が「自制」という「自らの本質の真理と共に空け開きつつ留めおくこと〔lichtendes Ansichhalten〕」(GA 5: 337) を行うからに他ならぬ、と彼は述べる。つまり存在(現前)は、存在者(現前者)を「存在せしめる」(現前せしめる) が、それと同時に自らはそこから脱去し、自制するがゆえに、人々から忘れ去られてしまう。これが伝統的西欧哲学の存在忘却の原因となるのだ。

以上のような存在・現前の一連の働きは、すでに述べた講演『転回』等での存在自身の働きと同じであり、この時期のハイデッガーの存在論に共通するものである。だが『アナクシマンドロスの箴言』等でこのように言われていたことが、『時間と存在』では微妙に変わってしまう。つまり「自らを開蔵し、同時に、自らを脱去せしめる」のが、存在の働きというよりも性起の働きとして言われるようになる。より正確に言えば、そのような開蔵、脱去という働きそれ自身が性起であり、存在はこのような働きとしての「性起のうちで消滅する〔verschwinden〕」(zSD: 22 傍点筆者) と言われる。次にそれを説明しよう。

三　「存在は性起のうちで消滅する」

まず『時間と存在』では、「……存在は開蔵に属しており、開蔵の賜物〔Gabe〕として、与え〔Geben〕のうちに包含されて留まっている」(zSD: 6)と言われる。つまり存在は開蔵によって与えられた「賜物」となり、今や開蔵の方が前面に出てくる。そして「〔開蔵という〕このことからは、ある与えが語っており……」(zSD: 5)、この「与え」は「……ただ〔存在という〕賜物のみを与えるが、しかしその際自己自身を引きとどめ〔zurückhalten〕、脱去する」(zSD: 8)と言われる。つまり「与え」は開蔵のうちで存在を与えるが、自己自身は脱去する。そしてこのような「与え」こそ、「それが与える」と言うときの「与えること」であり、「……与えるそれは、それ自身を性起として表明する」(zSD: 20)と言われる。すなわち性起こそが「それが与える」と言う場合の「それ」であり、性起とは「開蔵し、脱去する」という働きそれ自身につけられた名なのだ。

以上のように、『アナクシマンドロスの箴言』で存在自身が開蔵し、脱去すると言われていたのが、『時間と存在』では性起の働きとして言われているということが、明らかになる。もっとも『時間と存在』では、性起のこの脱去の働きの側面がことさらに取り出され、「脱性起」(Enteignis)と呼ばれる。すなわち「……性起は自らの最も自性的なるものを、無制限な開蔵から脱去せしめる」(zSD: 23)のであり、「……性起は脱性起する(sich enteignen)」(ibid.)。そして「性起それ自身には脱性起が属している」(ibid.)と言われる。かくしてこのような脱性起としての性起が、存在を与える。存在は性起によって「与えられた」ものになる。そして「存在は性起のうちで消滅する」と言われるようになるのだ。

では存在がそのように性起のうちで「消滅」してしまうとき、「存在は存在する」ということはどうなるのか。もはやそのようなことさえも「消滅」してしまうのか。そうではない。そこを見誤ってはならない。存在は、たしかに「性起のうちで消滅する」と言われてはいるが、しかしそれはすでに見てきたように、あくまでもハイデッガーが「存在」という名で表そうとしたこと、つまり性起の働きまですべてそれ自身の働きとされていた「存在自身」のことである。「存在」ということ自身が「消滅する」わけではないのだ。あくまでも性起によって「与えられる」存在、つまり彼が「存在者の存在」という言い方で、「存在自身」と区別した存在は残っている。だがそのような存在は、この『時間と存在』の時期のハイデッガーによれば、「それが存在を与える」という言い方で表されるべきものであり、

「存在は存在する」という形で表すべきではない、ということになる。それが先に引用した『時間と存在』の箇所（「本論」第四章第二節第六項二）の第四番目で述べられていたことである。すなわち「存在は存在する」ということに関する言及の第四番目の、次の言葉が問題となってくる。

㈣、「我々が〔それは存在を与えるということの〕それ〔Es〕の位置に存在を置くなら、その際には《それが存在を与える》という命題は、存在が存在を与える〔Sein gibt Sein〕というほどのことを言っている〔ことになる〕。それによって我々は〔『時間と存在』という〕この講演の初めで言及された諸々の困難のうちに投げ戻されてしまう。すなわち存在が存在するということへ。だが時間が《存在し》ないのと同様、存在は《存在し》ないのだ」(zSD: 19)

ここでは《それが存在を与える》という命題の「それ」が何を意味するのかということを探るために、「それ」の位置に存在を置いてみる、と言われている。これは何げなく書かれているようでいて、実はハイデッガーが過去に述べたことを彼自身で訂正している文章なのである。彼は一九四六年の『ヒューマニズムについての書簡』では、次のように述べていた。

「〔フランス語の〕それはそこに持つ〔il y a すなわち〈がある〉〕ということは、《それが与える》ということを正確に翻訳していない。なぜなら、ここで《与える》《それ》は、存在自身なのだから」(140)(GA 9: 334)

ここでハイデッガーははっきりと「それが与える」の「それ」は存在自身である、と言っている。これは『時間と存在』の言葉とは矛盾する言葉だろう。実際、この矛盾は『時間と存在のゼミナール』で指摘されているのだが、それに対しハイデッガーは次のように答えている。すなわち、

「……《存在自身》〔Sein selbst〕という表題は、ヒューマニズム書簡の問題の箇所においても、したがってまたほとんどいたるところですでに、性起のことを謂っているのだ」(zSD: 46)

つまり彼は、以前から「存在自身」という名で実は性起のことを考えていた、と言明しているのだ。

以上が、「存在は存在する」ということに関して『時間と存在』で言われていることの概要である。結論的にまとめるなら、ハイデッガーはこの時期には「存在は存在する」という言い方を再び否定している。そしてそれを「それが存在を与える」と言い換えることによって、性起の働きを強調するようになった。このことは『時間と存在』と同年（一九六二年）に出版された『存在についてのカントのテーゼ』で、同様にパルメニデスの «ἔστι γὰρ εἶναι» について述べている箇所でも、ほとんど変わっていない。だが微妙な言い方ではあるが、『時間と存在』で述べられたこととはかなり違ったことを言っている部分がある。それは彼の存在や性起についての議論の本質を示す重要な部分である。次にそれを検討しよう。

第七項　「存在は存在する」と「性起は性起せしめる」という「事態」

一　「存在は存在する」という「最高のタウトロギー」

『存在についてのカントのテーゼ』は、周知のように、カントが一七六三年の『神の現存在の証明のための唯一可能なる証明根拠』から、その約二〇年後に書いた『純粋理性批判』（一七八一年）前後までの時期に、存在についていかなる解釈を行ったか、を述べた論文である。つまりハイデッガーは、カントがその二つの著作において「存在の解釈を変更した」（VS: 64）と見て、そのことが伝統的形而上学の存在解釈とどのように関わるか、を論じた。だがこの『存在についてのカントのテーゼ』の最後では、ハイデッガーは伝統的形而上学ならびにカントについて論じることから離れ、「ある別の性格をもった思索様式」（GA 9: 478）のうちで、独自の存在論を展開する。そこで彼は次のように述べている。

「この目立たぬ〔unscheinbar〕存在する〔ist〕ということのうちには、存在のあらゆる思索に値するものが、自らを伏蔵している。だがそのうちに留まっている最も思索に値するものは、次のようなことである。すなわち《存在》は存在しうるのか、《存在する》ということ自身は存在しうるのか、それとも存在は決して《存在し》ないのか、ということを我々が熟慮するということであり、またそれにもかかわらず、それは存在を与える〔Es gibt Sein〕ということは真である、ということである」(GA 9: 479)

「存在は存在しえない。もし存在が存在するなら、存在はもはや存在にはとどまらずに、ある種の存在者になってしまうだろう。とは言うものの、存在を最初に思索した思索者、すなわちパルメニデスは、次のように言っているではないか(断片六)。すなわち ἔστι γὰρ εἶναι《なぜなら、それは存在するから、存在が》〔Es ist nämlich Sein〕――《なぜなら、現前は現前するから》〔Anwest nämlich Anwesen〕と。εἶναι すなわち現前のうちでは、本来 Ἀλήθεια すなわち開蔵が語っているということを、我々は熟慮しよう。その場合には εἶναι について ἔστι というあり方のうちで強調されて言われている現前は、次のことを言っている。すなわち、現前せしめること〔**Anwesenlassen**〕を。存在は――本来的には、現前性〔Anwesenheit〕を授けつつあるもの〔das Gewährende〕なのである」(ibid.)

ここでハイデッガーは、「存在する」という「目立たない」ことのうちに「存在のあらゆる思索に値するもの」が自らを伏蔵していると言い、「存在が存在する」かどうかを思索することが「最も思索に値するもの」だ、と言っている。そして次に「存在は存在しえない」と言い、そのような自らの見解とパルメニデスの言葉とがどのように関係するのかについて説明している。すなわちパルメニデスの «ἔστι γὰρ εἶναι» は «Es ist nämlich Sein» と訳され、次には «Anwest nämlich Anwesen» と訳し変えられている。そしてその場合の現前は「現前せしめる」ということを言っている、と述べられている。だがハイデッガーのこれだけの言葉では、彼が自らの見解とパルメニデスの言葉とをどのように関係づけているのかということは判然としない。何よりも「現前せしめる」ということがどのような意味で言われているのかということが、明確にされていない。すでに述べたように、『時間と存在』では「現前せしめる」ということが二重の意味で言われていたのであるが、それがここではどちらの意味で言われているのか、明確でない。

だがそれにもかかわらず、ハイデッガーがここである新たな議論を提出していることに、我々は注目せねばならない。すなわち彼は、存在に関しては「存在は存在しえない」と否定するにもかかわらず、パルメニデスの言葉を「現前は現前する」と訳し変えて、それについては否定も肯定もしていない。「現前は現前する」ということは、現前が存在の言い換えである以上、「存在は存在する」ということと同じことを言っているとも言いうるが、それを否定していないのである。そしてここでは、それを否定しないかわりに、「現前せしめる」と言い換えている。つまり「現前は現前する」と言うときの現前は「現前せしめる」ことを言っている、と述べることにより、彼は現前の「現前せしめる」働き、すなわち性起の方へとパルメニデスの言葉を関係づけようとしている、と考えられる。これは結局『時間と存在』でパルメニデスの言葉を「それは存在を与える」と言い換えたのと同じであり、その意味では『時間と存在』の範疇内にあると言えよう。だが決定的に違うのは、彼がすぐ後で述べている次の事柄である。

「ここで、存在する存在は何らかの存在者として言い遣わされているのであろうか。あるいはここで、存在、つまり τὸ αὐτό（同じこと〔Das Selbe〕）は、καθ᾽ αὑτό つまり同じこと自身へと向けて言われているのであろうか。ここでは一種のタウトロギーが語っているのであろうか。もちろんである。しかしながら、最高の意味でのタウトロギー〔Tautologie im höchsten Sinne〕であり、何も言わないのではなく、むしろすべてを言うのである。つまり原初的・将来的に思索のために尺度を与えるもの〔Maßgebendes〕なのである。それゆえこのタウトロギーはそれ自身のうちに、語られざるもの、思索されざるもの、問われざるものを保蔵している〔bergen〕。《なぜなら現前は現前するから》」（WM: 306f. 傍点筆者）

（以下の「タウトロギー」については「本論」第五章で詳述するが、ここで簡単に見るなら、次のようになる）。

ここでハイデッガーは「現前は現前する」ということを「最高の意味でのタウトロギー」と捉え、それは「同じこと」が「同じこと」へと向けて言われることだ、と言っている。そしてそのようなタウトロギーは、一般に命題としては真であるが内容的には無内容だとされている「同語反復」とは異なり、「何も言わないのではなくすべてを言う」

のであり、「思索のために尺度を与えるものだ」と述べている。だが我々はこのようなタウトロギーが一体どのような意味で「思索のために尺度を与えるもの」なのかということを、これだけの文章では明確に知ることができない。そこで我々は『時間と存在』の以下の部分を検討することによって、タウトロギーとはいかなることなのかを探ってみよう。

「性起は存在するのでもなければ、それが性起を与えるのでもない。……何が言われるべきこととして残っているのか。ただ次のことだけである。性起は性起せしめる〔Das Ereignis ereignet〕と。それによって我々は、同じことから、同じことへと向けて、同じことを言っている。外見上は、このことは何も言っていない。それはまた我々が言われたことを単なる命題として聞き、その命題を論理学による審問に引き渡すかぎり、何も言っていない。だがもし我々が、言われたことを追思の手がかりとして不断に引き受け、そしてその際、この同じことが決して何ら新しいことではなく、むしろ西洋的思索における古きことのうちの最も古きこと、すなわちἈ-λήθειαという名のうちに伏蔵されている太古のものだということを熟慮するならば、どうであろうか」（zSD: 24f. 傍点一部筆者）

ここでハイデッガーは、性起について最終的に言われうる言葉は何か、ということについて言明している。すなわち性起については「存在する」とも「それが性起を与える」とも言えない、と述べ、ただ「性起は性起せしめる」と言いうるだけだ、と述べている。そしてこのように「性起は性起せしめる」と言うことは、「同じことから、同じことへと向けて、同じことを言う」ことだ、と言われる。これは、すでに述べたように、『存在についてのカントのテーゼ』で「同じことが、同じことへと向けて」言われることが「最高の意味でのタウトロギー」と名づけられたことから考えて、明らかにまたこのような種類の「最高の意味でのタウトロギー」だと考えてよいだろう。では一体このような「最高の意味でのタウトロギー」である「性起は性起せしめる」とは、どのような「事態」を名づけているのだろうか。

二 「性起は性起せしめる」――性起の根本性格

ハイデッガーは、性起についてはは「存在する」とも「それが性起を与える」とも言えない、と述べている。これは我々がすでに述べたことから容易に説明しうる。すなわちまず、ハイデッガーはこの一九六二年の段階では「存在する」ということをただ存在者についてのみ言いうることとしており、性起についてそれが「存在する」と言うことは、働きとしての性起を何らかの存在者と見なしかねないがゆえに、拒否する。また「それが性起を与える」と言うことも、「与える」「それ」が性起自身であることを考えれば、不適切な言い方であることがわかる。

以上のことから、性起について「性起は性起せしめる」としか言えないということは、次のようなことを意味していることがわかる。すなわち、

(一) ハイデッガーは性起が何らかの存在者のように見なされるのを拒否しているということ。

(二) 性起は徹底して「与える」という働きそのものを意味しているということ。

この二つは、性起が何らかのものを「与える」という仕方で現成させながら、自らは脱性起して、決して「ある」とは言えないものであることを表している。それゆえ「性起は性起せしめる」という言い方は、性起の最も固有なあり方を表す最も端的な言い方なのだ。つまりこの言い方は、性起と呼ばれる事柄の最も固有で「自性的」なるものを表現するための、最終的に可能な「陳述命題」なのだ。したがってそれは、何らかのものを別のものによって説明したり、根拠づけたりするための命題ではない。命題として見れば、それは「同じことから、同じことへと向けて」言っているだけであり、「内容的には無内容な」「同語反復」でしかない。だが性起というある特殊な事態に関しては、何か別のものによって説明することなしに、このように「同じことから、同じことへと向けて、同じことを言う」ことこそが必要なのである。それはもはや通常の言語使用によっては表し切れない事態である。ハイデッガーの言う「最高のタウトロギー」とは、このような事態を言い表すための唯一可能な表現なのだ。そして、そのように別のものによって説明することなしに、事態そのもののうちへといわば跳び込み、「同じことから、同じことへと向けて」事態

そのものを言う「最高のタウトロギー」こそ、「最も思索に値するもの」なのだ。

ハイデッガーは、このように「存在は存在する」という一見無内容な「同語反復」のうちに、性起の働きを見、しかも性起の最も本質的あり方を表す言葉も「性起は性起せしめる」という「タウトロギー」になる、と見た。このようなことが『存在についてのカントのテーゼ』で、「最高のタウトロギー」として表明的にされることになったのだ。このようなタウトロギーは、その後さらに追究されることとなる。しかもそれはハイデッガーの「真理論」の中枢に関わる問題だった。そしてそれはまた、実に自らの死の間際までハイデッガーがこの問題をめぐって格闘していたことの、一つの証しともなるのだ。

第八項　「存在は存在する」ということとハイデッガーの「真理論」の本質

ハイデッガーは一九六三年から一九七三年にかけて四回のゼミナールを行った。そのプロトコルが『四つのゼミナール』である。そのうちの最後の『一九七三年ツェーリンゲンでのゼミナール』（『ツェーリンゲン・ゼミ』と略記）は、主にフッサールとの関係において「存在の問い」がいかなるものかということを討論したものである。このゼミナールの最後で、ハイデッガーは自らの死のわずか三－四年前である一九七二年から七三年にかけて書かれた、次のように題されたテクストを朗読したとされる。すなわち、

「円《まどか》なる真理の揺るぎなき心」（Ἀληθείης εὐκυκλέος ἀτρεμὲς ἦτορ）

この表題はパルメニデスの断片一の言葉であり、ハイデッガーはそれについて解釈するという形で、パルメニデスの真理論に関して論じている。だがハイデッガーによれば、このテクストは単なる解釈ではなく、彼自身が過去に書いた文章の「必要な訂正〔Berichtung〕」（GA 15: 395）を行ったものだとされる。[141] すなわち一九六四年の『哲学の終わりと思索の使命』で言われていた以下の部分を、ハイデッガーは「訂正」したのだ。

「あるいは、それ（空け開け〔Lichtung〕としての*ἀλήθεια*が伏蔵されたままであること）は、自己伏蔵、つまり伏蔵性、つまり*Λήθη*が、*Ἀ-λήθεια*に属しており、しかも単なる添え物として属しているのでも、影が光に属しているようにでもなく、むしろ*Ἀλήθεια*の心〔Herz〕として属しているからなのだろうか」(ibid., vgl. zSD: 78)

この文章に対しハイデッガーは、「ここで言われていることは適合しない。パルメニデスはこのようなことを言っているのではない」(GA 15: 395) と自ら否定して、先に挙げたテクストを読み上げたとされる。だが先のテクストでも、彼がどこをどのように「訂正」したのかということが明確に言われているわけではない。ハイデッガーは非常に微妙な言い方で、しかも極めて難解な仕方で述べているのだ。だがその「訂正」は彼のパルメニデス解釈と「存在は存在する」ということとに深く関わっていた。つまり先のテクストの最後で、ハイデッガーは再びパルメニデスの「存在は存在する」という断片を取り上げ、ある重要なことを語った。そこで、このテクストで言われていることを正確に理解するためには、まず『哲学の終わりと思索の使命』の問題の箇所の検討から始めねばならない。

一　「アレーテイアとレーテー」をめぐるハイデッガーの「訂正」

『哲学の終わりと思索の使命』では、形而上学としての哲学が「終わった」後、思索にはいかなる使命が残されているのかということが問われる。その際次のように言われる。

「哲学の終わりとは場〔Ort〕であり、哲学の歴史の全体がその最極端の可能性のうちへと自らを集約する〔sich versammeln〕ような場である」(zSD: 63)

つまり哲学が終わるとは思索が一つの場のうちへと集まることであり、そのような場がまた同時に、ある新たな思索の場を開く、と言われている。そのような場を彼はここでは「空け開け」(Lichtung) として規定している。「空け開け」は「純粋空間と、脱自的時間と、それらのうちで現前し、かつ非現前するものの一切とが、一切を集約しつつ保蔵する〔bergen〕場を、そのうちで初めて得るような」(zSD: 73) 開けた場である。そのような本来的な場のうちで、そこで出会われてくる事柄を思索することによってのみ、「哲学の終わった」後の思索は新たな思索でありうるのだ。そのような思索の事柄をハイデッガーは「原-事柄」（Ur-Sache, zSD: 72）と呼び、「事柄それ自身へ」と言われるときの「事柄それ自身」を表す、とする。そのような「原-事柄」は我々に向けて現れてくる「現象それ自身」（Phänomen selbst）であり、それ自体が開けた場を意味している。したがって思索は「〔そのような〕現象から、その現象に問いかけつつ学ぶ、つまり我々に対して何かを言わせる、という使命」（ibid.）を遂行せねばならない、とされる。

これらを総括すると、我々は、ハイデッガーが何らかの意味で「事柄それ自身」を思索するという、一種の現象学とも言うべきものを考えていることに気づく。むろんそれは、彼自身もこの論文等で述べているように、フッサール的現象学とは区別されるものであり、また初期・前期ハイデッガーが『存在と時間』等で目指した「現象学的方法による存在論」ともまったく同じだとは言えまい。だが「原-事柄」としての「事柄自身」を問い、「現象に問いかけつつ学ぶ」という仕方で、「哲学の終わった」後の新たな思索とは、ある種の現象学を意味するのだ。しかもそのような現象学は、「現象それ自身」が場としての「空け開け」を意味すると言われている以上、そのような場自身を思索することとしての「所在究明」（Erörterung, vgl. UzS: 37）である。これはまた『思索の経験より』（一九四七年）等で説かれた「トポロギー」（Topologie 「場を-言うこと」としての GA 13: 84）だとも言える。つまり新たな思索とは、「トポロギー」的な一種の「現象学」だと言いうるのだ（これに関しては本論第五章で述べる）。

ところでそうなると、そのようないわば「トポロギー的現象学」とも言うべきものの「思索の事柄」を示す場である「空け開け」は、いかにして明らかになるのか、という問いが生じてくる。これに関しハイデッガーは、そのような「空け開け」は伝統的哲学のうちでは思索されなかったが、しかし「……哲学の始まりにおいては空け開けについて語られていた」（zSD: 74）と言い、先に挙げたパルメニデスの断片一を引用してくる。つまりハイデッガーは、パルメニデスの言葉のうちで語られていることを解釈することにより、新たな思索のための場である「空け開け」と「思索の事柄」とを示そうとするのだ。ここでハイデッガーが引用しているパルメニデスの断片一の文章を挙げておこう。

「だが汝は一切を経験すべきである。すなわち、良く円熟した非伏蔵性の揺るぎなき心〔Herz〕をも、また伏蔵されざるものへの確信に欠ける、死すべき者どもの臆見をも」[142]（Fr.1. 28ff., zSD: 74 傍点筆者）

この文章は、パルメニデスの叙事詩『自然について』（περὶ φύσεως）の序章で、女神ディケーによって示される探究の道について言われたものである。すなわち、周知のように、パルメニデスによって説かれる探究の道には二つあり、一方は存在へと至る道、すなわち真理の道であり、他方は仮象へと至る道、すなわち「死すべき者ども」の臆見の道である。そのうち、ハイデッガーが問題にする「良く円熟した非伏蔵性の、揺るぎなき心」とは、存在へと至る真理の道に関して言われたものである。すなわち存在へと至る道である真理が「円なる」球のように完璧であり、それによって存在が不生不滅で「揺るぎなき」ものとして存在していると、比喩的に述べられている。

これに対しハイデッガーは、ここで言われているアレーテイアは開けた場としての「空け開け」を名づけたものだと述べる。すなわち「アレーテイア、すなわち非伏蔵性を、我々は空け開けとして思索せねばならないのだ」（zSD: 75）。そしてこのような「空け開け」としての非伏蔵性は、次のようなことを「会得する」（vernehmen）ための道を授ける、と言われる。

「非伏蔵性が他の何ものにもまして授けるものは、そこにおいて思索が次の一事に追行し、その一事を会得するような道である。すなわちその一事とは ὅπως ἔστιν ……εἶναι、すなわち現前は現前する〔anwest Anwesen〕ということである」（ibid.）

つまりここでハイデッガーは、新たな思索のための場としての非伏蔵性、あるいは「空け開け」のうちで、「現前は現前する」ということを会得するための道が授けられる、と言っている。これは、「現前は現前する」ということが、新たな思索のための「思索の事柄」となることを、示唆するものだろう。だが「現前は現前する」ということが真に会得されるためには、まずそれが与えられる場としての「空け開け」あるいはアレーテイアが明らかにされねばならない。

だがこのような「空け開け」としてのアレーテイアは、これまで長い間思索されなかった。つまり伝統的西欧哲学のうちで、アレーテイアは「認識と存在者との一致」（Übereinstimmung）、あるいは「確実性としての真理」として理解され、非伏蔵性としては、いわんや開けた場としての「空け開け」としては、理解されることがなかった。だがこのようにアレーテイアの本質が隠されたままであったことは、アレーテイア自身の性質に起因する。すなわちアレーテイア（非伏蔵性）がそのうちにレーテー（伏蔵）という「現れざるもの」を包含しているからこそ、アレーテイアの本質は隠されたままだったのだ。[143] 以上がここでのハイデッガーの真理論の大要であり、これはある面では初期から一貫した彼の真理論だと言える。だが実は彼の真理論のうちには、そのときどきで大きな転換が隠されている。その一つを次に明らかにしよう。

ハイデッガーはここで、自ら『ツェーリンゲン・ゼミ』で「訂正」することになる問題の文章を言う。つまり先に挙げたように、「……Λήθη が Ἀ-λήθεια に属しており、しかも……Ἀλήθεια の心〔Herz〕として属している」（zSD: 78）と彼は述べた。だがすでに述べたように、ハイデッガーがどこをどのように「訂正」したのかということは明確に言われていない。ただ、『ツェーリンゲン・ゼミ』での訂正後の「円なる真理の揺るぎなき心」というテクストは、「アレーテイアの心」ということに関わる、とハイデッガーが言明している（VS: 133）。だとすれば、ハイデッガーが「訂正」した事柄は、この「アレーテイアの心」とアレーテイアとレーテーとの関わりに関係すると考えられる。そしてこの「訂正」は、実はハイデッガーの真理論の根本に関わる問題なのだ。それゆえ我々は次に、ハイデッガーが『ツェーリンゲン・ゼミ』で何をどのように「訂正」し、それが彼の思索にとっていかなる意味をもつのかについて論じよう。

二 「現前は現前する」という「真正のタウトロギー」

『ツェーリンゲン・ゼミ』で、「円なる真理の揺るぎなき心」というテクストに関し、ハイデッガーは次のようなことを指摘している。すなわちまず、ここでパルメニデスによって言われているのは隠れなさとしての非伏蔵性であり、伝統的に理解された「真理」ではない。さらにこのテクストは「アレーテイアの心」に関わり、このテーマは「現-存在のテーマと一致する。なぜならその際には空け開けそれ自身が問題になっているからだ」（VS: 133, GA 15: 395）。つまり「アレーテイアの心」は「空け開け」と関わり、それはまた「人間があらねばならぬ、ここ〔Da〕を意味する」（VS: 134）非伏蔵性でもある、と言われている。彼のこのような指摘は、『存在と時間』の主要テーマだった「現存在」がすでに人間の存在する場・世界という意味を包含しており、それが後期に「現-存在」という「空け開け」・アレーテイアとして表明されるに至ったことを、示している。

ハイデッガーは以上のような指摘の後で、「円なる真理の揺るぎなき心」という言葉について逐語的に解釈してゆく。それらは、彼がこれまでの著作で述べてきたことを前提に、短い言葉で説明抜きで述べているため、非常にわかりにくい。それゆえ以下では、少し詳しく跡を辿ってみよう。

ハイデッガーはまず「円なる」（εὐκυκλέος）という言葉を解釈する。この言葉は、たとえばディールスの訳では「まんまるい」（wohlgerundet）となっているが、[144] そのような訳ではアレーテイアが何らかの「物的なもの」（Dingliches）と誤解されかねないとして、ハイデッガーは「円なるもの、安らかにめぐるもの」（das Wohlumfangende, schicklich Umkreisende）と訳す（ibid.）。したがってアレーテイアが開蔵を意味すること（ibid.）を考え合わせ、「円なる真理の」（Ἀληθείης εὐκυκλέος）という言葉は、「安らかにめぐる開蔵の」と解釈される。次に「揺るぎなき心」（Ἀτρεμὲς ἦτορ）は「揺るぎなき心」（nichterzitterndes Herz）と訳され、既述のように『哲学の終わりと思索の使命』で、この「心」は「自己伏蔵、伏蔵性、レーテー」だと言われていた。この『ツェーリンゲン・ゼミ』では、「それによって何が意味されているのか」と問われるが、彼はその答えを明確には言わない。ただ、「それを経験するために」（ibid.）、パルメニデスの断片八の次の言葉を引用する。

「……道について言うことが、まだ一つ残っている。すなわち《それが存在するということ》〔daß es ist〕の前へと導いてゆく道について言うことが」（ibid.）

これは、パルメニデスが存在へと導く道である真理の道の方について語っている断片であるが、ハイデッガーはこれを、「揺るぎなき心」を「経験する」手引きとして挙げる。そしてハイデッガーは一体「何が存在するのか」（VS: 135）と問い、問題の断片六を挙げる。すなわち、

「なぜなら、存在は存在するから」（ἔστι γὰρ εἶναι.）

この言葉を彼はこれまで「それは存在するから、存在が」（Es ist nämlich Sein）と訳し変えてきたが、ここではそうせず、「なぜなら、存在は存在するから」（**Ist** nämlich Sein）と訳す。そして、次のように述べる（以下は、すでに取り上げた）。

「この語について私は長い間追思してきた。しかも長い間、私はその中に巻き込まれて〔verstrickt〕きた。なぜなら、この語は存在を存在者の段階に引き降ろすのではないか。ただ存在者についてのみ、それが存在するということ〔daß es ist〕が言われうるのだ。にもかかわらずここでパルメニデスは、存在は存在する〔das Sein **ist**〕と言っている。この耳慣れない語は、非凡なパルメニデスの道が世間に流布している思索とどれほど隔たっているかということを示す、厳密なる尺度である」（ibid.）

ここでハイデッガーは、この言葉をめぐって長い間迷い、それに「巻き込まれてきた」と述べている。(145) 事実、二〇〇七年に出版された全集第一四巻『思索の事柄へ』所収の「『時間と存在』講演への添え書き」でも、次のように述べられている。

「〔『時間と存在』〕一二頁の ἔστι γὰρ εἶναι に関して――見て取られていない。能くする〔Ermöglichen〕という意味で ἔστι を解釈する手がかりは、パルメニデスにはない。〔『時間と存在』の〕この箇所と、ヒューマニズム書簡とは［GA Bd. 9, S. 335］、訂正を要する。一九七三年三月。参照、Ἀληθείης ἦτορ〔真理の心〕［GA Bd.15, S. 403ff.］」（GA 14: 115）

ここでハイデッガーは «ἔστι γὰρ εἶναι» に関して、自らの死の三年前になってもなお、「訂正を要する」と述べ、「長い間巻き込まれてきた」ということを自ら実証している。

だが彼のこれまでの迷いは、いわば彼自身が «ἔστι»、«εἶναι» というギリシア語を、哲学の伝統に従って哲学の言

葉で理解してきたことによる、と言わざるをえない。そうではなく、虚心担懐に「このギリシアの語をギリシア人の耳で聴く」（VS: 135）とき、迷いは消え去る。「ここにおいてギリシア的なるものが我々よりもどれほどありありと、したがって的確に語っているかということを、人は決して強調しすぎることはないのだ」（ibid.）。そのようにこの言葉を「ギリシア人の耳で聴く」ことにより、彼はこれを「なぜなら、現前は現前するから」（anwest nämlich Anwesen）と訳し、次のように言う。

「ある新たな困難がもちあがってくる。すなわちそれがある明らかなタウトロギーであるということが。事実そうなのだ！　それはある真正のタウトロギー〔eine echte Tautologie〕であり、すなわちそのタウトロギーは、ただ同じこと〔das Selbe〕のみを、しかも同じことそれ自身としての同じことのみを、名指しているのだ」（ibid. 傍点筆者）

ここでハイデッガーは、『存在についてのカントのテーゼ』と同様、パルメニデスのこの言葉を「明らかなタウトロギー」と言い、今度は「真正のタウトロギー」と名づけている。そして次のように語る。

「ここで我々は、顕現せざるものの領域〔Bereich des Unscheinbaren〕にいる。[146] すなわち、現前それ自身が現前すること。この事態〔Sachverhalt〕のうちで呼びかけられているものの名は、次のようなものである。すなわち τὸ ἐόν、存在者でもいわんや存在でもない、τὸ ἐόν であり、すなわち、現前態：現前それ自身〔Anwesend: Anwesen selbst〕である[147]」（GA 15: 397）

以上の箇所で、ハイデッガーは次のような重要なことを言っている。

(一)「なぜなら、現前は現前するから」ということは「同じことのみを名指す」「真正のタウトロギー」であり、それは「現前それ自身が現前する」という「事態」であること。

(二) その「真正のタウトロギー」としての「事態」は、「顕現せざるものの領域」であること。

これらに関し、順次検討してみよう。

三　性起の二重の本質――「自性的ならしめること」と「他と共属せしめること」

まず㈠について。ここでは『存在についてのカントのテーゼ』でパルメニデスの箴言が、「同じことが、同じこと自身へと向けて言われる」「最高の意味でのタウトロギー」と呼ばれたのと同様、「同じことのみを名指す」「真正のタウトロギー」と呼ばれている。これらは、すでに述べたように、存在・現前についてそれが本来的に現成しているあり方を表す言葉は、他のものから説明することなしに、「同じことを、同じことへと向けて言う」「最高・真正のタウトロギー」になるということを示している。さらに、そのような「真正のタウトロギー」によって表されているのはある種の「事態」だと言われる。「事態」については『時間と存在』で次のように言われている。

> 「〔時間と存在という〕両方の事柄〔Sache〕を互いに属し合わせていること、つまりその両方の事柄をそれらの自性〔Eigenes〕のうちへもたらすのみならず、それらの共属〔Zusammengehören〕のうちへ守り、そのうちに保つこと、つまり両方の事柄の成り行き〔Verhalt〕、つまり事-態〔Sach-Verhalt〕、それが性起である」(zSD: 20)

つまりこのようなものは、「それが与える」という場合の性起だと言われているのだ。

ここでの「事態」としての性起に関する叙述は、性起の働きを端的に言い表した表現だと言える。すなわち性起は、一方では何らかのものをその「自性のうちへもたらす」、つまり「自性的・本来的ならしめる」働きである。他方性起は、何らかのものを「他のもの」との根源的「共属のうちに保つ」「共属せしめる」という働きをするのだ。この二重の働きこそが「性起」と呼ばれるものの本質であり、我々は後に本書「総括」で、再びこのことを取り上げることになる。性起とは何らかの実体的なものと見なされてはならず、あくまでも「与える」という働き自身に対して付けられた名であり、それは「事の成り行き」としての「事態」を意味するのだ。

そしてそのような性起としての「事-態は、それについて陳述〔Aussage〕という仕方で言うことを拒否する」(ibid.)と言われる。それゆえ先に挙げたような、陳述命題としては意味をなさない「タウトロギー」である「性起は性起せしめる」という言い方がなされた。ハイデッガーがここで「現前それ自身が現前する」ということを「事態」だと述べたのは、そのような「タウトロギー」によって表されているのが「事の成り行き」としてのある種の働きであり、何らかの実体的に捉えられた「存在・現前」というようなものを表しているのではない、ということを言わんとしているのだ。

四　伏蔵のうちの「しるし」としての「現前は現前する」という「真正のタウトロギー」

次に、(二)について。以上に述べた「現前は現前する」という「事態」は、何らかの本来的な〈場〉の開けにおいて初めて生起する。このような〈場〉は、ここで論究されているアレーテイアが「空け開け」を意味すると言われている以上、「空け開け」そのものに他ならない。だがまた「真正のタウトロギー」が生起する〈場〉は、ハイデッガーが『哲学の終わりと思索の使命』で述べていた、「アレーテイアの心」としてのレーテーを意味する。実際、ハイデッガーは「アレーテイアの心」とは何を意味するのかということを「経験するために」、先の「タウトロギー」を挙げたのである以上、タウトロギーの生起する〈場〉は「アレーテイアの心」であり、それはレーテーである、と言ってよい。「真正のタウトロギー」とは、「それ自身のうちに、語られざるもの、思索されざるもの、問われざるものを保蔵している」(WM: 306) ような、「現象せざるもの」のうちで生起する「事態」なのだ。

だが、そのように「アレーテイアの心」が「現象せざるもの」としてのレーテーを意味しているのなら、それは『哲学の終わりと思索の使命』で言われていた問題の箇所(本章第八項の冒頭)と同じことを言っていることになり、ハイデッガーはどこを「訂正」したのか、という問題が生じてくる。これについては、このテクストの先の引用箇所のすぐ後で言われている次の言葉が、手がかりを与える。

「しかしながらこの〔現前それ自身が現前するという〕顕現せざるものの領域には、(断片八の二、三行目では言う)《この道の上には、多くのしるし〔Zeignisse〕がある》のだ。……断片八の二九行目において、存在を示すそのようなしるし〔**Zeignis**〕が見いだされる。すなわち Ταὐτόν τ' ἐν ταὐτῷ τε μένον καθ' ἑαυτό τε κεῖται《同じことが、同じことのうちに住まいつつ、それ自身のうちに存している》。この詩句はそれ自身豊饒で満ち満ちている εὔκυκλος であり、それはそれ自身のうちで完璧なタウトロギーを言っている」(GA 15: 397f., VS: 135f. 傍点一部筆者)

ここでハイデッガーは「顕現せざるものの領域」には「しるし」がある、と言っている。そして、そのような「しるし」とは「同じことが、同じことのうちに住まいつつ、それ自身のうちに存している」という「完璧なタウトロギー」だとも言っている。つまり、「顕現せざるものの領域」のうちには、「存在を示すそのようなしるし」としての「タウトロギー」がある、と言うのである。「タウトロギー」という「しるし」は、何らかの存在者のように目に見えるものとして「立っている」ものではないが、しかし「示し、見せる」(VS: 136)ことができるようなものなのだ。

(このような「しるし」ということは、『ヘルダーリンの讃歌《イスター》』では、「示すこと〔das Zeigen〕それ自身」としての詩人の存在だともされている〔GA 53: 188f.〕)。

このように言われたことにより、我々は、ハイデッガーが『哲学の終わりと思索の使命』で述べたことをどのように「訂正」したのかということを、理解しうる。つまり「現象せざるもの」であるレーテーが「アレーテイアの心」を意味することは前の論文と同じだが、しかしそのようなレーテーは単に伏蔵するのみではなく、そのうちに「しるし」としての「タウトロギー」を含んでいるということが、前の論文と決定的に異なるのだ[148]。たしかにレーテーは「アレーテイアの心」として、アレーテイアを見えざるものにしている。つまり真理の本質が一般に思索されないままである理由が、真理それ自身の「伏蔵・レーテー」の働きに起因するということは、ハイデッガーのこれまでと変わらぬ主張である。これは結局性起の「脱性起」する働きに起因し、性起自身が一般的意味で「現象する」ことはない[149]。だがこれは絶対的伏蔵としていかなる観入も拒むというようなものではない。そこには「タウトロギー」という「しるし」があり、いわば道しるべがある。そしてそれこそが「哲学の終わり」の後に思索すべき「思索の事柄」だ、というのがハイデッガーの主張なのである。つまり「タウトロギー」が初めて、「現象せざるもの」を示すことを可能にするのだ。このようなタウトロギーは目立たず、「顕現せざるもの」だが、しかしそれ自身は現象せざるものではない。このような「顕現せざるもの」としてのタウトロギーによって表されている「事態」を思索することが、「顕現せざるものの現象学」（VS: 137, GA 15: 399）だとされるのだ（これについては次章で論じる）。

（ハイデッガーのこのような「伏蔵性」論は、一般にいまだ十分理解されていない。たとえば、デリダもハイデッガーの「伏蔵性」を十分理解していないと言わざるをえない。すなわち《Verborgenheit》がフランス語で単なる「隠蔽性」〔être - caché〕と翻訳されており、この場合デリダは「保蔵」〔bergen〕という要素を聞き取っておらず、単なる「異化」「隠し」と解してしまっている[150]。それゆえまた、伏蔵のうちの「しるし」ということも十分考慮していない。真理論に限らず、デリダはハイデッガーの「性起」の理解に関しても、問題性を孕むと言わざるをえない。だが詳論は別の機会に譲る）。

ここでハイデッガーが行った「訂正・再考」は、彼の「真理論」の本質に関わる問題だった。しかも彼はこのような問題をめぐって、死の数年前まで「訂正・再考」を行った。彼の生涯は、実にこのような思索の「格闘」の歴史だった、と言いうるのだ。

五　「真正のタウトロギー」とヘーゲル的「弁証法」

またハイデッガーはこの『ツェーリンゲン・ゼミ』で、タウトロギーが「弁証法」と関わることを指摘している。すなわち

「単に歴史学的な観点から見られるなら、ヘラクレイトスは弁証法へと向かう第一歩を意味する。このような観点から見られるなら、パルメニデスの方が、より深く、より本質的である――『存在と時間』で言われたように、弁証法とは《真正の哲学的困惑》だ、ということが妥当するなら。……タウトロギーは、弁証法が覆い隠すしかできないものを思索する、唯一の可能性なのだ」（GA 15: 400）

ハイデッガーは、ここで挙げられている『存在と時間』の箇所（SZ: 25）をはじめとして、根底的には弁証法やヘーゲルを自らの思索の根本に関わる問題として捉えている、と言ってよい[151]（Vgl. SZ: 350, zSD: 4ff., 51ff., WM: 441 usw.）。すでに

『存在と時間』の頃から、たとえば全集第一九巻『プラトン：ソピステス』（一九二四－二五年）でも、プラトンに関連して、弁証法（対話）に関して詳しい論述をしている（vgl. GA 19: § 28, 30, 55, 76f.）。このことは、現在あまり知られていない『弁証法に関するコロキウム』のうちでも同様である。このコロキウムは一九五二年に行われ、ハイデッガー後期の立場からヘーゲル、パルメニデス、プラトンらとの関わりで弁証法について述べた貴重な記録だが、ここでも「弁証法とは私にとって、思索のある種の困惑である。もちろん真正の、ポジティヴな意味で」[152]と述べている。またたとえば全集第六八巻『ヘーゲル』（一九三八－三九、四一、四二年）では、「否定性」ということをめぐって「ヘーゲルとの対決」が打ち出されている。『ドイツ観念論（フィヒテ、シェリング、ヘーゲル）』（一九二九年）での言葉に従えば、このようなヘーゲルをはじめとする「ドイツ観念論との対決とは、現存在の、自己自身との本質的対決なのだ」（GA 28: 231）。

だがこのように自らの思索の根本に関わるがゆえにこそ、ハイデッガーは弁証法については否定的に語ることも多いのだ。たとえばヘーゲルは『エンチュクロペディー』で、論理的なものの第二の「否定的-理性的側面」としての《弁証法的》（dialektisch）ということと、第三の「肯定的-理性的側面」としての《思弁的》（spekulativ）ということとを区別している。[153]だがそれにもかかわらず、ハイデッガーは、たとえば『ヘーゲルとギリシア人』等で「思弁的-弁証法的」「弁証法的-思弁的」というような表現をしばしば行う（GA 9: 441 usw.）。そのような例を取り上げて、ヘーゲル的弁証法をハイデッガーが「誤解」しているというようなことがしばしば論じられる。[154]だが後期のハイデッガーにおいては、そもそもヘーゲルにおける「論理的なもの」（Das Logische）ということ自身が「形而上学の存在-神-論的体制」（vgl. ID: 31ff. GA 32: 141 usw.）に他ならず、その「側面」というような区別も意味を成さず、根底において同じ次元のものと捉えられているのだ。

このような弁証法についての彼の批判の根本を、「タウトロギー」との関わりで、今ここで一言で述べるなら、次のようになる。すなわち、弁証法は「同じこと」のうちの「亀裂」を見て取ったが、しかしその亀裂を最終的には「上から支配する統一」(eine übergreifende Einheit, zSD: 4)によって統一しようとする。だが、ハイデッガーは「同じこと」が「同じこと」へと動き続ける無限の「振動」を説く。それはまた「本来」と「非本来」との間を無限に振動する〈人間的自己〉のあり方をも意味する。このようなことが、すでに見たように、『寄稿』等で再三説かれた「性起の転回のうちでの振動」の意味である。このような「転回的振動」というあり方を言葉によって最も端的に表したのが、「最高・真正のタウトロギー」と呼ばれたものだった。それゆえ、タウトロギーは、このような「同じことから、同じことへ」という転回的振動の「事態自身」を言い表したものとして、「弁証法が覆い隠すしかできないものを思索する、唯一の可能性」だとされるのだ(155)。

「存在は存在する」ということをめぐる、以上のようなハイデッガーの思索は、彼の思索の最も重要な事柄の一つであると同時に、また伝統的なパルメニデス解釈に対してもある新たな可能性を与えるものだった。それは一体どのような可能性なのか?

第三節　ハイデッガーのパルメニデス解釈の「異端性：真正性」

ハイデッガーはブロッホマン宛の書簡で、次のように語った。

「私は、自らの仕事に励めば励むほど、いつもたしかに、ギリシアにおける偉大な原初に戻ることを強いられるのです(156)」

シュミットも指摘するように(157)、ハイデッガーにとって、ギリシアはまさに自らの思索の原初であり、すでに見てきたパルメニデスの箴言をめぐる「格闘」は、「存在と性起」の関わりをめぐる、彼の思索の根底に関わる格闘だったのだ。それゆえにこそ、「存在は存在する」という箴言の意味することは、ハイデッガーにとって重大な意味をもっていた。

すなわち、パルメニデスのアレーテイア論を「伏蔵と開蔵との働きの場」という側面だけを強調して解釈することは、パルメニデス解釈としては不十分だと言わざるをえない。パルメニデスは「存在へと導いてゆく道」としてアレーテイアを説いたにもかかわらず、それまでのハイデッガーの解釈では、そのような存在についての言及がわずかしかなかったからである。だが今や、「現前それ自身が現前する」という「存在の真のあり方」が明確に提示された。ハイデッガーは、先に挙げたように、『哲学の終わりと思索の使命』で論じたパルメニデス論を、『ツェーリンゲン・ゼミ』で「ここで言われていることは適合しない。パルメニデスはこのようなことを言っているのではない」（GA 15: 395）と自ら「訂正」した。この「訂正」は、以上のように、「存在の真のあり方」を表す「真正のタウトロギー」と、深く関わっている。そしてそれは、「パルメニデスが言っていること」の真の理解となる、とハイデッガーは見るのである。

このことはまた同時に、ハイデッガーのアレーテイア論がパルメニデス解釈としても独自で斬新なものであることを、示している。すなわち、すでに述べたように、パルメニデスのアレーテイア論は存在を探究する道として説かれ、それはヘラクレイトスを中心とするイオニアの自然哲学者たちが「生成」（γένεσις）を唱えたのに対抗して言われた、というのが一般的解釈である。つまりパルメニデスは「存在は存在し、非存在は存在しない」（断片六）と言い切ることにより、存在を「非存在」（μὴ ὄν）から区別し、生成・消滅・流転といった考えを「仮象」（δόξα）として退けようとした、とされている。それゆえパルメニデスは、存在を不生不滅で「揺るぎなきもの」と捉え、「円なる真理の揺るぎなき心」というのも、そのような存在のあり方を表している、と一般には解釈されている。

だがハイデッガーの解釈はこのような一般的解釈とは著しく異なっている。つまりハイデッガーは、存在を、生成から区別された固定的なものとしては捉えていないのである。存在は、本来的に開けた「働きの〈場〉」のうちで現成するものである。だがそのような現成は、存在自身の「自性」（Eigenes）が生起することとしての性起によって起こる。つまり存在自身は、それ自身のうちに現成する力を秘めたものと考えられている。そしてそのような存在の現成を表したのが「存在は存在する」（現前は現前する）という言葉なのであり、それによって語られているのは現成という「事態」、つまり本来的に生成する事の成り行きである。パルメニデスの「存在は存在する」という言葉は、一般に理解されているような、生成・流転を否定する言葉なのではない[158]。そうではなく、この言葉は「真正のタウトロギー」として、いわば「存在の本来的生成」とも言うべき事態を表している。いわば、存在は本来的に生成して、その生成の動きの中に生起する根源的「安らい」（Ruhe）のうちに安らっているのだ。

それは一九四〇年代初頭に書かれたとされる『人間の本質（性起のうちでの追憶〔Gedächtnis〕）』と題されたある手稿のうちで述べられる、次のような事態である。

「親密に伏蔵する保蔵として、奥義が性起のうちで現成する。このような保蔵こそ、真存在の安らい〔Ruhe〕である。安らいは、発源と没落とが蓄えられた自らの動き〔ihre gesparte Bewegung des Aufgehens und Untergehens〕を、空け開かれて、追憶に委ねるのだ[159]」

「蓄えられた動き」を秘めた「安らい」としての、このような「存在が存在する」事態は、アレーテイアという「円なる真理」のうちで言われる。だが、手稿『ヨーロッパとドイツ哲学』で言われるように、「真理とは闘争であり、……この闘争は、ヘラクレイトスの言葉に従えば、一切の真存在の本質をなす闘争なのだ[160]」。存在・真存在は、アレーテイアという開蔵と伏蔵との「闘争」の〈場〉のうちで、それ自身「闘争」として、現成し安らっているのだ。

またハイデッガーのこの解釈は、ペゲラーも言うように[161]、パルメニデスの言葉のうちに自己伏蔵を観て取るものであり、これまでハイデッガーは『ヘラクレイトス』や『ロゴス』等で、伏蔵をヘラクレイトス解釈のうちで論じることが多かったのと比べ、画期的だろう[162]（Vgl. VA 3: 3-25, 53-78, GA 55: 45ff. usw.）。

（『ツェーリンゲン・ゼミ』では、「ヘラクレイトスをパルメニデス的タウトロギーから読む」〔GA 15: 400〕ということの重要性が指摘されている）。

このようなパルメニデス解釈は、たしかに伝統的解釈に逆らうものだろう。だが重要なのは、ハイデッガーが自らの思索を遂行し、「事柄それ自身」に虚心に聴くということを推し進めた結果として、そこに辿り着いたということである。これは彼にとって、単なる箴言「解釈」の問題ではなく、自らの思索の根底に関わる問題だった。彼の思索が伝統的解釈に逆らうからといって、「異端」として退けてしまう前に、自ら事柄それ自身を思索することこそが、おそらくは必要なのだ。

以上に見てきたように、ハイデッガーは「ある・存在」ということ自身と「格闘」することを通じて、「ある」ということの根底で働いている「性起」をより明確にするようになった。それはまた「自己が存在する」という謎を解く鍵でもあった。つまり彼が追究した「自己が存在する」ということは、単純に「ある」ということではなかった。そうではなく、自己が「本来的にある」ように「なる・ならしめられる」ということこそが追究されたのであり、そのような働きとして「存在自身・性起」ということが取り出されたのだった。この性起の固有な本質は、「タウトロギー」によって表されるような「事態」を意味した。ここで性起と「言葉」とが根源的に関わる。それはまた、これまでの哲学が方法とせざるをえなかった「言葉」の本質をも、規定するものだった。ハイデッガーにとって、一体「言葉」とは何だったのか？　「言葉」は我々の〈自己〉にとって、一体いかなる意味をもちうるのだろうか？

第五章　言葉と性起

はじめに：問いの構造――「言葉が人間を《もつ》」？

「自己」の問題を問おうとするとき、大きな意味をもって我々に迫ってくるのが「言葉」ということである。哲学もまた、言葉を方法とする。だが前章で明らかになったように、「性起」との関わりで見られたとき、「言葉」と「タウトロギー」ということとの関わりが明らかになる。つまり、性起の本質を表す言葉は、最終的に「性起は性起せしめる」という「最高のタウトロギー」になる、とされた。また「言葉」自身が、「それを、それから、それへと、言う」こととしてのある種のタウトロギーとなる。つまり、性起との関わりで見られたとき、「言葉」は「真性・最高のタウトロギー」となるのだ。

そしてハイデッガーは、このような「タウトロギー」が「現象学の根源的意味」だとする。それは一体どのようなことなのか？　そのときハイデッガーが考えた「現象学」とは、一体どのようなものだったのか？

これらの探究によって見えてくるのは、「言葉と人間的自己」の根本的関わりの問題である。「《人間》が《言葉》を《もつ》のではなく、「《言葉》が《人間》を《もつ》のだ」（GA 85: 3）と言われるとき、言葉は人間的自己にとって、一体いかなるものとしてありうるのだろうか？

第一節　「タウトロギー的思索」

すでに第四章で挙げたように、ハイデッガーは『ツェーリンゲン・ゼミ』において、パルメニデスの断片六の«ἔστι γὰρ εἶναι»について、次のように述べた。

「それはある真正のタウトロギーであり、すなわちそのタウトロギーは、ただ同じことのみを、しかも同じことそれ自身としての同じことのみを、名指している」（VS: 135　傍点筆者）

そしてハイデッガーは、このテクストの朗読のすぐ後で、次のように述べた。

「ここで問いかけられている思索を、私はタウトロギー的思索〔Das tautologische Denken〕と名づけている。それは現象学の根源的な意味〔Sinn〕である。……このような現象学は、顕現せざるものの現象学〔eine Phänomenologie des Unscheinbaren〕である」（VS: 137）

彼はまたロジェ・ミュニエ宛ての書簡のうちで、次のようにも述べた。

「私にとって重要なのは、顕現せざるものの現象学へと入る修練を、実際に行うことです。本を読んでも、現象学的に《見る》ことには、決して誰も到達しないのです」（GA 15: 417）

さらにハイデッガーは、『存在についてのカントのテーゼ』でも同じパルメニデスの断片六を取り上げ、次のように述べた（以下はすでに前章でも取り上げた）。

「ここでは一種のタウトロギーが語っているのであろうか。もちろんである。しかしながら、最高の意味でのタウトロギーであり、何も言わないのではなく、むしろすべてを言うのである。……《なぜなら現前は現前するから》」（WM: 306f.　傍点筆者）

以上の二つのテクストのうちで、ハイデッガーは「現前は現前する」という言葉を「真正のタウトロギー」「最高の意味でのタウトロギー」と呼び、「原初的・将来的に思索のために尺度を与えるもの」だとした。この意味を理解するためには、ここで言われた「タウトロギー」ということが「同じことが、同じこと自身へと向けて言われる」ことだということの意味を、理解する必要があった。

ハイデッガーは、実はこの「現前は現前する」という言い方と似たような言い方をあちこちでする。しかもそれらはみな彼自身の思索の根本的事柄に関して、「最終的に言われるべきこと」として述べられている。たとえば彼の思索の根本語の「性起」に関しては、既述のように一九六二年の『時間と存在』の最後で、次のように述べられた。

「性起は存在するのでもなければ、それが性起を与えるのでもない。……何が言われるべきこととして残っているのか。ただ次のことだけである。性起は性起せしめる〔Das Ereignis ereignet〕と。それによって我々は、同じことから、同じことへと向けて、同じことを言っているのだ」(zSD: 24f. 傍点一部筆者)

この箇所は、この『時間と存在』の最重要問題である性起について、「性起とは何か」という問いへの解答として、性起について最終的に言われうる言葉は何かということを述べたものである。つまりハイデッガーは、性起について最終的に言われうる言葉は「タウトロギー」になる、としているのである。これと同様のことは、また「言葉」について、『言葉への途上』で次のように言われる。

「我々は、言葉自身はどのようになっているのかということを、熟慮する。それゆえ我々は、言葉としての言葉はどのようにして現成するのか、と問うのである。我々は答える。すなわち、言葉は語る〔**Die Sprache spricht**〕と」(UzS: 12)

ここで、彼は言葉がどのようにして現成するのか、と問うて、「言葉は語る」と答えている。このように、何らかの事柄についてそれがいかにして本来固有のあり方であるのか、つまり現成するのか、と問うたときには、ハイデッガーは「タウトロギー」的な言い方をするのが常である。たとえば「物」について次のように言う。

「しかし物はどのようにして現成するのか。物は物する〔Das Ding dingt〕」(VA2: 46)

同様にして、「世界」については「世界は世界する」(Die Welt weltet, WM: 60, HW: 33ff., VA2: 52ff., EiM: 48, TK: 45ff. usw.) と言う。「時間」については、たとえば『思索の事柄を規定することへの問いへ』(一九六五年講演) 等で「時間は時間する」(Die Zeit zeitet, FB: 18 usw.)、「空間」については「空間は空間する」(Der Raum räumt, FB: 18 usw.) と説いた。また「無」については、『形而上学とは何か』等で「無は無化する」(Das Nichts nichtet, WM: 11ff. usw.) と述べられ、「近さ」については『物』等で「近さは近づける」(Die Nähe nähert, VA 2: 50 usw.) という言い方が頻繁になされる。しかも、これらは皆ハイデッガーの根本語と言ってよいのだ。

以上のように、ハイデッガーは彼の思索の根本的事柄について、その最終的あり方を表現しようとするとき、「タウトロギー」的言い方をし、そしてそのようなタウトロギーによって問いかけられている思索を「タウトロギー的思索」と呼び、それが「現象学の根源的意味」であり、そのような現象学は「顕現せざるものの現象学」だと述べている。一体これらの表現によってハイデッガーが言わんとしていることは何なのか？　多くの研究者が指摘しているように(後述する)、後期ハイデッガーは現象学から離れたのではないのか？　これらの謎を明らかにするために、まず我々は、「タウトロギー」という言葉がそこに由来する論理学に関し、「タウトロギー的思索」と論理学との関わりを明確にしておく必要がある。

第二節　「タウトロギー」と論理学

ハイデッガーが「タウトロギー的思索」ということを述べる際には、伝統的西欧哲学がそれに則ってきた「思索様式」としての論理学が意識されている。ハイデッガーは論理学を、初期には自らの「新たな形而上学」の基礎として重視している。たとえば、全集第六二巻に収められている『アリストテレスについての現象学的解明（解釈学的状況の告示)』(一九二二年)では、次のように述べられている。

「哲学は、事実性の存在論として、同時に、語りかけと解釈とのカテゴリー的解明であり、すなわち論理学である」(GA 62: 364)

ここでハイデッガーは明確に、「哲学とは論理学である」と言明している。

『存在と時間』前後でも、たとえば『存在と時間』と同時期の執筆で内容的にもパラレルな『論理学――真理への問い』(一九二五―二六年)では、論理学の本質をロゴスにまで遡って問うとし、次のように述べた。

「論理学は第一かつ本来的に、真なるものの真理を問うのであり、そのつど真なるものを真なるものたらしめ、しかもまさしくこの真なるものたらしめるものを、問うのだ」(GA 21: 7f.)

また一九三〇年代になっても、たとえば『言葉の本質としての論理学』(一九三四年)では、「我々はある別の論理学を打ち立てるという意図のもとに、論理学を根底から揺り動かすという根本的課題の前に立っている」(GA 38: 11)とし、それを「言葉の本質」と「人間的自己の本質」とへの問いという次元にまで立ち戻って試みようとしている。つまり「ロゴスについての問い」としての「論理学」を、いわばポジティヴに捉えなおそうと試みているのだ。

だがハイデッガーは、なぜこのような「別の論理学を打ち立てる」ことを意図したのか? それはむろん、従来の「論理学」への批判が彼を動かしたからに他ならない。事実、すでに『存在と時間』をはじめとして、論理学に対する批判的言表も多く、後期には否定的言表が多くなる。すなわち、パルメニデスが語った「存在」(ἔστι, εἶναι)という語に関して、

「論理学は、形而上学から出て、同時にそれを支配しつつ、〔パルメニデスのような〕初期の根本語のうちに伏蔵されている存在の本質の豊かさが塞がれてしまうよう、導いたのだ」(『アナクシマンドロスの箴言』GA 5: 352)

「……諸学の基礎を固めることは、後から足を引きずりながらやってくる《論理学》とは、根本的に区別される」(『存在と時間』SZ: 10)

「《論理学》……といった名称もまた、根源的な思索が終わりに至ると、ようやく現れてくる」(GA 9: 316)

「……形而上学は、西欧の《論理学》や《文法学》という形態のもとで、早くから言葉の解釈をほしいままにしてきた。……言葉を、文法から、より根源的な本質接合構造〔Wesensgefüge〕へと解放することは、思索と詩作とに委ねられているのである」(以上『ヒューマニズム書簡』GA 9: 314)

これら以外にも彼が従来の論理学を攻撃している箇所はいたる所に見られる。だが、一体なぜ彼はそのような論理学批判を行ったのか？　そこには、論理学の根本に関わる問題があったのではないか？

周知のように論理学は、東洋ではすでに古代中国の先秦時代以後発達し、またインド哲学においては、宗教的思索と共に発達した。すなわち、特に紀元一世紀頃以来、ミーマーンサー学派とヴァイシェーシカ学派との論争を契機として、飛躍的に発達した。東洋において、論理学は常に哲学的・宗教的思索と共にあったのだ。同様に西洋でも、論理学は、古代ギリシアにおいてパルメニデスが同一律の原理を説いて以来、西洋的哲学思索と軌を一にして発展した。つまり、既述のように、パルメニデスが「存在は存在し、非存在は存在しない」(断片六)と説いたことに端を発したのが、論理学だったと言える。パルメニデスのこの言葉は、西洋的論理学の根本と関わる問題性を内包している。つまり、アリストテレスがこれを完全な論理法則として確立してしまったのだ。すでに述べたように(本論第四章第一節第一項(二))、アリストテレスは、前半部「AはAである」を同一律、後半部「Aは非Aではない」もしくは「いかなるものもAかつ非Aであることはできない」を矛盾律に相当させた。このようにして、パルメニデスの「存在は存在する」という言葉に端を発しながら、アリストテレスの構築した形式論理学は、この言葉を単なる論理法則としてしまった。彼こそが『形而上学』『オルガノン』等で形式論理学の基礎を作ると共に、完成させてしまったのであり、それ以来、西欧における論理学は彼の教説への注釈となった、と言っても過言ではない。

近代以降、論理学を再構成しようという動向の中で、ライプニッツが「同一律、矛盾律、排中律、充足理由律」を論理学の根本原理として、論理学の再構成を試みた。その際ライプニッツにおいては、先のパルメニデスの「存在は存在する」という言葉は「諸々の事物はつねにそれ自身に等しい」ということを意味するとされ、同一性、自同性を表す形而上学的意味をもった。ここからさらに、この同一律は論理学的に解されるようになり、「一度措定されたAがつねに同じAとされねば、思索の固定性が失われる」ということを意味するようになった。そして実際上の判断形式としては、単なる「AはAである」は「同語反復にすぎない」とされ、意味をもつためには両者の差異が必要だということになり、「AはBである」と表されるべきだ、とされることになる。すなわち、「ソクラテスはソクラテスである」という命題は単なる「同語反復」でしかなく、「ソクラテスは人間である」という命題において初めて、判断として意味が生じる、ということになる。かくして、同一律が一切の肯定判断の基礎とされたのだ。

このように、パルメニデスの「存在は存在する」という言葉に端を発したにもかかわらず、西欧の伝統的論理学のうちで、この「存在は存在する」という言葉自身は意味のない「同語反復」として、いわば闇のうちに葬り去られてしまった。だがハイデッガーは、論理学的命題として見れば意味のない「同語反復」でしかない「タウトロギー」という、それ自身論理学的呼び方を、敢えて行った。つまり彼は、「あるはある」「存在は存在する」という命題の真に意味しうるものを考えようとしたのであり、それは伝統的論理学では決して見えてこないものだった。言い換えれば、ここにこそ論理学の問題性が集約されてくるのであり、ハイデッガーはそのような問題性を自覚するに従って、論理学そのものに対して批判的にならざるをえなかったのだ。そしてそれはまた、ハイデッガーの存在論、特に思索の転換以後の根本的事柄、すなわち「ある」(ist) への問いの、根本に関わる問題でもあったのだ。このことはさらに、単に論理学のみならず、言葉を思索の方法とせざるをえない哲学における、言葉の問題そのものへの態度表明へと繋がる。

第三節　「現象学の根源的意味」としての「タウトロギー」——「顕現せざるものの現象学」

ハイデッガーは『存在と時間』で「存在論はただ現象学としてのみ可能である」(SZ: 35) とし、自らをフッサールの後継者と任じた。だが『存在と時間』以降、その第一部第三編の「新たな仕上げ」として書いた『現象学の根本諸問題』も途絶して以後、ハイデッガーは自らの思索を現象学と呼ぶことはほとんどなくなった。後期にはリチャードスンに対し、「現象学」ということがフッサール的な立場を表す言葉なら、自らの思索とは異なるとすら語っている。[163] それゆえ多くの学者はハイデッガーが現象学を完全に「放棄してしまった」と解釈した。[164] だが「現象学」という言葉を使わなくなったからと言って、そのもの自身を完全に「放棄した」と解釈するのは皮相であろう。ハイデッガーにとって現象学とは、「事柄それ自身へ！」(Zu den Sachen selbst!) という思索の態度自身に付された名だった (Vgl. SZ: 27, 34)。これはハイデッガーが終生一貫して行ってきたことに他ならない。彼は現象学を放棄してはおらず、現象学的態度と方法とを一貫してもちこたえていた。[165] 先に挙げたように、最晩年の『ツェーリンゲン・ゼミ』で、ハイデッガーは「タウトロギー的思索」が「現象学の根源的意味」だとし、このような現象学は「顕現せざるものの現象学として」始まった彼の存在論が、「現象学の根源的意味」としての「タウトロギー的思索」をもっていわば終結したということは、彼の思索の根本的性格を明らかにするのだ。

ではなぜ彼は自らの思索に対し「現象学」という言葉をほとんど使わなくなったのか？　その理由の一つとして容易に挙げられうるのは、後期ハイデッガーの思索が「存在論」という名称を捨て、徹底して「存在の問い」(Seinsfrage) という言い方になったのと同じ理由が挙げられる。つまり「学」ということ自身の放棄である。「存在論」(Ontologie)、「現象学」(Phänomenologie) というような「学」(-logie) という思索の態度自身を、彼は捨て去った。ここまでは容易に挙げられる理由であり、一般にもそう解釈されている。だがハイデッガーが「現象学」という言葉を自らの思索に対して使用するのに慎重になった決定的な理由が、見過ごされているのだ。それは一体何なのか？

ハイデッガーは『存在と時間』の「序論」で、現象学を次のように定義していた。すなわち、現象学とは「それ自身を示すものを、それがそれ自身からそれ自身を示すように、それ自身から見させること」(Das was sich zeigt, so wie es sich von ihm selbst her zeigt, von ihm selbst her sehen lassen, SZ: 34) である、と。

これについて彼は、周知のように、「現象」(Phänomen) と「ロゴス」(λόγος) とに分けて説明している。すなわち「現象」とは「それ自身を‐それ‐自身に‐おいて‐示すもの」(das Sich - an - ihm - selbst - zeigende, SZ: 28) であるとされ、ギリシア語の《φαινόμενον》(それ自身を現すもの) から生じたものであると指摘される。そしてこのような「現象」について「言うこと」としてのロゴスは、ギリシア語の《δηλοῦν》(明らかにする) を意味しており、さらには《ἀποφαίνεσθαι》でもある、とされる。この「アポパイネスタイ」をハイデッガーは「見させる」(sehen lassen) ことと解釈し、これをもとに、ロゴスに「理性、判断、概念、定義、根拠、関係」などといった翻訳がなされることの理由を説明している (SZ: 32ff.)。結局これらの分析を基盤にして、彼は現象学を、先にも述べたような「それ自身を示すものを、それがそれ自身からそれ自身を示すように、それ自身から見させること」と定義するのである。

だがその際現象学が「見させる」べきものとして、「ある卓越した意味において《現象》と名づけられねばならないもの」(SZ: 35) は次のようなものだ、と彼は説く。すなわちそれは次のように説明される。

「差し当たって大抵はまさにそれ自身を示さないものであり、差し当たって大抵それ自身を示すようなものとは反対に、伏蔵されているものであり、しかし同時に、差し当たって大抵それ自身を示すようなものに本性上属しており、しかもそれ自身を示すものの意味と根拠とをなしているという仕方で属しているもの」(SZ: 35)

これは非常に回りくどい、わかりにくい言い方であるが、実はこのわかりにくさのうちに彼の現象学の根本的性格が隠されており、これを理解しうるかどうかが、彼の現象学を理解しうるかどうかを左右するのだ。

まず何よりもこの「卓越した意味において《現象》と名づけられねばならないもの」が「差し当たって大抵はまさ

にそれ自身を示さないもの」とされている点が、先に挙げた「それ自身を示すものを……見させる」という現象学の定義と矛盾するのではないか、という問題が浮上する。この矛盾を解く鍵は、ハイデッガーがここで「それ自身を示すもの」という言い方をいわば二重の意味で使用しているという点にある。つまり「それ自身を示すもの」は、

(一)「差し当たって大抵それ自身を示すもの」と、

(二)「差し当たって大抵はそれ自身を示さない、……伏蔵されている」が、いわば本来的次元では「それ自身を示すもの」

という二重の意味で使用されている。言い換えれば、一方では「差し当たって大抵」、すなわち日常的次元で「それ自身を示すもの」が意味されている。他方、日常的には「それ自身を示さず、伏蔵されている」が、しかし「それ自身を示すものの意味と根拠とをなすという仕方で属して」おり、いわば本来的には「それ自身を示す」と言うべきものが意味されているのである。このようなものは、この時期のハイデッガーにとっては「存在者の存在」(ibid.)である。それゆえハイデッガーにとっての現象学とは、次のようなことを意味していた。すなわち存在者の存在という、日常的には「それ自身を示さないもの」を「見させる」ということを。ただしこのことはいわば現象学の最終目標であり、それへと至るためには、まず日常的に「それ自身を示すもの」、すなわち存在者の分析から出発しなければならない。すなわち「本来的分析論のための出発として、模範的存在者を《現象学的》に確保するという先行的課題」(SZ: 37)が生じるのである。以上のことをまとめれば、結局この頃のハイデッガーの現象学とは、日常的次元で「それ自身を示すもの」から出発して、日常的次元では「それ自身を示さない」が、本来的次元では「それ自身を示すもの」を、「見させ」ようとする試みだった。彼の現象学はこのような意味で「事柄それ自身へ」ということを表題としたのである。

だがそのような方向は、後期になればなるほど、とられなくなってゆく。つまり、日常的に「それ自身を示すもの」のあり方を分析して存在を問うに至るというような方向は、とられなくなってゆくのである。これは、ハイデッガーが初期には「存在者の存在」を問うと言いながら、中期以降は「存在としての存在」「存在自身」「真存在」(Seyn)「性

起」を問うと言うようになったことと関係する。つまり、日常的に「それ自身を示す」存在者を分析してゆくのではなく、日常的には「それ自身を示さないもの」としての存在・性起を、そのものとして思索し、言う方向に向かった(166)。これが「顕現せざるものの現象学」と呼ばれるものとなる。このような現象学は、日常的な目にははっきりとは「顕現しないもの」を問う現象学である。

だがここで注意せねばならないのは、この「顕現せざるものの現象学」とはあくまで日常的な目にははっきりと現れず「目立たぬもの」を扱うが、そこには手がかりとしての「しるし」があるとされることである。「顕現せざるものの現象学」のもとのドイツ語の «eine Phänomenologie des Unscheinbaren» の «das Unscheinbare» とは、まったく「現象せざるもの」ではなく、現象してはいるが「目立たぬもの、地味なもの」という意味である。ハイデッガーの「顕現せざるものの現象学」は、最近になって注目を浴びるようになったが(167)、この点が誤解されることが多い。ハイデッガーが「現象せざるもの（現れざるもの）の現象学」と述べたと、公然と論じられることさえあるが、しかしこれは明らかな誤りである。そしてこの点こそが、彼の哲学の根本態度を見分ける鍵となるのだ。つまり、「絶対的に伏蔵されたもの」を伏蔵のままにするのが宗教の根本的態度だとすれば、彼の思索は広い意味での「哲学」として、次の点が決定的に異なる。

「顕現せざるものの現象学」は日常的な目には「顕現せざるもの」を問う現象学である。だがそこには手がかりとしての「しるし」がある。この「しるし」こそが、既述のように、「言」(Sage) としての「タウトロギー」なのだ。「言」は、日常的に現象しないものを「現出-へと-もたらす」。つまり、日常的には「顕現しないもの」が、「タウトロギー」となって、閃き現れるのだ。そのような「タウトロギー」は、「同じことから、同じことへと向けて、同じことを、言う」。言い換えれば、「事柄それ自身から、事柄それ自身へと向けて、事柄それ自身を、言う」のである。そのような「顕現せざるもの」は、ハイデッガーにおいて結局「現成した存在」でもあり、またそのように現成させる働きとしての性起でもある。これらは、日常性のうちに埋もれているときには決して現れず、いつしか忘れられ、「真存在棄却」

(Seynsverlassenheit) として、人間から遠く離れ去っているように見えるものである。だが、「言」としての「タウトロギー」は、そのように遠く離れ去ってしまったものを、再び人間に見いださせるのだ。このような「タウトロギー」はそれ自身が、日常的な目から見れば「無内容な」「同語反復」である。つまり、日常的に「顕現せざるもの」を見させる「しるし」自身が、日常的な目では見えてこないのである。それゆえにこそ、この「しるし」としての「タウトロギー」自身を、「思索の事柄」として思索することが肝要なのだ。それを思索する「タウトロギー的思索」は、「他のものから説明したり、根拠づけたりせず」(VA: 172)、いわば「同語反復」の渦動自身のうちに跳び込み、自らが渦動自身となって、あるいはそこで生じている事態自身となるという仕方で、「思索する」ということである。このような「タウトロギー的思索」こそが「顕現せざるものの現象学」として、一般に「現象学」と言われているものの「根源的意味」(ursprünglicher Sinn) だとされるのである。

このような「タウトロギー的」事態がハイデッガーによって語られるのに出会うとき、我々は同じくフッサール現象学から出たメルロ・ポンティが『シーニュ』で語った、次のような言葉を思い起こす。

「ある意味では、哲学の最高点とは、思索は思索する〔le penser pense〕、言葉は語る〔la parole parle〕、眼差しは見る〔le regard regarde〕という、この自明の理を再び見いだすことでしかないのかもしれない。だが、これらの同一の二語の間に、思索するために、語るために、見るために、我々のまたぐ距離がすべて、そのつど侵入してくるのだ[168]」

だがハイデッガーが説いたような「顕現せざるもの」を問う現象学は、フッサールらの、一般に流布している「現象学」とはあまりに異なる。それゆえハイデッガーは、後期になると自らの思索に「現象学」という言い方は使わなくなったのだ。しかし「事柄それ自身」のうちへ入り込み、「事柄それ自身」を言う「タウトロギー」としての「顕現せざるものの現象学」は、ハイデッガーの終生変わらぬ根本態度として、彼の生涯の思索を貫いていた。晩年の一九六二年に至ってなお、彼は次のように述べたのだ。

「実際、現象学的根本態度なくしては、存在の問いは可能にならなかったであろう[169]」(zSD: 48)

第四節　言葉の本質としての「タウトロギー」――言葉と性起

以上のことから、最終的にハイデッガーにおいて、言葉の本質は「タウトロギー」として示される。

ハイデッガーは言葉を、「言う」(sagen) という働き自身から思索する。『言葉への道』(一九五九年) で説かれるように、言葉の本質は「示し」〔Zeige〕としての言〔Sage〕である」(UzS: 254)。だがこのような言の示しのうちで働いているのは「現前者と非現前者とをその自性〔Eigenes〕のうちへもたらす」「自性的ならしめること」(Eignen) である。これは「……言葉それ自身へと至る言葉として、言葉の自性のうちへと、言葉を授ける」(UzS: 250) ことだとされる。このような働きは、最終的には「性起せしめること」(Ereignen) であり、性起それ自身だと言われる (UzS: 258)。つまり「性起が語る」(UzS: 266 傍点筆者) のである。そして「言葉は、性起がそれ自身として自らを開蔵したり脱去したりする仕方に応じて、語る」(UzS: 263) と言われる。ここで、人間が言葉を語るのではなく、言葉それ自身が語るとされているのである。ここにハイデッガーの言葉論の主眼があり、後述するように、これが他の言語論とハイデッガーの言語論との決定的差異となる。

人間が「言葉の創造主であり、主人である」(GA 7: 148) わけではないのだ。人間の方が言葉によって「用いられ、必要とされる」(gebraucht sein, vgl. WhD: 114ff., GA 5: 366ff.)。つまり性起が人間本質を「眼前に-もたらし」(er-äugen)(これが«Ereignis»の語源的意味だとされる vgl. ID: 24 f.)、性起に「自性的に帰属させ」(vereignen)、「人間本質をその自性のうちへと解放する」(UzS: 260) ことによって、人間に言葉を語らせるのだ。そのようにして性起が言を「発せられた語」(verlautendes Wort) へともたらす。

このような性起は、「道を切り拓く」という意味のアレマン・シュヴァーベン方言«wëgen»に由来する«Be-wëgung»としての「動き」であり、この「動き」が、言葉 (言葉の本質) を、言葉 (言) として、言葉 (発せられた語）へともたらす」（UzS: 261）と言われる。そしてこの場合「この定式は《言葉》という語を三度使っており、その際、語はそのたびごとに別のことを言っているが、にもかかわらず、同じことを言っている」（UzS: 242）と言われる。この「発せられた語」とは、言葉の本質が言葉として現に語られてあるということであり、ここでは「同じこと（言葉の本質）が、同じこと（現に語られてある言葉の本質）へと」向けられる。そして「言葉はどのようにして現成するのか」という問いに対し、「言葉は語る」（Sprache spricht, UzS: 12 usw.）と言われる。つまり言葉の本来的なあり方を示す最終的な表現が「言葉は語る」ということであり、性起が、言葉という「同じことを、同じことへともたらす」「タウトロギー」的働きをすることによって、言葉に語らせ、現成させるのである[170]。

（ハイデッガーにおいて言葉の本質がこのようなタウトロギーになることは、だが、いまだ一般にあまりよく見て取られていない。クワンはタウトロギーについて本格的に取り上げたが、本来「真正のタウトロギー」ということがそれについて言われた「存在は存在する」という事態との連関は見ておらず、それに関するハイデッガーの思索の変遷も辿ってはいない[171]。アンツは言葉や時間におけるタウトロギーの意味を見取っているが、それ以外のタウトロギー的表現の意味については論じていない[172]。同様にH・イェーガーも「言葉は語る」というタウトロギーを「ハイデッガーの言葉論の中核」と見ているが、タウトロギーと性起との連関はあまりよく見ていないのだ[173]。）

では、言葉の本質がこのようなものだとされるとき、ハイデッガーの思索にとって、最終的に「言葉」とは何であったのか？

第五節　ハイデッガーにおいて「言葉」とは何だったのか

哲学は言葉を方法とせざるをえない。現代において哲学がその可能性を問われるほどまでに「衰退」しているとすれば、そして実は、この「衰退」は哲学の根底に初めから潜んでいたものなのだとすれば、哲学の最大の「躓きの石」は、方法としての言葉自身のうちにある。伝統的西欧哲学、特に近代の人間中心的・主観主義的哲学において、何よりも問題だったのは、方法としての言葉の問題があまりにもなおざりにされていたことなのではないか。そしてこのことこそが、哲学それ自身のうちに潜む「迷い」の根源として、現代において根本的に問題となってくるのではないか。哲学において、言葉がその思索の根底を決定づけた思索者として、ハイデッガーと並んでサルトルを挙げることができる。[174] 彼らにおいて、言葉はこれまで見られることがなかったある重大な意味を帯びてくる。彼らにおいて、はたして「言葉」とは何だったのか？

第一項　ハイデッガーとサルトルとにおける「言葉」の意味

既述のように、『存在と時間』で伝統的存在論の解体を唱えたハイデッガーにおいて、その思索は途中で《転回》した。この「転回」という事態自身が、(「性起の転回」との関連で) 論議を尽くされるべき問題だった。だがここで問題なのは、「形而上学の言葉の助けによっては切り抜けられなかった」(GA 9: 328) とされるような何らかの「思索の事態」に、彼が遭遇したということである。以後の彼の思索は、今までの形而上学の言葉では表しきれぬこのような事態を表す言葉を探す、「言葉への途上」の試みとなる。この試みは、また「詩の言葉」に思索の言葉の新たな可能性を見いだそうとする試みともなる。後期のハイデッガーがヘルダーリン、トラークル、シュテファン・ゲオルゲ、リルケ、ランボー等について詩人論を展開したことは、単に彼の哲学的思索の一つの分肢だったのではない。そうではなく、それは彼の哲学的思索と、そして彼が解体しようとしたプラトン以来二千数百年の西欧形而上学の歴史との、新たな可能性を求める根本的試みだったのだ。

一方サルトルの場合、小説『嘔吐』から始まった彼の思想的行程は、初めから哲学の言葉に閉じこもらない、「言葉の広範な可能性」を探す試みだった。言葉は、哲学、文学（散文・詩）を通じ、初めから彼の根本問題となっていた。しかもさらに、サルトルにおいて根底的に問題だったのは「哲学と社会との関わり」の問題だと言ってよく、政治的な問題が根本的問題だった。だが社会との関わりが根底的問題だったがゆえにこそ、複雑に錯綜、変化する社会・政治に呼応して、彼の思索も幾度も転換せざるをえなかった。この立場の転換に、「詩の言葉」と詩人との問題が、根底的に関わってくるのだ。「立場の転換」がある種の「迷い」だと言うなら、彼の思索は、この「迷い」を身をもって生きることだったと言ってよい。

だがこのように彼の思索が社会との関わりを根本としたことに応じて、また彼の思想は普遍的一般性をもつ。彼において哲学・文学（散文・詩）は、また他の社会的な文化的媒体と切り離されえない。政治的行動を含む、いわば「書かれた言葉」に限定されない、広い意味での、かつ「根源的な言語活動」とも言うべきものこそが、サルトル哲学の特質だと言ってよい(175)（たとえば、映画・演劇にまでわたるサルトルのもつ普遍性とも言うべきものが、思い出されてよいだろう）。彼がもて囃されなくなって久しいが、おそらくは一人の哲学者の真の価値は、人々から忘れ去られた後に、現れてくる。

第二項　「言葉の物性」——人間的自己に対する「生き物としての言葉」

ハイデッガー、サルトル両者においては、共に言葉が根本問題だった。しかも注目すべきなのは、この両者に共通する、ある重要な言語観である。すなわち、言葉はこれまでの西欧哲学・形而上学におけるような「人間によって語られ、伝達の道具として自由に利用される」ものではない。これこそが両者の言語観の根本である。

ハイデッガーにおいてこのことは、人間が語るのではなく、「言葉自身が語る」という仕方で示された。目に見える存在者としては顕現せず、むしろ「無」としてしか経験されないような「存在それ自身」「性起」の働きを探究することが、ハイデッガーの根本的動機だった、と言ってよい。言葉は、「存在の家」として、このような存在自身・性起の働きを、「言葉それ自身が語る」としか言いえぬ仕方で、語った。それが「言葉が語る」という「タウトロギー」だった。つまり人間的自己の道具としてはもはや利用しえぬ仕方で、言葉自身が語るのだ。全集第八五巻『言葉の本質について』（一九三九年）の言い方では、「《人間》が《言葉》を《もつ》のではなく、《言葉》が《人間》を《もつ》のだ」（GA 85: 3）。

同様のことがサルトルにおいても問題となる。しかもサルトルの場合、このことは彼の立場自身の転換に繋がる。すなわちサルトルは言語観と、それに関連した詩人論とをめぐって、自らの立場を変えているのだ。その転換において決定的に重要になるのが、言葉の自律性とも言うべき、「言葉の物性・事物性」ということである。

言葉は、伝達の道具として利用される際には、それ自身は透明化して、いわば消滅する。「葡萄酒を下さい」という言葉は、伝達され、葡萄酒が与えられれば、言葉自身としては「用済み」であり、消滅する。これに対し、「言葉の物性」とは、言葉自身がいわば「物質性」とも言うべきものを固持することによって、人間の恣意に委ねられない自律性をもつということを意味する。このような「言葉の物性」においては、言葉を語る人間の方がいわば消滅し、「言葉は生き物」として、独立に働くようになる。このような言葉は、言葉となったその瞬間から、人間の制御を不可能にする。そのような言葉が、たしかに、ある。

そして「言葉の道具性」と「言葉の物性」という、言葉のこの二重性は、サルトルにおいて前者は「散文」、後者は「詩」として語られる。しかもこの言葉の二重性への態度の取り方の相違が、後述のように、サルトルのそのつどの思想的立場の転換に繋がったと言ってよい。

サルトルにおいて起こったことは、ハイデッガーの場合の「言葉が語る」とされたことと、根底的に同様の事態だった。それはまた現代哲学の言語論の根本問題に繋がる。デリダの「エクリチュール論」やクリステヴァの「テクスト論」をはじめとして、現代哲学において根底的に問題となるのが、この「言葉の自律性・物性」とも言うべき事柄だと言ってよいだろう。

「生き物」として、その本質において、言葉は裏切る。言葉を方法とする哲学がこのことを真に見て取ってきたかどうかは、初めから疑わしい。ハイデッガーがその思索の《転回》という事態においていわば身をもって体験したのは、このことなのだ、と言ってよい。サルトルにおいても、このことがその立場の決定的転換に繋がったのだ。

第三項　ハイデッガーとサルトルとにおいて「詩人」とは何だったのか？

このようなハイデッガー、サルトルの言語観から、両者における「詩人」のもつ意味が直接示される。両者共に、存在者としては顕現しない「存在自身」「無」の働きを人間に対して送り届けるのが言葉だ、という捉え方では一致する。そしてそれが真に可能になるのが、詩の言葉においてなのだ。

詩人とは、ある意味で、人間の制御しえない言葉の「裏切り」を、身をもって受けるべく課せられた「殉教者」の謂いであるのかもしれない。「生き物」としての「言葉自身の語り」を、詩人は「存在自身」「性起」から受け取り、それを人間へと届ける。それによって、詩人はその本質において、一切の「中間」をさまようものとなる。このように、詩人がある種の「中間をさまようもの」だとされることも、ハイデッガー、サルトルの両者に共通する。

すなわちハイデッガーにおいて、詩人は「神と人との中間」としての「半神」(Halbgott) であり、目に見えぬ「聖なるもの」を名づけ、存在者としては顕現しない存在自身・性起の働きを、「言葉につつんで民に届ける者」である。彼が『あたかも祭りの日に……』で論じたヘルダーリンの次の詩のうちで、詩人は、神の雷雨に頭を晒す、神と言葉との「殉教者」だ。

「だが　我らにふさわしいのは、詩人たちよ！

神の雷雨に　頭《こうべ》を晒して立ち
父の光を　そのものを　己が手で摑み　歌につつんで
天の賜物を　民へと　贈り届けることなのだ」(Höld: 50)

ハイデッガーにおいて詩人とは、哲学的思索の根底に関わる「言葉の問題」に関し、哲学それ自身の指針ともなりうる一つの可能性を示す者なのだ。

一方サルトルにおいても、「詩人」とは「普遍と個別」「ブルジョア階級と労働者階級」というような区別において、根底的に「中間にある者」である。サルトルが自らの存在の根本として位置づけざるをえなかった「知識人」という、「さまよえる者」。『嘔吐』の主人公は、世界に対する根本的「よそ者」として、世界のうちを孤独にさまよう。「詩人」としての「知識人」は、階級に関しても、つねに「中間にある者」だった。ここで、「散文」に対する「詩」の意味が、サルトルの哲学的立場・政治的アンガージュマンの立場を決定づけたのだ。(176)

サルトルの思索の根底には、ある意味でつねに詩の問題があった。それは初期の『想像』(一九三六年)から、『存在と無』(一九四三年)、『文学とは何か』(一九四七年)を経て、晩年の『聖ジュネ』(一九五二年)、『弁証法的理性批判』(一九六〇年)、『知識人の擁護』(一九六六年)、さらに遺稿『マラルメのアンガージュマン』にまで至る。二〇世紀までの時代状況を踏まえ、サルトルはさまざまな詩人について論じた。『文学とは何か』では「詩」と「散文」とを区別し、むしろ散文を擁護する趣があるが、本来彼の詩人論はつねに根底にあり、それゆえまた多岐にわたっている。たとえば、詩は大きく二つに分けられた。つまり、特にランボーやニーチェにおけるような、外へと向かう「膨張性の詩」。そしてボードレールやマラルメにおけるような、内へと集摂する「収縮性の詩」。これがまたシュルレアリスムのブルトンと、アウトサイダーとしてのジャン・ジュネとに当てはめられる。このような詩人論を通じて、サルトルはその時々にその立場を変えていったのだ。特に晩年には、「詩人」の意味が自らの思索の根底として、追究された。遺稿『マラルメのアンガージュマン』に関しては、一般にいまだ十分な議論がなされているとは言いがたいが、ここでも中心になっているのは、詩人に可能な「トータル・アンガージュマン」の提起だった。

先に述べたように、哲学の根底的「躓きの石」が哲学の方法としての言葉自身なのだとすれば、哲学とはその根底において「迷い」であらざるをえない。これまで確固としてその立場を確立してきたかに見える近代までの伝統的哲学も、そしてそれへの批判としての現代哲学も、共にその根底においてはこのような「迷い」でしかない。そしてもちろん、「詩人」とはその根底において一切の中間を「さまよう者」でしかありえなかった。だがやはりおそらくは、真に迷うことのできた者のみが、真正の道に至ることができるのだ。ハイデッガーが自らの葬送の詩として選んだヘルダーリンの『パンと葡萄酒』から採った一つの詩句を、我々もまたここで掲げて終ろう。

「人生は　天上のものを　夢見ることで　過ぎてゆく
けれども　さまよい迷うことは
一つの救いなのだ」

以上に見てきたように、性起は言葉の本質をも規定していた。このような性起という次元で見られたとき、我々の〈自己〉はいわばその深奥を垣間見られることとなる。〈自己〉とは何か？〈他〉とは何か？　その根源的関わりはいかにして可能になるのか？　これらの問いへの「解答」は、「根源的物性」とも言うべきことの解明によって、おそらくは可能になる。

第六章　〈物〉という謎：根源的物性——物と世界と性起

第一節　問いの構造——「人間的自己と他」という謎

本書において根底的に追究されるのは、ハイデッガーの思索を手がかりとして、〈人間的自己〉と〈他〉との問題について問うことだった。人間的自己は他といかにして関わり合うのか、一体〈人間的自己〉とは何であり、〈他〉とは何であるのか。このような問題に対して、いくらかでも問うことができれば、それで本書の目標は達せられるのである。

そのために、本章において、我々は「根源的物性」ということを探究の手がかりとしたい。これはハイデッガーの物解釈における「物性」(Dingheit, Dinglichkeit) から取ってこられた語であるが、「根源的物性」ということ自身は、あくまでも我々自身の用語にすぎない。

以上のことを問うに当たって、本章では、特にハイデッガーにおける「物と世界と人間」の「関わり合い」(Verhältnis) の問題を導きの糸としたい。彼において「世界」は最初から一貫して問題になっていた。だが「物」、「人間」という言葉で表される事柄がことさらに問題にされるのは、後期になってからである。[177] しかし、特に「物と世界」の関わりとして述べられる「間-分け」(Unter - Schied) は、後に述べるように存在者と存在との「存在論的差別」(ontologische Differenz) の転換したものであり、これは人間的現存在の存在了解との関わりで、彼の前期の存在の問いの基盤となっている。しかしハイデッガーはこれについて後に次のように述べた。「存在と共に、存在論的差別も消えるのである」(VS: 104) と。一体存在論的差別が「消える」とはいかなることなのか。後に見るように、存在論的差別はある意味では消えたが、しかしまたある意味では依然として消えていない。彼のこの発言の背後には、彼における「物と世界と人間」の関わりの転換の問題が含まれており、その根底には「人間的自己と他」の問題が潜んでいる。

つまりここで、〈自己〉の問題にとって大きな意味をもつ、〈他〉としての「世界」ということが、問いとなるのだ。それはまた、伝統的に人間的〈自己〉にとって伏蔵された「物自体」などと言われてきた、「物」が問いとなるということでもある。ここで、「自己と世界との根源的関わり合い」という、ハイデッガーの思索の根本的事柄が語られることになる。そして、その根底にあったのが「性起」ということであり、ここに「性起」の根本的な本質が明らかになるのだ。

それゆえ我々は、まず『存在と時間』前後における存在者と存在との存在論的差別、及びそれと人間的現存在との関わりと、それらの転換とについて見ることによって、彼の前期の思索における「物と世界と人間」の問題を明らかにする。彼はE・ラスクらの新カント学派のもとから生い立ってきたが、彼らへの批判と同時に、また初期・前期ハイデッガーのうちには彼らの認識論的問題設定の影響が色濃く見られた。それが彼の「物と人間」の関わりへの見方の根底にあり、このことがまた思索の《転回》へと繋がった。そして後に見るように、これらの問題の転換の根底には、「時間性と性起」の連関の問題があるのだ。

次に我々は、このような「時間性と性起」の連関を通じて、彼における「物と世界と人間」の問題がその後いかに根源的「関わり合い」のうちで思索されるようになったか、ということについて論じる。ここで我々は「根源的物性」ということについての手がかりを得られるはずであるが、しかしここではまたハイデッガーにおける「物と世界と人間」の関わりの問題のある種の問題点も浮かび上がってくる。それゆえ我々は最後に、この問題点の克服の試みとして、「根源的物性」との関わりで人間的自己の一つの問題としての身体性の問題を取り上げる。ハイデッガーにおいて身体性の問題がないがしろにされているという批判は、特にサルトルやメルロ・ポンティらによってもなされたが、しかしハイデッガーにおいてこの問題はその思索の根底に深く根を下ろしている。だが彼がこの問題を彼の思索の主要問題として取り上げることを避けたのも、また事実である。そこにはいかなる問題があり、それは「人間的自己と他」の問題にとっていかなる意味をもつのか。以上のことを取り出して仕上げるのが、以下の道筋である。

第二節 「存在論的差別」の謎

第一項 「存在論的差別の消滅」？

ハイデッガーは一九二九年に書かれた『根拠の本質について』で、次のように言っている。

「存在者的〔ontisch〕真理と存在論的真理とは、そのつど異なった仕方で、その存在における存在者に関わっており、かつ存在者の存在に関わっている。それらの真理は本質的に存在と存在者との区別〔Unterschied〕（存在論的差別〔ontologische Differenz〕）との連関を根拠にして、共属している……」（GA 9: 134）

この場合の「存在者的真理」と「存在論的真理」とは次のようなことを意味している。すなわち「存在者の存在」が真に明らかになるような場合に、「存在の露呈〔Enthülltheit〕」が、初めて存在者が開顕的であること〔Offenbarkeit〕を可能にする」（GA 9: 131）のであって、両者の間にはいわば「階層」のようなものが存する、とされる。そのとき「存在の露呈」の方に関わるのが「存在論的真理」であり、「存在者が開顕的であること」の方に関わるのが「存在者的真理」である。つまり本来的に「存在者が存在する」という真理が開ける場合の、存在者に関わるのが「存在者的真理」であり、「存在する」ということに関わるのが「存在論的真理」である、とされている。そしてそのとき「存在論的真理」の方が「存在者的真理」にいわば先行し、かつ「存在者的真理」を「可能にする」ものとして、捉えられているのである。

以上が、ハイデッガーの「存在論的差別」の基本的な考え方である。つまり彼は存在者とそれが「存在する」こととしての存在とをまず区別し、それをもとに「存在の問い」を遂行してゆくのだが、その際両者が本来的に明らかになるためには、何らかの「階層」のようなものが存する、と考えている。すなわちまず「存在する」ということそれ自身が「露呈」されて、それによってはじめて「存在者が存在する」ということの「開顕性」が可能になる、と考えているのである。

だがこのようなことは実は非常に理解しづらいことであり、彼の「存在論的差別」が実は一般に真に理解されていないという事態の元凶となっている。つまり「存在論的差別」に関し、ハイデッガーが述べていることをそのまま並べ変えて解説することはできても、事柄自身として一体「存在論的差別」とはどのような事態を言うのかということを具体的に理解することが、一般になされないままになっているのである。それを「事柄自身として理解」しようとすると、既述のように「存在と区別されて浮遊しているかのように経験される存在者が一体どのようなものなのか、つまり単なる知覚像なのか、実体的なものなのか、意味的なものなのか、それとも西田のように影像のごときものなのか、そうしたことも不問のままにされているのである[178]」ということになってしまう。「存在論的差別」の真の理解はいまだなされていないのだ（これについては第四章でも触れた）。

我々は次に、そのような理解を試みよう。一体「存在する」ということが存在者より先に「露呈」されるとはどのようなことなのか。「存在する」ということはつねに何らかの存在者についてのみ言われるはずであるにもかかわらず、「存在する」ということだけが露呈され、それによって始めて「存在者の開顕性」が可能になるというようなことは、はたして何を意味するのか。この問いは、実はハイデッガーの「存在の問い」が抱えていたある重大問題を明らかにすることになるのだ。

彼が「存在論的差別」について初めて本格的に論じようとしたのは、現在のところ、一九二七年の『現象学の根本諸問題』だとされているが、存在論的差別は、既述のように（「本論」第一章第二節）存在了解との関わりで彼の存在論・形而上学の基盤だった。にもかかわらず、後に次のように述べられるようになる。すなわちまず『一九六九年ル・トール・ゼミナール』で、次のように述べられる。

「存在と共に存在論的差別も消える〔verschwinden〕。……つまり一九二七年から三六年までの存在論的差別との不断の関わりも、必然的杣道〔Holzweg〕と見られねばならないだろう」（VS: 104）

《Holzweg》を、ハイデッガーはまた「道に迷う」こととの関連でも使う（HW 題辞）。ここで述べられている一九二七年とは、存在論的差別が初めて語られたとされる『現象学の根本諸問題』の講義された年である。また一九三六年とは、性起を主題とする『寄稿』（一九三六－三八年）が書き始められた年であって、その間の彼の思索の転換も論議されている。彼はまた一九六二年の『時間と存在のゼミナール』で、次のように述べた。

「主要な困難は、思索に対して存在論的差別を免除すること〔erlassen〕が性起からして必要になるということのうちにある。それに対して、〔現前に関して《せしめるということLassen》と、現前者に関して現前せしめるということとの〕この関わり合いは、性起からして、今や世界と物との関わり合い〔Verhältnis〕として自らを示す。この関わり合いは、差し当たってなおある仕方では存在と存在者との関わり合いとして捉えられうるであろうが、その場合にはしかしその関わり合いの特有なものは失われてしまうのである」（zSD: 40f.）

ここでハイデッガーは「存在論的差別」を思索から「免除」し、さらに「存在論的差別が消滅する」と述べているのだ。彼がこれらのことを語ってからすでにかなり経つが、いまだこれらの言表の意味するところを明確にした研究論文は、（現在のところ）見当たらない。一体「存在論的差別の消滅」とは何を意味するのか。

またハイデッガーは『弁証法に関するコロキウム』（一九五二年）で次のように述べた。

「私の思索の道程で、世界の本質についての解明は変転した。これは結局、世界と物との区別について最終的に公示する結果となった。……《世界》と《物》とは、〈存在と存在者との形而上学的区別〉とのアナロジー的な体裁なのであり、存在論的差別を明らかにするための基盤なのだ」[179]

ここでハイデッガーはやはり、「存在論的差別」を明らかにするための基盤が「世界と物」ということだとしている。先の『時間と存在のゼミナール』の箇所との関連で、ケッテリングは「……存在と存在者との間の存在論的差別が、この差別と同一ではないような、世界と物との間-分け〔Unter‐Schied〕にその中枢的地位を取って代わられることになる」[180]と論じている。だが、彼の言うように存在論的差別が「間-分けに取って代わられる」としても、それは単なる言葉の変更ではない。そうではなく、このような「消滅」や「間-分けへの転換」ということの底にあるのは、我々が先に指摘したような、ハイデッガーの「存在の問い」が元来抱えていた、ある重大問題だったのだ。では、それは一体どのようなことなのか?

第二項　ハイデッガーと新カント学派的認識論との関わり――「存在論的差別」の性格

ハイデッガーは学生時代「リッケルトのもとでの演習で、ラスクの著作を知るようになった。ラスクはフッサールとリッケルトとを媒介しながら、ギリシアの思索者たちにも耳を傾けようとしていた」と述べている（「ハイデルベルク学士院会員就任演説」一九五九年）[181]。またハイデッガーの学位論文『心理主義における判断論』（一九一四年）では、「現代の論理的諸問題を見ることと了解することとを、リッケルトに負うている」としている（GA 1: 61）。この『心理主義における判断論』でハイデッガーは、当時の「心理主義論争」に関わって、論理的現実性と心理的現実性とを根底的に区別しようとした。これは西南学派の「二要素説」を踏まえたものであり、論理的現実性を、判断として「妥当する意味〔Sinn〕」として捉えようとしている。ここではリッケルトの用語を踏襲するなど、特に新カント派の西南ドイツ学派の影響が色濃く見られる。このような問題設定のうちで書かれたこの論文は、ある意味で、判断論という仕方での認識論だった、と言いうるだろう。

さらに教授資格論文『ドゥンス・スコトゥスにおける範疇論と意義論』（一九一六年、以下『範疇論と意義論』と略記）はリッケルトに捧げられている。ここではリッケルト、ラスクの価値哲学との関わりで、「理論的な意味の理論」としての論理学を哲学の課題だとしている。またここではリッケルトに再三言及している。そしてこの『範疇論と意義論』では、『心理主義における判断論』で試みられた認識論的問題が、さらに問い深められることになる。すなわち、「いかにして意味一般が諸対象に妥当しうるのか」という認識論の問いに次のような決着がつけられる。すなわちこの問いは、一切の認識は対象の認識であるという「超越論的」哲学によって解決される、とされる。そして「認識問題の形而上学的決着」が試みられる（GA 1: 403）が、しかし「結論」で、「形而上学的問題連関は意識的に排除されている」とも述べられる。最後には、神という「超越者」との関わりの可能性の問題が論じられている。この論文は、特に「超越範疇」（transcendentia）について主題的に扱う、それ自身超越論的な試みであると言える（vgl. GA 1: 216ff.）。またここではリッケルト、ラスクの価値哲学がときに批判されつつ、彼らとの関わりでドゥンス・スコトゥスを解釈することも幾度か試みられている（たとえばGA 1: 218f., 227, 231, 267, 285, 335f., 383, 405ff. usw.）。

以上、ペゲラーも指摘するように、この頃のハイデッガーは新カント学派の「マールブルク学派と西南ドイツ学派との超越論的-論理的カント解釈のうちに、自らの仕事にとって決定的な手助けを見いだしうると考えている」[182]。しかしこのようにリッケルトらの影響を受けながら、ハイデッガーはまた一方で批判的でもあり、すでに『範疇論と意義論』でも彼らを批判していたが、特に『時間概念の歴史への序説』（一九二五年）になると彼らを激しく批判するようになっている。すなわち「マールブルク学派とディルタイとの衝撃を、ヴィンデルバントとリッケルトとが引き受け、浅薄化し、平板化して、問題を識別できぬまでに歪めた」（GA 20: 20）とまで言っている。このように、西南ドイツ学派に属する新カント学派全盛の只中に居たハイデッガーは、彼らのような認識論的問題設定の限界の見極めを、自らの思索の地盤としたのだ。

だが我々は、この時期のハイデッガーが、根底においてはこのような認識論的問題設定を受け継いでいる、と言わざるをえない。その例として我々は、彼が「存在の問い」の基盤に置いた存在と存在者との「存在論的差別」が、ラスクの「領域範疇」(Gebietskategorie) としての「存在と存在者との区別」を引き継ぐものであることを、挙げることができる。ラスクは、カントの超越論的論理学が感性界に限定されることに問題を感じ、その拡張を試みた。その際、存在者から区別された存在を感性的質料の「領域範疇」として取り上げた。このような存在は存在者の「形式」であり、ここから、「人間がいかにこのような形式を認識しうるのか」という範疇論が展開された。ハイデッガーはすでに『論理学に関する最近の諸研究』(一九一二年) のうちで、ラスクの『哲学の論理学と範疇論』(一九一一年) を取り上げて、存在と存在者とのこのような区別について詳しく紹介している (GA 1: 24ff.)。そしてこのような区別に基づくラスクの範疇論が「カントの超越論的論理学の深化であり、発展である」(ibid.) と評価した。このような認識に基づいて、先に挙げた『心理主義における判断論』以後のハイデッガーの思索が形成され、最終的には、一九二六年に書き上げられた『存在と時間』で、存在者から区別された存在の意味への問いを追究することとなったと言いうる。

以上のように、この頃のハイデッガーは存在論的差別をはじめとして、新カント学派的な問題設定を受け継いでいる。しかし一方で、神学部在学中から特にカール・ブライヒの影響のもとで、「存在論と思弁的神学との間の緊張が、形而上学の構築構造として、私の探究の視野のうちに入っていた。〔だが〕ハインリッヒ・リッケルトが彼の演習で扱ったことに面して、この領域はしばらく背景に退いてしまった」(zSD: 82) とも言われている。このように、初期のハイデッガーにおいては、新カント学派の認識論的な問題設定と、それへの批判を含んだ「存在論・思弁的神学・形而上学」という、いわば二つの方向が混在している。(183) これ以後の彼の「存在の問い」は、このような「混在」の緊張関係のうちで、徐々にある重大問題を孕むようになってくるのだ。

第三項　存在の問いの転換と「存在論的差別」

ハイデッガーは、先に見たように、リッケルト、ラスク、ヴィンデルバントらの認識論的問題設定を批判しつつも、根底的に受け継いだ。だが、たとえば『直観と表現との現象学』（一九二〇年）では、「ナトルプの方法が〔単に形式的なものでしかない〕再構成である」のに対し、「生の連関のうちの《構成》」（GA 59: 168f.）というディルタイの方法を積極的に取り上げて論じた。このようにハイデッガーは、他方ではディルタイの「生の哲学」を摂取同化することを背景にして、「存在の問い」を問い始めた。このことは、『存在と時間』で「この存在者にとっては、自らの存在においてこの存在自身が問題になっている〔es geht um〕」（SZ: 12）ような存在者としての「人間的現存在」に定位したことと、また「存在自身が問題になる」という仕方での存在の「了解」が問題となることとに、現れている。人間的現存在はこのような仕方で存在を了解しうるということによって、「存在者的-存在論的優位」をもつとされた（SZ: 13）（以下はすでに「本論」第一章で述べたので簡単に記す）。『存在と時間』全体の意図は、このような「現存在の優位」に定位して「存在の意味」を問うことであり、「あらゆる存在了解一般を可能にする地平として時間を解釈すること」（SZ: 1）が当面の目標だとされた。予定された第二部の意図は、第一部で取り出されたこのことを基盤とする存在論の歴史の解体であったから、彼の独自な思索は第一部まで行われるはずだった。つまり彼においては、徹頭徹尾人間的現存在の存在了解が問題となっていたのだ。

未完に終わったこの書の既刊部（第一部の第一編、第二編）では、存在者の「非本来的了解」（SZ: 148）と、現存在自身についての本来的存在了解とが論究された。そして予定された第三編では、現存在の存在と、単に「存立する」と言われるだけのものも含めた現存在以外の存在者の存在との、「存在一般」の存在了解が論究されるはずだった。しかしこの第三編はついに公刊されず、『存在と時間』は途絶した。ここから彼の思索の《転回》が議論されるようになった。既述のように、転回については議論が百出していたが、第二編までで、目標とされた「あらゆる存在了解一般を可能にする地平としての時間」は取り出されておらず、これが第三編の中心問題として転回に関わってきた。

すなわちまず、第二編までは、現存在以外の存在者の存在了解は「地平としての時間」を基には解釈されていない。

また現存在自身についての本来的存在了解は、先駆的覚悟性において、後の言い方では「自己の最も自性的な存在可能という存在のうちで、自己自身を了解すること」(GA 24: 391) として取り出されているが、ここでもそれが「地平によって可能になる」とはされていない。存在了解のための「地平」は、現存在が自己以外の存在者と「出会う」という仕方で存在了解する際に、それを可能にする「視圏」となる。このような「出会い」を可能にするのが時間性であり、これは「〜を出会ってこさせる」という時間性の現在の脱自態によって、可能になるとされた (SZ: 328f.)。存在了解の地平は、このような時間性の将来、既在性、現在の三つの脱自態の統一としての「時間性が何らかの地平というようなものをもつ」ことによって開けるとされた (SZ: 365, GA 24: 377f.)。このような「地平としての時間」が「テンポラリテート」だとされたが、これは『存在と時間』においては序論で予告されただけで展開されず、一九二五―二六年の『論理学――真理への問い』において多少触れられるが、より判明化されるのは一九二七年の『現象学の根本諸問題』においてだった。

この講義は『存在と時間』未完の第三編の「新たな仕上げ」だったが、ここでテンポラリテートが取り上げられ、このようなテンポラリテートである「地平としての時間」のうちで、存在を存在者から表明的に区別する「存在論的差別」が生じるとされるのだ。この存在論的差別によって「存在そのものの対象化」(GA 24: 398) が遂行されることにより、(前存在論的でない) 存在論的な存在了解が生じるとされた。しかも決定的なことは、このような存在論的差別は存在者の「超越」と関わるということである。すなわち存在論的差別という「存在者と存在との区別と、存在の主題的際立てとによって、根本原則的に、我々は存在者の圏域から超え出る。我々はそれを凌駕し、それを超越するのである」(GA 24: 23)。

以上が『存在と時間』前後の存在の問いの構造だが、では一体この構造のどこに『存在と時間』途絶の理由があったのだろうか。ハイデッガーは後に『ヨーロッパのニヒリズム』(一九四〇年) で、次のように述懐する。すなわち『存在と時間』では従来のものに由来しつつ、それから脱却しようとして、

「従来のものに助けを求めさえしている。だがこのような道はある決定的な箇所で途絶する。このような途絶は次のことに基づいている。すなわち、歩み出された道と探究とが、意志とは逆に、改めて主観性を強固にするだけだという危険に陥る、ということに。……存在そのものへの問いは、主観-客観-関係の外に立つものなのだ」(N 2: 194f.)

既述のように、ハイデッガーが『存在と時間』の途絶、ないし自らの「思索における転換」について述懐した言表は多いが、我々はここではこの言葉に定位してみよう。

彼は一九二八年の『原初根拠』で、次のように述べた。すなわち、彼はマックス・シェーラーとの一九二七年の最後の対話で次の四つの点に関して一致した、と述べる。

「㈠ 主観-客観-関係の問題が徹底的に、新たに、立てられねばならない。しかもこれまでに登場したいかなる探究からも自由に。

㈡ この問題は決していわゆる認識論の問いではない。すなわちそれはまず最初に客観を把握する主観というようなものを顧慮して立てられてはならない。このような把握が着手において基礎となってはならないのである。

㈢ この問題は形而上学の可能性にとっての中心的意義をもち、形而上学の根本問題と最も内的に連関している。

㈣ 最も本質的なのは次のことである。……すなわち今や本来的形而上学のうちへと再び敢えて越え行くとき、つまりこのような形而上学を根底から展開するときだ、ということである」(GA 26: 165)

以上のように、この時点でのハイデッガーは「主観-客観-関係」の問題を認識論的にではなく、「本来的形而上学」として問うことを目指している。このように述べていた彼の思索において、一体何が生じたのだろうか。「主観性を強固にするだけだという危険」とは、はたしていかなることだったのか?

現存在の存在了解の問題は彼の中心的問題だったが、先に示したように、予定された『存在と時間』第三編では、特に現存在以外の存在者の存在了解と、それを可能にする地平とが問題にされるはずだった。これに関連して、後に彼は『ツェーリンゲン・ゼミ』で次のように述べた。

「肝心なのは物それ自身〔Ding selbst〕の根本経験をなすことである。……一切の、物と名づけられうるものがそこで出会ってきうるような領域は、このような物に《外のそこで》明らかになる可能性を整える圏域である。現-存在における存在は、ある《外〔Draußen〕》を保持せねばならない。それゆえ『存在と時間』で、現-存在の存在様式は脱-自によって特徴づけられたのである」（VS: 121）

問題はこの「外」ということにある。すでに示したように、このような「外」は物との出会いを可能にする地平であり、また時間性がこのような地平をもつことによって可能になる「世界」でもある（SZ: 365, GA 26: 269）。ここから現存在の「世界-内-存在」の構造が語られるのであり、世界は現存在の自己性を構成する、とされた（GA 24: 422f.）。そしてこのような地平・世界は、「時間性自身が根源的自己-外〔Außer-sich〕、ἐκστατικόν である」という「時間の脱自性格」によって、「このような自己-外によって与えられる開性〔Offenheit〕」として、また「時間性がそれ自身のうちで脱自的-地平的である」ことによって、明らかになる、とされた（GA 24: 377f.）。つまり、ここでハイデッガーは時間それ自身のうちに地平・世界というある種の空間性を見ていた。

だが彼が時間性として追究していたものは、それ自身のうちにある種の空間的性格をもった「自性的〔eigen〕ならしめる」という動きそれ自身であり、これは後に彼が「時間-遊動-空間」と名づけるものに他ならない。「時間-遊動-空間」は「性起」のあり方をいわば伝統的哲学の概念を使って表現したものとも言え、かくしてここから我々は、彼が時間性、ないしその地平的側面を強調してテンポラリテートと名づけたものは、性起のいわば前形態に他ならない、という見解に到達した。したがって我々は、その後の彼の思索の《転回》の意味を探るには、時間性と性起とのいわば「同一性」と同時に存する、決定的な差異を明らかにせねばならないが、ここに存在論的差別の問題が決定的に関わってくるのだ。

時間性と性起との差異は、まず時間性が本来的時間性としては人間的現存在自身のあり方から読み取られたということだったが、問題は現存在の脱自の「外」に、つまり「根源的自己-外」としての脱自の「どこへと向けて」(Woraufhin)としての行く先のうちにあった。このような行く先は地平・世界だとされたが、このような次元で現存在以外の存在者の存在を本来的に了解する真理が問題になる次元で(GA 9: 188ff.)、現存在の意のままにならぬ「超力」(Übermacht)が徐々に威を振るうようになった。既述のように、ハイデッガーは『存在と時間』以後、現存在に対する超力的なものに対して言及することが多くなった。しかし、にもかかわらずまた一方では、あくまでこの時期の彼の存在の問いは現存在の優位に定位しており、現存在の超越を基盤にした超越論的存在論である。したがって現存在によって「現存在ならざる存在者が踏み越えられる」(GA 26: 212)という仕方での現存在の超越が、現存在の自由としてあくまでも追究されている。かくして「現存在こそが本来的超越者なのである」(GA 24: 425)とされる。

このことはまた存在論的差別に関しても当てはまる。『哲学入門』(一九二八—二九年)では次のように述べられた。

「存在了解とは、存在者と存在とのこのような区別の遂行の可能性に他ならず、端的に言えば、存在論的差別の可能性に他ならない。……そのような存在者と存在との区別の可能性は、我々が超越と呼ぶものに基づいている」(GA 27: 223)

また『根拠の本質について』でも次のように言われた。

「存在論的差別のこのような根拠を、先把握しつつ、我々は現存在の超越と名づける」(GA 9: 135)

つまり、「超越」こそが存在論的差別の基盤となっているのだ。さらに「超越するものとしての現存在の本質的・内的諸可能性の全体としての世界は、一切の現実的存在者を凌駕している」(GA 26: 248)とされるが、「世界とは存在了解において了解された存在であり」(GA 26: 282)、かくして存在ないし世界もまた存在者を超越するとされ、これが存在論的差別の性格を決定しているのである。

だが、『存在と時間』以後、このような現存在の超越と、現存在に対する「超力」的なものとの、いわば拮抗作用が顕在化してきた。そして遂に、現存在自身の超越、自由ということに対する「存在自身の自己伏蔵」が開き示されることとなったのであり、現存在の超越を根拠とすることの限界が生じることとなったのだ。かくして彼の思索は「転換」を迫られることとなった。そして『寄稿』で、次のように述べられるのである。

「現-存在は現-存在として根源的に伏蔵の開けに耐えるのであるがゆえに、厳密には現-存在の超越というようなことは語られえない。このような着手の範囲においては、いかなる意味でも《超越》というような表象は消滅せねばならない」(GA 65: 217)

さらにまた、このこととの関連で、時間性に対する空間性の地位の浮上ということが顕在化してくる。既述のように、彼において時間性は初めから地平・世界という空間的性格をもったものとして思索されていたが、しかし最終的には「現存在に特有な空間性は時間性のうちに基づいていなければならない」(SZ: 367 第七〇節)とされ、世界も、それを可能にするのは時間性だとされた(SZ: 365)。このように空間性は時間性にいわば帰せられるものとされているが、しかし既述のように、後にハイデッガーは『時間と存在』(一九六二年)で次のように述べた。「現存在の空間性を時間性に帰せようとした『存在と時間』第七〇節における試みは、維持されえない」(zSD: 24)と。このような転換は、すでに述べたように、現存在が自己了解の次元から、現存在ならざる存在者の存在了解の次元に出ることによって、世界の超力的あり方が彼自身に開かれてくることによって生じるのである。

以上のように、時間性という仕方だけではもはや維持しきれないさまざまな次元での問題に遭遇して、彼の思索は性起の思索へと転換し、性起の贈遣としての存在の歴史に基づく「別の原初」を求める思索となったが、注目されねばならないのは物の問題である。物は人間的現存在ならざる存在者として、現存在によって超越され、また同時に世界ないし存在によっても超越されるとされた。このことは特にプラトンに言及される際に顕著に現れており、すでに指摘したように、ハイデッガーの説いた「存在者を超えた存在」「存在了解の地平」というものがプラトン的・イデア的なものとの類縁性をもつものであったことを、示している(vgl. GA 9: 203ff., GA 24: 403f., GA 26: 144 usw.)。また既述のように、このような存在論的差別は新カント的な認識論的見方の影響を色濃く受けている。ハイデッガーはまさにこのような意味で、ある仕方では哲学の伝統を受け継いでいたのであり、これに基づいて「主観-客観-関係についての本来的形而上学」を打ち立てようとした、と言いうる。したがって存在者に対するこのような伝統的・超越論的見方が、存在論的差別の性格の一部となっていることは、否めない。事実、ハイデッガーは存在論的差別について論じた『根拠の本質について』中の、我々が先に指摘した箇所、すなわち「存在の露呈が、初めて存在者が開顕的であることを可能にする」(GA 9: 131) 以下の部分に関して、第一版への註として、次のように述べた。

> 「不明瞭である! ……〈存在者的-存在論的真理〉というこの区別は、非伏蔵性の単なる二重化にすぎず、何よりもプラトン的な着手のうちにはまり込んだままである」(GA 9: 131)

「プラトン的着手」とは、これまでに指摘したような「存在者を超えた」「イデア」という形而上学的見方に他ならないだろう。それゆえこの註は、存在論的差別に潜在する「存在と存在者」の「階層」が、プラトン的な「存在者を超えた」「イデア」という見方のうちに「はまり込んだまま」であるとの、ハイデッガー自身の述懐ととりうる。それゆえ、後にハイデッガー自身『ツュリュヒャー・ゼミナール』(一九五一年)で次のように述べねばならなかったのだ。

> 「存在論的差別という名と概念とは形而上学から来ているがゆえに、この差別のうちに立っているものを今日私は別の仕方で名づけており、事柄に即して別の仕方で見ているということは、まったく本当である」(GA 15: 438 傍点筆者)

このように、それ自身「形而上学から来ている」存在論的差別を遂行するうち、存在者の存在論的存在了解という仕方で物と本来的に出会うための地平において、既述のように、世界、真理、真存在といったものの自己伏蔵的超力が表面化してきた。ここにおいて、ハイデッガーが述懐したような、これまでの彼の方向のうちの「主観性を強固にするだけだという危険」が彼自身に見通されるようになったのであり、かくして彼の思索は《転回》したのだった。したがってこのような《転回》を可能ならしめた要因の一つは、物との出会いの〈場〉の問題であり、物それ自身が人間に対してもつ意味の問題であり、つまりは人間的自己と「他」との問題に他ならない。

このように、主観性の優位の破綻は、世界・真存在・性起の超力という仕方で顕現したと同時に、また物と人間との関わりの転換という仕方で現れることとなる。「存在論的差別が消える」ということは、このように、物を「超越」されるものとしては見なくなるということを意味していたのだ。このような物との関わりに関する思索を根底から変えたのは、(後述のように)真存在・性起についての思索だった。それゆえ、真存在・性起について全面的に論述した『寄稿』が書き始められた一九三六年まで、「存在論的差別との関わり」が遂行されたと述べられるようになるのだ(第四章で述べたように、「存在論的差別の消滅」ということは、また「真存在が存在する」というタウトロギー的事態とも深く関わっていた。この点でも、真存在・性起の思索が全面的に展開された『寄稿』まで「存在論的差別との関わり」が遂行されたことになる)。

では、はたして「存在論的差別」という形而上学的な固定した形式から脱した、人間と物との真の出会いとしての「物それ自身の根本経験」は、いかにして可能になるとされるのか? そこでは性起がいかに関わってくるのか?

第四項 「存在論的差別」の「変質」と「物と世界」

これまでに見たように、人間的現存在の超越との関連で考えられていた「存在論的差別」は、その後思索の《転回》を経ることによって、変質する。存在と存在者との差別は、現存在が存在者を「超えて」存在へと至るということではなく、いわばより事柄それ自身に即して思索されるようになる。それは一体どのような事態なのか?

このことを解く手がかりを、我々は一九五二年の『モイラ』(Moira)から得ることができる。[184]『モイラ』において、存在と存在者との関係は「二重襞」(Zwiefalt)と呼ばれるようになる。すなわち「二重襞」とは、「存在者が存在する」ということを表す「存在態」(das Seiend)であり、それはギリシアで言われていた «τὸ ἐόν» だとされる。そしてこのような「存在態」・«τὸ ἐόν» としての「二重襞」について、次のように言われる。すなわち「二重襞」は

「決して単にどこか只在的にあって表象されるような存在と存在者との区別〔vorhandene und vorgestellte Unterscheidung von Sein und Seiendem〕ではなく、開蔵しつつある開襞〔Entfaltung〕から現成するのだ」（VA 3: 46）

つまりここでハイデッガーは、存在と存在者との区別がいわば眼前に表象されうるようなものではなく、両者の関係は不即不離の「二重襞」であり、それは「開襞」ということによって本質的になる、と考えている。では一体「開襞」とは何なのか。それについてハイデッガーは、パルメニデスの断片三の次の言葉を解釈することによって、示唆を与える。

「なぜなら、思索と存在とは同じであるから」（τὸ γὰρ αὐτὸ νοεῖν ἐστίν τε καὶ εἶναι., Denn, dasselbe ist Denken und Sein., VA 3: 27）（ディールス訳では次のようになっている。Dasselbe aber ist das Denken und das Sein., DK, Bd.1, 1960, S. 231.）

この言葉は、周知のように、従来思索と存在との同一性という観点からしばしば引き合いに出されてきた言葉であり、ハイデッガーも年代によってさまざまに解釈を変えてきた。すなわち、ハイデッガーは「存在と思索」の問題に触れるときには、このパルメニデスの言葉を引用することが非常に多い。だがこれについての訳は時期によって変化している。それはこのパルメニデスの言葉についてのハイデッガーの解釈の変遷を物語るものでもあり、またこの言葉のもつ意味の深さを示すものでもあると言えよう（この解釈の変遷の意味に関する詳論は、別の機会に譲る）。以下、この訳を目についただけ挙げてみる。

「なぜなら、一にして同じことが思索と存在とであるから」（Denn ein und dasselbe ist Denken und Sein.『哲学入門』GA 27: 318）

「会得と存在とは、共属的である」（Zusammengehörig sind Vernehmung wechselweise und Sein.『形而上学入門』EiM: 111 usw.）

「しかし、同じことが会得でもあり、また存在でもある」（Dasselbe aber ist Vernehmung sowohl als auch Sein.『形而上学への想起』N 1: 528 usw.）

「なぜなら、同じことが会得（思索）でもあり、また存在でもあるから」（Das Selbe nämlich ist Vernehmen ›Denken‹

sowohl als auch Sein.『思索とは何の謂いか』WhD: 147, ID: 14 usw.)

「なぜなら、同じことが思索と存在とであるから」(Denn dasselbe ist Denken und Sein.『モイラ』VA: 223, WM: 304 usw.)

「なぜなら、同じことが会得でもあり、また存在でもあるから」(Das nämlich Selbe ist Vernehmen sowohl als auch Sein.『根拠律』SvG: 127 usw.)

「なぜなら、同じことが思索でもあり、同様にして存在でもあるから」(Das nämlich Selbe ist ebensowohl Denken als auch Sein.『一九六六年ル・トール・ゼミナール』VS: 17 usw.)

「なぜなら、思索と存在と（つまり会得と現前と）は相互に属し合っているから」(Denken und Sein »d.h. Vernehmen und Anwesen« gehören nämlich zueinander.『思索の由来』GA 15: 401 usw.)

この他にも、たとえば『原初について』（一九四一年）で、「最初の原初への道」として、アナクシマンドロス、ヘラクレイトスの箴言と共に取り上げられている[185](GA 70: 101)。

また『省察』（一九三八―三九年）では、次のように述べられる。

「真存在と空け開けとは同じことである〔Seyn und Lichtung ist dasselbe〕。パルメニデスの原初的箴言は、別の原初ではこのように言われる」(GA 66: 313f.)

「ただ遠さからしてのみ、初めて我々は性起-化のしるし〔Zeichen〕を認識し、解釈し、単純な語のうちに保持することができるのだ。そのようなしるしとは、パルメニデスの次の箴言である。すなわち、同じことが会得であり、存在である〔das selbe ist Vernehmung und Sein〕」(GA 66: 349)

『モイラ』ではハイデッガーは、ここで言われている «τὸ αὐτό» という言葉に着目することにより、「思索と存在との同一性」ということが何を意味し、それが「二重襞」の「開襞」といかに関わるのかということを述べている。すなわち

「τὸ αὐτό、すなわち同じこと〔das Selbe〕は、……開蔵の意味での二重襞の開襞として、統べる〔walten〕」(VA 3: 45)

「この開襞は、Ἀλήθεια として、そのうちで現前者が現象し〔erscheinen〕うるような光〔Licht〕を、現前に授けるのだ」（VA 3: 46）

ここで言われているように、「同じこと」（τὸ αὐτό）とは開蔵であり、それがまた開襞だと考えられている。そしてこのような開襞がアレーテイアだとも言われている。ここからわかるように、ハイデッガーは、開蔵としてのアレーテイアが二重襞を開襞すると考えている。このような開蔵は「同じこと」（das Selbe）だと言われている。これはすでに見たように、『時間と存在』で開蔵が性起の働きだと言われ、また『モイラ』の数年後に行われた講演『同一性の命題』（一九五七年）では、«τὸ αὐτό»（同じこと）が性起を意味すると、明確に述べられている（ID: 14ff.）ことから、明らかにすでに性起のことを念頭に置いているだろう（すでに見たように、少なくとも『ヒューマニズムについての書簡』が書かれた一九四六年頃には、「《存在自身》という表題は……すでに性起のことを謂っている」のだった）。つまり、性起としての開蔵が、二重襞を開襞するのだ。そしてこのような「開蔵しつつある開襞から」、二重襞は「現成する」。言い換えれば、性起によって、「現前と現前者」（存在と存在者）の二重襞は本来的なあり方になるのだ。そして、そのように「現前と現前者」（存在と存在者）が現成するとは「現前の集約であり、その現前の輝き現れ〔Scheinen〕のうちで、現前者が現象し〔erscheinen〕うるようになる」（VA 3: 43）と言われる。つまり「現前と現前者」（存在と存在者）が、本来的な仕方で真理のうちで輝き現れるようになるのである。このように本来的な仕方で関わり合っている「現前と現前者」（存在と存在者）を、ハイデッガーは«ἐὸν ἔμμεναι»（これはパルメニデスの断片六で言われている言葉である）、すなわち「その現前における現前態」（das Anwesend in seinem Anwesen）と呼ぶのである。

さらにここで注目すべきことは、このような「現前と現前者」（存在と存在者）の二重襞は«φάσις»という「言」（Sagen）によって引き起こされる、と言われていることである。すなわち

「二重襞の開襞は、φάσις として、すなわち現出‐へと‐もたらすこと〔zum - Vorschein - Bringen〕としての言〔Sagen〕として、支配する」（VA 3: 49）

このような「言」とは言葉を本来的な仕方で言うことであり、それによって「現前と現前者」(存在と存在者)を現成させるようなものである。つまり二重襞の開襞ということと「言」としての言葉とは、根源的な仕方で関わり合っているのだ。

以上のことから、次のようなことがわかる。すなわち、『モイラ』が成立したこの一九五二年の段階では、「現前と現前者」(存在と存在者)に関して、現前(存在)が現前者(存在者)の根拠となり、超越するという仕方では考えられていないのだ。両者は開襞という働きのうちで、共に現成する。そしてそのような現成には、言葉と性起とが深く関わっている。つまりここにおいて「存在論的差別」は、その内容がまったく変質してしまっているのだ。

そのような変質は、一九五七年に講演された『形而上学の存在-神-論的体制』においても現れている。ここでは、存在と存在者との関係は「懐胎」(Austrag)として表される。そして存在は「開蔵する超来」(entbergendes Überkommen)とされ、存在者は「自らを保蔵する到来」(sich bergende Ankunft)だとされる(ID: 56)。つまり両者は、一方が他方に超来し、他方が一方に到来するという仕方で、「間-分け」(Unter - Schied)のうちで現成する、と言われる。その場合「懐胎」とは、両者を「開蔵しつつ-保蔵する懐胎」(**entbergend - bergender Austrag, ID: 57**)として考えられている。このような「懐胎」は両者を区別すると共に、また「共属」(Zusammengehören)のうちに保っているような働きであり、ここでもすでに性起が「懐胎」のうちでの「支配」として考えられている、と言ってよい。「懐胎」のうちで性起は、存在と存在者との分離と向き合いとを許す、と言われているのである。したがってこの講演においても、「存在論的差別」はまったく変質しているのだ。

以上のように、「存在論的差別」は変質する。このような場面において、既述のような「存在論的差別」の転換したものとしての「世界と物との関わり合い」(zSD: 40f.)の根源的関わりが、開示されてくる。では一体「物と世界」はいかにして根源的に関わるのか。それはまた、〈自己〉と〈世界〉との根源的関わりにとって、どのような示唆を与えてくれるのだろうか?

第三節　ハイデッガーの思索における「物と世界と人間」――「根源的物性」

第一項　〈世界〉という謎――前期ハイデッガーにおける「世界」の意味

ハイデッガーの哲学は終生「存在の問い」だった。「存在」は、アリストテレス以来西欧哲学の歴史を通じて、主に実体性の意味で考えられ、また、端的に真に存在するものとしての「神」を言い表す呼称でもあった。だが一方、パルメニデスが「存在と会得とは同一である」(断片三)と言い、アリストテレスが「真理としての存在」について論じたように、「存在」は「真理性」、つまり何ものかが我々人間に隠されずに根底から開き示されていることをも意味している。近代に至って、当為や生成を中心とする哲学が主流になるに及んで、「存在」のこのような二重の意味は分離されてくるようになった。たとえば、カントにおいては「存在」は「単なる定立」にすぎず、ヘーゲルにおいては、「存在」とは直接的な客観性であり、最も貧しく、最も真理性に欠けるものだったと言いうる。ハイデッガーの「存在の問い」は、このような西欧哲学の歴史の流れのうちにあって、実体性の喪失という時代的状況の只中に入りつつ、真理性、すなわち「開き示されていること」という意味での存在を問おうとするものだった。

真理性という意味での存在は、ハイデッガーによれば、古代ギリシア人が「アレーテイア」という名で知っていたものである。この語をハイデッガーは「非伏蔵性」(Unverborgenheit)と訳す。つまり「判断の正しさ」という伝統的意味での真理は、ハイデッガーによれば二義的なものにすぎない。根源的真理とは、あるものが、あるがままに、すなわち隠れから立ちいで、露わになって現れていること、厳密に言えば、このような露わに現れてくるものを、そのような露わさのうちにあけ開いて見えさせ、保っているその「開け」そのものである。このような「開け」を、ハイデッガーは『存在と時間』において、「世界」という言葉で思索した。

事物の根底的な真理性は、それが出会われ、「発見されてある」（entdeckt）ということである。だが、出会われ、発見されるものは、世界というある開けた領野の内部でのみ、出会われ、発見され、それがあるところのものでありうる。世界を我々は何かある一つの物のように対象化して見ることはできない。世界はつねにすでに一切の出会いに先立って開けており、そのような世界から、かつ、そのような世界の内部へと、事物は出会ってくるのである。

事物との出会いのために開けている世界の内に、我々人間はすでに前もって、立ち出でている。そしてこのような開かれた世界の内にあることとして、我々は己自身をいつもすでに前もって、気分づけられつつ理解してしまっている。あらゆる対象化的な見や知的把握に先立って、世界はすでにそこに開き示されているのであって、この世界の開き示されていることが、我々自身が対象化的自己把握に先立って、自己自身にとって開き示されているということである。このように、自己自身が「世界-内-存在」として開き示され、しかもこの「内に-ある」ということの開示と一つのこととして世界が開き示されているがゆえに、事物が我々に出会うといったことも可能となってくる。机や椅子はいわば「世界」をもたないがゆえに、互いに「出会った」り「触れ」たりすることができないのだ。

このようにして、世界とは我々の自己了解と出会いとがそこに根づいているような〈場〉であり、しかもそこへと我々が絶えず立ちいでつつあるような〈場〉である。世界とは、所在として行く手であり、行く手として所在である。このような〈場〉の非対象的な開示性に基づいて、事物と他者たちとは、それがある通りに、出会われているのである。

そして世界を了解するためには、近代において主流を占めている、世界を「客観」として目の前に立てて見る見方を斥けなければならない。近代人は世界の外に立って世界を見ようとする。だがそれは世界を、世界の内部で出会われたものに定位して逆構成することであり、根源的な「世界現象」とも言うべきものを飛び越えてしまうことである。しかもこのように飛び越えることは、ハイデッガーによれば、本当は決して世界の「外」に出てしまうことではなく、忘却しつつ、無自覚的に、世界に引き渡されていることなのだ。

こうした「世界-内-存在」の忘却を、ハイデッガーは近代形而上学の科学的世界像に、そしてまた遡っては、西欧形而上学の全伝統に見いだす。だが彼はこのような世界の飛び越えの本来の起源を、人間の日常的な「世界-内-存在」のあり方そのものに見いだしたのだ。このような「世界-内-存在」の忘却、「地盤喪失」という事態は、人間の怠慢や心がけの悪さから生じるわけではなく、それ自身が「世界-内-存在」から発現してくるのである。すなわちハイデッガーによれば、人間は「世界-内-存在」として、そのつどすでに世界に開かれてしまっているが、この開けそのものは、その中で出会われる存在者のように馴染むことはできぬ「無気味なもの」であるがゆえに、人間は世界と自己とから差し当たって大抵は逃退してしまっている。そしてこのように逃退しつつ、この開かれた場のうちで見いだされ交渉可能になっている諸々の事物のもとに慣れ親しみつつ、「頽落」しているのであって、そのような諸々の事物の側から辿られた、それらの全体つまり「有意義性」(Bedeutsamkeit)連関という意味に変様された「世界」に、埋没してしまっているのである。このように、出会われた事物の側から了解された「世界」は、公共世界としての「環り世界」(Umwelt)というあり方をしており、このような「世界」の内にある仕方を、ハイデッガーは「ひと」(das Man)と名づけた。「ひと」としての自己は、「他人」から自分自身を区別することに絶えず心を使いつつ、しかも、自己に固有な、本来的な自己性の単純さは、見失ってしまっている。

このように、「世界-内-存在」の自己忘却ということが「世界-内-存在」自身のうちに深く根を張っているために、ハイデッガーによれば、「世界-内-存在」の自覚化は、「世界-内-存在」が根本から不可能になる可能性、すなわち「死」のうちに先駆することを必要とする。「ひと」である自己は、時間が永遠に続くかのように思いなし、「世界」に引き渡されて、世界を忘却したままである。世界が地盤にして行く手なる世界として開けていることの自覚は、「世界-内-存在」の根本的な有限性の自覚からのみ可能になるのである。このような有限性を、ハイデッガーは「死」のうちに見る。死とは、事物や他者との慣れ親しんだ関係の持続が、根本的かつ決定的に不可能になる可能性である。しかもこの可能性は、あらゆる瞬間に可能なものとして、現存在の不断の終末性を構成する。さらにハイデッガーは、「負い目」（Schuld）の現象を通じて、人間存在が自己の根拠を支配しえぬという、「無の深淵」を明らかにする。「負い目」という現象を通じて、死が単に未来の一時点に可能な一つの出来事なのではなく、「世界-内-存在」のうちに根本的に裂けている無、人間が「ある」限り絶えずそのつどすでに身に負っており、また負わねばならぬ無であることが、露わにされる。「世界-内-存在」は誕生以来一貫して、このような無を孕みつつあるのである。このような非力なる「世界-内-存在」を、自己存在が、そのつどすでに投げ入れられ、差しかけられていた実相として自己自身に可能にすること、すなわちこのような自己でありうることの自己了解こそが、「先駆的覚悟性」と呼ばれたことの根本的意味である。このように、不安を黙し引き受けつつ、有限でありうるという根本了解こそ、根源的な真理性であり、この先駆的覚悟性において、世界の世界性と、「内にある」ことの確かさとが、根本的に自知されるのである。

以上のような、自己の足下の不断の不可能性に打ち砕かれつつ、自己に到来し、帰来する先駆的覚悟性に、ハイデッガーは「時間」の真相を見いだし、それを現存在の「存在の意味」であるとした。本来的に思索された「時間」は、連続した長さを持たぬ「瞬間」（Augenblick）として、絶えずすでにあった通りにありうるという仕方で自己に帰ってくる、自己の、自己への到来、「自己から、自己へ」という「動き」である。このような時間は「ある」のではなく、「時熟する」（sich zeitigen）。

このような現存在の時熟、すなわち「現」（Da）という開示性の時熟と共に、「世界は時熟する」。このように時熟するものとしての世界は、いかなる客観的なものにもまして厳然とした現象であり、しかもいかなる主観的なものにも増して、親密で内的なものである。世界は、我々がすでにその内にあったし、ありうる場所である。そこは、すでに開けていいた〈場〉として、開けくるのである。そのように開ける〈場〉として初めて、世界は事物を、その内部にあって慣れ親しまれうるものとして、その内部へと出会わせる。かくして世界は、死という端的に外的なものの底から開けて、一切を容れ保っている内面として、時熟する。

だが世界のこの開けと共に、有限的に内にあることそのことが、運命的な伸張性として展べ開かれる。世界の内にあるという自覚は、自己の誕生から死までの間を貫き、このような「間」として保っているものの自覚である。この自覚において、自己は「間」として全体化される。この全体性はしかし、もはや「主体性」というようなものではない。それは、歴史という、世界の秘めやかで大いなる歩みのうちで、伝え渡されてきたものを自己自身に伝え渡す「反復」であり、時の深みと厚みとを孕んで動くものである。それゆえ、ハイデッガーにおいては、世界は同時にそのうちに祖先があったところの世界であり、このような世界の内で回帰してくる「可能的なものの静かなる力」(SZ: 394)を反復するという意味で、現存在の歴史性が語られることになる。

以上によって我々は、『存在と時間』前後のハイデッガーにおける世界という語の意味する事柄を、ほぼ知りうるだろう。それは人間の心が根づく心底であり、そこから諸々の事物、他者との関わりが可能化されてくる開けた〈場〉であり、このような〈場〉として、有限な死すべき人間の歴史的地盤である。世界は、そこに基づいて事物が存在するものとして発見され、他者との共互存在が共互的に開示され、自己存在が誕生から死までの常立性において自己に開き示されている〈場〉であり、しかもこのようなものとして、歴史的に通貫して支配するものである。このことは、「世界」という語が「存在」の別名であるということを、明らかに意味している。

だが、世界が世界であることは、全体像として存在することではなく、時熟すること、しかも現存在自身の時熟と共に、時熟することである。この世界の内部で出会われてくる諸々の事物に関するいかなる「表象」も、それら一切に先立ち、それら一切を容れて時熟する世界の、その世界性には届かない。世界はないわけではない。だが、「ある」という語がすでに世界に基づいて言われている以上、「世界がある」と言うことも、もはや適当ではない。

それでは、世界とは何事なのであり、どのように言われるべきなのか。そして世界が現存在の時熟と共に時熟するとは、一体何を言うのか。世界の世界であること、すなわち世界の世界性が、一体何を意味するのかは、世界がそれ自身から、それ自身を、世界として示す、その顕現からしてのみ、「経験」され、明言されねばならない。ハイデッガーは、このような顕現の経験を明言して、「世界は世界する」(Welt weltet)と言うのである。では一体、「世界は世界する」とはいかなることであるのか。そしてそれは、「物」との相関で、一体いかなる事態を表しているのか？

そこにおいて「人間と物」は、いかに関わりうるのか？

第二項　〈物〉という謎

一　ハイデッガーの「物」論の錯綜

ハイデッガーにおいて「人間と物」の関わりは錯綜しており、一面的に捉えられてはならない。既述のように、彼は人間的現存在が存在者を超越するとしたが、しかしそれはまず現存在が自己という存在者を自ら越えることによって、現存在ならざる存在者の存在を真に了解するためだった。すなわち「現存在は自らを越え行く。すなわち現存在は自己自身を超越のうちで踏み越える。……かくして超越そのものが、今まで解明されてきたような意味で、存在了解の可能性の最も近い条件なのである」(GA 24: 460)。この意味では、彼は最初から物との真の出会いを追究していた。それはたとえば、「諸々の物の謎に面しての学的驚きを学ぶこと」が本質的なことだとされ (GA 24: 467)、「人間が自らの超越のうちで一切の存在者に向けて作る真正の根源的遠さを通じてのみ、人間のうちに諸々の物への真の近さが立ちのぼってくる」(GA 26: 285) というようなことが再三述べられることからも、明らかである。だが、ここで我々は、ハイデッガーがある種の言葉の使い分けをしていることに気づく。つまり、存在と区別された意味での「存在者」と、「物」(Ding) と言われたものとが、区別されて使われているのだ。このことは、先の引用の「存在者に向けて作る根源的遠さ」ということと、「物への真の近さ」ということとの区別に、明確に現れているだろう。後者の本来的意味での「物」と同様の意味で使われる言い方に、『寄稿』等で言われる、「真なるもの」(das Wahre) という表現もある。一体このような区別は、何を意味しているのだろうか？　しかも一方では、後述のように、本来的でない意味での「物」という言い方もあるのだ。さらに、すでに触れたように、存在と区別されたときの「存在者」に対しては、それ自身形而上学的見方とも言うべきものが、後々まで残っていたと言わざるをえない場合もある。「存在者」と「物」ということについての彼の言表は、本来・非本来の厳密な区別なしに使う場合と、区別している場合とが混在しているのだ。

このような混在を認識したうえで、我々は以下において、まず彼の物についての見方の変遷を辿ることにより、物と世界と人間との根源的関わりへと向かう彼の思索を明確にしよう。その後に、彼における物と人間との関わりの問題の問題性を指摘することとする。

二　ハイデッガーの「物」論の変遷

①前期：『存在と時間』における「物」――「手許的なもの」と「只在的なもの」

まず彼の物解釈の独自性は、『存在と時間』で物が、現実的に我々に出会ってくる道具としての「手許的なもの」(Zuhandenes) と、いわば学的・認識論的な対象と見られた「只在的なもの」(Vorhandenes) とに分けられたことにある。この「只在的なもの」はまた「役立たなくなった道具」についても言われる。すなわち、人間が学的態度で物に対するとき、あるいは「役立たぬ道具」を前にするとき、道具としての性格をもった手許存在は、ただ単に直前にあるだけの物と「見なされる」ことにより、「只在存在」へと変様する (SZ: 356-364)。このような区別において、すでに物は人間との関わりに定位して見られている。

しかもこのような区別において、「世界」ということが問題となりうる。すなわち、すでに挙げたように「我々にとっての決定的な存在論の伝統の原初において、世界という現象が飛び越されてしまった」(SZ: 100) という認識が、彼の「存在の問い」の出発点にはあった。彼はこのように「飛び越されてしまった」「世界」への問いを、自らの哲学の根底においた。そして、特に初期から前期にかけては、手許的なものの連関全体である「有意義性」(Bedeutsamkeit)

連関、ないし「非有意義性」(Unbedeutsamkeit) として、世界性を問題にしようとした。世界性は、手許的道具の「有意義性」連関として「現存在がそのつどすでにそのうちにあったもの」(SZ: 87) として開示される。あるいは時として現存在の「不安」において、「一切の手許的なものと只在的なものとが端的にもはや何も《言わ》ない」「非有意義性へと沈み落ちた」(SZ: 343) 世界として、開示される。このように、物は初めから世界との関わりで見られていたのである。だが『存在と時間』第一編でのこのような分析は「前存在論的なもの」だとされ、存在論的差別に基づく存在論的な物了解は第三編に持ち越され、既述のように彼の思索の《転回》を引き起こす一つの要因となった。

かくして物の問題も決定的転換をみることとなるが、我々はこのような転換の端緒を、一九三五年から始められた物解釈のうちに、見いだすことができる。

②中期:『物への問い』における「物」と『芸術作品の根源』における「作品」としての「物」

一九三五―三六年には『芸術作品の根源』(以下『芸術作品』と略記) と『物への問い』とが発表された。このことは、この頃のハイデッガーにおいて物の問題がことさらに前面に出てきたことを示している。ただしこの二つでは物の意味が多少異なっている。すなわち『物への問い』ではカントの『純粋理性批判』のうち、主に「純粋悟性概念の演繹」と「図式論」とを論じることによって、物の問題をいわば認識論的次元との関わりで考察している関係上、人間は「物を超える〔über hinaus〕」ものであるとされている。ただしここではまたこのような人間の跳び越しが可能になるのは、「物が、我々自身を、我々自身と我々の表層との背後へと、戻し遣わす〔zurückschicken〕ことによってである」(FD: 189) ともされており、物の捉え方は微妙になっている。

これに対して、『芸術作品』では芸術という仕方での物との関わりが論じられることにより、物の捉え方はこれまでとはかなり違ったものになっている。すなわち『芸術作品』では「物の物性が言われうるのはことさらに困難であり、かつ稀有である」(GA 5: 17) とされ、物の物性を問うことから芸術の本質を説き起こしている。そして「作品とは、ある世界を打ち立て、大地を作り立てることによる、この世界と大地との闘争の煽動作用〔Anstiftung〕なのだ」(GA 5: 36) と語られる。つまり作品として捉えられた物は、開くものとしての世界と、閉ざすものとしての大地とを、自ら樹立し、しかもそれらの相互闘争を引き起こす働きをするとされるようになるのである。

我々はこのような次元では、以前述べられた〈存在論的差別における存在者としての物〉と〈存在者を超越するものとしての世界〉という関係がすでに転換してしまっていると言いうる。『芸術作品』では、さらに今述べられた世界と大地との根底に、開蔵としての〈空け開け〉対〈拒絶・塞ぎ立て〉の二重の伏蔵という、働きそれ自身としての真理が語られるようになる。芸術とはこのような「真理が自らを-作品の-うちに-据えること」だとされるが、注目されねばならないのは次のことである。すなわち「真理の本質には自らを存在者のうちへと整え入れ、そのようにして初めて真理となるということが属しているがゆえに、真理の本質には、存在者それ自身の只中で存在的〔seiend〕であるという真理の卓抜なる可能性としての、作品へと向かう動向が存している」(GA 5: 50) と言われることである。つまりここでは、働きそれ自身としての真理が真理となるのは、自らを存在者のうちに入れることによってであるとされているのである。

我々は以上のことにより、ハイデッガーの思索がすでにある新たな段階に入っていることを知りうる。まず世界に関し、これまで開ける方面のみ語られてきたのに対し、ここでは大地という閉ざすモメントが語られることになる。つまり場それ自身のうちに伏蔵が見て取られるようになっているのである。このような場としての世界と大地とは、存在者を超越して開ける地平としての世界とはすでに異なっている。物は芸術作品となったとき、逆に世界と大地とを自ら樹立する働きをなすのであり、超越されるものではなくなっている。

（やはり一九三五年に講義された『形而上学入門』では、世界と作品との関わりは、ピュシスとの関わりで多少違ったニュアンスで語られている。だが、その関わりがもはや超越関係ではないということでは、共通している〔EiM: 47ff.〕。ただしこの『芸術作品』では、「通常の物概念という意味で物的なものと見えるものは、作品の方から経験するなら、作品の大地的性格である」

〔GA 5: 56f.〕とされ、「物」は「作品」としては本来的意味で言われているが、「物」という語自身としては、本来的かどうかは微妙である）。

このような世界と物との関わり合いの転換と呼応して、真理が「空け開け」と伏蔵という、働きそれ自身として捉えられるようになり、世界と物との根底でそれらを統べるとされるようになる。この『芸術作品』以前にも真理に関することとして「全体としての存在者の自己伏蔵」ということは言われていたが（GA 29-30: 210, SdU: 12）、「全体としての存在者」とは世界を意味しており（GA 29-30: 513）、世界のさらに根底で統べるものとして伏蔵それ自身の働きが論じられるようにはなっていなかったのである。

これらの転換に対応して、最も際立った転換を示すのが人間の捉えられ方であり、芸術家としての人間は芸術作品の創造者であると同時に、真理の働きそれ自身としての「芸術それ自身」の働きを「見守る者」という役割を果たすようになる（GA 5: 54ff.）。人間はもはや「超越者」としての位置にはいなくなっているのだ。これに関して、彼は後に次のように述べた。「芸術に対する人間の連関のうちでは、真理を作品の-うちに-据えることのもう一つの二義性が判明する。……それは創作と見守りとして言及されている」。「誰が、何が、いかなる仕方で《据える》のか。〔ここには〕存在と人間本質との連関が伏蔵されている。……これは私をせめたてる困難で、『存在と時間』以来明白になったのである」（GA 5: 74）。ここでは、我々がすでに述べた人間的自己と他との転換の問題が、「私をせめたてる困難」として述懐されている（これについては第七章で詳述する）。

一九三五年から発表された『芸術作品』は、彼の思索の《転回》のいわば渦中にあり、後からさまざまな補遺が付けられているが、しかし物の問題に関してはいまだ決定的な転換には至っていない、とも言いうる。このことは、この『芸術作品』では芸術は最終的には詩作にその本質をもつとされ（GA 5: 59ff.）、「芸術作品は根底においては決して物ではない」とされていることからも（GA 5: 5）わかる。彼の思索はこの後さらに変転するのである。

③中期：『哲学への寄稿』等における「真なるもの」としての「物」

『寄稿』は一九三六年から書き始められた（もっとも、フォン・ヘルマンによれば、『寄稿』のプランは一九三二年春にはできたとされ[186]、ハイデッガー自身『省察』で、『性起について』〔『寄稿』〕の「草稿へのプランは、一九三二年の春以来、確立した」〔GA 66: 424〕としている）。『寄稿』等では、「真なるもの」（das Wahre）という言い方で、本来的に捉えられた「物」解釈がなされている。たとえば「真なるもののうちへの真理の保蔵」（GA 65: 392）と言われ、「真なるものは存在者のうちに保蔵〔bergen〕される」（GA 65: 29）ともされ、この場合、存在者はそのうちに「真なるもの」を保蔵するものだとされている。『芸術作品』を経たこの『寄稿』では、このように本来的意味での「物」「存在者」ということが語られるようになる。ただし、「物」（Ding）という言い方がなされる場合には、主に伝統的哲学で論じられてきた「物」論が踏襲されている場合が多い。たとえば、「存在棄却性のこのようなしるしのすべては、一切の物と作為〔**Machenschaft**〕との全き〈問いの欠如性〉の時代の始まりの予兆なのだ」（GA 65: 123）（この他にも、たとえばGA 65: 65, 133, 135, 160, 164, 194 usw.）。ただし、たとえば「……存在者は、物、道具、作為、作品、行為、犠牲としてのその真理の保蔵において、存在的になる[187]」（GA 65: 70）、「（作品、道具、物、行為、視、語としての）存在者の取り戻された本質」（GA 65: 413）というような言い方で、「物」が本来的意味で語られる箇所もなくはない。『寄稿』の中だけでも、このように「物」に関するハイデッガーの言表は揺れ動いているのだ。

④後期：講演『物』『言葉』『芸術と空間』等における「物」

既述のように、物は『存在と時間』では、道具としての「手許的なもの」と、学的・認識論的な対象および「役立たぬ道具」としての「只在的なもの」という仕方で分類された。だがこれはもっぱら人間の態度の取り方を基盤にした分類であり、思索の《転回》後物と人間との関わり合いへの見方が変化するのに伴い、当然このような分類も変化することとなる。すなわちまず、物を「只在的なもの」として捉える伝統的形而上学的見方を排斥するようになる。

そして、手許的道具としての物への見方は、微妙に変化することとなる。『存在と時間』でも、前記の二通りの物以外に「道端の草花」や「泉」といった自然物（SZ: 70）については触れられていたが、これに関してそれ以上展開されることはなかった。しかし『芸術作品』で、物は道具にとどまらぬ作品、自然物にまで明確に拡張されることとなった（GA 5: 6）。そして講演『物』（一九四九年）になると、道具、作品、自然物はもとより、「あおさぎ、のろじか、馬、雄牛」といったものまで、「物する」（dingen）物として論じられるようになる（VA: 175）。一体このようにその範囲を拡張された物は、世界と人間、さらには性起との関わりで、どのように捉えられるようになるのか。今簡単に見るなら、次のようになる。

まず物とつねに相関して語られる世界は、非本来的な仕方では、「集め-立て」（Ge - Stell）によって統べられた現代「技術世界」として捉えられている[188]。「集め-立て」は性起のいわばネガであり（VS: 104）、「前遊動」（Vorspiel）であって、結局このような非本来的世界のあり方は性起によって定められたものだとされる。このような技術世界においては、物は認識論的に見られた「対象」（Gegenstand）、もしくは使い尽くされる「用象」（Bestand）となり、その本質は覆い隠されることとなる。

これに対して、本来的に捉えられた世界は、すでに触れたように「大地と天空、死すべき者と神的なるもの」という四者が「鏡-戯」（Spiegel - Spiel）という仕方で根源的に関わり合う場としての、「四方域」（Geviert）と呼ばれた。これは、四者が互いにその自性を委ね合うことにより自己に帰るという、本質的な「関わり合い」（Verhältnis）（vgl. VA: 152, Höld: 163ff., UzS: 215, 267）という働きそれ自身として捉えられた〈場〉だった。これらは互いの「中央」（Mitte）の根源的「親密性」（Innigkeit）を形成するが、このような中央で働いているのは結局性起であるとされた（UzS: 30）。また場は「空け開け」（Lichtung）としても語られる。これは人間的現存在の変貌したものとしての「現-存在」（Da - sein）という、いわば〈場〉という仕方で捉えられた人間の本質とも言うべきものとの関わりを表す際に、よく使われる。またこれは、ア・レーテイア（非-伏蔵性）としての真理との根源的関わりという観点からも見られた、場である。このような「空け開け」は根源的に性起の働くような、それ自身働きとして捉えられた〈場〉を意味する。このような本来的に捉えられた世界・場との相関で語られるとき、物はその本来のあり方のうちで捉えられるようになる。

物と世界・場との本来的関わり合いに関するハイデッガーの論述を概観すると、次のようになる。まず講演『物』（一九四九年）[189]で、次のように述べられる。

「物はいかにして現成する〔wesen〕のか。物は物する〔dingen〕。……物することは四方域を性起させつつ、その間合いを〈そのつどの間として留まるもの〉〔ein je Weiliges〕のうちへ、すなわちこの、そしてあの、物のうちへと集める」（VA: 166）

「我々は今や〔物という〕この名を、今まで思索された物の本質から、すなわち四方域を集約しつつ-性起させつつ、滞在させることとしての物することから、思索する」（ibid.）

ここでは物の本質である「物すること」が、四方域としての世界を「性起せしめる」と言われている。つまりここでハイデッガーは、物それ自身のうちに性起せしめる働きを見ているのである！　このことは彼の「物」解釈の到達点を表していると言える。ここでは、世界と物との関わりは、これまでとはまったくその姿を変える。四方域とは、すでに述べたように、「死すべき者」としての人間を含む「大地と天空、神的なもの」の四者の根源的「関わり合い」としての世界だった。したがって物は、「物する」ことにおいて、世界と共に人間をも自らのうちに宿す働きをなすとされているのだ。ここでは〈認識論的対象としての物〉対〈認識主観としての人間〉という関係は、すでに崩壊している。[190]

このような物の根源的働きに対して、世界もまた「世界する」（welten）という仕方で、「鏡-戯」として根源的に関わり合う（VA: 172）。物の「物する」ことはこのような「世界の鏡-戯の集輪からして」性起するのであり（VA: 174）、世界と物とはこのような仕方で互いに根源的に関わり合うとされる。

さらにそれにとどまらず、「物は世界を物する」（Das Ding dingt Welt）（VA: 173）とされる。これは講演『言葉』（一九五〇年）の言い方では、「物が世界を象《かたど》る〔姿を与える・装う gebärden〕」ということである（UzS: 24ff.）。これはまた『建てる、住まう、思索する』（一九五一年）で言われるように、「物」としての「橋それ自身からして初めてある場が生じる」（VA: 148）という仕方で、物が世界をいわば具現するということなのだ。このことはさらに最晩年の『芸術と空間』（一九六九年）に至って次のように語られることによって、明確にされる。すなわち、

「諸々の物それ自身が諸々の場なのであり、単に一つの場に属するというのではない。……造形芸術とは諸々の場の物体化〔Verkörperung〕であろう」（GA 13: 208）

「造形芸術とは、真理の諸々の場を建立する作品のうちでの、存在の真理の物体化である」（GA 13: 210）

「造形芸術とは、諸々の場を物体化しつつ作品の-うちへ-もたらすことである。造形芸術とは、諸々の場と共に、人間の住まうことを可能にする方域〔Gegend〕をあけ開くことであり、また人間を取り巻き、人間に関わってくる諸々の物の滞在を可能にする方域をあけ開くことである」（GA 13: 209）

『芸術と空間』では、それまでの『物』『言葉』『放下の究明に向けて』等で究明された「世界と物」の関わり合いへの論述内容が引き継がれて、「場・空間」と「物」との関わり合いとして論究される。ここで注目されるべきことは、それまで「物が世界を象る」と表現されていた事態が造形芸術における「場の物体化」と表現されていることである。造形芸術において、「作品としての物」のうちに「場が物体化される」。そのような「場」は、人間に本来的に「住まうこと」を、また諸々の物に本来的に「滞在する」ことを可能にするような、「方域」としての「世界」である。造形芸術において、「作品」のうちに、そのような「場が集約され、物体化されている」のだ。むろん「造形芸術」とは、後に詳述するように[191]、中期以降のハイデッガーにおいては人間の働きを介して行われる「芸術それ自身の働き」を意味する。それゆえここで言われていることは、「芸術それ自身の働き」と「物」と「場」との根源的関わり合いの「事態」それ自身と捉えねば、真相を見失う。

物の「世界を象る」働きに対して、世界はまた、講演『言葉』では、「世界は諸々の物にその本質を恵む〔gönnen〕」

(UzS: 24) という仕方で、物と根源的に関わり合うとされている。そのような「物と世界」の根源的関わり合いが、『芸術と空間』での「場の物体化」という表現に結実するのだ。

ここで概観したような「物と世界との根源的関わり合い」は、しかしその内実を理解するのが非常に困難である。一体「物と世界との根源的関わり合い」とは、どのような「事態」なのか？ ハイデッガーはこのような事態は「他のものによって説明されえない」(VA: 172) と断じた。だとすれば、それを明らかにしようとするなら、我々はそのような「事態」それ自身のうちに自ら跳躍するしかないのではないか？ 我々は次に、そのような「事態」それ自身のうちへの跳躍を試みる。

第三項 「物と世界」の根源的関わり合い——「物が物する」ことと「世界が世界する」こと

既述のように、『存在と時間』では、物が「手許存在」(Zuhandensein) と「只在存在」(Vorhandensein) という二重の仕方で出会われてくるとされた。只在存在は、「道具」(Zeug) として捉えられた手許存在からの「別れ」(Abschied) であり、道具の付託連関の阻害のうちで、手許存在が手許性を「喪失すること」として露わになる (SZ: 65-76)。このような只在存在は、現存在の「ゾルゲ」の失陥的様態として、物への真の通路が欠落するということをうちに含む。だがまさにそのことにより、只在的にあるものはますます現存在にとって「目立ち」「強迫的に」「押し迫ってくる」(SZ: 74)。講演『物』は、この『存在と時間』での物論を、ある仕方では引き継ぐ。『物』では、現代において一切の時間的・空間的隔たりが縮小しながら、しかし真の「近さ」(Nähe) が欠在していることが指摘される。現代の我々は、真の「近さ」が欠在しつつ、しかも隔たりのなさが「衝迫してくる」という、驚くべき事態の只中にいる。このような近さの欠在において、「物が物として損なわれている」という、物の物性の喪失という事態が生じる。現代では、物はますます只在的に出会われてくる。それはまさに「物としての物の破壊」に他ならない。

講演『物』では、次のように言われる。

「物としての物は妨げられたままであり、無なるものにされ、その意味で破壊されたものである。諸々の物がもはや物として許されぬのみならず、諸々の物が一般にいまだ決して物として思索に対して現れることができないということ、このことがすでに起こったのであり、現に本質的に起こっているのだ」(VA: 163)

「人間は今まで、近さ〔Nähe〕同様、物としての物をほとんど思索してこなかった」(VA: 158)

「現前者の現前を見相〔Aussehen、エイドス(εἶδος)のハイデッガー訳〕から表象したプラトンは、アリストテレスおよびすべての後続の思索者同様、物の本質をほとんど思索しなかった。プラトンはむしろ、そしてまさしく後の時代の尺度となったことだが、すべての現前者を作り出し〔Herstellen〕の対象として経験したのである。我々は対象〔Gegenstand〕と言う代わりに、正確には来象〔Herstand〕と言わねばならない」(VA: 160)

ハイデッガーがここで、«Her-Stehen»の名詞化として挙示している«Herstand»は、「〜から出てくること」と「すでに現前しているものの非伏蔵性のうちへの、作り出されたものの立ち入り」(ibid.)という、二重の意味をもつ。またハイデッガーはすでに一九三八年の『世界像の時代』において、次のように述べていた。

「プラトンにとって、存在者の存在者性がエイドス(見相、姿)として規定されているということが、世界が像とならねばならないということの、ずっと以前から起こっていたが、長い間伏蔵されたままで間接的に支配している前提なのである」(GA 5: 91)

『物』では、一つの壺において、「物の真の物性」が追究される。眼前の壺のうちに「物と世界」の真実相を見ようとするここでの物論は、一般に理解されている以上にハイデッガーの思索と東洋的思索とが「近い」ことの証拠となっている。[192]

壺は「容れもの」だが、我々がそこに葡萄酒を注ぐとき、我々は壺の壁と底に注ぐのだろうか。むしろ我々は、何か壺のうちの「空《くう》」(Leere)とでも言うべきもののうちに注ぐのではないか。「空が容れものの容れるものである。空、この壺における無が、壺が容れる器としてあるところのものである」(VA: 161)。壺の本質は「空としての無」ということにある。この「壺における無」に、「世界」が「集約」される。すなわち「壺の無」のうちに、「大地と天空との婚姻」としての泉の水が集約され、人間たちと神々とに捧げられた葡萄酒が集約される。このような「大地と天空」「死すべきものとしての人間と神的なるものたち」の四者が、「一切の現前者に先立って来たりつつ、単一なる四方域〔Geviert〕に、重ね入れられる」(VA: 166)。「四方域」とは後期ハイデッガーにおける「世界」に他ならなかった(193)。それは、この『物』論では次のように説かれる。すなわち、「建て、担うもの、養い、産むもの」としての「大地」。「天然の運行、エーテルの紺碧の深み」としての「天空」。「神性の合図する使者たち」としての「神的なるものたち」。「死を死として能くする」人間としての「死すべきものたち」。これら四者が「四方域」として、壺のうちに集約される。

«Geviert» はドイツ語で「四角形」を表すが、また «im eigenen Geviert» という言い方で、「我が家で」という意味をも併せもつ。「四方域」とは、それがそのまま「我が家」でもあるような、「世界」である。

ハイデッガーは「故郷を去る」ということをその思索の根底とする思索者だ、と言ってよい。『野の道』において説かれた「すべての岸を後に残して去ってゆく、そのような旅の遍歴」(GA 13: 88) は、「庇護なきもの」としての人間の、避けえぬ運命だ。だが、にもかかわらず

「……我らを最後に守護するものは
我らの庇護なき存在なのだ……」(GA 5: 299)

『何のための詩人か?』で、ハイデッガーはこのリルケの詩に仮託して、次のように語る。

「庇護なき存在は、開け〔das Offene〕からの離反が反転し、それが開けへと、——そして開けのうちへと向かうときにのみ、守護されうるのだ」(GA 5: 299)

「四方域」とは、このようなものとしての「開け」であり、「家舎」である。それは眼前に対象物のような仕方で「ある」ものではないが、しかし世界の真相を見ようとする眼には見えてきうるものである。そのような世界が、最も身

近な物の中に息づくのである。

このような「四方域」は、先に述べられた「天、地、神、死すべきもの」という四者の一元としての「一重襞」（Einfalt）であるが、このようなものが、壺のうちに「引きとどめられる」という仕方で滞在せしめられる。だがそれは単なる滞りではない。

「引きとどめは性起せしめる。それは四つなるものを、それらの自性の光のうちにもたらす。その一重襞からして、それらは互いに結ばれている。この間柄のうちで、一でありつつ、それらは非伏蔵的である」（VA: 166）

このように、四者は「性起せしめられる」ことにより、それぞれの「自性」のうちに帰りつつ、かつ同時に「一」として「結ばれている」。このような事態が、眼前の壺のうちで生じているのだ。そして次のように述べられる。

「この、四重にして一重なる集約が、壺の現成的本質である」（ibid.）

現成は「集約すること」（Versammlung）、「集めること」（Sammlung）としてある。『形而上学入門』では、ギリシア語のロゴスが「集めつつ、集められていること」として、根源的に「集めるもの」を意味するとされている（EiM: 98）。このようなロゴスとしての「集めるもの」は、ヘラクレイトスが説いたような万物の相互抗争の統一を形成し、このような「相互-抗争において、世界が成る」とされた（EiM: 47）。

「壺の現成は、一重襞の四方域の一つの間合いのうちへの、純粋に贈りそそぐ〔schenken〕集約である。壺は物として現成する。壺はある物として壺である。しかしどのようにして物は現成するのか。物は物する〔Das Ding dingt〕。物することは集約する。物することは、四方域を性起させつつ、その間合いを〈そのつどの間として留まるもの〉のうちに、集める。すなわちこの、そしてあの、物のうちに」（VA: 166）

物の本質的あり方としての現成は、「物は物する」というタウトロギー的な仕方で言い表される。つまり、物の本質は「物する」という〈働き〉自身として思索されている。壺という物は、単に静的物体として「ある」のではなく、「物する」という〈働き〉をその本質とする、とされているのだ。

「物は物する」。この単純な同語の反復のうちで、一切が語られる。だが、それは同時に一切の「説明」を拒むことでもある。この恐ろしいまでの単純さの前では、もはやすべては沈黙するのであり、それより「奥」に言葉によって入りゆこうとすることは、不可能である。

物は「物する」ことによって、「天、地、神、死すべきもの」の四者を「集め」、「引きとどめる」。

「引きとどめつつ物は、四者をその遠さにおいて、互いに近寄せる〔nahebringen〕。この近寄せが、近づけ〔Nähern〕である。近づけが、近さの現成する本質である」(VA: 170)

「近さは近づける」(Die Nähe nähert)。近さは、遠さを遠さとして守りつつ、その遠さのうちで、同時に、近づける。近さの現成もまた、「近さは近づける」という「タウトロギー的」〈働き〉として言い表されている。

地と天、神的なものと死すべきものとは、四者であって、しかも四方域の「一重襞」によって共属している。すなわち、各々は互いに他の本質を反映しあい、同時に四方の一重襞のうちで自己を「自性」(Eigenes)のうちへと映し返す。このような事態が「性起せしめる映現」(ereignendes Spiegeln)と呼ばれ、次のように語られる。

「性起せしめる映現は、四方の各々をその自性のうちに明け渡すが、かく解き放たれたものを、それらの本質的なる相対の一重襞のうちに、結び合わせる」(VA: 172)

ここにおいては、もはや四方の各々は自己の分化した特殊性には執着しない。それはもはや執着から解き放たれた、「遊戯」としての「遊動」(Spiel)に他ならない。それはライプニッツにおいて「神が遊ぶ間に、世界は成る」と言われていた、あの「遊戯」と、本質においてそれほど遠いものではない。またニーチェのツァラトゥストラが憧憬した、小児の無心の「遊戯」をも思い起こさせる。それは最も自己的でありながら、しかも同時に自己を去っている。

「四方の各々は、それらの自性帰属化〔Vereignung〕のうちで、むしろ一つの自性へと脱性起せしめられている〔enteignet ist〕。この脱性起的自性帰属化が、四方域の鏡-戯〔Spiegel - Spiel〕である」(ibid.)

地と天、神と死すべきものとは、鏡が互いに他を映しあいながら戯れる如く、他の各々に自己を渡しあう。だがそれは「自性」へと向けて「己を脱け去らしめる」こととしての「脱性起」であり、「己を捨て去ることによって己になる」という事態そのものである。このような事態は「相互-対-向」（Gegen - einander - über）としての「関わり合い」である。この「関わり合い」（Verhältnis）（vgl. Höld: 163ff., UzS: 215, 267 usw.）の特徴は、たとえば神的なるものと死すべき者との関係に関し、マイスター・エックハルトの魂の「離脱」（abgeschiedenheit）などと比較すると、[194] その「対等性」にある。エックハルトでは、神と人間とは対等に関わり合うというより、人間が自我を「離脱」という仕方で離れることによって、神に帰属するという根底的性格をもつ。だがハイデッガーの「関わり合い」はそれとは異なる。「相互-対-向」とは、既述のように、「一者が他者に対し開かれ、……そのようにして一者は他者に自らを渡し、一者は他者に自らを委ね、そのようにして各々がそれ自身に留まる」（UzS: 211）働きだった。これはまた、「自性的なもの〔自国 das Eigene〕を自らのものとするためには、彼らは彼らにとって異質なもの〔異国 das Fremde〕を通り抜けねばならぬ」（Höld: 87）とされるような「関わり合い」でもある。ダストゥールも説くように、「自己性は他の媒介を必要とし、〈自己-自身-に-来ること〉は自己自身のみによっては成就されえない」[195]。それゆえ『ヘルダーリンの讃歌《追想》』で言われるように、まさに「異質なものこそが、自性的なものなのだ」（GA 52: 193）。このような「関わり合い」は、一方が自らを離れて他方に帰属するというのではない。そうではなく、双方が互いに自らの自性を映し合い、この映し合いのうちで自己本来のあり方に帰るという、いわば根源的「事態」であり、人間的自己と他とが「同じもの」という仕方で根源的に共属する事態である（vgl. N 1: 528, WhD: 146ff., ID: 14, GA 9: 477f., SvG: 127）。そのような「根源的共属」こそが、〈自己〉と〈他〉とが真に「関わり合う」ことを可能にするのだ。[196]

そのとき、「世界」が生じる。

「地と天、神的なるものたちと死すべきものどもとの、一重襞の、性起せしめる鏡-戯を、我々は世界と呼ぶ。世界は、それが世界する〔welten〕とき、現成する」（VA: 172）

「世界は世界する」（Die Welt weltet）。世界は決してそこに「ある」のではない。世界はいわば己から出て、己へと帰る。

反復される二つの「世界」は、決して単純に「同じ」なのではないが、しかし「違う」のでもない。二つの距離は遥かに遠いが、しかし紙一重である。

このような「世界は世界する」という事態は、ハイデッガーのごく初期から言われていることだった。すなわち、すでに最初期の一九一九年の『戦時緊急学期講義』で、世界という場が開けることが、「世界する」〔Es weltet〕という仕方で言い表されていた(197)(GA 56-57: 73)。一九二八―二九年の『哲学入門』でも、次のように言われていた。

「この遊動〔Spiel〕こそ、我々が世界と名づけるものの本質的なものである。世界は世界として、ただ世界-内-存在のうちで、かつ世界-内-存在としてのみ、世界するのだ」(GA 27: 336)

また一九二九年の『根拠の本質』では、次のように言われている。

「ただ自由のみが、現存在に対して、世界が統べ、世界することをせしめうる。世界は決してあるのではない。世界は世界するのである」(WM: 60)

『芸術作品』では、次のように言われている。

「世界は世界する。そして我々がそこを故郷としていると信じている、つかまえることも知覚することもできるようなものより、一層存在するものである」(GA 5: 30)

全集第八七巻『ニーチェ：一九三七年、一九四四年のゼミナール』では、「世界は世界する。……だが世界することは、〈自己を-伏蔵して-保つこと〉におけるあけ開き〔Eröffnen〕なのだ」(GA 87: 99)とされている。

さらに二〇〇七年出版の全集第八一巻『思い』には、「世界すること」〔das Welten〕についての詩があり、「一切の本質的なものは、世界すること〔das Welten〕のうちへと生まれうる」(GA 81: 131f.)ともされている。

このような「世界の世界すること」はまた、『放下の究明に向けて』では「一切を出会わせつつ、共互に集約し、……自己自身へと回帰せしめる」(Gel: 66, GA 13: 70)ような「会域」(Gegnet)の働きとしても言われている(198)。

もちろんハイデッガーにおいては、ことに晩年になればなるほど、語り出されたものの背後に退くものがますます増え、かつその退きはいよいよ深く遠くなっている。詳述されることは決して明示されることを意味していない。むしろ我々は、語られたものの増すに従って、いよいよ注意深くあることを要求されることになる。

それゆえ講演『物』では、次のように言われている。

「世界が世界することは、他のものによって説明されることも、他のものから根拠づけられることもできぬ」（VA: 172）

これは人間的思考能力の不足からくるのではなく、

「むしろ、世界が世界することの説明不能と根拠づけ不能とは、何か原因とか根拠とかいったものが、世界が世界することにはあくまでふさわしくないということのうちにあるのだ」（ibid.）

このような場においては、我々はあらゆる「説明欲求」（Erklärenwollen）への断念を迫られる。それはあらゆる「根拠づけ」を拒み、「なぜ」と問うことがもはや許されないような事態でもある。我々はこのような事態の生起について、その「原因」を探り、「根拠」を探し求めるという仕方での「接近方法」をとることはできない。可能なことは、そこで語られているものをできる限り取り出し、明るみにもたらすことによってその「隠れ」を思い、見えてきうるものをより明らかに見るということだけである。

「世界が世界する」とき、それは世界の「鏡-戯」であり「輪舞」だとされる。それはまさに「いたる所に生きて動く」のだ。

自性が性起するとき、そこではもはや自性は自性であって、自性ではない。そこに性起するのははたして「自性」なのか、あるいは「他性」なのか？　真なる自性は自も他もない。人間が真に〈自己〉であるときには、すでに〈自己〉を捨て去っている。それは「自己は自己であって、しかも世界である」というような事態である。これはまた、「世界は世界であって、しかも自己である」という事態でもある。「世界が世界する」ことは「死すべきものたち」の見守りなしには到来しない。それは死すべきもの、すなわち人間である自己のうちに到来する。しかも、決して自己のうちは自己ではない、という仕方で到来するのだ。「世界が世界する」ことは、決して単に世界のあり方を示すことだと捉えられてはならない。それは何よりも、見守るものとしての自己そのものについての語りであり、しかもそれは、世界を語ることがそのままで自己を語ることだ、という仕方での語りである。「世界が世界する」ことは、すでにいわば「自己が自己する」ことであろう。世界は「ある」のではなく、「世界する」。〈自己〉は決して「ある」のではなく、〈自己する〉。ここにおいて、世界と自己との真実相が閃き現れるのだ。

　ここで閃き現れるのは、また世界と物との関わりの真実相でもある。

「物は四方域を引きとどめる。物は世界を物する」(VA: 173)

このようなものとして、すなわち「物の物すること」から性起した「世界の世界すること」から、再び「物の物すること」を思索するとき、そのとき初めて、我々は「物としての物」を真に思索している。物がその真実相を我々に示すのだ。

「死すべきものとしての人間が初めて、住まいつつ、世界としての世界に達する。秘やかに世界より出ずるもののみが、いつの日にか、物になる」(VA: 175)

第四項　「根源的物性」

　既述のように、物と場・世界とは本来的に関わり合うが、このような仕方での関わり合いによって、存在論的差別もまた「間-分け」(Unter - Schied)に変貌する。すなわち「存在は、その超来によって初めてそれ自身からして非伏蔵的なものとして到来するような、そのようなものに移行し、開蔵しつつ超来する」。かくして「開蔵しつつある超来」としての存在と、「非伏蔵性のうちへと自らを保蔵する到来」としての存在者とが、「両者を開蔵しつつ-保蔵する懐胎〔**Austrag**〕」としての性起によって、区別されつつ保たれる(以上ID: 56f.)。このようにして、物と場・世界とは、その根底において性起によって統べられるとされるのである。

以上のような物と場・世界との関わり合いにおいて、次のような重大な事実があることに、我々は気づく。すなわち、物も世界もその本質は「物すること」「世界すること」という「働きそれ自身」として考えられており、これは特に物に関しては画期的な見方である。物は一般に何らかの固定したものとして捉えられる。だがハイデッガーは物のうちに、「物する」という仕方で現成しつつ、世界を自らのうちにいわば具現するという働きそれ自身を見て取っている。物の本質とはこのような働きそれ自身なのだ。この働きは、その根底にすでに性起の働きがあることを前提としている。性起は物と世界との「間-分け」、ないし「懐胎」として、物と世界との関わりの中心で働いているのみならず、物・世界それ自身のうちにおいても、それらの自性を発源させるという仕方で根源的に統べている。だがこのことは物の側からすれば、物が世界ないしその根底で働く性起の働きの具現であるということになる。我々は『芸術作品』における「真理の本質には、自らを存在者のうちへと整え入れ、そのようにして初めて真理となるということが属している」(GA 5: 50) という言葉、ないし『芸術と空間』における「造形芸術とは諸々の場の物体化であろう」という言葉を思い出そう。物は世界・場ないし真理を自らのうちに容れるという仕方で具現することによって、それら働きそれ自身としてあるがゆえに人間には気づかれがたいものに、人間の目が開かれうるようにするという根源的働きをなすのである。我々はここに「根源的物性」ということの本質を見る。ハイデッガーにおいてはこのような「根源的物性」が思索されているのだ。だが、このことは一般にいまだ明確にされていない。むろん、物のこの本来的なあり方は、芸術や、根源的会得としての思索という仕方での人間の関わり方に対してのみ開き示される。その現れ方は「秘やかで目立たぬもの」である (Vgl. VA: 175)。物は、形而上学的に見られた「対象」、ないし使い尽くされる「用象」として捉えられた際には、このような本来の働きを覆い隠されてしまう。物の本来のあり方への問いは、また人間それ自身のあり方への問いでもあるのだ。

我々は以上のようにハイデッガーにおける物の問題を見てきた。物の問題に関して彼の到達したところは、物のうちに本来的に自性化させる性起の働きの具現を見、また人間の存在が世界「四方域」の四者の一員として物のうちに宿っているとする点で、これまでの認識論的見方ではどこまでいっても越えられなかった物と人間との本来的関わり合いを可能にするものだと言えた。

しかしまた一方で、ハイデッガーは、たとえば『時間と存在』で「存在者なしに存在を思索することが肝要である」(zSD: 2) と言って、後から弁明したりする (zSD: 35f.)。これはもっぱら存在者のみに目を奪われてきたこれまでの伝統的哲学への警鐘として言われたのだが、しかし彼の後期の思索を辿れば、依然として「存在者なしで思索する」ということが根底にあることに、我々は気づく。このことは、既述のように、性起の自己伏蔵から生じ、存在者を真に存在させつつ、自らは脱去する性起に対し、人間はその閃きを垣間見、それに「呼応する」という仕方で「用いられる」(gebraucht) 者である。たしかに、このような仕方で人間は性起に「必要とされている」。しかしはたして人間の根源的自己性の可能性は、それに尽きるのか。人間的自己はなお別の本来的な仕方で「他」と関わりうるのではないか。我々はその可能性への指示を、これまでに取り出したハイデッガーにおける根源的な「物性」解釈から受け取りうると考える。

すでに見たように、物はそれ自身のうちに性起の働きを秘め、性起を具現し、世界を自らのうちに集約するという仕方で、世界と根源的に関わり合うとされた。このような「物性」を、我々は人間的自己のうちにも見て取ることができるのではないか。これは伝統的な物と人間との関わり合い、すなわちカントにおける両者の断絶に留まらず、プラトンのイデアにまで遡りうる両者の根底的断絶の歴史を見れば、なるほど突飛な発想ではある。だが、このような伝統的な見方において、物の本質は真に問われたと言いうるのか？ 答えは「否」である。それゆえ、人間のうちなる「根源的物性」というようなことも決して見られることがなく、深い断絶へと陥ってしまったのではないか。我々は以上のような視点で、次に人間におけるある種の物性としての身体性の問題について見てみる。はたしてこれは「根源的物性」といかに関わりうるのか。そしてそれは〈自己〉と、〈他〉としての〈世界〉との、根源的関わり合いの可能性を開くのだろうか?

第四節　人間的自己の「身体性」と「根源的物性」

第一項　身体性をめぐるサルトルのハイデッガー批判とメルロ・ポンティの身体論

身体性の問題はショーペンハウアー、ニーチェ、ベルクソン、さらに現象学でフッサールらも扱っている。だが、我々はハイデッガーの身体論との関わりを見るために、彼への批判と関連して身体論を展開したサルトルとメルロ・ポンティとについて触れておこう。

彼らはハイデッガーの「世界-内-存在」ということは評価しつつも、身体性の問題が欠けているがゆえに不十分だとし、独自の身体論を展開した。サルトルはハイデッガーが『存在と時間』で身体性について「わずか六行しか触れていない」と批判した。そして『存在と無』では、「対-自-身体」(corps - pour - soi)、「対-他-身体」(corps - pour - autrui)、さらに「身体の第三の存在論的次元」に区分して、身体性のうちにある自己と他との関わりの本質的問題を見ようとした。[199] この「身体の第三の存在論的次元」は「対-自-対-他-存在」(l'être - pour - soi - pour - autrui)でもあり、[200] これはつまり「私の身体についての私の認識は、私が他者の身体について認識したものから、そして私が私の身体への他者の『眼差し』から解釈したものから、成り立つ」ということを意味する。ここで私と他とは、「身体」と「眼差し」とを介して、相互連関のうちに立つことになる。サルトルの身体論はハイデッガーの「世界-内-存在」を基としながら、たしかにハイデッガーが表明化しようとしなかった他者の問題の、ある種の克服の試みとなっている。だが、サルトルはあくまで「眼差し」の「対象」という、なお近代的な「意識としての人間」の次元での身体論に拘ったと言わざるをえない。「私の身体」における「他」との「関わり合い」は、はたしてそのようなことに尽きるのだろうか？

またメルロ・ポンティも、同様にハイデッガーへの批判を含めて『知覚の現象学』『眼と精神』『見えるものと見えないもの』等で身体論を展開した。特に『見えるものと見えないもの』では、「我々を物自身に到達させうるのは身体であり、また身体だけなのだ」[201]とし、「物の肉」(chair des choses) の概念を展開している。これは「存在のエレメント」(a.a.O. 175) として、物でも精神でも実体でもないとされており、我々はここにギリシアのプレ・ソクラティックスの「物活論」的思考の痕跡を見ることができるかもしれぬ。「物自身」と「私の身体」との根源的連関を、彼はある仕方では観て取った。彼はさらに「言葉」や「歴史」や「自然」をも広い意味の「身体」だとし、「私の身体は世界と同じ肉〔chair〕でできている」(a.a.O. 302) と、「身体と世界」の連関を説いた。ここで彼が「身体」という仕方で思索したものの意味を、もう一度見直すべきだろう。そしてさらに世界の意味は、世界の内で「世界的身体」が世界に絡み合うことから生ずるとされ、身体的「絡み合い」としての「行動」(comportement) が「意味発生の場」となるとされる。『行動の構造』で説かれるように、絡み合いつつ世界的に存在しうることとしての「行動」は、それ自身が「意味である」とされるのだ。[202] メルロ・ポンティにおいては、このような仕方で「身体と世界・物・存在」の関わりが、根本的に追究されたと言いうる。

だが彼らの身体論は、ある意味で、ハイデッガーが危惧したような事態に陥った。一体ハイデッガーは何を危惧したのか？ ハイデッガーにおいては、彼らが批判するほど身体性の問題がないがしろにされていたわけではなく、根底には身体性の問題が深く根を下ろしている。我々は次にそれについて簡単に見ることにより、サルトルやメルロ・ポンティへの反批判としよう。だが一方で、たしかにハイデッガーは身体について積極的に語ることを避けた。なぜ一体彼はそうせざるをえなかったのか？ そこには彼の思索の根本に関わる理由があったのではないか？

第二項　ハイデッガーの身体論——サルトルへの反批判

ハイデッガーはいたる所で身体性には触れている。たとえば『時間概念の歴史への序説』（一九二五年）では、クーラ寓話に関連して、「ここでは身体と精神とに並んで〈ゾルゲ〉といったものが、生きている間この存在者に帰属する現象として見られている」と述べている（GA 20: 419）。クーラ寓話は、『存在と時間』の中心的問題の一つとして論じられた「現存在の意味」としてのゾルゲの着想が、そこから得られたとされる寓話である。ハイデッガーは、ここでは身体を、精神と並んで人間を構成するものという伝統的な見方で取り上げている。また『言葉の本質』（一九五七年）では、言葉の発語に関して、次のように語られている。すなわち、

「〔言葉の枠組みを表象する態度においては、〕言葉の身体的なもの〔das Leibhafte der Sprache〕、音声や筆致というものが、十分経験されているのか」（GA 12: 193）

と。ここでは、「言葉における身体的なもの」という、注目すべき発言がなされている。ハイデッガーが「音声、筆致」といったものを「身体的なもの」と捉えていることは、彼がここで「身体的」ということでかなり広い範囲のことを考えていることを、示唆している。

また『思索とは何の謂いか』（一九五一—五二年）では、思索とは手仕事であるとされ、次のように語られる。

「手は通常の表象に従えば我々の身体の有機組織に属する。だが手の本質は決して身体的な摑む器官としては規定されえない」

「語る本質存在、思索する本質存在だけが、手をもつことができるのだ」（以上 WhD: 51）

ここでは、思索が「手仕事」として語られ、いわば身体と分離した意味での「手」という発言がなされているのだ。また『原初根拠』（一九二八年）では、身体性に関して注目すべき発言がなされている。すなわちまず、「現存在はその身体性を通じて、自然の真っ只中に投げられた、事実的現存在である」（GA 26: 212）と言われる。これは「身体

性と自然」という非常に重要な問題に関わる指摘だが、ハイデッガーはこの後「現存在の超越」に議論を移し、それ以上突っ込んだ議論はしていない。さらにこの書では、「現存在は身体性と、したがって性性（Geschlechtlichkeit）とのうちへと、事実的に拡散する内的可能性を保蔵している」（GA 26: 173）とも述べられている。この箇所では現存在の「拡散」の可能性として、身体性と「現存在の空間性」とが挙げられており、「拡散〔Zerstreuung〕という現象が明らかにされるのは、時間性の問題を通った後で見えうるようになるような、空間の形而上学的問題が立てられるときである」とされている。また「このような拡散は現存在のある根源的性格、すなわち被投性に基づいている」（以上 GA 26: 173ff.）ともされる。ここでの論究は、「身体性と空間性」「身体性と被投性」という、非常に重要な問題に関わっている。ここでは「空間性のメトントロギー」（Metontologie der Räumlichkeit, GA 26: 174 傍点筆者）という指示もなされているが、すでに述べたように、「メトントロギー」自身がそれ自身として本格的に展開されることがなかったのに対応して、この「空間性のメトントロギー」もまたここではそれ以上展開されていない。

だがこれらの言表によって、この頃のハイデッガーが「空間の形而上学的問題」や「空間性のメトントロギー」といった形での、何らかの「空間論」を意図していたのは確かだろう。実際、一九二八−二九年の『哲学入門』では、「空間論」がある程度展開されている。すなわち「形而上学においては、空間がある中心的役割を演じている。この役割はむろん、ラディカルに把握された時間との根源的連関のうちでのみ、問題とされうるのだ」（GA 27: 136）と述べられる。そして、自然科学の空間論等とは区別された、哲学の空間論や、芸術における空間の意味等が論じられている。

しかしこのような意図は、実はこの頃初めて生じたわけではない。それはすでに『存在と時間』のうちにあったのだ。『存在と時間』で彼は次のように述べていた。すなわち、現存在は空間を占めるが、これは「身体」（Leibkörper）によって満たされている空間のうちに只在的にあるというようなことではない、とされ（SZ: 368）、「ここでは扱われえないある自性的な問題性をそれ自身のうちに保蔵しているような現存在の《身体性》における現存在の空間化〔Verräumlichung〕は、このような方向によって際立てられる」（SZ: 108 傍点筆者）と。さらに、第二六節「他者との共現存在と日常的共存在」の箇所で、手許的なものの存在様式のうちには、つまりその帰趨のうちには、「身体に合わせ」られるような担い手への本質的指示が存している、ともされていたのだ（SZ: 117f.）。

サルトルは「身体性についてわずか六行しか触れられていない」と批判したが、『存在と時間』ではこのように身体性は空間性と関連づけられており、これは空間性の重要性と関連し、重要な意味をもつ。すなわち空間としての「世界」において初めて、人間は「他」としての存在者ないし真存在の自己伏蔵に出会いえたのであり、これが《転回》において重要な意味をもった。また「存在了解の地平」とされたものも、ハイデッガーの当初のもくろみではテンポラリテートという「時間」として捉えられたが、すでに見てきたように、テンポラリテートは後に「時間-空間」と言い換えられ、「地平」とはむしろ「空間」的意味をもつものだった。ハイデッガーにおいて「空間性」ということは、実は彼の思索の根底で大きな意味をもっていたのだ。そのことが彼自身において、徐々に明確になってくる。それゆえ彼は後に『一九六九年ル・トール・ゼミナール』で、次のように述べた。

「だが『存在と時間』と共に、〈存在への問い〉は〔存在者の存在者性への問いとは〕まったく別の意味を得る。ここでは存在としての存在への問いが問題となる。それは『存在と時間』では《存在の意味への問い》という名のもとで主題化された。後にこの定式は破棄され、《存在の真理への問い》という定式となった。——そして最後に《存在の場〔Ort〕ないし場処〔Ortschaft〕への問い》という定式となった。——ここから《存在のトポロギー》〔Topologie des Seins〕という名が発源した。……三つの語が、同時に思索の道の三つの歩みの標となる。**意味-真理-場**（τόπος）」（GA 15: 344）

このように、彼は自らの思索の行程において、「空間性・場所性」の重要性がいわば時を追って顕現し、定式化された、と語ったのだ。それはまた根底において身体性との関わりをも意味するのだ。

以上のように、ハイデッガーはいたる所で身体には触れており、『ツォリコーン・ゼミナール』では特に身体論が論じられている（ZS: 97ff.）。しかし大半は「身体と精神」という仕方で分離する伝統的見方への批判である（SZ: 108, UzS: 204f., WhD: 50f. usw.）。たとえば一九三一年の『アリストテレス《形而上学》Θ一―三』では、アリストテレスの『デ・アニマ』への解釈のうちで、次のように語られる。すなわち、アリストテレスにおいて「魂とは、身体のうちで働き、感じられるような何らかの物〔Ding〕なのではなく、むしろアリストテレスは生けるもののまったく特定の根本構造を取り出したのだ」と（GA 33: 153, 127）。また『一九六八年ル・トール・ゼミナール』でもヘーゲルの「分裂」(Entzweiung) に連関して、ヘーゲルが「魂と身体」の分裂について言及していることに触れている（VS: 26f.）。最終的にハイデッガーは、「身体と精神」に分離する見方では人間の本質は見て取られえないとするのだ。

しかし『ニーチェ』では「身体はニーチェにとっての一つの支配的構造である」（N 1: 566）とし、ニーチェの身体論を通じて自らの身体論を展開している。[203] ニーチェは身体性の問題を積極的に論じ、自らをこれまでの「一切の価値の転換」だとした。しかしハイデッガーは「ニーチェが心と意識との代わりに身体を据えることは、デカルトによって定置された形而上学的根本的立場をいささかも変更するものではない」（N 2: 187）とし、デカルトとニーチェとの形而上学的根本的立場の内的連関を指摘する。そしてニーチェにおいて、芸術が存在するためには「陶酔」（Rausch）が不可欠だということとの関連で、陶酔と「自己外」との連関について語る（「自己外」としての「脱自」〔Ekstase〕とは、本来「陶酔」という意味だということが想起されるべきだろう）。そしてそれとの関連で、「感情」と「身体」との関わりについて、次のように述べられる。

「感情とは、それによって、我々がつねにすでに自己を越えて、自己にしかじかのあり方で関わって来たり来なかったりする存在者の全体の中へ吊り上げられているような、現存在の根本様態である」

「これらすべてにおいて身体的状態が共鳴している。……我々はまず《生きて》いて、そのうえ身体をもっているというのではなく、我々は身体としてあることによって生きているのである」（以上N 1: 119　傍点筆者）

さらに全集第四六巻『ニーチェの解釈のために』（一九三八―三九年）では、注目すべきことが語られた。

「《身体》――物体でも、それに付け加わってくるものでもなく、原自性〔**Ureigenes**〕であり、身体なのだ。身体は身体する〔**Der Leib leibt** 身体は生きている〕のだ」(GA 46: 242)

ここで身体は「原自性」だとされ、「身体は身体する」とも語られている。身体は自性のうちでも最も自性的なものだとされ、ハイデッガーはニーチェ解釈に関連しては、身体性についてポジティヴに論じてもいるのだ。

同様のことは『一九六八年ル・トール・ゼミナール』でも指摘されている。

「《身体》と《体》〔Körper〕との区別が把握されねばならない。……身体の境界は体の境界ではない。体の境界は皮膚である。身体の境界は規定されることがさらに困難である。その境界は《世界》ではないが、おそらく同様に《環り世界》なのでもない」(GA 15: 322)

ここでは、「物体的体」と区別されたものとしての「身体」が語られ、「《身体》とは何か?」(ibid.) という問いが立てられているのだ。

さらに我々は、以上のようなハイデッガーの言及だけではなく、彼の思索に身体性の問題が深く根差していたことを、次のように明らかにしうる。まず『存在と時間』[204]で物を道具として捉えたのは、人間を認識主観としてではなく、身体的行為者として捉えていたからだと言いうる。また物の「手許性」(Zuhandenheit) とは、人間の「手」(Hand) という、身体との関わりで捉えられた物の存在を意味し、そのようなあり方を「喪失」した、認識論的「対象」となってしまった物のあり方が「只在性」(Vorhandenheit) と呼ばれたのだ。

さらに「根本気分」を人間の根本的あり方として規定するハイデッガーにおいて、気分ということは、身体性を伴わない精神・理性のみにおいては生じないものである。これに関してはハイデッガー自身『ニーチェ』で、次のように述べている。

「気分とはまさしく、我々が自己自身の外〔außerhalb〕に出ている根本的存在様態である」(N 1: 119)

「我々は〔感情の〕状態ということを、全体としての存在者へと身体的に気分づけられて立つあり方として捉えねばならない。このようにして立つことが、またそれ自身気分づけられていることを規-定するのだ」(GA 6.1: 106) また自然科学では、身体をまず「物体・体」〔Körper〕として誤解する。そのうえで「心的なもの」を探すというのでは、事態を見失っている。「いかなる感情も気分を帯びた身体存在であり、しかじかの身体状態にある気分である」(N 1: 119 傍点筆者)。この箇所では、『存在と時間』での「情態性」(Befindlichkeit)と「身体性」との連関も示唆されている。このように、気分ということは身体と不可分のものとしてのみ、その本質が捉えられうるのだ。[205]

さらに、ハイデッガーは、前期には「了解」という仕方での「存在者の存在」との関わりを説いたが、後期には「芸術におけるテクネー〔τέχνη〕」という仕方での「物」との関わり合いを論じるようになる。このようなテクネーは、「身体性を伴った行為」として人間を捉えることによってのみ可能になるものであろう。彼の思索には、当初から「他」としての存在との出会いに関しては、右に挙げたような身体性の問題が根底にあったのである。ジャン・ボーフレも、先に挙げた『ニーチェ』の「我々は身体をもっているというのではなく、身体としてあることによって生きているのだ」(N 1: 119)という言葉前後の箇所に注目し、「ハイデッガーにとって、身体性は現存在の本質に属している」[206]と見ている。

また、すでに挙げた後期の「トポロギー」[207]との関連で、「身体性」は重大な意味をもつのであり、後期に中心的に説かれる根源的に「住まう」(wohnen)ことは、人間を認識主観とする見方によっては見て取られえず、本来、人間の身体性と共に可能になるものであろう(このことに関連しては、後に「展望」で、〈場〉と「身体・物」との根源的関わりとして論じる)。

だがハイデッガーは、「身体性」ということを積極的に語ることは避けた。ニーチェは『力への意志』で「本質的なこと：身体から出発して、身体を導きの糸とすること」と語った。これに対し、一九四〇年に書かれた『ニーチェの形而上学』で、ハイデッガーは次のように語る。

「だが《身体》が世界解釈の《導きの糸》となるとき、これは……存在者の全体が《生命的に》〔vital〕思索されるということを意味せず、《生命的なもの》の特殊な領域が形而上学的に力への意志として把握されるということを意味するのだ」(GA 50: 48)

ハイデッガーは『ツォリコーン・ゼミナール』で、物理学のハイゼンベルクとの関連で、「物理学は人間との生命的連関を欠く」(ZS: 269)と批判した。それを考えれば、ここでハイデッガーが「存在者の全体を生命的に思索する」ということをポジティヴに考えていると見ることができるだろう。だがそれは「身体を導きの糸とする」ことによってはなしえない、とするのだ。ハイデッガーは、たしかにサルトルが批判したように、「身体的なものとは最も困難なものである」(ZS: 292)として、積極的に論じようとはしなかった。これは、身体性を論じることが人間を「身体と精神」に分離しかねないことへの危惧からだった。だがそれだけではなく、これは彼の思索の根本と関わっており、サルトル、メルロ・ポンティらとの決定的違いとなるのだ。

すなわち一言で言えば、ハイデッガーにおいては「存在」という語にある二重性があり、これが彼らのみならず一般に混同されているということである。つまり既述のように、「存在」は、一方では「存在者の存在」を意味し、他方では「存在自身、真存在」という語で性起の働きを意味し、このような二重性は彼自身においても、年代により錯綜していた(「本論」第四章)。サルトルらがハイデッガーの「存在と人間」の関わりに関し、批判的に彼らの身体論を展開したのは、ハイデッガー的には「存在者の存在と人間」の関わりを意味する。だがハイデッガーにとって真に問題なのは「真存在・性起と人間」の関わりだと言え、身体論が存在者の次元に限局されかねぬことを、彼は危惧したのだ。この点で彼らとの決定的なズレがある。彼らの現象学が「眼差し、見る」に拘るのに対し、ハイデッガーの思索の本質は、既述のように「顕現せざるものの現象学」に尽きるのである。つまり、「真存在・性起」という「顕現せざるもの」、いわば「世界を本来化する根源的働き」ともいうべきものと、人間との「根源的関わり合い」こそが、彼の真に説こうとしたことに他ならないのだ。

だが、ここで我々は問わざるをえない。はたして身体性を論じることは、彼が危惧したようなことを孕むのか。「身体性」とは、彼が危惧したようなものに尽きるのだろうか。一体「身体」とは何なのか?

第三項　人間的自己の「身体性」と「根源的物性」

ハイデッガーは身体性を空間性と関連づけ、空間性は「他」との出会いを可能にする条件だった。このことこそ、問題の真の本質なのではないか。すなわち「身体性」とは、人間的自己の最も日常的にして、かつ最も根源的な空間性・〈場〉を意味する。このような空間性としての身体において、我々はつねにすでに「他」と根源的に関わり合っているのである。このことを彼は、物と空間・〈場〉との関わりにおいては見て取っていた。すなわち彼において、形而上学は存在者の存在のみを扱い、存在自身を問わないという理由で、「存在者なしに思索する」ということが言われる(zSD: 2)。だが一方で、『芸術作品』以降明確になるように、彼は物の「真の物性」を問うた。既述のように講演『物』では、物は「物する」(dingen) という本質から、すなわち「四方域を集約しつつ-性起させつつ-引きとどめることとしての物することから」(VA: 166) 思索されていた。物の本質はこのような「働き自身」であり、同様に働き自身としての「場・世界」と根源的に関わり合うとされた。すなわち「物は世界を象り」(UzS: 24ff.)、「諸々の物自身が場であり」、「造形芸術とは諸々の場の物体化であろう」(GA 13: 208) と語られた。彼は物のうちに世界ないし性起の働きの具現を見、物と空間、性起との根源的連関を見たのだ。物は空間ないし性起の働きを自らのうちに具現することにより、このような「働き自身」という人間に気づかれがたいものに人間の目が開かれるようにするという、根源的働きをなした。

このような物性を、我々は人間的自己のうちに見て取りうるのではないか。「身体性」という仕方で問題を立てることは、「植物の身体」などと言わないことからもわかるように、問題を人間の問題に限定してしまう。そうではなく、人間は「根源的物性」として初めて、「場」ないし性起と言われた本来的働きをすでに自らのうちに具現し、自ら「無限の根源的働き合い」とも言うべきもの自身として存在していることが、自らに開示されるのではないか。亀裂的性起の「深淵」とは「場」であるが（GA 65: 235）、このような深淵への「跳躍」（Sprung）も、自己自らが〈場〉であることの根源的開示により、真に可能になるのではないか（これに関しては「展望」で論じる）。

カントの「物自体」との断絶を初め、従来の哲学にとって、このようなことは突飛な発想にすぎない。だがこのような伝統的見方において、物の本質はいわば初めから切り捨てられてきたのではないか。それゆえまた人間的自己の本質も真に見て取られることがなかったのではないか。我々はこのような問いを問うが、しかしまた我々が「根源的物性」と言うのも、ある方便にすぎない。哲学が言葉を方法とし、かつ言葉が本質的に普遍化・明晰判明化である以上、我々は最も単純なことによって最も根源的なことを説くべく課せられている。必要なのは、おそらくこのような努力であろう。

我々は以上のように、〈自己〉と〈他〉との根源的関わり合いの可能性を、ハイデッガーにおける「物と世界と人間」の関わり合いの究明を通して、追究してきた。「物と世界」の根底の「根源的働き」とも言うべきものは、それ自身性起の働きの一つの「表現」なのだ。だがここまでで見て取られたハイデッガーにおける「自己と世界との根源的関わり合い」に関して、それがより端的に見て取られる場があるのだろうか？　我々は言いうる。そのような場は、ハイデッガーにおいて、「芸術」ということのうちにある、と。「自己と世界との根源的関わり合い」という事態において、物は「真なる物」としての「芸術作品」ともなる。ここにおいて、「人間的自己」と「世界」と「物」との根源的関わりは、「芸術」として現れてくる。おそらくはここに、「芸術」と呼ばれるものの本質がある。つまり「芸術」において、「自己と世界」のいわば究極的な「関わり合い」が見て取られるのだ。それによって、伝統的芸術観にある新たな観点がもたらされることになる。「自己と他」の問題の究極が、ここにある。

第七章　芸術の可能性――芸術と性起

第一節　問いの構造――「芸術」：「自己は世界といかに関わりうるのか」

　哲学においては言葉が方法となる。我々は言葉によって真理を会得し、言葉によって真理を他に伝える。ここではいわば「人間―言葉―真理」とでも言うべき連関が成立している。ハイデッガーは芸術の本質を「人間―芸術作品―真理」という連関のうちで捉える。芸術作品は芸術のそれぞれの領域に応じて言葉、絵画、彫刻、音楽といったものに分かれうるが、それらの根底を通じて、我々人間は真理と作品との根源的連関のうちに置かれることとなる。このような捉え方に従えば、哲学と芸術とはさほど異なった領域ではありえない。むしろ、周知のように、特に後期のハイデッガーにおいては、詩を初めとした芸術が、「哲学の終焉」に際した「別の原初」(anderer Anfang)として、思索の主要な事柄となってくる。はたして我々は芸術という仕方で、真理・作品とのいかなる根源的連関のうちに立ちうるのか。そしてそれが哲学的思索にとっていかなる意味をもちうるのか。我々が芸術という仕方においてなしうる可能性とは何か。そこには〈人間的自己〉と〈世界〉との関わりの、どのような可能性がありうるのか？　これらの事柄について思索することが、以下の目的である。

　この課題の遂行にあたって、我々は差し当たってはハイデッガーの芸術についての思索を手引きとする。彼の芸術論についての研究書はいくつかあるが[208]、しかし大半は彼の言葉の解釈に留まっており、そこから「芸術」ということとそれ自身の追究へと深めた議論はなされていない、と言わざるをえない。我々は、先の事柄について自ら思索するという課題を遂行するために、まずハイデッガーの芸術論における先に指摘したような「人間－芸術作品－真理」という連関を軸に、彼における芸術の意味について明らかにする。言葉を方法とする哲学的思索である彼の思索は、その方法において、思索の途上である転換を迫られることとなったが、この転換は彼の思索の中枢に関わる問題だった。ここでも、すでに我々が見てきた彼の思索の《転回》の問題が、問題の根に深く関わっている。だがこの《転回》は、その根底において、西欧哲学と芸術論との全体に関わる問題性を孕んでいた。それがはたしていかなる事態だったのか、ということを我々は明らかにするが、その後、彼が逢着した事態それ自身の究明を通じて、はたして人間は芸術・哲学という仕方でいかにして真理と関わることが可能か、ということを究明したい。

芸術に関しては、最近ヘーゲルの「芸術終焉論」が盛んに論じられている。ヘーゲルの時代にすでにそうであったように、「芸術」という名のもとにあまりにいかがわしい偽物が幅をきかせている状況はむしろ現代の方が深刻であるとしても、しかし、にもかかわらず、芸術の可能性はいまだ汲み尽くされてはいない。一体、芸術という仕方で物、世界、真理と関わることの意味は、はたして何なのか。近世において、芸術・美を扱う学は《aesthetica》（美学）として、アイステーシス（αἴσθησις 感性的知覚）と関係づけられた。だが、これは芸術・美が感性的なものへと還元されることにより、芸術それ自身が理性的・精神的なものに対していわば一段低い段階のものとされる、これまでのプラトン以来の伝統的芸術論の底を流れる見方である。このような見方は、その底に西欧哲学の歴史と軌を一にした問題性を含んでいる。我々は、このような見方によっては、芸術・美とは何なのかということのみならず、そもそも「感性」に対するとされる「理性的・精神的」なものとは何なのか、〈物〉とは何なのか、そして真理とは一体何であるのか、ということが見て取られていない、と言わざるをえない。そしてこのことは、畢竟我々の問う「人間的自己」とは何であるのかということが根底において見て取られていない、ということを意味する。

我々は、これらの一切を問いに付す。以下において試みられるのは、このような問いの試みに他ならない。

第二節　ハイデッガーにおける芸術

第一項　芸術における「二義性」――「誰が・何が芸術を芸術たらしめるのか？」

ハイデッガーの芸術論は、これまで公刊されたものでは、一九三五―三六年の『芸術作品の根源』で初めて全面的に展開された[209]。この論文について一九五六年に書かれた「補遺」のうちで、この論文中の「真理-を-作品の-うちに-据えること」(Ins-Werk-Setzen-der-Wahrheit)という表現に関して、彼自身の次のようなコメントがなされている。

「芸術に対する人間の連関のうちでは、真理を作品の-うちに-据えることのもう一つの二義性が判明する。……それは創作と見守りとして言及されている」

「誰が、あるいは何が、いかなる仕方で《据える》のかということは無規定なままであるが、しかし規定可能であり、この表題のうちには存在と人間本質との連関が自らを伏蔵している。この連関はこのような体裁のうちでは不適切にしか思索されていない。これは私をせめたてる困難〔Schwierigkeit〕であり、『存在と時間』以来明らかになり、それ以後さまざまな仕方で語られてきた」(以上 GA 5: 74)

つまりここには、彼が明らかにしているように、「本質的な二義性」(GA 5: 73)が存する。すなわち、«Ins-Werk-Setzen-der-Wahrheit» ということは、一方では「芸術が真理を作品のうちに据えること」であり、真理は「目的語」となり、「芸術とは人間による創作であり見守ることだ」とされる。だが他方では、«Ins-Werk-Setzen-der-Wahrheit» ということは「真理が自らを作品のうちに据える」ということであり、「芸術は性起から思索されている」とされる。ここで、性起が芸術の本質と連関してくるのだ(以上 GA 5: 73f.)[210]。つまり、二義性とは芸術における「存在(真理)と人間本質との連関」の二義性であり、これは畢竟「誰が・何が、芸術作品を芸術作品たらしめるのか」という問いに他ならない。これが「『存在と時間』以来私をせめたてる困難」だという彼の言葉には、この問題が、後に見るように、彼の思索の中枢に関わる問題であり、彼の思索の《転回》とも関わることを示している。[211] それはまた哲学と芸術との本質に関わる問題でもあるだろう。一体そこで、どんな事態が生じたのか？

第二項　ハイデッガーの思索の転換と芸術

先の引用でハイデッガーが言及した『存在と時間』において、その根本的意図は、人間的現存在のある種の優位のもとで「存在の意味」を問うことであり、「あらゆる存在了解一般を可能にする地平として時間を解釈すること」(SZ: こ) が当面の目標だとされた。しかし、既述のように、この書は第一部の第二編までしか公刊されず、『存在と時間』は途絶した。ここから彼の思索の《転回》が議論されるようになった。この《転回》と、先に挙げた、芸術に関して『存在と時間』以来私をせめたてる困難」とは、どのように関わるのだろうか（以下、思索の《転回》に関する部分はすでに幾度も論じたので、簡単に記す）。

『存在と時間』既刊部の完成以後、既述のように、人間的現存在の意のままにならぬ真存在の「超力」、現存在の自由に対する「拘束性」としての世界ということが強調されるようになり、また現存在以外の存在者についても、「存在者をその抵抗のうちで経験する」(GA 26: 279) と述べられるようになった。このように、現存在の「外」で超力的に威を振るうようになる世界、存在者、最終的には真存在といったものに対して、人間的現存在は徐々に「無力」という側面が強調されるようになった。このことは「存在自身の自己伏蔵」という事態においてさらに顕現化した。このように、『存在と時間』以後、現存在に対する超力的なものに対して言及されることが多くなったが、しかしまた一方では、あくまでこの時期の彼の存在の問いは現存在の超越を基盤にした超越論的存在論だった。つまり、現存在によって「現存在ならざる存在者が踏み越えられる」(GA 26: 212) という現存在の超越が、「自由」としてあくまでも追究されており、「現存在こそが本来的超越者なのだ」(GA 24: 425) とされた。

以上のように、『存在と時間』以後、現存在の超越と現存在に対する「超力」的なものとのいわば拮抗作用が顕在化してきたが、これは現存在が自己以外の存在者の存在了解という、自己の「外」の次元に出たとき、もはや現存在の超越・自由という仕方では捉えきれない何らかの超力的「働き」とも言うべきものに出会うことを意味し、現存在の超越を根拠とする限界が生ずることを意味した。かくして彼の思索は「転換」を迫られることとなり、『寄稿』では「現-存在は現-存在として根源的に伏蔵の開けに耐えるのであるがゆえに、厳密には現-存在の超越というようなことは語られえない。このような着手の範囲においては、いかなる意味でも《超越》というような表象は消滅せねばならないのだ」(GA 65: 217) と述べられたのだった。

このように、ハイデッガーの思索はさまざまな次元での問題に遭遇して性起の思索へと《転回》したが、ここで問題となってくるのが人間的現存在と超越との問題である。現存在は存在者を超越するとされ、ハイデッガーはプラトンや新カント的な認識論的見方の影響を色濃く受けており、このような意味で哲学の伝統を受け継いでいた。しかし既述のように世界、真理、真存在といったものの自己伏蔵的超力が表面化してくるようになり、彼の思索は転換したのだった。

ここで詩・芸術が彼の思索において非常に重大な意味をもってくることになる。すなわち、彼は既述のような思索の《転回》という事態の只中で、「形而上学の言葉の助けによっては切り抜けられなかった」(GA 9: 328) と自ら吐露するような事態に遭遇したのであり、これが彼の言葉と思索の方法とへの考え方を決定的に変えさせることになった。つまり、どこまでも存在者の「根拠」を求めるという仕方で思索してきたこれまでの形而上学に対し、「脱-根拠」(Ab-Grund) として深淵的に人間に対して自らを伏蔵するような真理を、いかにして会得し、言葉にしうるのか、という問いが切迫してきたのだ。したがって、このような彼の思索の《転回》は、思索の方法それ自身が問いに付される次元に、彼自身いわば身をもって入っていったということなのだ。

思索の方法としての言葉は、西欧哲学・形而上学二千年以上の時を経て、はたして真に事柄それ自身を伝えうるものとなっているだろうか。真理の真の瞬間に言葉として現れたものが、長い時のうちでいわば哲学の決まり文句と化し、いじくり回されているうちに、その真の姿が見失われてしまったのではないか。我々は、言葉を巧みに取り扱うことができるようになるのといわば反比例して、言葉が本来もっていたはずの真の「言葉の力」というようなものを、もはや感じ取ることさえできなくなっているのではないか。ハイデッガーの語る「形而上学・哲学の終焉」とは、このような事態へのいわば自覚の表現なのではないか？

だが、このような終焉の只中において、否、まさしくそれが終焉であるがゆえにこそ、新たな可能性が生じてきうる。真理を真に伝えうるのは、はたしていかなる手段によるのか。ハイデッガーは、真理としての「神の閃きを語のうちへ強い、言葉のうちに置く」(GA 39: 30f.) のは、「中間本質」としての「半神」、つまり詩人だ、とした (GA 39: 164)。言葉を方法とする思索者は、このような仕方で「言葉のうちに置かれた」真理を、哲学の決まり文句に曇らされぬ眼で真に見抜き、そしてそれを真に明晰化しうるのでなければならない。かくして一九三〇年代以降の彼の思索の根底において、詩・芸術は思索の方法それ自身への問いとして、決定的に重大な意味をもつようになってくる。すでに一九三一―三二年の『真理の本質について』で、次のように述べられていた。

「現実的なるものの発見が生起したのは、また生起するのは、学問によってではない。そうではなく、根源的な哲学と、偉大な詩作、及びその諸々の投企（ホメロス、ヴェルギリウス、ダンテ、シェークスピア、ゲーテ）とによってなのだ」(GA 34: 64)

だがまた、このように芸術が重大な意味をもつようになることにおいて、彼のうちにある重大問題が生じてくる。すなわち彼が「『存在と時間』以来私をせめたてる困難」と述べた、「誰が・何が、芸術を芸術たらしめるのか」という問題が生じてくることとなった。これはハイデッガーの芸術論の中枢を貫く問題となるのだ。

第三項　ハイデッガーにおいて芸術とは何か？——「場の物体化」と「詩」

一般に芸術とは芸術家によって拵えられるものだと思われている。「自分の感覚をいかに作品を通して表すか」ということが芸術の本質だというようなことを、「芸術家」自身が語る。だがハイデッガーにおいて、芸術は初めからそのような人間の恣意による「拵えもの」だとは捉えられていない。これまでのところハイデッガーが最初に全面的に展開した芸術論である『芸術作品』では、芸術家としての人間は芸術作品の創造者であると同時に、「真理の働きそれ自身」としての「芸術それ自身」の働きを「見守る者」だとされた（GA 5: 54ff.）。すなわち「我々は作品が作品であるようにすることを見守り〔Bewahrung〕と名づける。……創作されたものは見守る者がいなければ存在的とはなりえない」（GA 5: 54）。そして「芸術作品と芸術家との根源は芸術である」（GA 5: 44）とされ、「芸術作品と芸術家とは共に芸術に依拠し、芸術の本質とは、真理が自らを-作品の-うちに-据えることとである」（GA 5: 59）とされるのである。このような「芸術」とは本来ポイエーシス（ποίησις）、テクネー（τέχνη）にまで遡るような「出で来たらす」（Hervorbringung）「働きそれ自身」だと言われる。[212] それは最終的には「真理自身」の働きであり、芸術とはこのような「真理が自らを-作品の-うちに-据えること」だとされるのだ。つまりハイデッガーにおいて、芸術とは人間のほしいままにしうる「拵えもの」ではなく、「芸術・真理」という何らかの「働き」が「自らを作品のうちに据える」という「事態」だとされているのだ。

このような真理の働きは、「開蔵」（Entbergen）としての「空け開け」（Lichtung）が、「拒絶と塞ぎ立て」という二重の「伏蔵」と相克することとして説かれる。このような開蔵と伏蔵との相克が、「開くものとしての世界」と「閉ざすものとしての大地」との「闘争」の根源だとされる。そしてそのような闘争を引き起こすのが「作品」としての「物」だとされるのだ。「作品とは、ある世界を打ち立て、大地を作り立てることによる、この世界と大地との闘争の煽動作用〔Anstiftung〕なのだ」（GA 5: 36）。このように、第六章で述べたように、この一九三五年からの講演『芸術作品』

の段階で、それ以前に述べられていた〈存在論的差別における存在者としての物〉と〈存在者を超越するものとしての世界〉という関係がすでに転換してしまっている。しかも「物」としての存在者と真理との関係に関しても、「真理の本質には自らを存在者のうちへと整え入れ、そのようにして初めて真理となるということが属しているがゆえに、真理の本質には、存在者それ自身の只中で存在的であるという真理の卓抜なる可能性としての、作品へと向かう動向が存している」(GA 5: 50) とされた。真理は「自らを（存在者としての）作品のうちに据える」ことによって初めて、真理となる。ここに芸術作品の本質があるのだ。

だがこの『芸術作品』に関して、「存在・真理と人間本質」の「二義性」が、ハイデッガー自身によって指摘されていた。つまり「誰が、何が、《据える》のか？」ということが、ここでは「無規定なまま」だとされた。ここで「真理の働き」と「芸術家」としての人間との関わりが、彼の思索のうちの大問題として、彼を「せめたてた」のだ。これに関して、『芸術作品』の数年前に行われ、全集第三四巻所収の講義『真理の本質について——プラトンの洞窟の比喩とテアイテトスとに寄せて』（一九三一-三二年）では、次のように言われていた。

「芸術の本質は、芸術家が可能的なものに対する本質的視をもち、存在者の伏蔵された諸可能性を作品へともたらし、それによって初めて、人間が〈可能的に-あるもの〉を見るようにさせる、ということにあるのだ」(GA 34: 64)

ここで「芸術の本質」は、「芸術家が存在者の伏蔵された諸可能性を作品へともたらす」という、「人間の働き」として言われている。そして『芸術作品』では、「誰が、何が、《据える》のか？」ということが、ここではまだ「無規定なまま」だとされた。

これに対して、一九五〇年に講演された『技術への問い』においては、芸術は「技術」(Technik) ということとの関わりで、明確に真理それ自身の働きとして捉えられるようになる。すなわち、「技術とは開蔵の一つのあり方であり」(TK: 12)、「開蔵」とは真理の領域を開く働きそれ自身を表す名であって、既述のように、最終的には性起の働きとして捉えられるようになった。このような開蔵としての技術とは、本来テクネーであり、真理を「出で来たらす」働きであったが、しかし近代技術の本質は「集め-立て」(Ge-Stell) ということであり、真理の働きを見て取ることができず、真理・存在それ自身さえも忘却してしまっている、と述べられる。だが、このような存在忘却という「危険」(Gefahr) の只中で、「救うもの」もまた芽生える。すなわち既述のように、「されど危険の存するところ、救うものもまた芽生う」というヘルダーリンの讃歌『パトモス』の詩が引用され、他ならぬ技術それ自身のうちにこそ「救うもの」が存している、とされる。それが、芸術なのだ。

「かつては技術だけがテクネーという名をもっていたのではない。真理を出で来たらす開蔵も、……また真なるものを美のうちに出で来たらすことも、……また美術のポイエーシスも、テクネーと呼ばれたのだ」(TK: 34)

「技術との対決は、……技術の本質と類似しながら、根本的に異なった領域のうちで生起せねばならない。このような領域が芸術なのだ」

「技術の本質を問いつつ熟慮すればするほど、それだけ芸術の本質はより奥義に満ちたもの〔geheimnisvoll〕になる」

(以上 TK: 35f.)

つまりここで、「真理を出で来たらす開蔵」の働きとして、性起が「芸術という働き自身」の根底として見られ、「芸術は性起から思索されている」(GA 5: 74) のだ。

以上のように、ハイデッガーの思索の《転回》は、彼の芸術論にも深く関わっている。すなわち、一九三〇年代初頭には、「芸術の本質」が「芸術家」としての人間の働きとして捉えられていた。だが三〇年代半ばには、「誰が・何が、芸術を芸術たらしめるのか」ということが根底において問題となり、それ以降は「逆転」して、「真理・芸術それ自身の働き」が芸術を芸術たらしめる、とされるようになる。そして人間は、三〇年代半ばには、それを「見守るもの」だとされるようになるのだ。

このような仕方で熟成したハイデッガーの芸術論は、さらに最晩年の一九六九年の『芸術と空間』において、いわば最も深い境地に到達することとなる。すなわちここでは、芸術は真理の場を「空ける」（räumen）こととして語られる。「空けるとは、そこにおいてある神が現れるような場を解き放つ」（GA 13: 206）ということであり、このような「空ける」ことのうちでは「生起する」（geschehen）という働きが自らを隠している、とされる。ここで芸術と「ある神」との連関が語られるのだ。そしてここではさらに「場」との関わりで、次のように語られる（以下の引用は、第六章でも取り上げた）。

「諸々の物それ自身が諸々の場なのであり、単に一つの場に属するというのではない」

「造形芸術とは諸々の場の物体化〔Verkörperung〕であろう」

「造形芸術とは、真理の諸々の場を建立する作品のうちでの、存在の真理の物体化である」（以上 GA 13: 208ff.）

つまり、芸術によって真理の場が開かれ、同時にその「場」が「物体化」される、と言われるのである。既述のように、これは〈場〉ということと〈物〉ということとの根源的連関として、注目すべき言及である。

だがここで、ハイデッガーの芸術論のもつある重大な問題性が浮上してくる。すなわち、すでに『芸術作品』の最後で、次のように説かれた。つまり「一切の芸術とは、……本質において詩作であり」（GA 5: 59）、芸術は最終的には詩作にその本質をもつとされる（GA 5: 59ff.）。それは晩年の『芸術と空間』になっても変わらず主張され、やはり最後に、芸術の本質は先に挙げた「場の物体化」には尽きないと、ゲーテの言葉が引用されて示唆される。そして「存在の非伏蔵性としての真理は、必ずしも物体化に依拠する必要はない」（GA 13: 210）とされ、最終的にはやはり「詩」が芸術の本質として示唆されていると言ってよい。

このような「芸術」と「詩」との連関の問題に関して、全集第六七巻『形而上学とニヒリズム』所収の『形而上学の超克』（一九三八–三九年）で、次のように述べられた。

『芸術作品の根源』についての諸講演においては、形而上学の領域での《芸術》の規定（テクネー、形式-内容、美）と、原初的な意味での《詩作》（《ポエジー》ではなく）の真存在歴史的な解釈とが、絡み合ってしまっている。……それゆえ、芸術作品のより根源的解釈によって芸術を新たに救済しようとする試みは、道を迷わせるもの〔irreführend〕となってしまっている」(GA 67: 107)

ハイデッガーは『芸術作品』でテクネー等について論じたが、そのような自らの「芸術」論が「形而上学の領域での《芸術》規定」を含むとし、「詩作についての真存在歴史的解釈」と区別される、としているのだ。もちろん、『芸術作品』での「芸術」論がそのまま「形而上学的」規定だとされうるわけではないだろう。また「詩作についての真存在歴史的解釈」ということが、『寄稿』等で語られたヘルダーリンを含む「来たるべき者たち」としての真存在歴史的な「詩人」論を意味し、むしろ「芸術を新たに救済しようとする試み」こそが重要であることは、論をまたない。だが他方、このような言い方で「芸術」論と「詩」論とを区別しようとする彼の態度のうちには、やはりある重大な問題性が潜んでいると言わざるをえない。つまり、以上のような彼の芸術論おいて明らかになるのは、彼において、やはり芸術は根底において詩作に行き着く、ということである。芸術の本質は、彼にとっては詩作である。

これは、「人間―言葉―真理」ということであり、ここにおいて芸術と哲学とはその根底で連関する。このことは、一方ではハイデッガーの芸術論のもつ重要な意義となる。すなわち、「自らを隠すもの」としての真理を会得し、表現するのは、形而上学的な思索では限界があるのであり、彼の後期の思索は、そのような形而上学の言葉によらない、新たな方法の模索となった。そして、その新たな方法としての言葉が、芸術としての詩作のうちに求められたのである。そのような芸術は、それ自身深い意味を伏蔵しており、「芸術それ自身が謎〔Rätsel〕である」(GA 5: 67) と言われるのだ。

だが、他方我々は、以上のような彼の芸術論の孕む問題性に論及せざるをえない。彼において芸術の本質とは、根底において詩作という仕方で真理を人間が言葉によって受け取り、それを表現するということを意味する、と言いうる。だが、はたしてそれのみが芸術の本質であると言ってよいのであろうか。さらに我々は、彼の芸術論・詩論では、真理に対して人間がもちうる可能性もまた、ある種の限界をもっている、と言わざるをえない。我々はそのような限界の突破を目指し、そこに芸術の本質と可能性とを見いだすことを試みる。

その手がかりを、我々は彼の「物」論のうちに見て取ることができる。『芸術と空間』においては、「諸々の場の物体化」「存在の真理の物体化」ということが言われていた。ここにはある突破の可能性が含まれている、と言ってよい。だがここで、既述のように「存在の非伏蔵性としての真理は、必ずしも物体化に依拠する必要はない」(GA 13: 210)とされた。これはもちろん、存在者に眼を奪われるあまり、存在の真理に対する忘却の歴史であった西欧形而上学に対する警鐘を意味する言葉として、解釈されねばならない。だが、ここではまた一方で、ハイデッガーのみならず西欧哲学の伝統のうちに根を張っている「物」解釈のある種の限界が示唆されている、と言わざるをえない。彼らははたして物の真の物性を見ていると言いうるのか。ここにあるのは、やはりイデア論的なある種のプラトン主義とも言うべきものではないか。ハイデッガーは彼の詩・芸術の捉え方において、伝統的哲学の問題性をいわば彼自身引き継ぐこととなってしまった、と言わざるをえないのではないか。このような物観においては、我々自身のうちの「根源的物性」とも言うべきものが見て取られていない。だがこれが見て取られたとき、哲学と、そして芸術とは、ある新たな可能性をもつことになる。我々は以下において、そのような可能性の追究を試みよう。

第三節　芸術の可能性──「自己と世界との根源的働き合い」としての「芸術」

我々はまず、問題を明確化するために、次のような問題次元を設定しよう。すなわち、哲学・芸術における問題次元は、まずいわば「真理・美それ自身」の問題と、「真理・美と人間」の関わりの問題とに分けられる。そして、この関わりの問題は、さらに真理・美の「会得・感取」の問題と、真理・美の「表現・伝達」の問題とに分けられる。

ハイデッガーはまずこの「真理(美)それ自身」について、既述のように、「真理が-自らを-作品の-うちへと-据える」と述べ、また他方真理は自らを人間に対して伏蔵する、と述べた。彼においては、このようないわば一切の根底で働く根源的働きといったものが思索されている。それは時により真理・存在自身と呼ばれるが、『寄稿』ですでに明らかになったように、一九三〇年代から根底において「性起」という名がそれらの底を貫くようになる。性起としての真理それ自身が、存在者の存在・真理を「作品・言葉」のうちに据え、人間に自らの呼び声を聴き取るよう求め、そしてそれを聴き取ろうとしない者に対しては、自らを伏蔵する。そしてしかも、このような性起の働きこそが哲学・芸術の根源だとされているのである。我々は、ハイデッガーがこのような働きを哲学・芸術の底に見て取ったということの意味を、今一度熟慮すべきであろう。はたしてこれまでの哲学（形而上学）・芸術学において、このような事態がどこまで見て取られていたと言いうるだろうか。哲学も芸術も、人間によるあまりに安易な「拵えもの」になってしまっているのではないか。ここには抜きがたいある種の「人間中心主義」とも言うべきものが、根を張っているのではないか。

このことはさらに、「真理（美）と人間」の連関の問題にも波及する。人間は哲学・芸術において、真理・美を何らかの方法によって「会得・感取」し、それを他に対して「表現・伝達」する。ハイデッガーにおいては、既述のように、このような方法それ自身が根底的に問いに付された。哲学的思索においては、言葉がこのような方法となる。ハイデッガーはさらに、芸術も「その本質は詩である」として、このような言葉を本質的方法だとした。このような彼の見解は、実はそれほど新しい見解ではない。むしろプラトンがすでに『イオン』『パイドロス』等で説いたように、芸術においては「詩と神的なもの」の連関に卓越した地位が与えられている。[213] 以来、このような見解は伝統的芸術論の根底につねにある見解だと言ってよい。

また、言葉が本質において理性による明晰化である以上、言葉を用いる「詩作」を芸術の本質だとする見解のうちには、その根底に西欧哲学・芸術論に根強い「理性と感性的知覚」の差別の問題が存している。一八世紀にバウムガルテンが初めて美学に対して《aesthetica》の名を与え、美学をアイステーシス（感性的知覚）と関係づけた。だが彼は『美学』で、「感性的認識の学」としての美学を「下位の認識論」であると定義し、[214] より上位の認識論である論理学と対置している。このように美学が明確に感性的認識と関係づけられたのは一八世紀になってからだが、しかし芸術をもっぱら感性的知覚へと還元し、理性的認識と異なるものと捉える見方は、やはりプラトン以来の伝統的見方である。

このような見方によって、さらに西欧においては、理性的認識としての哲学に対して、感性的レベルのものとしての芸術をいわば一段低い段階のものとする見方が伝統的にある。ヘーゲルは芸術を宗教、哲学の前段階とし、我々にとって芸術はもはや、真理が現実存在を得る最高の仕方とは見なされないと述べた。そして『美学講義』で、「芸術はその最高の規定という面からすれば、我々にとって過去のものであり、過去のものにとどまる」[215]という「芸術終焉論」に帰着した。これは、彼自身右記のような哲学の伝統の流れのうちにあったからに他ならない。

だが、はたして芸術の本質は、このような伝統的見解のうちにおいて、十分に汲み尽くされていると言いうるだろうか。はたして言葉が芸術の本質だと断言しうるのだろうか。芸術がもっぱらそこへと還元されてきた「感性的知覚」とは、はたして何なのか。そしてこのような感性に対するとされる「理性的認識」とは、はたして何なのか。

このような伝統的芸術論に対して、芸術の本質をある仕方で見て取ったと言いうるのはニーチェであり、彼はたとえば『力への意志』において次のように語った。

「芸術作品、それが芸術家なしに現れるところ、たとえば身体として、組織体(……)として。その点において、芸術家は単なるひとつの前段階にすぎない。自己自身を生み出す芸術作品としての世界――」[216]

芸術は「芸術家なしに」「身体」として現れうるのであり、「世界」自身が「自らを生み出す」「芸術作品」だとされている。このような芸術論は「身体」や「世界」の真の意味を見て取ることによって初めて可能になるものであり、その点でたしかにニーチェは西欧形而上学の迷誤を打破する可能性を秘めていたと言いうる。そして最終的に彼は「芸術は真理よりも価値が高い」とし、「真理は最高の価値尺度とは見なされない」[217]とした。これをハイデッガーは至るところで批判する(GA 5: 240 usw.)。つまり、このようなニーチェの真理解釈において「真理」「存在」ということが不当に低く評価されており、最終的には「形而上学の克服」を説くニーチェが実は「形而上学の完成」である、と。だがニーチェのこのような芸術論自体は、むしろ我々がこれまで見たハイデッガー自身の芸術論に近い。ハイデッガーにおいて芸術は「芸術家以前の」「働きそれ自身」だとされ、「世界」も「世界する」という「働き自身」として、いわば「自己自身を生み出す」ものと捉えられていた。

ハイデッガーは「形而上学・哲学の終焉」を説いた。それは、彼自身先に述べたような伝統的哲学の見解に対し、それを問いに付そうとしたからに他ならない。そして彼は、既述のように、哲学・芸術の根底に流れるある「働き」としての性起に行き着いた。我々は、彼がこのような「働き」を説いたことの意味をもう一度思い出そう。性起とは、一切の根底にあって、一切のものをいわば本来化し、本質的関わり合いへともたらす働きだった。そこにおいて世界と人間とは本質的に関わり合い、互いが互いの自性を委ね合うとされた。このような関わり合いにおいては、本来、もはや「理性的認識」や「感性的知覚」といった差別はなく、むろんどちらかが優位をもつといったこともない。哲学も芸術も、根底において、本来このような関わり合いをその本質とするのではないか。

だが、一方でまたハイデッガーにおいては、「真理と人間との連関」の問題において見られたように、あくまでも人間を真理・性起の呼び声に「呼応する者」として、また「真理が自らを作品のうちに据える」働きを「見守る者」として捉える見方が、根底にある。人間は真理・性起の働きに呼応するが、しかしこのような働き自身は、ハイデッガーにおいては、あくまでも人間それ自身のうちに見いだされるものとはされていない。だが、このような「一切の根底で働く根源的働き」は、実は人間的自己自身のうちにも存するのではないか。我々は自己自身が身体という〈物〉であり、これは自己自身がある種の〈場〉であることを意味する。ハイデッガーは「真理の物体化」ということを説いた。芸術は真理の場を「空ける」(räumen) ことにより、場を物体化し、真理を物体化する、とした。我々は、自己自身が真にこのような〈物〉〈場〉であることを見て取ることにより、自己自身がこのような「物体化された真理」「真理の場」であることに初めて気づきうるのではないか。我々は〈物〉として、一切といわば共通に、「一切の根底で働く根源的働き」を自己のうちに蔵している。このような仕方で自己のうちに見て取られる物性、これが「根源的物性」ということに他ならない。これは最近よく論じられるような「身体」という捉え方では見えてこない事柄である。つまり、身体とはあくまでも他の存在者に対して動物としての人間を限局する言い方であり、このような捉え方では、いくら「身体性における世界との関わり」を論じたところで、根源的な働き合いとも言うべきものに到達するのは困難だと言わざるをえない。そうではないのだ。人間の「身体」ではなく、人間の「根源的物性」として初めて、人間的自己と他の一切のものとの「根源的働き合い」とも言うべき事態が見えてきうるのではないか。

また、このような「根源的働き」はハイデッガーが性起という名で思索したものと近いが、彼においてこのような性起は「一切の深淵的根源」を開くものとして、「神的なもの」「最後の神」との類縁性を指摘されうる(218)。たしかに、古来、このような働きが命名される際には、それは「神」という名で呼ばれえた。だが、それを「神」と名づけることによって見失われてしまうものこそが、実は問題なのだ。「神」が「神」でありうるのは、それが人間的自己とは絶対的に断絶したものであるからに他ならない。たとえ「神との合一」というようなことを説いたとしても、それはあくまでも絶対的断絶を前提したうえでの「合一」であり、そのような「根源的働き」が本来人間的自己のうちにあるという事態とは、根本的に異なるのだ。

たしかに、我々はつねに何らかのものを「言葉にする」ということの困難さにつきまとわれている。「名づける」ことは至難である。だが、哲学が言葉を方法とする以上、我々はつねにその困難さと格闘すべく課せられている。しかもその際、同時にまた我々は、「言葉」として表されたものの真の意味を見抜く眼をつねにもち合わせていなければならない。「言葉」として現れた真の姿を、我々は歴史のうちに哲学の決まり文句として風化させてしまってはならないのだ。このような意味で、「根源的物性」ということも、むろん哲学の伝統的「物」概念に対するある逆説的な、仮そめの名にすぎない。肝要なのは、言葉のうちの「真相」を見抜くということに尽きるのだ。

以上のような事態が見て取られたとき、芸術において言葉を上位とすることは無意味となる。言葉による明晰化はむろん必要不可欠だが、しかしそれは言葉によらぬ会得と表現とを軽視することには繋がりえない。言葉にすることによってかえって真実が伝わりえないということが、実際に存在しうるのだ。「根源的物性」の開示によって会得されるのは、いわば「人間−真理」という根源的事態である。このような会得は、哲学においては真に「真理を会得する」ということであり、また芸術においては「一切のうちに美とも言うべき仕方で現れるものを感じ取る」という仕方で、世界・自己の真相を看取することに他ならない。ここにおいて、哲学と芸術とは根底において関わるのだ。

だが問題は、このような会得をいかにして「表現」し、他に「伝達」しうるかということである。芸術論においては、プラトンによって論じられた「現実のミーメーシス（μίμησις 模倣）」という見方が、ポジティヴな意味で理解されてしまい、それを芸術の本質だとする者もいる。しかし、プラトンにおいて芸術におけるミーメーシスはイデアの「模倣のさらなる模倣」として低位に位置づけられており、「模倣」を芸術の本質だとする見方は「現実」と人間との真の関わりを見て取っていない、と言わざるをえない。「現実」のうちに看取される真理は、人間によって単に「模倣」されたときには、その真相を失う。そもそも「人間が芸術を拵える」という仕方では、真の芸術は起こりえない。肝要なのは、人間的自己それ自身が「一切の根底で働く根源的働き」の一部となって真に「真理・美」を表しうるかどうか、ということである。このような境地にまで到達するのは至難だ。芸術においても、哲学においても、我々の知る現実のうちに、今はたしてこのようなものが存在するかさえ定かではない。だが、たとえ今現実のうちに見いだせないとしても、しかしそれが起こりうる可能性それ自身を否定し去ることはできない。芸術と、そして事の真の明化としての哲学との、真の可能性は、ただこのような一事にのみかかっているのだ。

総括　ハイデッガーの「性起」とは何だったか？

――ハイデッガーにおける「自己」

(一) ハイデッガーにおいて「性起」(Ereignis) の意味の変遷

以上見てきたように、ハイデッガーにおいて、「自己への問い」は同時に「性起への問い」となった。また、「自己」という観点から見たとき、これまではっきりしなかった「性起」ということの本質が明らかになる。だがここで、ハイデッガーの「性起」ということのもつある問題性が明らかになる。それはまた〈自己〉という謎を解くことにとって、重要な問題を提起することでもある。つまり、今それを先取りして言うなら、特に西洋哲学でこれまで考えられてきた「自己」という問題のうちに潜む、ある「神」とも言うべきものが、ここにおいて再びその姿を現すこととなるのではないか、ということである。それはまた、我々が「自己と世界との根源的働き合い」とも言うべきものを追究するうえで、重要な問題性となるだろう。〈自己〉というものの本質は、一体そのようなことで真に明らかになるのだろうか?

このような問いを問うために、これまでに論じてきたことをここで総括しよう。ハイデッガーにおける「性起」とは何だったか? 彼は、自らの思索の根底において追究した「自己」の問題に対し、一体いかなる解答を下したのか? それを明確にするために、まずハイデッガーの思索の各時期において《Ereignis》という語がどのような意味をもっていたかを、特に「自己」の問題との連関で明らかにしておこう。

《Ereignis》という語自身に関しては、ハイデッガーはヘルダーリンの『ムネモシュネー』中の次の詩句から着想を得て、自らの術語として使用するようになった、とされている。すなわち

「Lang ist　　　　　　　　時は長い
Die Zeit, es ereignet sich aber　だが　真なるものは
Das Wahre　　　　　　　　生起するのだ」

だがハイデッガーにおいて、《Ereignis》という語の意味は年代によってある程度変化している。以下、それをまと

める。

(一) 初期(『存在と時間』より前)――「哲学という出来事が生じる事態」としての《Ereignis》。「根源的出来事・生起」としての「性起」。ただしごく一般的な意味での「出来事」(「事件」と置き換えうる)と、いわば「根源的な意味での出来事・性起」とが混在している。

(二) 前期(『存在と時間』前後)――《Ereignis》という語に関しては、一般的意味の「出来事」と「根源的意味での出来事」との意味の混在が続く。だが「本来性」が強調されるようになり、「本来性」としての《Eigentlichkeit》は「eigen(自性的)ならしめる働き」と関わる。

(三) 中期(一九三〇年代)――特に『哲学への寄稿』以降は、「自性的ならしめる働き」「本来化させる働き」としての《Ereignis》。「空け開く自己伏蔵」における「自己伏蔵・奥義」の強調へ。このような「性起」は「真存在」(Seyn)とも表される。

(四) 後期(一九四〇年代以降)――「自性的ならしめる働き」としての《Ereignis》の意味の深化。「四方域」から、「世界との根源的関わり合いとしての人間」へ。このような「他との根源的関わり合い」を可能にするものとしての性起。

このそれぞれについて、これまでの本論での論述を踏まえて、簡単にまとめよう。ただし初期に関しては、本書中での記述を補足する意味もあり、多少詳しく述べる。

一　初期(『存在と時間』より前)における《Ereignis》と「自己」

この時期は、既述のように、一般的な「事件」と置き換えうるような、ごく一般的意味での「出来事」と取りうる《Ereignis》の使い方も混在している。たとえば一九二一―二二年の『アリストテレスについての現象学的解明――現象学的研究入門』では次のように言われている。すなわち、

「〔事実的生において〕《時間》は、秩序の枠としても、秩序の次元としても、歴史的出来事諸連関〔Ereigniszusammenhänge〕の（種別的形式的な）性格としても、了解されてはいない」(GA 61: 139)

この«Ereigniszusammenhänge»は日常的時間理解としての「秩序の枠」等と等置されており、一般的意味での「出来事連関」と取りうるだろう。

だが同じ一九二一―二二年の『宗教現象学入門』では、「終末論」(Eschatologie)との関わりで次のように言われている。

「パルーシア〔παρουσία　完全現実態〕――«Ereignis»、《いかに》、《誰が》?」(GA 60: 149)

「現実性を捉える方法、諸々のEreignisを把握する方法は、《人間の常識》から客観的-調整的に行われてはならない」(GA 60: 105)

ここでの«Ereignis»は、根源的出来事の「実現」としてのパルーシアと等置されており、単なる日常的「事件」とは異なるだろう。

そして、すでに一九一九年の『哲学の理念と世界観の問題』(『戦時緊急学期講義』)において、«Ereignis»はいわば「根源的意味での出来事・性起」という意味でも使われていると言ってよい。すなわち、たとえば「私が講壇を見る」というようなとき、そこでは「だが何かが生じているのだ」。つまりそこで生じているのは、単なる「客観として私の前を通り過ぎてゆくような」「経過」(Vorgang)ではない。そうではなく、そこで生じているのは、「私がそれを了解する」「体-験すること」(Er-leben)という「性起」なのだ、とされる。そして次のように述べられる。

「……体-験すること〔Er-leben〕は私の前を通り過ぎてゆくのではない。……そうではなく、私自身が私に対してそれを性-起せしめる〔er-eignen〕のであり、そしてそれは、自らの本質に従って、自らを性-起せしめるのだ」

「諸々の体験〔Erlebnisse〕は自性〔das Eigene〕から生を得る〔leben〕のであり、生とはそのようにしてのみ生きるものである限り、諸々の体験とは諸々の性-起〔Er-eignisse〕である（この性起の性格は、以上によってはいまだ十分に規定されていない）」（以上 GA 56-57: 75）

ここで言われているように、《Ereignis》は、「自性」(das Eigene)から「生を得る」(あるいは「自性に基づいて生きる」)こととしての「体験」という事態だとされている。リーデルも着目するように、[219] このような《Ereignis》は、認識論的(新カント学派的)な「認識」(Erkenntnis)ではなく、それゆえ「客観的学」(Objektswissenschaft)によっては捉えがたい事態自身を、身をもって「体験」することだとされる。そのような「体験」としての《Ereignis》として生じるのが、「根源学」(Urwissenschaft oder Ursprungswissenschaft)としての「哲学」なのだ。このように、この時点ですでに《Ereignis》は「自性」との関わりで見られた「生起」を意味し、ある程度「性起」という意味を成している。

ただし、本書で論じたような「自性的ならしめる」働きとしてはいまだ見られていない、と言いうるだろう。既述のように、「ならしめる」働きとして性起がことさらに取り出されるようになるのは、ハイデッガーの思索の転換を通じてなのだ。これは、《Ereignis》という名詞が本来そこから作られた《ereignen》(性起せしめる)という動詞が、あくまで「他動詞」であることと根底的に関わる。性起はあくまで「何らかのものを性起せしめる」「自性的ならしめる」働きであり、このことが一般にいまだよく理解されていないのだ(これに関しては後述する)。

キシールは特にこの『戦時緊急学期講義』で言われる《Ereignis》に注目し、「なるほど、初めは存在の脱去〔Seinsentzug〕はいまだ見て取られてはいないが、一九一九年と一九六二年の《Ereignis》は、同じ脱去する《具体概念》を告示している」[220]とする。この一九六二年とは、『寄稿』発刊以前の公刊書中では性起について初めて本格的に語られた『時間と存在』を示しているだろう。また彼が注目する「存在の脱去」とは「存在の自己伏蔵」を意味した。我々がすでに見たように、三〇年代におけるハイデッガーの思索の大転換を根底で決定づけたのは、「存在の脱去・自己伏蔵」としての「奥義」だった。キシールも、この「存在の脱去・自己伏蔵」がハイデッガー前期と後期との重要な転換点をなすことを、見て取っている。

そしてこのような《Ereignis》を理解するために重要なのが、「根源学」としての「哲学の生起する場」である「根源」(Ursprung)という事柄である。この「根源」は、この頃の初期の諸講義では、理論的・認識論的認識以前の、「人間の生（Leben）」、あるいは「事実性」（Faktizität）、「状況」（Situation）だともされる。このような「根源」は「根源領域」（Ursprungsgebiet）としての「自己世界」（Selbstwelt）だとされ、ここで「人間の生」「自己」「世界」ということが根本問題となる。この頃の初期諸講義では、この三つが根本問題として随所で論じられる。たとえば一九一九―二〇年の『現象学の根本諸問題』では、次のように述べられる。

「根源了解の発生は、私が、想起されたもの自身のうちで私を保持するという仕方でのみ、生じる。それと共に私は自己-自身の-保持〔Sich - Selbst - Haben〕の問題に至る。《私自身》が、そのうちで私自身が生きている有意義性連関〔Bedeutsamkeitszusammenhang〕なのだ」（GA 58: 247f.）

「有意義性」連関は、『存在と時間』で「世界」として論じられた。したがってこの『根本問題』では、《私自身》と「世界」との根源的連関が説かれている。『存在論（事実性の解釈学）』（一九二三年）では次のように言われる。

「《現存在》ということによって、人間的生の存在と同じく、世界の存在が特徴づけられる。……〔世界周囲の《うちに》存在するという人間的生としての〕この存在は配慮すること〔**Sorgen**〕と表されるが、この配慮は存在のある根本様式である。それはこの存在が自らに出会って来る世界それ自身で《ある》という点で、際立っている」（GA 63: 86）

また『現象学的研究への入門』（一九二三―二四年）では、「自己-所-持」（Sich - mit - haben, GA 17: 249ff., 278 usw.）がデカルトのコギトと関連させられている。このような「自己-自身-保持」「自己-所-持」とは「根源的生の表現〔Ausdruck〕」であり、「世界あるいは自己自身との親密性〔Vertrautheit〕」であり、「喪失・獲得されるもの」だとされる（GA 58: 256ff.）。そしてここから、『現象学の根本諸問題』（一九一九―二〇年）で「自己の現象学」（Phänomenologie des Selbst）が生じる（GA 58: 259f.）とされるのだ。

以上のように、この初期の時期は年によって言葉のニュアンスは異なるが、基本的には次のように言える。すなわち《Ereignis》とは、「人間の生」を基盤として、「根源的了解」が生じ、「根源学」としての哲学の生起する「根源的出来事」であり、そのような「生起」自身を意味する。その際これまでの認識論的学と根本的に異なるのは、この「根源学」が「人間の生」「自己」を基盤とするということである。この「生」「自己」はまた、「根源的了解」の生起する「状況」としての「世界」との根源的関わりのうちで捉えられているのだ。

　以上のことは、基本的には『存在と時間』を中心とする前期の思索と繋がる。

二　前期（『存在と時間』前後）における《Ereignis》と「自己」

　二〇〇四年に出版された『時間の概念』（一九二四年の論文）では、《Ereignis》という語は一般的な「諸々の出来事（の成り行き）」（GA 64: 86）という意味で使われている。また『存在と時間』では、《Ereignis》という言葉自身はいくつか散見するが、「一般的出来事」という意味合いが強い。すなわち

・日常性のうちで、「ひとは死を、環り世界的に出会われる出来事〔Ereignis〕として理解する」（SZ: 257. 他に250, 253f.）（以下、「出来事」は《Ereignis》の訳）
・被投性に関して、被投性とは単に「現存在に過去に起こった出来事としてあるのではない」（SZ: 284）
・「過去の出来事への負い目」（SZ: 290）
・歴史の通俗的理解のうちでの「出来事」（SZ: 378f., 382）
・事件の「諸々の経過」（Vorgänge）と並置される「出来事」（SZ: 389）

（ハイデッガーは『戦時緊急学期講義』では、《Ereignis》は出来事の単なる「経過」〔Vorgang〕ではない、としていた。だが『存在と時間』のこの箇所では、「諸々の経過や諸々の出来事」として、《Ereignis》と《Vorgang》とを並列している）。

　以上のように、《Ereignis》に関して、「負い目」や「歴史の生起性格」との連関で言われる「出来事」は多少「根源的出来事」ととれないこともないが、それ以外は日常的「一般的出来事」の意味が強い。既述のように、特に『戦時緊急学期講義』で言われる《Ereignis》は中期以降の「性起」という意味をある程度もっていた、と言ってよかった。

しかし『存在と時間』に関しては、《Ereignis》は再び「一般的出来事」という意味に戻ってしまう。だが、『存在と時間』で言われた内実を理解するなら、事柄としてはいわば「性起の醸成」とも言うべきことが、思索の中枢にあったのだ。『存在と時間』では、存在についての学としての存在論は、「基礎的存在論」としての人間的現存在の分析に基づいていた。これは「そのつど自己にとって存在が問題となっている」という人間的自己のあり方としての「現存在」が基盤となっているということであり、これは「各自性」(Jemeinigkeit) としての人間的自己を意味する。『存在と時間』以前に「自己」(Selbst) として問題にされていた事柄は、『存在と時間』では最終的に人間的現存在の問題に還元されるようになる (Vgl. SZ, § 64)。これはまた逆に言えば、『存在と時間』で問題にされた「現存在」とは、あくまでも人間の「自己性」と関わるものだ、ということを意味する。[21] このような「自己性」としての人間的現存在について、その自己性を構成する重要契機として、「世界」と「時間」という「事態」を見ようとしたのが、『存在と時間』の根本意図だった。このように「自己性」についての学を基盤とするということが、それまでの伝統的哲学に対してハイデッガーがもっている独自性を意味する、と言ってよい。

　このようなハイデッガーの意図と比較して興味深いのは、フッサールの「世界と自己」に関する論である。フッサールは自らをデカルトの後継者とし、「絶対不動の基盤」を求めた。だがデカルト的エゴ・コギトと比較すると、特に後期のフッサールに特徴的なのが、自己と世界との関わりを重視したことだと言ってよい。彼が説いた「原受動性」「原受動的総合」は、自己が世界のうちに「身体」という仕方で存在する根底的あり方への、重要な示唆だと言える。しかもここに関わってくるのが「時間」だった。フッサール最晩年の根本問題の一つである「生ける現在」は、このような「自己と世界」の根底的関わりを可能にする場として捉えられうるのだ。[22]

　このようなフッサール現象学の後継者であったハイデッガーは、また初期に「存在論はただ現象学としてのみ可能になる」としていた。既述のように、その後「学」としての「現象学」を「放棄する」と見る解釈者もいるが、しかし、最後期の「顕現せざるものの現象学」に至るまで、ハイデッガーの思索の方法は徹底して「事柄それ自身へ」という意味での「現象学」だった。しかもその思索の根底にはつねに「自己への問い」があった。その意味で、初期の『現象学の根本諸問題』（一九一九―二〇年）で「自己の現象学」（GA 58: 259f.）と呼ばれたものは、最終的にハイデッガーの全思索を貫いているのだ。

このような「自己の現象学」としての『存在と時間』において、その根底を貫いていたのが「本来性と非本来性」の区別ということだった。[223] 既述のように、「本来性」としての«Eigentlichkeit»は「eigen（自性的）ならしめる働き」に繫がり、この「自性的ならしめる」働きは「時間性」から、最終的に「性起」へと繫がったのだった。このような「性起の醸成」とも言うべきことが、『原初根拠』（一九二八年）での次のような言及に繫がる。すなわち、

「存在者の世界関入という性起は、原性起〔Urereignis〕であり、その本質において時熟である」（GA 26: 274 傍点筆者）

この『原初根拠』で言われた「性起」は非常に重要であろう。«Ereignis»は、「原性起」とされたときには、存在者が世界のうちに関入するという事態であり、その事態の本質をなしているのは「時熟」ということだとされているのだ。つまりここで、時熟としての「時間」が「性起」という言葉で説かれているのだ。

また一九二九年の『ドイツ観念論（フィヒテ、シェリング、ヘーゲル）』には、「非伏蔵性」との関連で次のような記述がある。

「主観は元来すでに存在者に対して態度を取っており、自らの実存と共にすでに開顕性〔Offenbarkeit〕が生起しており、存在者の非伏蔵性が性起・出来事〔Ereignis〕になってしまっているのだ」（GA 28: 360）

ここでの«Ereignis»は、非伏蔵性の生起という根本的「出来事」として言われており、すでにある程度「性起」という意味をもっているとも言いうるだろう。

三　中期（一九三〇年代）・後期（一九四〇年代以降）における«Ereignis»と「自己」

以上見たように、初期・前期ハイデッガーにおいて、«Ereignis»という語にはごく一般的な意味での「出来事」と、

「根源的な意味での出来事・生起」との意味が混在している。これは一九三〇年代まで続く。たとえば一九三四年の『言葉の本質としての論理学』では、次のように言われる。

「我々はもはや誤った期待のうちで動揺したりはしない。というのも、我々はもはや留められ、一般的に流布されるかもしれない何らかの出来事〔Ereignis〕を待ったりはしないからだ」(GA 38: 121)

ここでの《Ereignis》は一般的意味での「出来事」を意味するだろう。だが一方でまた、同じ『言葉の本質としての論理学』のうちで次のようにも言われている。

「だとすれば、大地もまた歴史のうちに関入するのだ。だがこの関入〔Eingehen〕という性起〔Ereignis〕は、地殻変動の移り変わりにおける出来事〔Vorkommnis〕というようなものでは決してない。大地がそこへと関入するようなこの生起〔Geschehen〕とは、むしろ、諸民族が作る歴史なのだ」(GA 38: 84)

ここで言われている《Ereignis》は、一般的意味での「出来事」とは区別された「根源的出来事・生起」を意味するだろう。このように、この時点ではまだ意味の混在は続いている。

これまでにも触れたように、ハイデッガー自身が性起に関する年代的事実について言及した発言がある。後に彼は『言葉への道』(一九五九年)で、「ここで思索された事柄〔性起〕について、筆者はすでに二五年以上前から、自らの手稿のうちでは、性起という語を使ってきた」(GA 12: 248)と述べた。つまり彼は一九三四年以前から、自身の手稿のうちでは、「性起」という語を「性起せしめる」という意味で使ってきた、ということになる。そして《Vom Ereignis》(性起について)という副題をもつ『寄稿』が書かれた「一九三六年以来、《Ereignis》は私の思索の主導語だ」(GA 9: 316)と述べた。さらに彼は「《Ereignis》の本質構造をなす諸連関と諸関連とは、一九三六年から三八年の間に仕上げられた」(zSD: 46)としており、これが『寄稿』(一九三六—三八年)、およびその頃の断片を指すことは間違いないだろう。ここで詳論する余裕はないが、『寄稿』に収められている「真存在(性起)」の章では(第二六七章)、「性起の多様性」を八つの側面から叙述している(GA 65: 470ff.)。この時点で、彼において《Ereignis》という語は根源的な意味に限定され、一般的な意味との混在はなくなる、と言ってよい。

　ではその「根源的意味」とは何だったか。それについて、本書でこれまで論じてきた。それを今簡単にまとめるなら、次のようになる。すなわち、特に一九三〇年代の『寄稿』以降は、「自性的ならしめる働き」「本来的ならしめる働き」としての性起が説かれた。それはまた「空け開く自己伏蔵」において、「自己伏蔵・奥義」の働きを強調することへと繋がり、その根底は、性起が「無制限な露開から自らを脱去せしめる」こととしての「脱性起」(Enteignis)と呼ばれた。このような「性起」はまた「真存在」(Seyn)・「存在自身」とも表されたが、それぞれの時期におけるこれらの語のニュアンスの違いは微妙だった。

　そして特に後期（一九四〇年代以降）は、このような「自性的ならしめる働き」としての「性起」の意味がさらに深められた。特に「四方域」ということが説かれ、これは「世界との根源的関わり合いとしての自己」という思索へと繋がった。そして、このような「他との根源的共属・関わり合い」を可能にするものとして、性起の意味が深められたのだ。

四　付論：「性起」という訳語――「華厳教学」における「性起」との関わり

本書では、ハイデッガーにおける《Ereignis》という語に対して「性起」という訳語を当ててきた。このドイツ語が日常的に意味するように、ハイデッガーにおいて《Ereignis》は、特に初期には「出来事」という意味で用いられることが多かった。だが《Vom Ereignis》という副題をもつ『寄稿』以後は、《Ereignis》という語はある特別な意味に限定され、一般的な意味との混在はなくなる。

　この「特別な意味」とは、本論で述べたように、一言で言えば、「真の自性の生起」という意味と、そのような生起を「生ぜしめる働き」ということであり、また一切を「共属せしめる」働きということでもあった。このような事柄を表す言葉は現在の日本語の日常語にはいまだ見いだすことができず、現在広範に通用していると思われる「性起」という訳語を、本書では使用する。《Ereignis》というドイツ語がもっている「出来事」という意味も、このような「真の自性の生起」ということそれ自身が「出来事」である以上、「性起」という言葉の中に含まれる。

これは「華厳教学」の中心思想の一つと言ってよい「性起」(仏性の現起)と連関するが、西洋と東洋とで根底において共通する概念が存在することは、一つの驚きである。もちろん、このような「仏教語」と連関する語を西洋語の訳語として使用することには、反発する向きも多い。だが、近代日本が西欧の思想を取り入れるにあたって使用した主要な哲学的訳語には、仏典や中国思想から採られたものが非常に多い(たとえば、「理性」「自然」等々)。明治より前には「哲学」という概念すらなかった日本において、哲学的概念や哲学的思考自身が仏典や中国思想に由来するものが多いという日本の歴史を、もう一度想起すべきだろう。また本来漢字自身が中国から伝来したものであり、さまざまな概念自身が中国由来のものが多いということも、想起すべきだろう。さらに、日常語で表せることにも限界がある。かといって、いたずらな造語に走ることも、慎まねばならないだろう。日常語では表しにくい精神的・哲学的言葉を探そうとするとき、仏典や中国思想と連関する語を使用することを、それが仏教や中国の思想だからというような理由だけでいたずらに忌避するのは、ほとんど意味が無い、と言わざるをえない。「翻訳」とは本来、一つの文化と別の文化とが「言葉によって切り結ぶ」ことであるだろう。そうである以上、すでにある言葉を訳語とすることで、そのような根底的「切り結び」を生起させることもまた、言葉を方法とする者の一つの使命だとも言えよう。

しかも、「性起」というこの訳語を使用することによって、ハイデッガーにおける《Ereignis》の最も重要な性格がより明確になる。それはまたハイデッガーにおける「自己」論の根本的意味をも明らかにする。

ではまず、「性起」という訳語がそれと連関する「華厳教学」において、「性起」とはいかなるものとされていたか。ここで詳論する余裕はないため、ごく簡単に述べよう。

「性起」という語は『華厳経』「性起品」(「宝王如来性起品第三十二」)に由来する。『華厳経』は、元来四―五世紀頃に西域に流布していた諸経典を編纂して成立した経典だが、それが、四二〇年にブッダバドラによって漢訳され、『六十華厳』（六十巻の華厳経）となった。その後、特に智儼が「性起」思想を重要視し、「性起」思想は智儼、法蔵によって確立され、澄観、宗密によって発展せしめられた、と言いうる。

この「性起」は華厳教学の中核をなす教理の一つだと言ってよい。すなわち一方では天台教学の「性具」に対する「性起」であり、他方では「縁起」に対する「性起」である。つまり高崎直道も説くように、『縁起』との対比において『性』が、『性具』との対比において『起』が、華厳経学の特質を示す(224)と言いうるのだ。この「縁起」は、端的に言えば、現象世界が諸々の条件に依存して生起することを意味する。これに対し「性起」が意味するのは次のことだと言いうる。すなわち、現象世界とは、真如、法性などの究極がそのまま生起した姿であり、これこそが「性起」ということなのだ、と。

また『如来蔵経』では「一切の衆生が如来（真如）をそのうちに宿している」という「如来蔵」を説く。この『如来蔵経』の影響を受けたのが『華厳経』「性起品」である。「性起品」は、如来の出現（生起）の意義を十相にわたって説く。「如来出現」とは、本来は釈迦が悟りを開いた状態を意味するが、「性起品」では、如来が衆生済度のためにさまざまな働きを示現することとして説かれる。それは取りも直さず衆生の成仏を目的とするものであり、それが「如来性・仏性の現起」としての「性起」という思想となるのだ。

さらに、「性起」という語はブッダバドラによる漢訳だが、実は他の『華厳経』の版には存在しない語であり、『六十華厳』にのみ見られる訳語だとされる。それゆえ、漢訳者がどのような理由でこの訳語を用い、その訳語の意味するものは何か、ということが問題となる。これについては高崎直道が「華厳教学と如来蔵思想――インドにおける『性起』思想の展開」（一九八九年）のうちで詳論しており、「性起」についての比較的新しい研究として評価されうる。ここではそれまでの「性起」についての諸研究を踏まえたうえで、特に『華厳経』（六十華厳）中における「性起」という語の意味を一々辿り、解き明かしており、「性起」についての文献的・網羅的なアプローチとして、優れたものと言える。

高崎は、まず「性起」のサンスクリット原語は≪gotra-saṃbhava≫となる、とする（異説もある）。そして『性起経』（『六十華厳』後の異訳）でのサンスクリット語、チベット語の「性起」に該当する語の用例を次のように大別する。(A)「如来の家に生まれた」すなわち「性（種姓）中に起これるもの」、(B)・一「如来の出生、出現」、(B)・二「如来の出現」、(C)・一「如来の種の流れ」（を断たぬ）、(C)・二「如来の性」（を示現する）。このうち、(A)のみが「性起」の十全な意義に該当し、(B)、(C)は各々「起」「性」の方に該当する、とする。そのような分析により、「如来出現」（本質生起）としての「性起」は、漢訳とその後の教学とのうちで醸成された思想だ、とする。

さらに彼は、その後の諸経典や教学者らにおける「性起」の意味を辿ることにより、最終的に、『性起経』の「如来出現」が『究竟一乗宝性論』で次の三種の「性起」として説かれた、とする。それをまとめれば次のようになる（『究竟一乗宝性論』は、『六十華厳』漢訳と同時期の五世紀初には、その漢訳部が成立していた、とされる）[225]。

(A) 性起＝如来出現＝成覚（智の完成）――「性」は「如来性」。「釈尊の成覚」を意味すると同時に、その果たる法身が種々の化身を顕現し、如来業を示現すること。

(B) 性起＝如来出現＝法身の顕現（悲の示現）――「性」は「法身」。衆生における法身の顕現。衆生は如来と本質を同じくし、「如来性（仏性）」を有するもの（衆生も「性起」の一部である）。

(C) 性起＝如来出現＝真如・法性の顕現＝法界（理の顕現）――「性」は「真如」を意味する。如来も衆生も共にその「起」であり、衆生が成覚することとしての「性起」[226]。

ここでまとめられている「性起」が、現在のところ華厳教学における「性起」という言葉の意味を端的に表していると言ってよいであろう（華厳教学における「性起」という「訳語」についての研究は、現在のところ日本がかなり進んでいると言える）。

以上のような性起理解に対して、鎌田茂雄が「性起思想の成立」（一九五七年）のうちで興味深い論を展開している。一般に、華厳「性起」説は天台の「性具」に対して、華厳を特色づける思想として発展した、とされている。既述のように、それは特に智儼、法蔵によって確立され、澄観、宗密によって発展せられた。そのことを、この論文では特に智儼に的を絞って論じており、最終的に、諸派の思想を統一したのは『華厳経』「性起品」であり、智儼こそが、「縁起」の究極を性起として捉え、性起思想を成立せしめた、とする。(227) ここにおいて、性起は「縁起」との明確な対比のうちに至るのだ。

これ以外の華厳教学における「性起」論としては、次のようなものが代表的論文として挙げられる。鎌田茂雄「唯心と性起」(『講座大乗仏教三　華厳思想』所収、一九八三年)、西尾京雄「仏教経典成立史上に於ける華厳、如来性起経について」(『大谷大学研究年報』第二輯所収、一九四三年)、宇井伯寿「縁起と性起」(『仏教汎論　下』、一九四八年)、坂本幸男「性起思想と悪について」(『印度学仏教学研究』第五巻第二号所収、一九五七年)(ただし、これらの論文についての論評は別の機会に譲る)。

以上見てきたように、華厳教学において「性起」の意味はいまだ統一的見解に至っているとは言いがたいが、現在の時点では、一応次のようにまとめられるだろう。すなわち、まず第一に「性起」とは、現象世界が、真如、法性などの「究極のもの・真なるもの」のそのまま生起した姿だということを意味した。そしてそのような「真なるもの」の生起の働きそれ自身が「性起」でもあり、「世界」(衆生)もそのような「性起」の一部だとされた。それはまた「世界」(衆生)自身が「成覚」(本来化)することをも意味するのだ。このように、華厳教学における「性起」は根底においてハイデッガーの «Ereignis» と相通じる、と言ってよいだろう。

だが、両者の間にはある重大な相違点が存する。それはまたハイデッガーにおける «Ereignis» の根本性格を明らかにするのだ。それは一体どのようなことなのか?

(二)　ハイデッガーにおける性起の意味——ハイデッガーにおける「自己」

これまで論じてきたことをまとめると、結局ハイデッガーにおける«Ereignis»とは、次のようなこととなる。

(一)「根源的生起・出来事」（初期・前期には、一般的意味での「出来事・事件」としても言われた）

(二)「自性的ならしめる働き」：「真の自性の生起」かつ、そのような生起を「生ぜしめる働き」（「本来化」「自性化」）

(三)「一切の根源的関わり合いを可能にする働き」

(四)「特に人間と〈世界・真理・存在〉との根源的関わり合いを可能にする働き」——（人間が「観ること」と、«Ereignis»の「閃光」との根源的関わり[228]）

このような多義性を持つ性起は、これまで論じてきたように、ハイデッガーの思索の根底を貫くものだった。それによって説かれていたのは、「自己」の問題との関わりで簡単に言えば、次のことである。すなわち、「人間的自己」が真に「自己」となるのは「他」（「自己のうちなる他」をも含む）を介することによって初めて可能になるということであり、そのように「真に自性的」になることを可能にする「働き」が性起ということである。だがそのように「真に自性的」になったとき、「自己」はむしろ「自己」に執着せず、「他・世界」との「根源的関わり合い」それ自身になる。このような「自己と他・世界との根源的関わり合い」を可能にする働きがまた、性起と呼ばれたのだ。

以上のことは、ハイデッガーが「性起について最終的に言われうることは何か？」という問いへの解答として挙げた、次のような言葉のうちに凝縮される。すなわち「性起は性起せしめるのだ」（Ereignis ereignet, zSD: 24, GA 14: 29）と。つまり「性起」ということの本質は、それが「性起せしめる」という「働き自身」であり、いわば「性起せしめる」（ereignen）という「動詞」のうちにある、ということである。そのとき、「性起せしめる」ことの根本的意味は、端的に、右に挙げたように、「本来的・自性的ならしめること」と「一切を根源的に関わらしめること」ということになる。では、前節で述べた華厳教学における「性起」と、このようなハイデッガーにおける«ereignen»«Ereignis»との、重大な相違点とは何か？

それはとりもなおさず、«ereignen»«Ereignis»が「〜せしめる働き」だということである。華厳教学における「性起」

においては、「衆生」のうちで「如来業を示現する」という働きが、結局衆生の「成覚」（本来化）を可能にする、ということに繋がった。それを考えれば、華厳教学における「性起」のうちに「～せしめる働き」という意味がまったくないとは言えないだろう。だがやはり、華厳教学における「性起」の直接的意味としては、「～せしめる働き」ということは表面的にはなっていない。それゆえ、ハイデッガーにおける «ereignen»«Ereignis» との最大の相違は、この「～せしめる働き」だと言いうる。たしかに、「性起せしめること」（ereignen）はあくまでも「他動詞」である。[229]「性起する」（sich ereignen）という再帰的用法は、人間以外のものに関してはなされるが、実は人間的自己に関しては、ハイデッガーの思索の後期になればなるほど、なされなくなる。人間的自己はあくまでも性起によって「性起せしめられる」ものとして語られるのだ。これは一体どのようなことなのだろうか？

　ハイデッガーは晩年「哲学の終わりと思索の使命」ということを説き、伝統的西洋哲学・形而上学の「終わり」と、「別の原初」を創基する自らの思索の使命とを説いた。たしかに彼の思索はさまざまな点で「革新的」だった。彼の「主導語」としての性起がその思索の根底を規定していることによって、ハイデッガーの思索が伝統的西洋哲学に対してもつ、ある決定的な意味が明らかになりうる。それはまた、「自己」ということに関する彼の思索の独自性でもあった。だが、同時にまた、性起がその思索の根底を貫いていることで、彼の思索のある問題性とも言うべきものが明らかになってくる。それは人間的自己と、それを「性起せしめる」働きとしての性起との関わりとして明らかになる。そのことが、華厳教学における「性起」との根本的相違となるのだ。では一体それはどのようなことなのか？

(三) 伝統的西洋哲学に対するハイデッガーの「性起」と「自己」との意味——そしてその問題性へ

〈自己〉ということを問おうとする場合、西洋哲学で必ずと言ってよいほど取り上げられるのが、ソクラテスの「汝自身を知れ」という言葉である。ソクラテスがこのデルポイの神殿に掲げられた言葉を自らの座右の銘としたと『哲学について』の中で「創作」したのはアリストテレスだが、しかしプラトンの諸対話篇でも、ソクラテスがこの言葉について語ったことが記されている（Platon, *Phaedrus*, 229 e, *Protagoras*, 343 b, *Charmides*, 164 d, *Philebus*, 48 c usw.）。ソクラテスにおいて、だがこの言葉の意味は重いものだった。この言葉によって語られているのは、自己に最も「近い」はずの「汝自身」が、実は自己自身にも「知られていない」、「謎」だということだ。彼の思索及び生のすべては、根底においてこのようなものを身をもって追究することだったと、言いうるだろう。

だが、彼が生涯追究した「汝自身」とは、やはり「人格性」としての「魂」（ψυχή）だった。むろんこれは、それまでのギリシア人の理解した自然学的な「魂」とは異なる。たとえばホメロスにおいて、生のうちの「影」の如きものでしかなく、死によって立ち去るとされた「魂」とは異なるだろう。西洋哲学史上初めて、ソクラテスが人間の「自己性」を正面から問うたということ。そして彼以後、特にプラトン以降の哲学の根底を規定する自己観を決定したという意味で、この言葉の包含するあらゆる豊穣さを真に受け止めるべきなのは、言うまでもない。だがしかし、我々は問わざるをえない。はたしてこのようなことによって、〈自己〉ということのすべては「知られ」うるのか？　それによって決定的な何かが抜け落ちてゆくのではないか？　と。

それはおそらく、西洋哲学の伝統のうちで、いわば当然のように行われてきたことだった。つまり、ここで問われたのは「人格性」としての「魂」であり、これは何か「身体」というようなものからは分離さるべきものとして捉えられた〈自己〉だった。これ以降、見事に〈自己〉は、「身体」と分離された「魂」（ψυχή, anima）、「理性」（νοῦς, λόγος, Vernunft）、「精神」（Geist）等として、西洋哲学の中心的問題となってゆく。だが、これは精神・身体の分離以前の、いわば「全体としての自己」とは乖離したものだったのみならず、同時に〈世界〉というようなものからの乖離でもあった。しかもプラトン以来、それはいわば「あらかじめ定められた乖離」だった。

あらゆる偶然性や混濁に支配され、自らの自由にならぬこの「現実の世界」と言われるもの。そしてその世界との「格闘」のうちで翻弄される「自己の最前線」とも言うべき「身体」。この身体がまた、根底において自らの支配しえぬ「すでに私にあらざる私」とも言うべきものだ。これら一切から私を解き放とうとしたこと、これが西洋における「自己と世界とへの問い」の根底だった。それゆえ「自己と世界との乖離」は、いわば「あらかじめ定められた乖離」だった。自ら離れようとした「世界」及びそのうちの「物」（事物・対象）に対し、いわば初めからそれらとの「裂け目」を前提としたうえで、「いかに関わりうるか（認識しうるか）」を問う。このような試みは、初めから「挫折」を前提としている。「自己と世界との真の関わり合い」は、実は初めから問いにさえなっておらず、人は、問いの戸口までさえ辿り着いてはいなかったのだ。

近代以降、たしかにデカルトの思索は、「自己と世界とが〈ある〉」ということ自身への根底的懐疑から生じてきた、と言いうる。『省察』等で彼が幾度となく投げ掛けたこと、すなわち「一切が幻だとしたら、真なるものとは、……〈確かなものは何もない〉ということだけだ」[230]という戦きは、近代の「自己と世界との乖離」の決定的事態を告げるものだった。だが彼がその根底を揺るがされた「自己と世界との不確かさ」を、彼はいわば最も「不確かなもの」によって埋めようとしたのだ。彼が「〈私がある〉ということは、……私が思惟している間だけであり、……思惟をやめるなら、私はあることをやめることになるだろう」[231]という仕方で依って立とうとした「思惟」とは、それのみが自己のうちに真に属しうるものだとされた。しかしここで語られているのは、逆に「世界」や「物」の実在への絶望であり、「自己が自己を思惟する」という、「世界」と乖離したいわば最も「不確かなもの」しか自己に帰属しないということだったのではないか。しかもこの「自己思惟」を明証化するものは、外部の何ものでもなく、自らの生得的「内的認識」（cognitio interna）だとされた。ここにあるのは、自己の「内」への永遠の無限遡行なのではないか。それゆえまた「他のいかなるものも必要とせず」「それ自身のみで存立しうる」「思惟実体」（res cogitans）とは、世界からの最極の乖離であり、孤立でしかありえなかったのではないか？

カントにおいても、事態は同じだった。たしかに彼が説いた「経験的自我」に先立つ「超越論的自我」（transzendentales Ich）は、デカルト的「思惟実体」とは異なる、「思惟の働きそのもの」とも言いうるものだった。「我思惟する」という根源的「働き」は、「人間的認識作用全体のうちでの、最高原則[232]」であり、それによってはじめて「外部の」対象の認識がアプリオリに可能になるという意味で、カントにおける「自己と世界との関わり」の可能性を開くものではあった。だが、「本論」第一章の冒頭で挙げたように、ハイデッガーは『存在と時間』において、このようなカントの自己論を批判していた。すなわち、「我思惟する」という「根源的働き」から出発したカントは、この点では「正当」だった。しかし最終的にはやはり「自己」を「主体すなわち実体的なもの」という「不適切な意味で捉えている」(以上 SZ: 320f.) と。ハイデッガーのこのような指摘は、カントの自己論の根底に「主体」としての自己という思想がやはりあると考えざるをえない以上、あながち的外れではないだろう。「主体」としての自己は、「生きられたもの」としての現実の人間的自己の真のあり方を離れ、ひたすら「論理的機能」として働く。それによって、このような「主体」に対する「対象」としての「世界」を「認識」しうる、とする。だがこのような働きにおいて、「世界と自己との根源的関わり合い」は真に可能になるのか。このような「働き」とは、いわば世界からの乖離の果てに、遂に「全体」としての〈自己〉とも乖離して、いわば世界のうちをふわふわと漂う、「自己意識」の連鎖でしかなかったのではないか?

これに対して、キルケゴールは「自己性」の問題に関して、ある注目すべきことを語った。彼は『死に至る病』の冒頭で、有名な次の言葉を述べた(ヒルシュの独訳による)。

「人間とは精神〔Geist〕である。だが精神とは何か。精神とは自己〔Selbst〕である。だが自己とは何か。自己とはそれ自身に関わる関わり合い〔Verhältnis〕である。あるいは、関わり合いにおいて、関わり合いがそれ自身に関わるという事態〔Verhältnisse〕である。自己とは〔単なる〕関わり合いではなく、関わり合いがそれ自身に関わるということそのものなのである[233]」

ここで彼は、それまでの近代哲学で「客体」に対する「主体」としての「自我」(Ich) と捉えられてきた自己性を、端的に「それ自身であること」としての「自己」(Selbst) として捉えた。しかもそのような「自己」は、「関わり合いがそれ自身と関わる」という絶えざる「自己関係」であり、そのような「事態」「働き自身」を意味する。このように、自己性を端的な「自己」と捉え、その本質を「関わり合い」と見た点で、キルケゴールは西洋哲学史上でも革新的だったと言いうる。

（ハイデッガーも、『実存主義』と題されたある手稿のうちで、キルケゴールが初めて「実存」という言葉を「人間の存在」の意味に制限したとし、その際「関わり合い」〔Verhältnis〕ということが重要だったことを指摘している[234]）。

だがここで注意されねばならないのは、この引用文の冒頭ですでに説かれているように、「人間」の本質がまたしても「精神」として、あるいは「意志」（Wille）として規定されていることである。この引用文の直後で、キルケゴールは「魂」を「魂と身体との関わり合い」と見る見方に言及しているが、しかし最終的には「精神的働き」を人間の本質とすることに変わりはない[235]。ここでキルケゴールもまた、いわば西洋哲学の伝統のうちに沈んでしまう。彼が生の根底の「意志」と見たものも、最終的にはある種の「精神的働き」によって世界との乖離を克服しようとする、ある絶望的表現だったと言わざるをえないのではないか。

ただし、キルケゴールが「自我」と「自己」とを区別しているように、自己性の問題を問うとき必ずと言ってよいほど言及されるのが、このような「自我」と「自己」との区別である。すなわち、伝統的に「主体・実体」等として、「客体・対象に対するもの」として捉えられるのが「自我」（ego, Ich, moi, I）だった。これに対して、このキルケゴールに見られるように、「自我との関わり合い」もしくは「自我に対する再帰的目的語」（sich, se, oneself）として捉えられるのが、「自己」（ipsum, Selbst, soi, self）だとされる。

また以上のような「自我」と「自己」との区別は、単に西洋にとどまらず、東洋においても見られる。すなわち、西洋的概念の「自我」の直訳のサンスクリット語「スヴァ・アートマン」（sva - ātman）という言い方は、『ヌリシンハ・ターパニーヤ・ウパニシャッド』等の文献に散見する。だが、これは『ラーマーヤナ』以降の時代に新たに造られた言葉であり、本来のインド哲学の根本問題の一つである「自己」としては、≪ātman≫がふさわしいという説が有力である。サンスクリット語の再帰代名詞からできたこの《ātman》は、西洋的な主体的概念としての「自我」ではなく、「自己を……する」という際の「自己」であり、「客体・対象」に対するものではない。しかも《ātman》は、そのつど「私」という「自己」であると同時に、最終的に、特にウパニシャッド哲学等において、「一切の根本原理」「絶対者」としての「ブラフマン」(brahman)と同一だとされるに至った。このような《ātman》が漢訳された場合には、代名詞の対格の「我」となり、主格としての「吾」とは区別される、とされる。[236] このように、西洋・東洋に共通して、「自我」と「自己」との同様の区別がなされているのは、問題の本質をより明確にするだろう。

だが東洋に関する議論は別の機会に譲り、今西洋哲学に関して論じるなら、以上見た歴史において共通して言いうることがある。すなわち、問われていたのはあくまで「精神・意識」の働きであり、このようなものとしての「他との関わり」「自己自身との関わり」にすぎなかったということである。だがこのような見方によって、はたして〈自己〉ということと「自己と世界との真の働き合い」とも言うべきものとは、その真相を見て取られているのだろうか？そこにあるのは、西洋哲学における「〈自己〉と〈世界〉とへの問いの閑却」の、長過ぎる歴史であり、巨大な迷宮だったのではないか？

以上述べたように、伝統的西洋哲学は「自己と世界との根源的働き合い」とも言うべきものに関して、いわば「あらかじめ定められた乖離」によって、真の問いの戸口にさえ辿り着くことはなかった。これに対し、ハイデッガーが特に「性起」ということによって見ようとしたのは、「自己と世界との根源的関わり合い」の可能性だった。そしてそれはまた、〈自己〉ということの真相への戸口でもあり、〈自己〉という謎への一つ解答でもあった。この意味で、彼の「性起」は革新的だった。つまり、〈自己〉ということそれ自身が〈世界〉との関わり合いであり、「関わり合う」という「働きそれ自身」だということが、この性起ということによって表明的にされるのだ。ここにおいて、伝統的西洋哲学で真に問われなかった〈自己〉の意味が、その深奥を垣間見せた、と言ってよい。

だが、「世界と自己との根源的関わり合い」、さらには〈自己〉という謎に対する、ハイデッガーのこのような解答は、はたして「最終的解答」なのか。すでに見たように、ハイデッガーにおいては、「存在論的差別」に見られるように、「存在者」に対するある種の「差別的」意識とでも呼ばざるをえないものがあった。それはまた、人間における「物的なもの」としての「身体」をことさらに論じないということに繋がっていた。言い換えれば、「存在者」「身体」というようなものから、絶えず自らをもぎ放そうとすること。それが、彼の思索のうちにもあったのではないか。もちろん、「物する物」や、「最も困難な問題としての身体」というハイデッガーの言表は、彼がこれらの問題を軽視していないということを示唆する。しかしやはり、彼の思索の底に「人間における身体性」や「存在者」というようなことから、自らをもぎ放そうとする根本動向があったことは、否定しえないのではないか。だがそれは、先に述べたような、これまでの伝統的西洋哲学の根本的あり方に通じるものなのではないか？　ハイデッガーはこの点で、彼が否定しようとした伝統的形而上学の流れを、ある意味で受け継いでいるのではないか？

　また「性起」は「自性的ならしめる働き」であり、自己と他とを根源的に「共属せしめる働き」として説かれた。性起とはあくまでこのような「せしめる働き」であり、その最終的本質は「性起せしめる」という「働きそれ自身」だとされた。だが先に指摘したように、このような「性起せしめること」(ereignen) はあくまでも「他動詞」である。[237]「性起する」(sich ereignen) という再帰的表現は、人間以外のものに関しては頻繁になされる。だが、ハイデッガーの思索の後期になればなるほど、「人間が性起する」という仕方では言われなくなる。[238] 人間はあくまでも性起によって「性起せしめられる」。つまりハイデッガーにおける「性起」とは、人間的自己に対して、何らかのいわば「外」から「働きかける力」とも言わざるをえないものなのだ。『存在と時間』で説かれた「良心の呼び声」は、人間的自己の「内から自らを呼ぶ声」だった。だが、それ以降に説かれた「存在の呼び声」、そして「性起」の「性起せしめる働き」は、もはや人間的「自己の内なる働き」としては言われていない。「人間的自己」は、このような「性起・存在自身」の「呼び声」に「呼応する」限りで、自性的になり、他と共属しうるのだ。だがこのように言われるとき、そこに実は、ハイデッガーが否定しようとしたこれまでの西洋哲学の伝統を根底において規定していたものが、秘かに忍び込んでいるのではないか。人間的「自己」に対していわば「外から」働きかけ、「呼びかけ」て、「本来的ならしめる」働き。それは、西洋古代から「神」という名で呼ばれたものなのではないか？　彼が思索した「性起」のうちには、実はこのようなものが秘かに忍び込んでいたのではないか？　華厳教学における「性起」では、「衆生」（人間的自己）は本来「如来性（仏性）を有するもの」だとされ、そのような衆生が「成覚する」（本来的になる）ことが「性起」の意味に含まれていた。それと比較するとき、ハイデッガーの«Ereignis»における「西洋的神」との連関とも言うべきものが、ここで浮かび上がってくるのではないか。「性起について」という副題を付された『寄稿』の最後は、「最後の神」で終っている。(239)「最後の神」と「性起」。その両者の関わりが、問題にされねばならないだろう。

だが、今述べたような仕方で「自己」「世界」について思索するとき、何かが根底的に抜け落ちてしまうのではないか？〈自己〉の本質は一体そのようなものに尽きるのか？「世界と自己との根源的関わり合い」の可能性は、それに尽きるのか？　我々は最後にそれについて問うことにより、〈自己〉という謎への、一つの「解答」を試みよう。

展望　性起と思索の可能性

──〈自己〉の問題の新たな可能性へ

はじめに——哲学の終焉：哲学の可能性

二一世紀の思想状況のうちで、我々にとってまだ哲学が何らかの可能性をもちうるだろうか。この時代のうちで哲学の置かれている状況は、実はたった今我々が述べた言葉のうちに集約されている。「哲学がまだ一体何らかの可能性をもちうるだろうか」。ある一つのものの可能性を問うということのうちには、ある終焉が予感されている。哲学は、あるいはこれまで西洋世界で二千数百年間「哲学」として了解されてきたものは、ある終焉に向かっている。このことは、今一度我々が「哲学とは何か」というような問いに答えようと試みたとき、明らかになる。

哲学の本質への解答はさまざまになされうるが、少なくとも哲学とは、既製の学の単なる集積にとどまるのではなく、むしろこれまで自明とされてきた一切の知に対し、いわばその自明性の底を「自ら問う」ことだと言ってよい。だが現代の我々は、実はこの「自明性への問い」を巧妙に回避している。あるいはむしろ、回避することによってのみ、自らを持ちこたえている。それはもちろん、そのような「自明性の底を問う」ことが我々の依って立とうとする「場」を根こそぎにしてしまうことを、我々自身が熟知しているからに他ならない。現代において一般に「哲学」が疎んじられている状況の根は、もちろんこのことのうちにある。だがこれにはさらに深い根がある。

哲学の本質は、他方では、一切の「知」の原初として、「知る自己と知られる他との関わり合い」のうちにあると言ってよい。だがこのような関わり合いとしての哲学という次元にまで立ち帰ったとき、我々はこれまで「哲学」とされてきたもののある終焉に突き当たる。この「自己にとっての他」を広い意味での「世界」と置き換えるとき、古来西洋哲学で自己と世界とに関しその「自明性の底を問うこと」は、それらの「存立根拠」への問いとなった。古代ギリシアの、たとえばヘラクレイトスやアリストテレスにおいて語られた「ピュシス（自然）」においては、人間的自己と世界とがある意味で「同一化」していたと言ってよい。だが古代後期から中世キリスト教へと至る西洋哲学の歴史は、このような「同一」からのいわば追放の歴史だったと言える。もはや「根源的自然」とも言うべき自己と世界との連関を見失った人間は、自らと世界との存立根拠をキリスト教的神のうちに見いだす。だがそれ自身人格的なものとしての神による被造物と捉えられたとき、人間が「神の似姿」として「神の人間へのえこひいき」(シェリング)とも言われるような特権的な地位を与えられたのと反比例して、世界はいわば従属的地位に貶められることになる。つまりそれまで、たとえばプラトンでは「生成した一切のもののうちで最善にして最高のもの」[240]とされ、神的な「コスモス」(「宇宙」「秩序」)とされていた「世界」が、「人間の住むこの世」という意味をもち、神の世界に対して従属的位置に留まるものとされるようになる。これは同時に、アリストテレスの説くような「それ自身がそれ自身の動きと留まりとの原理・原因であるような」ピュシスとしての「自然」[241]という意味が、世界から脱け落ちることを意味する。世界の意味のこの二重の変様によって、世界が本来人間に対してもっていた「ある根源的な意味」が人間の視界から見失われてしまう。世界と人間とは、ひたすら創造主としてのキリスト教的神のうちにのみ、自らの存立根拠を求めることになる。だがニーチェが宣言した「神の死」という事態のうちで、人間は「二千年間の幻」から目覚めさせられることになる。[242]世界と人間とは存立根拠を失い、人間は自らの依って立つべき「場」を根こそぎにされたままで、世界のうちを漂う。これが二一世紀へと至る現代の我々の状況を根底的に規定している事態だと言ってよい。現代の我々はこのような状況のうちで、もはや存立根拠というようなことをはじめとして、一切に対し「自ら問う」ということを回避することによって、生きている。これは「哲学」のある終焉を意味すると言ってよい。

しかもこの西洋哲学二千数百年の流れは、決して偶然的なものではない。単なる「その時々の時代の流行」というようなものを超えた、もっと大きな、いわば「時代という仕方で動く根源的動き」とも言うべきものが、確かにある。哲学の仕事の一つは、このような「時々の流行」を超えた「根源的動き」を見抜くことだ、と言ってよい。そして、「存立根拠」というなら、「『存立根拠』というようなものとしてなぜ一体『神』というようなものが立てられたのか、そこにおける『神性』とははたして何なのか」ということ自体が、もう一度問われねばならないのだ。だがそのような

「存立根拠」「被造物としての自己と世界」というような、これまで自明とされてきた哲学概念をもう一度問い直したとき、今日の科学的知の前で、我々はもはやその自明性自身が崩壊し去るのを止めることはできないだろう。

以上のような「哲学の終焉」という「根源的動き」のうちにある二〇世紀において、ハイデッガーと西田幾多郎とが共にその思索の根本的事柄として「哲学的思索の可能性」を問うたということは、偶然ではない。我々はここに、ある可能性への糸口を見いだしうるかもしれないのだ。

すなわち、次章で見るように、ハイデッガーと西田とでは「哲学的思索」の可能性が「人間的自己と世界との根源的関わり合い」という事態にまで立ち帰って問われた。二〇世紀の思索者としての両者がその思索の根本的事柄としてこの問題を共に問うたということに、今一度我々は気づくべきだろう。「これまで二千数百年間哲学として了解されてきたものの終焉」という、「時代という仕方で動く根源的動き」とも言うべき事態を、この両者が何よりも見抜いていたからこそ、「新たな哲学的思索の可能性」が問われねばならなかったのだ。

「哲学の終焉」のうちで、だが我々は自然科学的知によってはまだ汲み尽くされないものがあるのを、否定することはできない。しかも、すでに述べたように哲学の本質が「一切の自明性の底を自ら問う」ということのうちにあるとすれば、そのような哲学が本来終わることはないだろう。否、終わらせていいはずはないのだ。もちろん思索の方法としての伝統的な「自明な哲学概念」に、もはや我々は頼れない。だがそれゆえにこそ、そのような「今、ここ」においてこそ初めて、思索の方法としての言葉自身を探す道程のうちで、新たな「哲学的思索の可能性」が生じてきうるのではないのか。

我々はそのような「新たな哲学的思索の可能性」を、「自己と世界」への問いのうちに見いだす。おそらくはそのような次元にまで立ち帰ることなしに、新たな可能性は見いだしえないのだ。そのような可能性を見いだすために、我々は次にハイデッガーと西田哲学とについて論じよう。両者において、一体いかなる「哲学的思索の可能性」が見いだされたのか？　そして両者において、「自己と世界」の関わり合いはいかに思索されたのか。

「本論」で見たように、ハイデッガーは「性起」ということによって、「自己と世界との根源的関わり合い」ということを見た。それはまた「自己」ということの真相を垣間見せるものだった。だが、そのうちには同時に、いくつかの問題性も垣間見られた。我々はそのような問題性を、ハイデッガーと西田との特に「自己と世界」に関する思索を対比することによって、浮かび上がらせたい。それによって初めて、そのような問題性を克服する道もまた、見えてくるに違いない。それはおそらく「自己と世界との根源的働き合い」とも言うべき事態のさらなる追究の道への、第一歩となりうるだろう。そしてそこに見えてくるものこそ、〈自己〉の真相であるかもしれず、〈自己〉という謎への解答でもあるかもしれない。

それゆえ本書の最後に我々は、それまでに究明されたことを基に、〈自己〉ということの真相を究明すべく試みる。はたして〈自己〉とはいかなるものなのか？ 〈自己〉という謎への解答は、一体いかなるものとして我々の前に現れるのか？

第一章　哲学と〈自己〉との一つの可能性——ハイデッガーと西田哲学

第一節　ハイデッガーと西田哲学とにおける「自己」と「哲学的思索」の可能性

第一項　「自己」をめぐるハイデッガーと西田

一　ハイデッガーにおける「自己」

「自己」の問題に関し、ハイデッガーと西田とは一体いかなる可能性を見いだしたのか。ハイデッガーにおける自己の問題に関しては、すでに「本論」で論じてきた。それゆえ、ここではごく簡単に振り返っておこう。ハイデッガーにおいて自己性の問題は、初期及び中期の『寄稿』等では「自己」(Selbst)としても問われた。だが特に前期には人間的自己は「現存在」として、また後期には「死すべき者」として論じられることが多かった。しかし実は「固有なもの・自性」(Eigenes)としては、初めから最後まで一貫して問われていた。既述のように、彼が根底的に問い続けた「本来的」(eigentlich)とは「自性的ということ」(sich zueigen sein)であり、これは後に「自性的ならしめること」(eignen)としての「性起」(Ereignis)になり、自己性の問題が全面的に展開されることになった。しかもその際、自己にとっての「他」としての世界の問題が、重要な鍵を握ることになった。

だが西田は、ハイデッガーにおける「世界と自己」「存在」の問題に関し、次のような批判を行った。

「ディルタイの影響を受けたハイデッゲルの存在の哲学といへども、その世界といふのは尚了解の世界であって我々の行為を限定する世界ではない。……それは個物を限定する世界ではない、私と汝とを包む世界ではない、自己自身を限定することによって我々を限定する世界ではない。それは尚我々が外から見ている世界であって、我々がそれに於いてある世界ではない」(西 7: 179f.)

「ハイデッゲルの存在も歴史的ではあるが動くもの、働くものではない、その時といふも可能的時たるを免れない」(西 7: 79)

だがこのように西田の批判するハイデッガーの世界概念、つまり「了解としての世界」、「我々が外から見ている世界」は、実は主に『存在と時間』第一部第一編での世界叙述に限られる。しかしハイデッガー自身『存在と時間』第一編の「環り世界の分析は従属的意義をもつにとどまる」(GA 9: 155)としており、「世界の開け」の問題が、「地平」との関わりで、『存在と時間』以後重要問題になった。それまでは世界は内世界的存在者の「有意義性」連関として、人間的現存在の方から読み取られ、また「非有意義性へと沈み落ちた世界」(SZ: 343)というような言い方で、世界のいわば「別の面」が言及された。そして世界(地平)は時間性の時熟により開け(SZ: 365, GA 24: 377f.)、「自由のみが、世界が統べ、世界すること〔welten〕をせしめうる」(GA 9: 164)とされたが、しかし、既述のように、世界は徐々に現存在に「対向」的な、人間の自由に対する「拘束性」と捉えられるようになった。このような「超力」の働く場としての世界と、人間的自己との連関は、一九三〇年代以後まさに「逆転」する。ここに、我々がすでに幾度も指摘した彼の思索の《転回》が生じることになった。つまり『存在と時間』前後の世界概念が、ハイデッガー自身「改めて主観性を強固にするだけだという危険に陥った」(N 2: 194f.)と述懐したような、ある種の近代主観主義的方向で思索されたのは確かであり、西田の批判はその意味では妥当する。後期のハイデッガーの思索はそれ自身このような主観主義の迷宮からの脱却の努力だったと言いうるのであり、そこでは西田が言う「自己自身を限定することによって我々を限定する世界」とされる「世界の自己限定」と、まさに同様の事態が究明された。

世界の問題は、ハイデッガー後期には、現代の全体としての人間のあり方の問題と関わるようになった。「集め-立て」(Ge-Stell)として人間を「使い尽くす」現代技術世界の根本機構は「世界の拒絶」であり(TK: 46)、現代技術世界の存在忘却も存在自身の歴史的「贈遣」(Geschick)の一つの「時期」に他ならず、存在自身が自らの忘却を「奥義」(Geheimnis)として人間に思索すべく要求するとされた。つまり世界ないし本来的〈場〉としての「空け開け」(Lichtung)も、「集め-立て」としての技術も、すべて根底において存在自身としての「性起」によって統べられ、一切を「自性のうちへもたらし、それらの共属のうちへ守る」(zSD: 20)働きそれ自身としての性起が、後期ハイデッガーの根本語となった。性起の「自性のうちへもたらす」働きとは、そのものを「自己から自己へと」、しかも本来的あり方での「自己へと」、「本来的ならしめる」働きを意味した。

さらに性起が共属させるのは何よりもまず「存在と人間との共属」(zSD: 45)だとされ、この存在と人間との共属は、存在についての人間的思索の問題になった。人間の思索とは存在の呼びかけに対する「呼応」(Entsprechen)であり、この呼応において存在と人間との「中央」(Mitte)が問題になった。この「中央」こそ、性起による存在と人間との共属が可能になる〈場〉としての世界であり、人間的思索が可能になる思索の根源だった。このような世界は関わりそれ自身という「動き」、「事態」であり、この「世界は、世界が世界することによって現成する」(VA: 172)とされた。世界は非本来的世界としての「非世界」のうちで、四方域の四者の根源的関わり自身として、本来的な仕方で「世界し」、現成する。人間はこのような「世界する世界」の「閃光」に打たれるとき、本来固有の自己になる(vgl. TK: 45)。以上見てきた「世界が世界する」ことは、ほぼ西田の「世界の自己限定」にあたる。人間的自己はこのような「世界する世界」によって、本来の自己として「限定される」。

さらに西田は「ハイデッゲルの存在は動くもの、働くものではない」とした。だがハイデッガー後期の思索における「存在」とはすでに性起のことであり、性起は以上述べた根源的「働き」として思索されている。

このように、後期ハイデッガーの人間的自己と世界との関わりに関しては、西田の批判は当たらない。むしろ、ハイデッガーは西田と非常に近い事態を思索したと言ってよい。では西田における自己と世界との関わりは、一体どのようだったのか。

二　西田哲学における「自己」

西田において、ある意味では一切が「自己」の問題に帰着する。言い換えれば、彼においては広い意味での〈真の自己〉が根本問題だったと言ってよい。これは『善の研究』から最晩年まで変わらない。『善の研究』では次のように言われる。

「最も根本的なる説明は必ず自己に還ってくる。宇宙を説明する秘鑰《ひやく》はこの自己にある」（西 1: 180）

「我々が実在を知るといふのは、自己の外の物を知るのではない、自己自身を知るのである」（西 1: 164）

このような言い方は随所でなされる。しかも注意すべきなのは、この「自己」はいわば人間的自己にとどまらないということである。むろん「自己」という言い方は、「自己限定」というような単なる「そのもの」（sich）という意味で使われる場合もある。だが、次のような言い方もまた随所でなされるのだ。

「自然もやはり一種の自己を具へて居る」（西 1: 84）

「〔動植物も〕一の統一的自己の発源と看做すべきものである」（西 1: 84f.）

「我々の大なる自己は他人と自己とを包含したものである」（西 1: 101）

「我々の真の自己は宇宙の本体である」（西 1: 167）

つまり西田の言う「自己」とは、「世界の自己」「物の自己」「大なる自己」「真の自己」等として、人間的意味にとどまらぬ、ある根源的事柄を表そうとしたものなのだ。

自己性は、西欧哲学では「自己」（Selbst）、「自我」（Ich）、「主観・主体」（Subjekt）、「固有なもの」（Eigenes）等という仕方で論じられた。だが「汝」に対する自己意識的な「自我」が重要事項として論じられたのに対し、「それ自身であること」としての「自己」が問題になることはあまりなかった。だが、これが実は決定的なことなのだ。西田においては、「自己」という言葉に上記の意味が混在している。これは彼が曖昧だということではなく、むしろ逆に、「自己」ということを伝統的に上記のような仕方で問うてきたこと自身が問題なのであり、それによって「自己」の根源的本質が見えなくなってしまったと言ってよいのだ。西田において、人間的自己は、このようないわば個人を越えた「大なる自己」の統一力の働きのうちに自らの固有な自己を見ることにより、「真の自己」になるとされるのだ。

そして『場所』、『私と汝』などの中期以降には、人間的自己に対する「他」としての「場所の自己限定」、「世界の自己限定」が、彼の思索の根本的事柄として述べられる。(243)「世界の自己限定」とは、人間的自己と「他」の一切とを貫いて、「絶対の否定から蘇る」働き自身としての「弁証法的一般者」の働きを意味する。

(このような西田の弁証法は絶対否定を媒介にした「絶対弁証法」だとされ、西田はここに「過程的弁証法」にとどまるヘーゲルの弁証法との決定的違いを見る。だがおそらく、このような違いは、「弁証法」という〔ヘーゲル的〕言葉を使用する限り、それほどの決定的な意味の違いにはならないのではないか。むしろ別の言葉こそが求められるべきなのではないか。詳論は別の機会に譲る)。

世界は「今、ここ」という「永遠の今の自己限定」と同一の事態として、自己自身を「限定」し、「自己表現的かつ創造的」に働く。この世界の自己限定において、人間的自己は「世界の自己表現点」になり、ここに人間的自己の根源的本質が思索される。

以上のような西田の「自己」の問題は、ハイデッガー後期の思索と非常に類似している。人間的自己と「他」としての世界とは、「世界が世界する」あるいは「世界が自己限定する」まさにその事態において、共属する。(244)しかもハイデッガーの「性起」も西田の「世界の自己限定」も、人間的自己と世界とを貫いて働き、共属させる働きである。ここには近代主観主義の迷宮からの脱出の、一つの突破口があるのだ。両者におけるそのような「突破」は、まさに「哲学的思索」の可能性自身を提示することになる。

第二項「哲学的思索」の可能性をめぐるハイデッガーと西田

これまで二千数百年間西欧哲学で「存在」という名で呼ばれてきたものは、実は真の「存在」ではなかった、という認識を出発点として、ハイデッガーは「存在への問い」を終生問うた。だが主著『存在と時間』が途絶して以来始まる彼の思索の《転回》を通じて、彼には「存在自身と人間的思索との関わり」ということが最も重要な課題となる。思索の《転回》以後の彼の中・後期の思索は、伝統的「形而上学の言葉の助けによっては切り抜けられなかった」(GA 9: 327f.) とされるある根源的事態をめぐって、この事態を表すべき「新たな言葉」を模索しつつ、この事態を正しく思索するための、それ自身「哲学的思索の可能性を問う」問いとなる。このような「根源的事態」こそが「人間的自己と存在自身(世界)との根源的関わり合い」という事態である。既述のように、人間と存在自身とは、彼が人間と存在自身との間の「中央」と呼ぶ「場」としての「世界」のうちで、「共属する」とされた。

このような「世界」は、我々が今述べたことのうちにすでに見られるように、実はハイデッガーにおいて、多様な意味で語られていた。

だが、この多様性の底を見、ここでこれまでの「世界」概念の総括をするなら、次のようになる。すなわち、「世界」とは「場」という仕方で人間的自己の自己性自身を構成する「他」の全体であり、それはまた人間と他の存在者とのあり方を表す名として、「存在」と同じ意味をもつ。『存在と時間』を中心とした前期には、一方では、世界は内世界的存在者の「有意義性」連関とされ、また他方「非有意義性へと沈み落ちた世界」という別の面をもつともされた。それはまた現存在の「超越」の「行き先」ともされ、また世界自身が「存在者を超越」するともされた。そして後期には、人間が「技術世界」のうちで自己本来のあり方を見失っているという「非本来的世界」の只中で、「救うもの」としての「世界の閃光」が突如として閃く (TK: 45)。この場合注意されねばならないのは、「世界」がある「根源的働き」自身を表す名であり、「存在の真理」と同じ意味をもつということだった (vgl. TK: 44 usw.)。また「世界」

は人間と「他」との本来的共属を可能にする「場」でもあって、さらには「世界する」という言い方で表されるような、根源的「関わり合い」という「事態それ自身」を表す名でもあった。つまり彼においては「人間的自己と、(他としての)世界との、根源的関わり合い」という事態が思索されていると言ってよいのである。

そしてこのような関わり合いを可能にするものとして、彼は「性起」という語を語った。この性起は一切を「自性のうちへもたらし、共属のうちへ守る」という「事態」それ自身を表す語だった。彼においては、このような「自己と世界との根源的関わり合い」として、性起・存在自身の呼びかけへの「呼応」としての「哲学的思索」の可能性が、思索の根本的事柄として追究されたのである。

我々は以上のように、ハイデッガーにおいて哲学的思索の可能性が「自己と世界との根源的関わり合い」という事態にまで立ち帰って問われたのを見てきたが、同様のことが西田においても見られるのだ。

西田において「思惟」という語自身は、西欧哲学の伝統に従い、「直観」「行為」という語とは区別されることが多い。だが彼の思索の根本はいわば「真の哲学的思索の可能性」の追究とも言うべきものであり、これが我々の言う「人間的自己と他との根源的関わり合い」として思索される。

彼において人間的自己は、客観・客体と切り離された「主観・主体」や、人間の自己意識を中心とする「自我」というような伝統的西欧哲学の自己観とは、かなり異なっている。人間的自己は、いわば「他」との根源的関わり合いにおいて、「真の自己」として自覚される。この場合我々が今「他」と呼んだものが、西田においてはさまざまな仕方で語られる。たとえば初期の『善の研究』では「いわゆる客観的世界」「宇宙」「真の一般的なるもの」「宇宙の根本としての神」等、また『場所』『私と汝』等が書かれた中期以降には、「場所」「世界」「弁証法的一般者」「歴史的生命」等と呼ばれる。これらの呼称の違いはいわばアスペクトの違いによって生じたとも言うべきものであり、彼の思索の根本はこれらと人間的自己との根源的関わり合いの追究にある、と言ってよい。

この関わり合いは『善の研究』では次のように言われる。すなわち、人間的自己がさまざまな実在の「統一力」と規定されることにより、「我々の思惟意志の根柢における統一力と宇宙現象の根柢における統一力とは直に同一である」（西 1: 68）とされ、人間の最終的に追究すべき「真の善とは……真の自己を知るといふに尽きて居る。我々の真の自己は宇宙の本体である、真の自己を知れば……宇宙の本体と融合し神意と冥合する」（西 1: 167）と。

つまり人間的自己は「宇宙現象の根柢における統一力」との根源的関わり合いのうちで、それとの「同一」を「知る」という仕方で、「宇宙の本体」でもある「真の自己」と出会うのである。『善の研究』を中心とした初・中期には、このように「なお自己から世界を見るという立場が主になって居た」（西 7: 203）と言ってよいが、中・後期には「他」としての「場所」「世界」「弁証法的一般者」等それ自身の追究が主になされるようになる。たとえば『論理と生命』では次のように言われる。

「〔弁証法的一般者の〕世界において個物が自己自身を限定することは、……自己が世界とならうとすることである。それは……逆に世界が世界自身を限定することである。……それが我々が行為的に見るといふこと……、直観といふことである。……思惟とは……自己の身体に徹することである。……物が自己の身体となるといふ方向において、……行為的直観は思惟となる。……我々の身体的自己は、歴史的世界の作業的要素として思惟的である」（西 8: 329f.）

つまり、人間的自己の「行為的直観」としての「自己限定」は「弁証法的一般者としての世界の自己限定」との相即のうちで生じ、しかも人間が「身体に徹する」とき、この行為的直観が「思惟」となる、とされている。このような「思惟」はもはや人間の主観的行為というようなものではなく、「歴史的世界」が「自己表現し創造する」ときの、その働きの「要素」となるという仕方で、人間的自己と世界との根源的関わりを意味する。[245] そのような「思惟」は、伝統的西欧哲学で理解されてきたような、客観に対する主観の意識作用や、身体と切り離された「精神」の働き、あるいは「直観」「行為」と区別される「思惟」でもなく、「歴史的生命は我々の身体を通じて自己自身を実現する」（西 8: 324f.）というような、身体をともなった「人間的自己と世界との根源的関わり合い」を意味するのである。

以上のように、ハイデッガーにおいても西田においても、「哲学的思索」の可能性は「自己と世界との根源的関わり合い」として見られた。そして両者において、この問題はさらに「自己と世界」という「事態」の根底へと突き進んでゆく。一体彼らは〈自己〉ということの根底を、いかなるものと見たのか？

第二節　〈場〉としての人間——性起と絶対無

西欧近代哲学は孤独のうちで始まった。しかも自らは己の孤独であることを知らない。だがその孤独の翳は、時と共に己を蝕んでゆく。デカルトが「一生に一度一切を根底から覆し」(246)た時、その先に見えたのは何だったのか。一切の確実性の根拠が「神の誠実」への信頼だとするとき、だがその「信頼」の底にあったのは、実は一切の地盤の脆さへの戦きだったのではないか。その戦きのうちで、世界からの乖離を自らの心のうちにしかない「確かなもの」によって埋めようとする「近代的自我」の孤独。この「世界からの乖離」は、人間の意識対意識の「出口なき」相克のうちで、物の存在に「嘔吐」しか見いだせず漂う、サルトル的孤独に至るだろう。

だがこの「世界からの乖離」の根は、一体どこにあるのか？　窓外の緑の葉は、私の単なる認識の「対象」ではない。葉を揺する風は、涼やかに私のうちをも吹き抜けてゆく。そのとき、葉と風と私と、そして「涼やかさ」とは、ある根底的な意味で「同じ」だ。「世界」のうちでの「私」の生は、おそらくこうした仕方で「すでに営まれている」。だが緑の葉を私の「認識の対象」として立てたその瞬間から、葉と私とは、いわば見えざるガラスの壁によって「遮断」される。遮断された上で、私は緑の葉と「いかに関わりうるか」を思索せねばならなくなる。そのとき、そのような「対象としての物」の「総体」と考えられた「世界」自身が、私と「遮断」されるのだ。私はいわば世界自身と、見えざる壁によって隔てられる。残るのは、私を包む深い孤独だ。近代の人間は、意識・認識論的主観として立てられたときから、世界や物との真の関わり合いを見失ってしまったのではないか。そのとき人間は、世界のうちで地盤を失い、真の「居場所」を見いだせぬまま、孤独のうちを虚しく漂う。たしかに現代の根底は、ハイデッガーが「地盤喪失」(Bodenlosigkeit)と見た事態ではないか。にもかかわらず西欧近代哲学自身は、このような地盤喪失のうちにある自らの孤独に気づかぬまま、幻の「地盤」の上で華麗な哲学を打ち立てる。しかし時と共に、自らの「孤独の翳」は自らを蝕み、やがては己自身を消滅させるだろう。

だが「世界からの乖離」は西欧哲学の始元にすでにあったのではないか。現実世界よりイデア的世界を真としたプラトン主義が、西欧の根底を支配している。これはまたK・レーヴィットの言う「目に見えぬ神を重んじ、目に見えるコスモスの神聖さを奪う[247]」ということでもあるかもしれぬ。二〇世紀のハイデッガーと西田とが共に根底で求めたのは、西欧哲学の「人間と世界との乖離」により幻となった「人間と世界との根源的関わりという地盤」を新たに建立する試みだったのではないか。ハイデッガーの「性起」と西田の「絶対無」とは、そのような試みの表現だった。

以下において、我々はこのような観点からハイデッガーと西田とを考察しよう。そのうえで、最終的には「自己、世界」とは何か、そして「自己と世界との乖離」の克服がいかにして可能なのかということに関し、一つの解答を試みたい。

第一項　西田のハイデッガー批判――「〈自己〉と〈場〉」の問題へ

ハイデッガーと西田とにおいて、自己の問題は、「他」としての世界と人間的自己との問題になる。この問題をめぐる両者の関わりが明確になるように、ここでは西田のハイデッガー批判を手がかりにして論を進める[248]。

ハイデッガーが西田を表明的に論じた論文は今のところ見当たらないが、西田はハイデッガーについていくつかの箇所で論じている。しかもその大半は批判的論評である。そして西田が、彼没年の一九四五年以前に公刊されたハイデッガーの著作しか読めなかった制約からやむをえないとは言え、彼の批判はハイデッガー前期の思索に限られている(西田は主にハイデッガーの『存在と時間』前後の数冊の著作を読んだらしいとされる)[249]。

西田がハイデッガーについて論評している著作は、現在のところ以下のようになる。すなわち『一般者の自覚的体系』(一九三〇年、西5)、『無の自覚的限定』(一九三二年、西6)、『哲学の根本問題』(一九三三年、西7)、『世界の自己同一と連続』(一九三五年、西8)、『行為的直観の立場』(一九三五年、西8)、『デカルト哲学について』(一九四四年、西11)。これらは西田自身の思索が前期の「純粋経験」から中期の「自覚」「場所」を経て、特に『一般者の自覚的体系』以後「絶対無(の場所)」「歴史的世界」の問題の追究に関わってくるのに対応している[250]。すなわち自らの「絶対弁証法」に対する解釈学的現象学の問題性を、また自らの世界論に対するハイデッガーの世界論・存在論の問題性を論じるという仕方で、大半はハイデッガーに対する批判的論評となっている。

これらの主旨は次のように大別しうる。

(一) 解釈学的現象学・オントロギーに関するもの(フッサールとの関連を含む)(西5: 289, 349f., 463, 西8: 213, 西11: 178, 186)

(二) 世界・了解に関するもの(西6: 165, 179, 西7: 179f., 330, 西8: 19f.)

(三) 「自己」に関するもの(西5: 477, 西6: 172, 西7: 117f., 118)

(四) 存在に関するもの(西6: 168, 170f., 175f., 西7: 79)

これらの箇所のうち、少し長くなるが、特に重要と思われる部分を以下に挙げる(以下は抜粋であり、必ずしも原文通りではない)。

(一) 「解釈学的現象学」「オントロギー」に関するもの(フッサールとの関連を含む)。

「ハイデッゲルの解釈学的現象学はフッサールよりも一歩進めたが、いまだ現象学的立場にともなう根本的欠陥を脱していない」(西5: 349f.)

「ハイデッゲルの解釈学的現象学とか根本的存在学は、表現的一般者の自己限定が考えられていない」（西 5: 463）

「私は歴史的実在はロゴス的実在であり、歴史的実在の現象学は即ち弁証法的論理となると考へるのである。然るにフッサールの現象学は単なる意識の世界の現象学であり、ハイデッゲルの現象学は了解的世界の現象学である。ダザインといふものは歴史的実在ではない」（西 8: 213）

「現象学は新カント学派の如くに形式主義ではないが、やはり知識論的たるを免れない。ハイデッゲルのオントロギーと云つても主観的自己の立場を超えたものではない。……主観から客観へである、内在から超越へである。このような意味に於て実存と云つても、それは真の歴史的実在ではない」（西 11: 178）

「真の形而上学的自己の立場といふのは、歴史的形成的自己の立場でなければならない。そこから形而上学的問題が起こるのである（このような意味において私はハイデッゲルのオントロギーといふものも真のオントロギーとは考へない）」（西 11: 186）

(二)　「世界」「了解」に関するもの

「ハイデッゲルの了解とは自覚を失った行為。了解の世界とは現在を有しない可能的な時の世界に過ぎぬ。単なる述語面の自己限定の世界」（西 6: 165）

「行為的自己の自覚の立場を離れて、これを外から見る現象学的立場。ハイデッゲルは了解の自己限定的事実を見ていくに過ぎぬ」（西 6: 179）

「ハイデッゲルの存在の哲学といへども、その世界は了解の世界であって、我々の行為を限定する世界ではない。我々はそれにおいて無限の重荷を負うとともに企図的であるといっても、我々がそこから生まれる世界ではない。それは個物を限定する世界ではない、私と汝とを包む世界ではない、自己自身を限定することによって我々を限定する世界ではない。それは我々が外から見ている世界であって、我々がそれにおいてある世界ではない。ゆえにハイデッゲルの哲学は弁証法的ではない、単に解釈学的現象学たるに過ぎない。……しかし客観的表現として我々に対して立つものは単に了解の対象たるのみならず我々の自己を動かすもの、我々を唆すもの、我々に命令するものでなければならぬ。そこに今日弁証法的神学者の考えるごとき『言葉』というものの意味も考え得る」（西 7: 179f.）

「〔現実の世界〕には限定するものなき単なる無の世界が考えられる。ハイデッゲルのいわゆる『人』の世界を考えられる、単なる世間話の世界を考えられる。だがそれが我々を限定する意味をもつ限り、我々はこのような世界の底に無限の不安を感ずるのだ。……このような世界は弁証法的一般者の自己限定の世界として、個物が個物自身を限定するという意味をもたねばならぬ。個物的自己の自己限定の世界の縁暈として『人』の世界が成立する」（西 7: 330）

「現象学の立場は内部知覚的自己の立場を推し進めたもの。ハイデッゲルの立場といへども、それが自己を媒介として世界を見るかぎり、それから真の客観的世界といふものは考へられない。さらに行為的自己を媒介として世界を考へると云つても、要するにそれは尚自己自身を媒介とするといふ立場を脱することはできない。それから真に自己自身を限定する世界といふものを考へることはできない。自己と世界と、主観と客観と、相反するものの相互限定として此の世界を考へると云つても、それは要するに二つの物の相互限定といふことであつて、逆に一つのものの分裂統一とも考へ得るのである。……それは尚自己が自己自身の媒介者となる、自己が自己自身を媒介するといふ如き我々の自己を模型として世界を考へるといふ立場を脱することはできない。……では何を媒介として世界が世界自身を限定するのか。考へる我々の自己も自己自身を限定する世界によつて媒介せられるものでなければならない」（西 8: 19f.）

(三)　「自己」に関するもの

「問う自己は、働く、行為的自己でなければならぬ」（西 5: 477）

「単に自己自身を表現し、了解するハイデッゲルの存在」（西 6: 172）

「我々の欲求的自己に対立し、我々を包み我々を限定する欲求的自己の世界は、単なる自然ではなく、我々の生命を肯定するとともに否定するという意味で、弁証法的一般者、場所的限定の意味をもったものでなければならぬ」（西 7: 117f.）

「このような世界においては我々はハイデッゲルのいふごとくどこまでも投げられたもの、企図的と考えられる」（西 7: 118）

(四)「存在」に関するもの

「〔私の立場は〕主客対立以前のものから出立する点でハイデッゲルの存在と相類するが、ハイデッゲルの存在は事実的に自己を見ない。了解とは不完全な自覚。真の自己は単に自己を了解するのではなく、働きによって自己自身を事実的に知るのでなければならぬ」（西 6: 168）

「私の〔言う〕自己自身を限定する事実そのものは、ハイデッゲルの存在の類であり、存在にアイゲントリッヒという種差を加えることによって考えられる。だが存在が事実そのものに達することはない」（西 6: 170f.）

「ハイデッゲルのごとき存在から知識を見る見方に同意。だがそこからここではなく、ここからそこを見る」（西 6: 175f.）

「超時間的なロゴス的実在のなかに、時において動くもの、働くものを包むことはできない。ハイデッゲルの存在も歴史的ではあるが動くもの、働くものではない。その時といふも可能的時たるを免れない。私はヘーゲルの弁証法こそ……、それは働くものの論理である」（西 7: 79）

これらの言及への詳論は別の機会に譲るが、これらの言及のうちから特に「世界と自己」、「〈場〉と人間」の関わりで、重要な代表的箇所を取り上げよう（以下は前にも取り上げた）。

「ディルタイの影響を受けたハイデッゲルの存在の哲学といへども、その世界といふのは尚了解の世界であって我々の行為を限定する世界ではない。……それは個物を限定する世界ではない、私と汝とを包む世界ではない、自己自身を限定することによって我々を限定する世界ではない。それは尚我々が外から見ている世界であって、我々がそれに於いてある世界ではない。ゆえにハイデッゲルの哲学は弁証法的ではない、単に解釈学的現象学たるに過ぎないのである」(西 7: 179f.)

「ハイデッゲルの存在も歴史的ではあるが動くもの、働くものではない、その時といふも可能的時たるを免れない」(西 7: 79)

「ハイデッゲルの立場といへども、それが自己を媒介として世界を見るかぎり、それから真の客観的世界といふものは考へられない。……それは尚我々の自己を模型として世界を考へるといふ立場を脱することはできない。……考へる我々の自己も自己自身を限定する世界によつて媒介せられるものでなければならない」(西 8: 20)

これらの批判は一面では妥当し、一面では妥当しない。しかも妥当と非妥当とを決定づけるものは、ハイデッガーの思索の転換を引き起こした事態でもあり、それは彼自身の近代主観主義の迷宮からの脱却の努力と対応する。その鍵になるのが世界と自己との関わりの問題なのである。

第二項　「〈場〉と人間」に関してなぜ西田はハイデッガーを批判したのか？　それへの反論は可能か？

「〈場〉と人間」の問題に関し、西田は以上のようにハイデッガーを批判した。同様の批判をK・レーヴィットもまた行った。たとえば『乏しき時代の思索者』で、次のように述べられた。

「〔ハイデッガーは〕歴史的実存としての人間から出発して、自然的世界を、世界史と人間的世界とに実存論的に狭めた[251]」

彼らがこのように批判した理由は何だったのか。今我々は先取りして次のように言いうる。彼らは「世界という仕方で開ける何らかの働きとも言うべきものを思索した。それをハイデッガーが観ていないということが、彼らがハイデッガーを批判した根本の理由だった、と。では本当にハイデッガーはそのような働きを観ていなかったのか。そうではないだろう。

彼らの批判はいわば「世界と自己との根源的関わり」とも言うべき事態に関わるものだった。それはおそらく、我々が最初に問うた「地盤喪失」そして「世界との乖離という孤独」を克服することに関わるだろう。ハイデッガーにおいてこの問題は「世界・時間・本来性」ということに収斂する。それゆえ我々はこれらの事柄に沿って、反論を試みる。だがそれは、あくまでそのような克服を可能にするためにのみ行うのだ。それによって、前期ハイデッガーが「〈場〉と人間」に関して何を見ようとしたのかが、おそらく浮かび上がってくるだろう（第三項）。

その試みを通じて浮かび上がってきたものが、おそらく「地盤喪失」の克服を可能にする。ハイデッガーは、（『寄稿』が書かれた）「一九三六年以来、《性起》は私の思索の主導語だ」（GA 9: 316）と述べた。彼の思索を「導く」「性起」は、「世界と自己との根源的関わり」に直接関わる。しかもそれは西田の「絶対無」とおそらく共属する事態だ。それゆえ西田の「絶対無」と「性起」とを比較することにより、我々は彼らが「〈場〉と人間」に関し最終的に何を見ようとしたのかを、取り出そう[252]（第四項）。

だが我々は予感する。彼らが「世界と自己との根源的関わり」に関して説いたことによって、はたしてその「根源的関わり」の可能性は汲み尽されるのか、と。何かが決定的に見過ごされはしないか、と。もしそうなら、その先にありうるものは？（第五項）

第三項　反論

前期ハイデッガーは「〈場〉と人間」に関して何を見ようとしたのか？

一　世　界

西田・レーヴィットらは、ハイデッガーの「世界」が「我々が外から見て居る世界だ」と批判したが、既述のように『存在と時間』では従来の哲学で「なぜ（パルメニデスにおいて明白に）、世界という現象が飛び越されたか」（SZ: 100）と問われ、失われた「世界と人間」の共属を取り戻すことが根本問題だった。(253) それがハイデッガー没後刊行の初期諸講義で、明白になる。

彼は最初期から、世界を特に問題にしている。『現象学の根本諸問題』（一九一九―二〇年）では「我々の生とは我々の世界だ」（GA 58: 33）とされ、一九二三年の『存在論（事実性の解釈学）』では「〔現存在という〕この存在は自らに出会ってくる世界自身で《ある》」（GA 63: 86）とされる。ハイデッガーは初期から一貫して、世界との共属を取り戻すため、「自己」そのものに立ち戻り、「自己」のうちに「世界」を見た。これが人間を「現存在」と呼んだ真の意図だ。この一九二三年は『存在と時間』が書き始められた年であり、『存在論』での「世界」と「配慮」との連関は『存在と時間』に直接繋がってゆく。

だがここで問題となるのは、『存在と時間』で、世界がいわば二面性をもったものとして語られているということである。すなわち、

① 『存在論』での「世界と配慮」の連関に繋がる、内世界的存在者の「有意義性〔Bedeutsamkeit〕連関」としての世界

② 「不安のうちで開示された」「非有意義性へと沈み落ちた世界」(254)（SZ: 343）

この「有意義性連関としての世界」は、人間に対して人間の「配慮」の意味連鎖の〈場〉として開けてくるものであり、最初期の諸講義・論文で追究された世界もこの意味に近いものが多い。レーヴィットらの批判もこの点に集中しており、「人間を模型として考えられた、外から見られた世界」という批判は、この点に関しては当たっていると言いうる。だが彼らは『存在と時間』の随所で語られている「非有意義性としての世界」の意味するところを観て取っていない、

と言わざるをえない。世界は人間を裏切る「裏の顔」を突如として示す。それが「世界の非有意義性」「世界の無」(SZ: 343) と呼ばれ、非有意義性に直面した「不安が……初めて世界を世界として開示する」(SZ: 187) とされる。「世界の無」は後述の西田の「絶対無の場所」に近く、「自己を模型とし」た世界像を裏切る。ここにあるのはもはや「外から見ている世界」ではない。

しかも肝心なのは、この「世界の開示・開け」が問題の鍵となっていることを見逃さないことである。既述のように、西田もレーヴィットもいわば「自ずから開ける世界の根源的働き」とも言うべき事態を説いたが、ハイデッガーがそれを見ていないというのが、彼らの批判の根本だった。だが我々は、この「世界の開け」は実は初期から一貫したハイデッガーの根本問題だったことが見落とされた、と言わざるをえない。最初期の『戦時緊急学期講義』では「それが世界する」(Es weltet) と再三言われ (GA 56-57: 73 usw.)、これをガダマーは「世界が種子のように発源すること」[255] と見た。「発源」(aufgehen) は、ハイデッガーがピュシス (φύσις 自然) の訳として使用することが多い。たとえば『パルメニデス』では「ピュシスとは、出来しつつ発源すること〔das hervorkommende Aufgehen〕を意味する」(GA 54: 207) としている。つまりピュシスと同様、世界が「自ずから生じる」という事態を、既述のようにハイデッガーは最後期まで「世界する」(welten) と表し、根本問題として追究し続けた。またリーデルもこの「世界する」という「動詞化」に着目し、そのうちには「自然・ピュシス」が統べているということが思索されねばならない、としている[256]。それゆえこのような「自ずから開ける世界の根源的働き」とも言うべき事態をハイデッガーが見ていないとするレーヴィットらの批判は、妥当しない。

二　時　間

このハイデッガー前期に説かれた「世界の開け」の根底には、それを「可能にする働き」として、「時間」が説かれた。だが実はこの「時間」のうちに、深い「謎」があったのだ。

ハイデッガーは主著『存在と時間』の当面の目標を、「時間を存在了解の地平として解明すること」とした。だがこのとき「時間」という名で彼が何を見ようとしたのかがレーヴィットらのみならず一般に理解されていないことが、ハイデッガーの「世界と人間」論の真の理解を妨げる。西田はハイデッガーの「了解」に対し、「我々に対して立つものは単に了解の対象たるのみならず、我々の自己を動かすものでなければならぬ」(西 7: 179f.) と批判した。だが、存在了解とはまさに前期ハイデッガーの「我々を動かす世界と人間との関わり」の追究だった、と言いうる。そしてそれを可能にするのが「地平としての時間即ちテンポラリテート」だった。だが、ここにいわば〈時間という謎〉が潜んでいたのだ。

彼は従来存在者も存在も無時間的に捉えられたのに対し、「有限性」(Endlichkeit) を説き、存在を「現前」(Anwesen) と捉えた。だが彼がこのように「有限性」を説いた意味が、レーヴィットらには理解されていない。有限性とは、最終的には「死において初めて、私はいわば絶対的に《私はある》と言いうるのだ」(GA 20: 440) ということであり、私は私の「死」において、あるいは「生のうちで死へと先駆する」ことにより、骨髄に徹するような仕方で自己存在を真に了解し、本来的自己を取り戻す。有限性とは最終的にはこのような事態をいうのであり、ハイデッガーの「存在了解」とは、このような「我々の自己を根底で動かすもの」なのだ。

そしてこれを可能にし、さらに「存在一般」の了解を可能にするのが「地平としての時間、すなわちテンポラリテート」だった。だが既述のように『存在と時間』当時、時間はいわば二重的に思索されていたことが見落とされてはならなかった。すなわちそれは①現存在の時間性、②テンポラリテートだった。

現存在の時間性とは、既述のように、結局「自己へと」(将来)、「〜に戻って」(既在性)、「〜を出会ってこさせる」(現在) という時熟の働きであり (SZ: 328f.)、時熟とは結局「自己から、自己へと」脱自する「動き」に他ならなかった。その際ハイデッガーの独自性は、この脱自が単なる脱自ではなく、「非本来的自己から、本来的自己へ」の脱自だとしたことである。彼はこの「(非本来的) 自己から、(本来的) 自己へ」という脱自的本来化の働き自身を「時間」

と呼んだ。それゆえ「時間はあるのではなく、現存在が時間として自らの存在を時熟させる」(GA 20: 442)という「現存在の時間性」こそが、日常的時間やヘーゲルらの伝統的哲学の「通俗的時間概念」がそこから生じる「根源的時間」だとしたのだ。『存在と時間』はこのような人間的現存在の時間性を基盤として、存在一般の了解の地平としてのテンポラリテートを追究しようとした。その際地平は「時間性が自らのうちで脱自的・地平的である」ことにより開けるとされた(GA 24: 377f.)。だが我々は言わざるをえなかった。「人間のあり方としての時間性」から「地平・世界の開けを可能にする時間性」への橋渡しは、彼が予想したほど容易でなかったのではないか、と。実際、彼の思索は難航し、結局『存在と時間』は途絶した。地平という「世界・〈場〉の開け」を可能にするものは、「時間」ということだけでは説明しえなかった、とも言えた。ここでハイデッガーの眼前に立ち塞がったのが、〈時間〉という深い謎だった。

ここから、特に一九三〇年代に、彼の思索はいわば大転換を遂げることになった。だが、この大転換の底に潜んでいたのは一体何か? それが、「時間と性起」の連関の問題だった、と言いうる。一九三〇年代以降、世界の開けを可能にする働きとして彼の思索の「主導語」となったのが、既述のように、性起だった。それが『寄稿』で証示された。すなわち「性起の語られざる予感は……テンポラリテートとして現れる」(GA 65: 74)とされ、テンポラリテートという〈時間〉がすでに性起のいわば前形態だったと語られた。時間は「現存在の時間性」から、テンポラリテートの別名としての「時間-遊動-空間」と呼ばれるようになる。これはいわば性起を働きの面から言い換えたものと言ってよく、「世界の自ずからの開け」の底に性起の働きが見られるようになった。テンポラリテートという「時間」は性起の「予感」だった。ここで、彼が最初期から根底で問うたものが、性起として見えてくるのだ。

だが、なぜ時間が「性起の予感」だと言いうるのか? 性起とは何か? 答えは、彼が「本来性」と呼んだ事態のうちにある。

三　本来性

既述のように、ハイデッガーは初期の『哲学の理念と世界観の問題』で、「根源学」(Urwissenschaft) である哲学が生じる「体験という事態」を《Ereignis》と呼んだ (GA 56-57: 75f. usw.)。『現象学の根本諸問題』(一九一九―二〇年) では、「根源学」は「我々の生即ち世界」という (GA 58: 33 usw.)「根源領域」(Ursprungsgebiet) で可能だとした。ここで「生即ち世界」という「根源領域」のうちでの「哲学という根源的出来事」が、《Ereignis》と呼ばれた。《Ereignis》にはその後一九三〇年代まで、一般的な「出来事」と「根源的出来事」との意味が混在した。だが『寄稿』で、最後期にまで至る「性起」という意味で登場する。

この性起は「本来性」と関わる。だが本来性の意味が一般にまだ正確に理解されていないと言わざるをえないのだ。ハイデッガーは『存在と時間』において、「存在の問い」を始めるにあたって「一体いかなる存在者をもとにして存在の意味は読み取られるべきなのか。一体いかなる存在者から存在の開示は出発すべきなのか」(SZ: 7) と問うた。これに対する答えとして彼は、「我々自身がそれであり、なかんずく問うことの存在可能をもっているような存在者……」(ibid.) として現存在を取り上げ、それこそが「……他のあらゆる存在者に先立って存在論的に第一に問いかけられるべきもの」(SZ: 13) だと述べた。つまりハイデッガーは「存在の問い」の出発点を、現存在という、我々人間との関わりにおいて見られた存在に、定めた。これは周知のことだが、しかしこれが伝統的西欧哲学に対する彼の「存在の問い」の根本を決定する基盤であることが、いまだ十分に理解されているとは言いがたいのだ。

ハイデッガーは現存在に着目して「存在の問い」を遂行するにあたり、周知のように、現存在の「実存」の「実存論的分析論」を問いの具体的手段とした。ところでこの「実存」とは、「それへと現存在が、どちらにせよ〔so oder so〕態度を取ることができ、またつねに何らかの仕方で態度を取っているような、存在自身」(SZ: 12) だと言われている。この場合の「どちらにせよ」とは、現存在に固有な二種類のあり方に関して言われている。すなわちそれは、「現存在がこれらの様態の一つのうちでそのつど実存し、ないしはこれらの様態の無差別〔Indifferenz〕のうちで実存している」(SZ: 53) ような、「本来性と非本来性」というあり方である。つまり現存在が存在する場合にはつねに、本来的にか、非本来的にか、あるいはそのどちらとも区別しないような仕方でか、という形で、いわば「選択」を迫られているのであり、そのようなあり方が「実存」と名づけられているのだ。したがってこのような実存のあり方を分析する「実存論的分析論」としての彼の「存在の問い」も、当然そのような本来性と非本来性という問題に関わってくることになる。否むしろ、彼の「存在の問い」は、出発点において人間のあり方を「基にした」こと自身のうちに、すでにこのような本来性・非本来性の区別を問うという根本特徴を含んでいた。そしてこれこそが『存在と時間』既刊部の主要な目的だった。実際、『存在と時間』は全編が現存在の本来的あり方への問いで貫かれている、と言っても過言ではないのだ。

さらに、元来彼の「事実性の解釈学」とは、結局彼の出発点の神学と関わる原始キリスト教、アウグスティヌス、新プラトン主義と連関する「事実的生経験」に戻ることだった、と言いうる。[257] またたとえば『宗教的生の現象学』でアウグスティヌスの「私は私にとって謎となった」[258] という句との連関で、「事実的生」が「自己喪失・自己獲得」と結びつけられている (GA 60: 246) ことに、我々は注目する。このようなことはこの頃多言され (GA 58: 257, GA 17: 249ff. usw.)、ガダマーはこれを「事実性の根本経験として、生の頽落傾向とは自己自身からの離反ではないか」[259] と見た。結局「非本来性」とは次のようなことを意味した。すなわちそれは、『現象学的研究への入門』で「自己自身から逃避-中-である」という「根本動性」(GA 17: 284f.) とされ、『存在と時間』では日常性のうちで「現存在自身があるのでなく、他者が彼からその存在を奪う」(SZ: 126) ことだとされ、「自己喪失」を意味したのだ。

またハイデッガーは、既述のように、元来「本来的」(eigentlich) ということを「自己にとって自性的である」(sich zueigen sein) こととしたのであり、これは「性起」の「性起せしめる」(ereignen) 働きが、「自性的ならしめること」(eignen) 即ち「真の自己ならしめること」であるのに繋がっていった (UzS: 258)。したがって本来性とは日常で喪失された「真の自己」を取り戻す根本動性であり、性起の本質はこのような「真の自己ならしめる」働きとして捉えられた。

かくして時間性と性起とは、「自己から自己へと」「真の自己ならしめる働き」として、共通の事態を表しており、時間が「性起の予感」だとされたのだ。

以上のように、前期ハイデッガーが「〈場〉と人間」に関して見ようとしたものは、中期以降、「世界の開け」を可能にするものとしての性起として結実する。ではこの性起によって「世界・〈場〉と人間との根源的関わり」はいかにして可能になったのか。それがなされたとき、おそらくは「地盤喪失」が克服されうる。だがそれは、ハイデッガーを批判した西田において「克服」とことさらに意識されぬまま説かれていたことではないか。それゆえ、本第三項で論じた「時間・本来性・世界」という重要事項に絞って、次に西田の特に「絶対無」と性起との比較を試みる。彼らにおいて「自己と世界との乖離」はいかに克服されたのか？

第四項　ハイデッガーの「性起」と西田の「絶対無」
「〈場〉と人間」に関して彼らが見ようとしたものは何か？
「自己と世界との乖離」は克服しえたのか？

一　時間

『存在と時間』前後のハイデッガーでは、時間は、「派生的時間」とは異なり、人間的現存在の「動性」が根源だとされた。既述のように、それは「(非本来的) 自己から、(本来的) 自己へ」という動性であると同時に、また自らの死という「無」に出会わせる「働き」でもある。このように、ハイデッガーでは「時間はあるのではなく、現存在が時間として自らを時熟させる」。

一方、西田では、たとえば『永遠の今の自己限定』では「我が時に於いてあるのではなく、時が我に於いてある」(西6: 187) とされる。ここで注目すべきなのは、伝統的時間論と異なり、時間を人間のあり方との関わりで捉える点で、両者は共通しているということである。

「本論」第三章で述べたように、アリストテレスは『自然学』で時間を「運動の数」としたが[260]、これが以後の時間論を決定づけ、以後二千年以上その本質が真に問われることはなかった（GA 20: 11）。だがハイデッガーと西田とは、このような時間観の根源にある、いわばこの「動き」自身の意味を「時間」という仕方で問い直したのだ。時間は我々の生の脱自的動きと、その先にある「死」との連関を離れたとき、その本質が見失われるだろう。

この「生の動き」そのものとしての「時間」のうちに、両者はまた「世界・〈場〉」あるいは「一般者」というような仕方で開けるものとの、根源的共属を見た。それが、ハイデッガーではテンポラリテートから性起へと繋がる仕方で思索された「働き」だった。同様に西田では、時間は、たしかに人間との関わりで捉えられているが、しかし元来「一般者としての絶対無の時間的側面」とも言うべきものだった。西田は『無の自覚的限定』で初めて「永遠の今」を論じた。これは「一般者としての絶対無」の時間的側面であり、一瞬一瞬が「死しては蘇る」という「非連続の連続」をいい、時間は本来的な「永遠の今の自己限定」を意味する。このように、両者は時間を人間のうちなる働きとの連関で捉え、その働きにおいて性起・絶対無という根源的働きと連関すると観た点で、西欧哲学で見失われた時間の本質を観たと言いうるだろう。

とはいえ、我々は根本的相違も読み取る。まず、西田はたとえば『私の絶対無の自覚的自己限定といふもの』で、ハイデッガーの「了解の世界といふのは、現在を有せない単に可能なる時の世界たるに過ぎない」（西 6: 165）と批判し、「永遠の今」から各時間が生じるとするが、これはハイデッガーの本来的現在としての「瞬間」とは異なる。前期ハイデッガーは先駆的覚悟性という人間の働きに定位するため、将来が優位をもった。だがこの将来は「現在を有せぬ単に可能的な時」ではなく、本来的現在である「瞬間」をうちに含む。中・後期ハイデッガーは時間を「瞬間の-座」(Augenblicks-Stätte) として、〈場〉との根源的関わりで、本来相を語る。これは、「今」から各時間が生じるとする西田とは異なる。

さらに決定的なのは、ハイデッガーでは時間は「非本来から本来化への働き」も意味したが、西田でこの意味は見られず、時間がつねに本来相で語られることである。これは、ハイデッガーでは時間がまず人間的脱自の動きとして捉えられたことに起因する。「非本来から本来へ」という脱自の動きに基づいて、「地平としての時間」が追究され、既述のように、彼は〈時間という謎〉に直面した。一方西田では、既述のように時間は「一般者としての絶対無の時間的側面」とも言うべきものであり、これが両者の違いとなる。

これらの時間論の相違は、「性起と絶対無」の「本来性」との関わり方の違いと連関する。そしてこれが、性起と絶対無との根本性格の違いに繋がる。

二　本来性

性起は「本来的ならしめる働き」だった。この「本来性と非本来性」ということは両者共通の思索の特徴である。だが我々は両者の相違点もまたここに見る。

①人間と本来性

ハイデッガーでは自己はつねに「本来と非本来との間の振動」だとされ、ここに非本来性から「本来的ならしめる」という性起の意義が生じる。他方、西田では「真の自己」はつねに根底にある。彼はたとえば全集第一四巻の『歴史的身体』のうちで、「我々の最も平凡な日常の生活が何であるかを最も深く摑むことに依って、最も深い哲学が生まれるのである」（西 14: 267f.）とするが(261)、「日常」を主題的に論じない。これは西田の根本特徴からきており、彼はつねに「最も根本的な立場」（西 9: 3）を論じるゆえ、非本来性が主題的に展開されることはないのだ。これが次の「世界と本来性」に関わる。

② 世界と本来性

西田では日常の底につねに本来的世界がある。あるいは、「日常」自身が、すでに「本来的世界」である。これが後述の「絶対無の場所」である。ハイデッガーは、これとは異なっている。講演『物』で、本来的世界である「四方域」は眼前の壺に集約されるとされた（VA: 166）。だがそれは日常的には見えず、僅かの者に対して、性起による「世界の閃光」として垣間見られるだけだ（TK: 45）。人間をいたずらに駆り立て、物を使い尽くす「技術」の本質によって支配されているのが、現代世界の「地盤喪失」したあり方だった。しかしこのような「地盤喪失」した非本来的あり方の克服こそ、ハイデッガーが目指したことだった。このとき、「四方域と（非本来的世界である）非世界」は、「性起と脱性起（Enteignis）」に呼応して、振動するのだ。

以上のような本来性をめぐる性起と絶対無との相違を見るとき、我々はここに両者の根本性格の相違を読み取る。性起は本来と非本来との間を振動する一切を「本来的ならしめる働き」であり、その「呼び声」に人間は呼応するとされる。だが絶対無は自らの「自覚的自己限定」により「世界、人間、物」等として現れ、人間はこのような絶対無を自らの根底に観るとき、「すでに本来的であることを自ら悟る」。『寄稿』では、「最後の神」について全面的に語られた。この「最後の神」と性起との連関が、最近しばしば論議される。[262] たしかに、我々は、性起が「本来的ならしめる」ものとしての西洋的神とも言うべきものと連関していることを、感じざるをえない。そのような性起は、「すでに本来的であることの自覚の根底」としての絶対無と、根本性格を異にするだろう。

では、以上のような本来性との関わり方に基づいて、両者において「世界・〈場〉と人間との根源的関わり」はどのように説かれたのか。

三　世界・〈場〉

これまで見てきたように、中・後期ハイデッガーは、「世界・〈場〉と人間との根源的関わり」を性起として追究した。それが明確に提示されているのが『寄稿』だった。ここでは、後に「四方域」となる図式の原型が描かれており、「世界と大地、神々と人間」が「現」(Da)として提示され、その中枢を統べるのが性起だとされた(GA 65: 310)。ここでは「人間と神」「世界と大地との闘争」「作為」(Machenschaft)(後々まで技術論で論じられる)という「真存在棄却」(Seynsverlassenheit)のあり方等、最後期にまで至る「世界と人間」論の原型が、すでに多数提示されている。

ハイデッガーの中・後期において、世界は随所で追究されたが、『寄稿』『芸術作品』等では、ヘラクレイトス的「世界(開き)と大地(閉ざし)との闘争」として論じられた。さらにこの「世界と大地との闘争」の根底に、「空け開け」(Lichtung)対「拒絶・塞ぎ立て」という働き自身の「原闘争」(Urstreit)がある、とされた(GA 5: 42)。この「空け開け」は〈場〉であるが、根本的に真理論と連関しており、«Ἀλήθεια»(真理)の訳としても多用された。人間への真理の伏蔵は«Λήθη»(隠し)という「自己伏蔵」のゆえだとされ[263]、ここで〈場〉が真理と関わることになる。

さらに「場所」(Ort)。これは『存在と時間』等早くから言及されるが、『思索の経験より』で、場所論は「トポロギー」という「存在の現成の場所を言う」(GA 13: 84)ことだとされた。つまり、ここで「性起と〈場〉と言葉」が根源的に関わるのだ。

そして一九四〇―五〇年代に特に論じられる後期世界論の典型である「四方域」において、「〈場〉と人間との根源的関わり」が説かれることになった。既述のように、四方域は、「大地と天空と死すべき者どもと神的なるものたち」の四者が、「他に自らを委ねながら、各々が自己自身に留まる」という根源的「働き自身」と見られた世界だった。この働きは「世界する」ことと言われ、既述のようにハイデッガーが初期から追究し続けた「世界する」ことの意味が、ここで完結する。ここに、我々は彼における世界と人間との根源的関わりの到達点を見うる。ここにおいて、遂に人間は「一方域」という「働き」そのものとなり、そのとき、同様に「働き」そのものとしての〈場〉と根源的に関わる。この「事態」のうちに、我々はハイデッガーにおける「地盤喪失」の克服を見うるのだ。

さらに、既述のように、一九四〇―五〇年代の『物』『言葉への途上』等で、「世界と物」の根源的関わりも説かれた。以上のような根源的関わりを可能にする働きとして、性起が説かれたのだ。

一方、西田は『善の研究』で「我々の真の自己は宇宙の本体である」（西 1: 167）とするなど、「宇宙、世界、自然」という〈場〉と人間との根源的関わりを説いた。西田では自己や宇宙は初めから「働き」とされ、西欧哲学における実体としての自己・世界という見方は破棄されている。その後『自覚に於ける直観と反省』等で「自己の内に自己を映す自覚」が追究された後[264]、このような「働きがおいてある場所」が、「いかなる有でも無い絶対無の場所」とされた。このような絶対無は、いわば〈場〉の側面と自覚の側面とを持つ。すなわち、絶対無は「絶対無の（場所の）自覚的自己限定」として、一切の根底にあって一切の共属を可能にする働きである。このような意味では、絶対無と性起とは、共通する。世界、人間、物は「絶対無の諸相」、絶対無を「映す鏡」ともされ、『叡智的世界』では「我々の心は最後に於いて唯、映す鏡と考へられるのである」（西 5: 182）とされる。ここで西田はヤーコプ・ベーメに触れている。だが我々はまた、質料を「一者」の「鏡」としたプロティノスや、プラトン的イデアと、西田との関わりを、見うるだろう。

だがハイデッガーと西田とは、次の点で根本的に異なる。既述のように、ハイデッガーでは『存在と時間』等の前期に現実的世界が追究されたが、その後〈場〉の根源性が深められた。西田では、逆に『働くものから見るものへ』『一般者の自覚的体系』『無の自覚的限定』等で〈場〉の根源性が追究された後、同じ『無の自覚的限定』から『哲学の根本問題続編』等の後期に、現実的「歴史的世界」が論究された[265]。

西田では、「永遠の今」と同時に「歴史的世界」が論じられ、時間論が歴史論に繋がる。西田は「物質的世界」「生物的世界」「人格的世界」を区別するが、この人格的世界を「歴史的・社会的世界」「弁証法的世界」とする。これらは根底にある「絶対無の自覚的自己限定の諸相」だとされ、これはハイデッガーの歴史論と共通する。すなわち、まず両者は「歴史」を「全体・社会」と捉える点で、共通する。そしてハイデッガーでは、「存在自身」、あるいは「存在自身の別名」である性起が、自ら「自制する」ことにより歴史の根底で歴史を「画する」とされる（vgl. zSD: 8ff.）。

これは西田で「絶対無の自覚的自己限定の諸相」として歴史が捉えられるのと、共通する。『自覚について』においては、歴史的世界では「世界が自覚する時、我々の自己が自覚する。我々の自己が自覚する時、世界が自覚する。我々の自覚的自己の一々は世界の配景的一中心である」(西 10: 559)と、人間と世界との根源的関わりが語られるのである。

以上、我々は「世界と自己との根源的関わり」について見てきた。だがはたしてこの「根源的関わり」の真の可能性は汲みつくされたのか？「自己と世界との乖離」の真の克服はなしえたのか？ 何かが決定的に見過ごされているのではないか？

第五項　「〈場〉と人間」ではなく「〈場〉としての人間」ということが可能か？
「自己と世界との乖離」の真の克服は可能か？

一　「〈場〉と物」をめぐるプラトンとアリストテレスとの「対決」

「〈場〉と人間」の問題の根底には「〈場〉と物」の問題があり、「決定的に見過ごされた」問題の根は西欧哲学の始源のうちにすでにあった。西田は、彼の説く「場所」の概念を、プラトンの『ティマイオス』中の「イデアを受け取る場所」としての «χώρα»(西 4: 209)と、アリストテレスの「形相の場所」としての «τόπος» とに倣ったとする(西 4: 213)。西田の「場所」は、たしかに彼が言うように、彼らの場所論と同じではない。だが彼らの場所論に「倣った」事実の底に、「〈場〉と物・人間」の根本問題が潜んでいたと言いうるのだ。

プラトンの «χώρα» は、イデアを受け取る「無形にして感覚されぬ何ものか(266)」とされた。この表現、つまり「無形にして感覚されぬ」にもかかわらず「何ものかとしてある」という表現のうちに、すでにプラトンの「困惑」が示唆されている。ガスリーも「……プラトンは[«χώρα» という]このミステリアスな概念を我々に伝えようとして、格闘している」と捉える。[267] プラトンは『ティマイオス』のうちで、宇宙の生成の説明として、①「生成するもの」と、②「生成するもののモデル」（イデアの似像）と、③「生成するものがそのうちで生成する、当のもの」とを区別した。これらをまた彼は、それぞれ「子と父と母」になぞらえた。そしてこの第三のものを、「受け入れるもの・受容者」としての「場所」（χώρα）と呼んだ。この「場所」は一切の生成の「養い親」ともされ、一切のものが「そのうちにそのつど生じて現れ、また再びそこから去ってゆく」ような「きわめて捉えがたいもの」だとされている。

ここまでは有名なプラトンの「場所」論であり、アリストテレスをはじめとして、昔から議論の対象となってきた。だがそれらの議論において、それほど注目されることなく、いわば取り残されてしまったことがある。しかし実はそこにこそ、問題の深い根があった。それはこのような「場所」と、「物」との連関である。プラトンは「場所」の説明として、次のように述べた。すなわち、

「だが、その本性がどのようなものなのかに関して、今までに言われたことから達せられる限り、次のように言えばよいだろう。すなわち、そのものの火化された部分が、火として現れ、土、空気も、かのものが、そのような土や空気の似像を受け入れる限りで、各々のものとして現れるのだ、と」[268]

ここで彼が行っている、火、土といった「物」と、「場所」と「イデアの似像」との連関に関する叙述は、非常にわかりにくいが、しかし非常に重要である。彼の述べたことは、「場所」自身の「物化された部分」が「物として現れ」、それはモデル（イデアの似像）を「受け入れる」ことによる、と解釈されうるのだ。しかもその際、そのような事態の根底にあるのはイデアだと一般に解されている。このように解釈するとき、我々は、ハイデッガーが『芸術と空間』で行った「物と場と真理」をめぐる叙述を思い出さざるをえない。すなわち、既述のように、ハイデッガーは次のように述べた。

「諸々の物それ自身が諸々の場なのであり、単に一つの場に属するというのではない」

「造形芸術とは諸々の場の物体化〔Verkörperung〕であろう」（以上 GA 13: 208）

「造形芸術とは、真理の諸々の場を建立する作品のうちでの、存在の真理の物体化である」（GA 13: 210）

既述のように、中期以降のハイデッガーが「芸術」と言うときに意味しているのは、人間の創作行為を介して行われる、「芸術それ自身」とも言うべき真理自身の「働き」だった。それゆえこの引用文中で言われている「造形芸術」とは、人間を介して行われる、いわば芸術自身の働きなのだ。それが理解されれば、ここでは「造形芸術」という「働き」において、「場が物体化」し、それは「存在の真理の物体化」だとされているのだ。ハイデッガーが「存在の真理」と呼んだものを、プラトンの「イデアの似像」（最終的には「イデア」）と置き換えれば、ここで言われていることはプラトンの記述と非常に近い、と言わざるをえない。我々はここでも、ハイデッガーとプラトンとの思索の類縁性を指摘せざるをえないだろう（既述のように、「いかにわれわれがプラトンの根本問題のうちを直接的に動いているか」〔GA 24: 400〕と、ハイデッガー自身が述べていた）。

また、「物と場」をめぐる以上のようなプラトンの「場所」（χώρα）論において、非常に重要なことが語られている。すなわち先に挙げた、「場所」自身の「物化された部分が物として現れる」という記述において、そのような「物化」は「モデル」（イデアの似像）を「受け入れる」ことによって生じるとされる。その際、そのように「受け入れる」ことによって、「場所」自身が次のような「動き」をするとされているのだ。すなわち

「それ自身（場所）がそれら〔火、土、空気、水〕によって震動させられるのみならず、それ自身の動きによって逆にそれらを震動させた」[269]

つまり、「場の物化」という事態において、「場」自身が「動く」のだ。しかもそれは、「物」が「場」を「震動させ」、逆にまた「場」が「物」を「震動させる」という、「相互作用」をする、とされているのだ。

ここでも我々は、ハイデッガーにおいて語られた「世界と物」の根源的関わり合いを、想起せざるをえない。「世界と物」の「関わり合い」における「世界」と、プラトンが「万物の受容者」として語った「場所」（χώρα）とを、ただちに等置することはできないにしても、しかし我々が〈場〉の問題を思索するにあたって、ここで述べられている

ことは重要なヒントを含む。ハイデッガーにおいて、「世界」が「世界する」とき、「物」は「物する」とされた。「世界」「物」は、一般に考えられているような何らかの「固定的・実体的」なもの、あるいはその「総体」ではなく、「世界する」「物する」という「働き・動き」自身と捉えられねばならなかった。それによって初めて、「世界と物」の「根源的関わり合い」が我々に見えてくるのだった。つまりここで、「世界という〈場〉」と〈物〉との「根源的関わり合い」が、見て取られることができたのだった。

同様に、プラトンにおいても、「場の物化」という事態において、「場所」と「物」とは共に「動き」「震動し」、相互に働き合うとされているのだ。ハイデッガーとプラトンとは、「物と場」の問題をめぐって、共にあるヒントを我々に与えてくれると言いうる。(270)

(以上のことに関連して、田中美知太郎は興味深い解釈を提示している。すなわち、先述のように、「場の物化」という事態は「生成のモデル」としての「イデアの似像」を「受け入れる」ことによって生じた。それによって「場」と「物」とが「動く」とされた。その際、そのような「動き」を生じさせるのは、最終的にはイデアだということになる、と解されうる。だが、イデアはそのような「動き」を生じさせる原因にはならないとされていたはずであり、そのように「動力因」にならないということを、アリストテレスが批判したのだった。(271) つまりここで語られた「動く場」ということはイデア論とは矛盾する考えであり、にもかかわらずプラトンがそのようなことを述べたとすれば、プラトン自身がイデア論を踏み破ったことになる。それゆえ「動く場」が「イデアを原因としては説明されないとするならば、……この動く場なるものは、プラトン哲学の体系にとってひとつのスキャンダルとなるのではないか」(272)と、田中は興味深い指摘を行っている。ここでは田中も «χώρα» を「場」と解しており、そのように解する場合、イデア論をも踏み破るような「動く場」という不可思議な事態に至る、ということになる。この「動く場」の問題に関し、我々は、その先をこそ問題とする)。

以上のような「場所」や「物」をめぐるプラトンの叙述は、まさに「格闘」と言ってよい。彼自身「議論の方が我々に、捉えどころのない厄介なものを、言葉によって明るみに出すべく努めろと迫っているかのようだ」(273)と述べている。

つまり、ここでの「場所」をめぐる叙述は、いわば彼の困惑の表現と言ってよく、ある曖昧さを伴った。

この曖昧さを、アリストテレスが「プラトンは質料と場所とを同じものだとした[274]」と批判した。アリストテレスは特に『自然学』第四巻第一－九章で彼の「トポス論」を展開したが、その中でプラトンの「場所論」との関連で、次のように論じた。すなわち、プラトンの «χώρα» とはむしろ形相を受け取る「第一質料」であり、「場所」(τόπος)とは存在者の相互関係であって、質料・物から切り離すべきだ、と。だが、このように批判しつつも、アリストテレスはプラトンの場所論を一方では評価していた。すなわち他の人々が「場所」について真に問うことさえしなかったのに対し、「プラトンのみが、場所とは何かについて語ろうと試みた[275]」と。アリストテレスがこのように述べたのには理由がある。つまり、彼自身が「場所」という「難問」に対し、それを解き明かそうと「格闘」したからなのだ。プラトンが「言うことは困難だ」とした「場所」について、アリストテレスはさまざまな「場所についての難問」を挙げながら、「場所とは何か」を語ろうと試みたのだ。両者が提出したこのような場所論の相違は、「物と場」の根本的難問として、後述の現代自然科学にまで至っている。

(ここで述べた問題は、アリストテレスをはじめとして、昔から多くの解釈者が議論してきた難問だった。だが彼らはこの問題の難解さの前に、彼ら自身戸惑っていると言わざるをえない。何よりも、「場所自身が物となる」と解釈しうるプラトンの記述は、「常識的」考えからは理解しがたく、それを何とか理解可能にしようと、解釈者自身が格闘している状況だと言いうる。上記のアリストテレスの批判はその筆頭だが、またアリストテレスがそのように批判したことにより、議論がさらに混乱したとも言いうる。

たとえばガスリーは、『ティマイオス』の記述をほとんど逐語的に解釈し、「受け入れるもの」としての «χώρα» を «space» と訳してはいる。だが最終的には、「受け入れる」とは「ある種の性質を受け入れるということ」であり、これは「質料〔material〕がそれ自身のうちで、それ自身で、火、空気、水、土という性質によって満たされた存在の可能態をもつということなのだ[276]」とする。つまりガスリーは、«χώρα» をアリストテレス的な「質料」と解釈した上で、同様にアリストテレスの「可能態」という概念を用いて、事態を説明しようとしているのだ。だがこのようなアリストテレス的解釈は、プラトンの言葉の真意を決して汲み取るものではないだろう。事実、このような解釈に対しては、ボイムカーが、「アリストテレスがマテーリエの本質をそれに還元したような〈単なる可能的存在〉という概念は、プラトンにとってはいまだ関わりないものだった」[277]と正当な議論をしている。だがガスリーは「ボイムカーはこのように論じる根拠を示していない」と一蹴しているのだ〔ibid.〕。

　しかしボイムカーも、著書『ギリシア哲学におけるマテーリエの問題』の中で、この問題を非常に詳細に検討している。彼は『ティマイオス』中の既述のような«χώρα»に関して、「生成の受容者」という「第三の類を空間の類として、つまり場所として特徴づけるとき、それによってプラトンはマテーリエの本質規定をしようとしたのか、あるいは単にマテーリエの相対的性質を示唆しようとしただけなのか」[278]と問う。そしてマテーリエについての古代からの諸説を、ストア、新プラトン学派のペリクレス、プルタルコス、ヘーゲル等、多岐に渡って検討しながら、最終的に次のように述べる。「プラトンがあらゆる形式の受容者を空間として特徴づけるとき、それによって実際彼は空間を、しかも空間それ自体を考えていたのであり、つまり単なる延長〔Ausdehnung〕を考えていたのだ」[279]と。だが、このような「単なる延長」としての「空間」という解釈は、我々が先に挙げた「動く場」というプラトンの記述を、十分説明しうるのだろうか？　またボイムカーは「プラトンの事実的誤りは、数学的物体と自然学的物体とを取り違えたことにある」[280]とするが、そのような区別自身が「物」の本質と「場」の本質とを見誤らせてしまうのではないか。

　またコーンフォードはこの「受け入れるものを《物》と呼ぶのは正しくない」とし、「生成するものが、そのうちで生成する」という事態を「鏡の中に、過ぎ行く像が見られるようなこと」[281]と解釈している。このような解釈も昔から行われてきた解釈であり、「場が物化する」というような「理解不能」な事柄を何とか説明しようとする解釈ではある。だが、それはまた「物と場」のもつ深い意味を見過ごしてしまうことでもある。ガスリーも、このような解釈に対しては否定的な態度を取っている〔ibid.〕。

　このように、「物と場」をめぐる議論は、議論それ自身が「曖昧さ」のうちで惑っていると言わざるをえない。

　また、ここで取り上げたプラトンの「場所」論に対するアリストテレスの批判〔「場所」と「質料」とを混同したという批判〕に関しては、それが「的外れだ」という反論が昔からなされてきた。すなわちアリストテレスの批判は「アリストテレスの押しつけ解釈のようなものであり、……そのまま受け入れることは出来ない」[282]とする解釈者も多い。それに対しベルクソンは、特にアリストテレスの『自然学』第四巻第一章から第五章での「場所」論について詳細に解釈する中で、最終的にはアリストテレスを擁護する立場に立とうとしている。[283] すなわち、質料や形相が物から分離しえないのに対し、「場所」は分離しうると、アリストテレスの論をほぼそのまま受け入れようとしている。だが我々は、次に述べるように、やはりアリストテレスの「場所」論には疑問を呈さざるをえない）。

我々は、アリストテレスに対し、彼が《χώρα》を言い換えた「第一質料」とは何か、と問いたい。彼はそれを「感覚されず、無形の、思索によってのみ捉えられる」ものとするが、これがプラトンの「場所」と異なる点は、本来場所は物から切り離されるものゆえ、とする。[284] だがはたして〈場〉と物とは切り離されうるのか。むしろプラトンが困惑して「場所」と呼んだ事実にこそ、真実が潜んでいるのではないか。それゆえ西田もそれを絶対無の「働きの場」と捉えたのではないか。プラトンにおいて「〈場〉と〈物〉との根源的関わり」として困惑のうちで見えかけた事態を、アリストテレスが単なる「常識的にわかりやすいもの」にしてしまったのではないか。あるいは彼が「第一質料」という仕方で呼ばざるをえなかった「無形なる物」という、それ自身矛盾と「謎」に満ちたものを、我々はもう一度問い直さなければならないのではないか。それが行われなかったがゆえに、以後二千年以上、西欧哲学において「〈場〉と物」に関する本格的議論は葬られてしまい、精神と分離された「物性」の真の意味も問われなかった。だが、今我々はそれを再び掘り起こす。「世界と自己との根源的関わり」を真に可能にするためには、それは必然的な道なのだ。

二　「〈場〉と物」をめぐるハイデッガーと西田との「解答」

ハイデッガーは一つの示唆を与えている。[285] 既述のように、『物』『言葉』等で、彼は物の本質を「物する」(dingen) という働きと捉え、働きであることによって世界の「世界する」(welten) 働きと根源的に共属するとした。さらに『芸術と空間』では、「諸々の物自身が場であり、単に一つの場に属するというのではない」「造形芸術とは場の物体化であろう」(GA 13: 208) とし、物が〈場〉としての世界・性起の根源的働きを具現すると見た。我々はここに「根源的働きの〈場〉としての物」という〈根源的物性〉とも言うべき事態を観、これにおいて世界との根源的関わりが可能になると観た。

だがハイデッガーはこの根源的物性を人間のうちには見なかった。これは、既述のように、彼が人間の本質を「思索と詩作」と捉え、身体を積極的に論じなかったことと相即した。彼はさまざまな論文で、人間存在を「身体と精神」という仕方で分離する見方について批判した。だが、「身体的なものとは最も困難なものだ」(ZS: 292)として、積極的に語らない。これは、身体論によって存在論が存在者に限局されるのを忌避したからだと言いえた。

一方、西田は世界と身体との本来相での連関を観ようとした。彼は初期には身体をほとんど語らず、『無の自覚的限定』頃から主題的に語りだす。それゆえ初期西田は身体の意味を見ていないとする解釈もある。だが『善の研究』での「純粋経験」は、本来身体と区別されうるものではないだろう。身体の意味は、いわば後期に顕在化されただけなのだ。彼は後期に、現実的世界としての「歴史的・弁証法的世界」と人間との関わりを論じた。その際「制作」(ポイエーシス)という実践的行為が重視され、身体が「行為的・歴史的身体」として、「行為的自己の自己限定と世界の自己限定との相即」として語られる。『論理と生命』では次のように説かれた。

「世界が自己の身体となる」(西 8: 322ff.)

「身体的自己は歴史的世界に於ての創造的要素として、歴史的生命は我々の身体を通じて自己自身を実現する」(西 8: 324ff.)

このように、人間的自己の身体において、いわば世界と自己とを貫く「歴史的生命」が実現されるとされている。ここでは身体における「〈場〉と人間」の根源的関わりが観て取られた。この点で彼の思索は、自己の問題にとって、より根源的事態を表現しえていると言ってよい。

だが西田の説く「身体」を、伝統的西欧哲学におけるように精神と区別して捉えるなら、本質を見誤ることになる。逆のことがフィヒテに当てはまる。彼は自我を「事行」(Tathandlung)と捉えた。すなわち『全知識学の基礎』において「自我は働くものであると同時に、働きの所産である。働くものと働きによって生み出されたもの、行〔Handlung〕とそこから生じた事〔Tat〕とは、絶対的に同一である。従って自我は存在するということは、ある事行を表現している」と。[286] このような「事行」は「知識学の第一の絶対的原則」として「絶対的に最初で、絶対的に無制約的な原則」であり、一切の意識の根底にあって、唯一意識を可能にする働きだとされた。このように彼は自我を何らかの実体的なものではなく、「思索（精神）の働き自身」と捉えたことで、伝統的西欧哲学の自己観を超えたと言いうる。だが真の自己性は、身体・精神を区別するやいなや、その本質が見失われるのではないか。一体「真の自己性」は、どこにあるのか？

西田はまた「物」に関しても、その真実相を見ようとした。物については、『善の研究』前後の前期では、伝統的西欧哲学の物観を踏襲している側面が見られる。だが中期以降、特に『論理と生命』以降、たとえば『続・思索と体験』では「我々は物の真実に行くことによって、真に創造的であり、真に生きるのである」（西 12: 286）とし、『自覚について』では「物となって見、物となって行う」（西 10: 519ff.）として、いわば自己の「根源的物性」と近い事柄が思索されている。ここで彼は「物と人間」の根源的関わりを観たのだ。

だが西田においては、神の問題が問題性を孕むのではないか。元来禅的・宗教的経験から出発した西田においては、〈真の自己〉と、彼が「神、絶対者」と呼ぶものとの関わりが大問題となる。彼は前期から一貫して人間的自己の自己性と神とを区別し、『弁証法的一般者としての世界』では「我々から絶対者に到る途はない。神は絶対に隠された神である」（西 7: 427）とし、『自覚について』では「絶対と自己との矛盾的自己同一的結合」（西 10: 519）を説く。特に最晩年の宗教論『場所的論理と宗教的世界観』では、この問題を「自己と神との逆対応」に定位して、論じる。「逆対応」は「絶対矛盾的自己同一」の変化した形であり、「自己の内に絶対の他を見、絶対の他において自己を見る」という仕方で、〈自己と神とが絶対に断絶しつつ、一である〉という逆説的事態を表す。

このような西田の神観は、彼の「自己」論の根底と関わっている。つまり彼は「自己が自己のうちに絶対他者を見る」とするが、これを彼は「自己成立の根源から」来る「神又は仏の呼声」（西 11: 409）と捉えるのだ。このような「自己のうちなる〈他〉」を「神または仏」と捉えることにおいて、西田の宗教的根本性格とも言うべきものが表されているだろう。[287]

だがやはり、彼の説く「宇宙の本体」としての「真の自己」と、このような神とは、齟齬を免れずに論じられうるのだろうか。一体「神」とは何なのか。我々は自問する。人間的自己の本質は、ここに尽きるのか。人間的自己と、「他」としての「世界・神」との関わりには、まだ見て取られていないことがあるのではないか。そしてそれこそが、「神の死」の後に陥った近代の迷宮を、真に突破する道となりうるのではないか。我々はこのような突破を志す。

三 「〈場〉としての人間」へ

「真の自己性」を探すために、我々は、いまだ人間に限局された見方である「身体」ではなく、人間のうちの「根源的物性」とも言うべきものを観る。これまで西欧哲学で切り捨てられてきた「物性」を、自己のうちに観るのだ。ハイデッガーは根源的物性を人間のうちには見なかったが、既述のように、西田は「物となって見、物となって行う」という「物と人間」の根源的関わりを観た。我々は、ハイデッガーが人間のうちには見なかった根源的物性を、自己のうちに観る。そのとき、外なる「自然」と根源的にすでに関わり合っている「内なる自然」としての自己の真のあり方を観うるだろう。自己は純粋な「働き」として、「すでに物である」という、いわば精神・身体の区別以前の根源的物性として、世界と根源的に働き合う「働きの〈場〉としての人間」であることが、観て取れるのではないか。これは禅のたとえば『景徳傳燈録』で説かれる「盡十方世界は沙門の全身」（世界即私の全身）[288] という境地でもある。あるいは道元が『正法眼蔵』等で説いたような、〈自己〉ということのうちに〈世界〉と〈時〉とが一つのこととして働いている事態でもある。だがまた同時にこれは、私がふと林檎をかじれば、そのとき「林檎が私になる」ということであり、そのような仕方で「物」に徹する、最も単純な事態でもある。だがおそらくは最も単純な事態のうちにこそ、「主観に対立する対象」に拘泥する西欧哲学が見落としてきたことがあるのではないか。[289]「物」は「主観に対立する対象」とされたとき、その真の姿を覆い隠し、「認識不可能」な「物自体」とされてしまう。だが人間的自己自身が「すでに物である」ことに徹するとき、見失われた「真の物性」「物自体」が、自己自身のうちで「自らすでに分かっていたもの」として、「立ち帰るべきもの」として、自己のうちで経験される。そのとき、自己の「他」なる「物」もまた、「すでに分かっていたもの」として、真に経験することができるのだ。「〈場〉としての人間」であることが観て取れたまさにそのとき、「地盤喪失」の深い深淵が、そのまま自らの確かな〈場〉となるのだ。

この根源的物性は、だが唯物論とは異なる。唯物論は、ハイデッガーがニーチェに関して行った次のような批判と、いわば相即する。すなわちハイデッガーは「プラトン主義を逆転させても、……それを強固にする」だけだと、ニーチェを批判した (GA 44: 230)。これと同じ意味で、唯物論は、やはり本質は唯心論の逆転でしかないだろう。「物、精神」の本質を観れば、片方を偏重する愚かさが見えてくる。だが我々は西欧哲学で語られたピュシス (φύσις) に注目する。ここで詳論する余裕はないが、プレ・ソクラティックス以来語られたピュシスは、「根源的自然」として、世界と自己との根源的関わりの一つの表現だと言ってよい。人間は「自己の内なる自然」である働きの〈場〉として、「他なる自然」と根源的に働き合う。

しかしこのような根源的関わり合いは日常的仕方で観ることが困難であり、性起と絶対無とを説いたハイデッガー、西田に対し「神秘主義的、宗教的」と批判されるのも、ここに理由がある。だが実は彼らの論は最先端の自然科学的見方に近く、神秘主義的とされる真理が実は最も「科学的」真理に近いという逆説的事態が、ここに見えるのだ。

自然科学はプレ・ソクラティックス以来、アリストテレス、デカルト、カントなど、むしろ哲学の明晰判明性を援護してきた。先に挙げたプラトンとアリストテレスとが陥った「物と場」の難問は、哲学と自然科学との共通性の一つの証示になる。この難問はむしろ現代物理学において、根底的に掘り起こされたのだ。量子力学において「粒子と場」の問題は、「粒子という物」とそれが働く「場の波動」との関わりの大論争となった。「何も物の存在しない場のうちで、なぜ波動が伝わりうるのか？」「根源的に〈存在する〉のは、物か場か？」このような問いに対し、ハイゼンベルクやパウリら以来「物としての場」という「場の量子論」が唱えられて、この論争は一応の決着を見た。すなわち、今ここで一言で言うなら、「場の振動が波動であり」、「場の局所的変化が粒子という物」だということになる。つまり「力の働く〈場〉」それ自身が、粒子という「物」なのだ。粒子という「物」は、「力の働く〈場〉」それ自身が「物化」して生じるのだ。我々はここにおいて、先に触れたプラトンやハイデッガーにおける「物と〈場〉」をめぐる思索を、思い出さないわけにはいかない。それは「場所」自身の「物化された部分」が「物として現れる」（プラトン）ということであり、「場の物体化」（ハイデッガー）という「事態」だった。二千数百年の時を超えて、哲学と自然科学とが、ここで根底的に関わる。人間の日常的な目には見えがたい「真理」が、ここでは説かれていると言いうる。ここではまた人間も物とされ、「〈場〉としての人間」ということは、現代物理学では突飛な見解ではないのだ。

また現代生物学では、一九世紀以降になって「細胞」という概念が生じてきたが、人間を「細胞の組織体」と見たとき、人間に対するある新たな見方が生じてくることとなった[290]。すなわち、フィルヒョウらが論じたように、細胞の生成を仔細に考察した結果、「細胞は細胞からしか生じない」という事実が生じてきたのだ。したがって〈生命としての自己〉は、自己の誕生時に初めて生じたのではない。自己の父母、そのまた父母……という仕方で進化の過程を逆行して、最終的には地球上に生命が誕生した三十数億年前にまで遡らなければ、〈生命としての自己〉の「誕生」はないことになる。〈自己〉はいわば三十数億年前から「ある」、と言わねばならなくなる。いわんや〈物としての自己〉の存在は、宇宙誕生時にまで遡りうることになる。また自己は地球規模の全体的相互作用のうちでのみ生きうる。空気・水・生命連鎖といった地球規模での「全体的相互作用」のうちで、かつそのような「相互作用それ自身」として、自己の存在はある。「自己の存在」ということを真に語ろうとするなら、このような「全体的相互作用」ということ抜きには考えられない。

以上のようなことのうちには、いわば〈普遍者としての自己〉とも言えるものがあるのだ。このような〈普遍者としての自己〉ということは、これまで哲学の根底につねにあった問いだと言ってよい。しかし我々の思索する〈普遍者としての自己〉は、たとえばデカルトやカントらの、特に近代哲学で論じられた「普遍的存在・一般者」ということとは根底的に異なる。つまり彼らにおいて論じられたような、「私」という個人を最初から問題とせずに、各個人に「共通な」存在としての「普遍者・一般者」を問う、ということとは根底的に異なる。我々が言う〈普遍者としての自己〉とは、いわば「今・ここ」に存在する〈私〉自身が、そのままいわば一切を貫く〈普遍者〉だ、ということなのだ。

　このような意味での〈普遍者としての自己〉は、日常的仕方で見ることは困難だという理由で、現代哲学では「神秘主義的、宗教的」だとされてしまった。しかし、以上に述べた現代自然科学では、世界と人間との根源的関わりが「神秘主義的、宗教的」でない仕方で語られており、ここに自然科学的見方の意味がある、とも言える。ハイゼンベルクは量子論上のさまざまなモデルを説明するに当たって、哲学、特に古代ギリシア哲学の概念を使うことも多く、「現代〔物理学〕の見解はプラトンやピュタゴラス派の見解に似ている」[291]などの言及が多い。彼自身、自然科学と哲学との根底的連関づけを行おうとしているのだ。彼はたとえば『自然科学の基礎における諸変革』において「世界が最終的に一つの統一的根源によって構成される」[292]とし、「世界と人間との根底の根源的働き」を自然科学的に観ようとした、と言えるのだ。あるいはまた、現代量子力学のような自然科学において、実験や観察よって得られたデータの「意味すること」を読み取ろうとするとき、そこで使われるのが他ならぬ哲学の概念・思考様式であることが、哲学と自然科学との根底的連関を証拠立てている、とも言えるだろう。

　もっとも、ハイゼンベルクが自らの「宇宙方程式」により世界の最内奥の真理を明かしたとするのに対し、ヘンペルも指摘するように[293]、ハイデッガーは「数式化されえぬもの」を説き、ハイゼンベルクをはじめとして、物理学は「人間との生命的連関」を欠くと批判した[294]（ZS: 269）。自己と世界とを真摯に問うなら、もはや自然科学は無視しえない。敢て排斥するなら、偏狭の誇りを免れない。と同時に、自然科学を万能とすることも、同様に偏狭であろう。ウィトゲンシュタインは「語りえぬものについては沈黙せねばならぬ」と断じた。[295] だがハイデッガーと西田とが終生行ったのは、数式化されず「語りえぬもの」を何とか言葉にしようとする、無限の努力だった。「性起と絶対無」ということは、その表現だった。とはいえむろん、「言葉」は「言葉」となったまさにそのとき、偽りへと堕してゆく。「世界との乖離という孤独」を真に克服しようとするなら、まさに「目があるがゆえに見えず、言葉があるがゆえに聴こえぬもの」を、我々は自らの深奥で受け取るしかないのだ。

第二章　〈自己〉の真相：〈自己〉の問題の新たな可能性へ
――〈自己〉という「事態」：〈自己する〉自己

これまで意図的に使ってきた「人間的自己」という表現を、実は我々は〈今、私という人間として現れている自己〉という意味で用いている。したがって〈私という人間として現れていない自己〉ということがそこには含まれている。ここで我々が使う〈自己する自己〉とは、ハイデッガーの「世界する世界」、「性起する性起」等というタウトロギー的言い方に近いが、しかし〈自己する自己〉ということは自己性の根本を問うための我々自身の用語にすぎない（ハイデッガーにこのような表現はない[296]）。

我々の思索する〈自己する自己〉とは、いわば〈事態それ自身としての自己〉を意味する。これは時間的自己同一性という、自己についての伝統的見方の根底にある、ある根源的「働き」を表す。日常我々には、自分に対し現れてくる〈物〉や「他者」をいわば何らかの固定したものと捉えることにより、それに対し態度をとることが可能になる、という働きがある。だが同様の仕方で自己自身を捉えようとすることに、おそらくは根本的誤謬がある。そしておそらくは哲学自身、このような誤謬から抜け出していないのだ。我々は、「一体自己とあらかじめ限定されるようなものがありうるのか」と問うとき、実は伝統的西欧哲学において確かな答えが与えられていないという事実に、愕然とすることになるのだ。

我々は自己を、「自己する」という「根源的働き」として、たえず「自ずから然ある」という「事態」それ自身として捉えるとき、これまでの哲学とは根本的に異なった地平に行くことになる。自己は「自己という事態」として見られたとき、それが「世界という事態」、「場という事態」との相即なしには成り立ちえないことが明らかになる。人間的自己も身体として存在する限り、根源的に「場として」存在する。あるいはむしろ、〈自己〉とは〈自己する自己〉という根源的な「働きの場」の別名だとも言ってよい。それゆえ「場という事態」自身として、人間的自己と世界とは本来根源的にいわば「同じ」事態としてあると言いうる。既述のように、身体とは人間的自己のうちで営まれている、いわば自己の内なる自然である。これが見て取られれば、自己は、「主観の認識作用」などと言う以前に、外なる自然・世界と根源的に関わる「事態」それ自身として、世界との根源的働き合いそれ自身として、すでに生きられてしまっていることが明らかになる。

このような「世界との根源的働き合いとしての、事態としての自己」は、伝統的に理解されてきた「自我」、「主観・主体」という人間中心主義的・主観主義的な見方とは、まったく異なった事態を意味する。これは「世界が世界する」という全体の働きが、「自己が自己する」という「働きの場」としての〈私〉のうちに集約し、それによってまた、〈私〉の自己のうちに、〈私〉にとどまらない、いわば〈世界としての自己〉とも言うべきものが見て取られる、ということを意味する。これは〈一切を貫く自己〉とも言うべきものであり、〈今、私として現れていない自己〉をも含んでいるのだ。

以上のようなことは、実はそれほど突飛なことではない。たとえばフィヒテが「絶対的自我」及びその絶対的自己定立の働きとしての「事行」(Tathandlung)と呼んだ事柄を思い出そう。前期フィヒテは、カントの「超越論的統覚」と同じものとして、「絶対的自我」(実践的自我)を立てた。彼はこの「絶対的自我」を「有限的自我」(理論的自我)と断絶した、「有限的自我」がそれを目指す「理念」「神的なもの」だとした。この「絶対的自我」をその後のシェリング、ヘーゲルが行ったように「絶対者」に置き換えてしまわず、また特に前期フィヒテ自身が惑わされていた主観主義の底を破って、我々はこの「絶対的自我」という言葉において意味されうるものを、もう一度問い直す必要があるだろう。ただし、このような「絶対的自我」と「有限的自我」との間を「断絶」と捉える見方は、フィヒテの抱える問題性だと言わねばならない。

またたとえばインドのウパニシャッド哲学やヴェーダーンタ哲学において「個我」(jīvātman) に対する「最高我」(paramātman) として思索された事態を、もう一度見直す必要があるのではないか。「個我」と「最高我」との関わり方に関しては、学派・人によって教説が異なる。が、今ここで簡単に述べるなら、ヴェーダーンタの代表的哲学者のシャンカラでは次のように説かれる。すなわち、彼は経典『ブラフマ・スートラ』の解釈に関連して、「個我」と「最高我」としてのブラフマンとの「不二一元論」(advaita) を説き、「個我」の本質は本来「最高我」と同一であるとする。ただ、「無明」(avidyā) によって「個我」として現れているにすぎない、とするのだ。これはいわば、個々の〈私〉の〈自己〉が、そのままで〈大なる自己〉としての「世界の根本原理」であるブラフマンに通じることを意味する。[297] ただしここでも、「個我」が「無明」によって現実に現れているものだとする見方は、問題性を含むと言わざるをえない。私という「個我」は、「無明」によって世界に現れているわけでは決してない。このような捉え方は私という〈自己〉の本質をいまだ十全に見て取っていない、と言わざるをえない。

本来、〈自己という事態〉はこれまで考えられたより、遥かにいわば「広い」地平を意味しうるのであり、ここにおいては、これまでの人間・世界・神の関わりが根底において変様する。

既述のように、これまで人間的自己の問題が思索されるときは、それはつねに人間的自己と「他」としての「世界・神」との関わりの問題として問われた。しかしこれらの真の「働き合い」とも言うべきものを、はたしてこれまでの哲学で見てとることがあったのだろうか。この問いは、たとえばシェリングやヘーゲルの神・自然・人間的自己の関わりについても投げ掛けられる。彼らにおいて神・自然・人間の関わりは、ある意味では徹底して論じられたと言いうる。だが彼らのそれぞれが、神・自然・人間のうちの一つを、いわば不当に低いものとしていなかったか。たとえばヘーゲルにおいて、自然があれほどいわばないがしろにされたことのうちには、「世界という事態」が真に見て取られなかったと言わざるをえないものがあるだろう(詳論は別の機会に譲る)。

これに対し、たとえばスピノザにおいて、人間的自己は「自然」として理解され、「能産的自然」の産出力によって一切の存在者が実在し、人間はこの産出力を分けもつとされた。『エチカ』では「人間の力は……神あるいは自然の無限の力の一部である」[298]とされ、彼においては、「神即自然」の力と、人間との根源的関わりがある程度までは思索された。つまりスピノザは、他から導出されえぬ「自己原因」である「実体」を「神あるいは自然」と呼び、これを自らのうちに力動的「潜勢力」を持つ「能産的自然」(natura naturans)だとした。これに対し、引用文にあるように、人間はかかる「能産的自然」の「力の一部」としての「所産的自然」(natura naturata)だとされた。このような「神すなわち自然」と人間とを本質において同じ「自然」と捉える見方は、たしかにそれまでの神と人間とを絶対的に断絶したものと見る見方を、ある意味では越え出ている。とはいえ、やはりそこには依然として「階層」が存在している。D・ウスラーはこのような「能産的自然」と「所産的自然」との関わりが、ハイデッガー的な「存在と存在者」の関わりに対応するとする。[299]この指摘は条件付きでは当たっている。ハイデッガーの存在と存在者との「存在論的差別」では、中期以降「存在自身＝性起」とされ、そこに「最後の神」との関わりが示唆されるようになるとき(GA 65: 403ff.)、スピノザの「能産的自然」と「所産的自然」とのように、ある「階層」が顕現してくる。

しかし我々の思索する〈自己する自己〉と世界との関わりからすると、このような階層には疑問を呈さざるをえない。はたして〈世界という事態〉と〈自己という事態〉との間には、比重の差というようなものはありうるのか。そのような見解のうちには、人間的自己と絶対的に断絶し、〈世界という事態〉のうちで統べている、ある種の「神」が前提されているのではないか。これは伝統的西欧哲学ではむしろ当然の見方だとされた。その意味では、スピノザだけでなくハイデッガーもまた、彼自身が否定しようとした伝統的形而上学に繋がれていた、と言わざるをえないことになる。だがはたして人間的自己とこのように絶対的に断絶した「神」とは、一体何なのか。ここには問題の根底的転倒があるのではないか。

たとえば道元は、彼の修証論において、この問題を解く鍵を与えている。天台本覚思想では、〈真の自己〉としての「法性・真如」は絶えず顕現するものと捉えられる。これに対し道元は、「それが絶えず顕現するなら、なぜそれ目指して修行が必要なのか」と問い、「証」（法性顕現）と「修」（修行）とのいわば乖離を提起したと言いうる。しかしこのような乖離は、自己のうちに絶対的に断絶した「神」を見ることとは異なる。人間はあくまで、元来本来的自己であるという「本来本法性、天然自性身」である。もちろん、このようなあり方は日常的仕方で見ること困難である。それゆえにこそ、それを悟ることとしての「証」が、修行によって目指されねばならないとされるのだ。ここにこそ道元の真髄がある。自己と絶対的に断絶した「神」など、ここにはありえないのだ。

以上のようなことが言われる場合、これまでの西欧哲学では、「神秘主義的」「宗教的」と批判されることが多い。だが我々が言う〈世界との根源的働き合いとしての、事態としての自己〉は、むしろ既述のような、量子力学等の自然科学的見方に近い。哲学と自然科学とは、今日実はそれほど隔たった所にいるわけではない。

ただしまた右記のような批判に関して言えば、これはむしろ哲学の本質を根底的に見誤っていることによる批判である。本来哲学とは、日常的仕方では隠されてしまいがちな真理を「真理として観てとる」ということから始まったはずである。日常的仕方で理解しにくい事柄の一切を神秘主義や宗教だとするとき、実はそこにすでに哲学の没落が始まっていると言ってよい。シェリングが『哲学と宗教』で述べたように、「哲学のうちの本来哲学的な事柄の一切が、最終的にはすべて信仰に委ねられてしまったのである[300]」。

神・世界・人間の問題は、実は〈自己〉のうちに収斂している。〈自己〉が〈自己する自己〉として、「事態」それ自身として、真に捉えられたとき、自己・世界・神への問いは今までとはまったく別の仕方で問われることになるだろう。そしておそらくは哲学自身、また別の相のもとで、新たな歩みを始めることができるかもしれないのだ。

註

（1）A. Augustinus, *Confessiones*, 10: 33, 50.

（2）H. Diels und W. Kranz, *Die Fragmente der Vorsokratiker*, Berlin, 1934, Bd. 1, 22 A1.

（3）R. Descartes, *Meditationes de Prima Philosophia*, 3, Librairie Philosophique, J. VRIN, 1970, p. 51.

（4）I. Kant, *Kant's gesammelte Schriften*, Berliner Akademie-Ausgabe, 1936, Bd. 21, S. 41.

（5）Vgl. I. Kant, *Kritik der reinen Vernunft*, A 418 ff., B 446 ff.

（6）Aristoteles, *Physica*, 2, 1.

（7）F. W. J. v. Schelling, *Schellings Werke*, hrsg. v. M. Schröter, München, 1979, Bd. 5, S. 429f.

（8）F. Nietzsche, *F. Nietzsche Werke und Briefe, Historisch-kritische Gesamtausgabe*, 1934ff., Bd. 2, S. 55.

（9）本書では«Ereignis»を「性起」と訳す。その理由は「総括」の「付論」で示す。

（10）『寄稿』の副題は«Vom Ereignis»だが、この«von»という前置詞には「ついて」だけでなく「から・〜に基づいて」という意味が込められていることが示唆されている。すなわち、この副題が意味するのは性起に関して「報告する」ことではなく、「性起について、性起からして〔Vom Ereignis〕……真存在《の》語への帰属が性-起する」(vgl. GA 65: 3) ことだとされている。言い換えれば、「性起から」の呼びかけに「呼応する」こととして、「性起について」語ることが「性起する」ことを意味するのだ。だがこの両方の意味を備えた日本語はいまだ見当たらず、両方を併記するのも本の表題としてはなじまないように感じられる。また本の副題としては、「性起について」論じた書という意味合いも強いことを考慮し、本書では単純に「性起について」と記す。

（11）なお、本書では«Beiträge zur Philosophie»を『哲学への寄稿』と訳す。その理由はあまりに長くなるので今回は詳論しないが、一言だけするべきなら、次のようになる。『寄稿』の冒頭では表題について述べられているが、そこで示唆されているように (vgl. GA 65: 3)、«Beiträge zu»というドイツ語のもつ一般的意味を考慮したこと (この場合、「寄稿」「(寄稿) 論集」という意味になることが多い)。さらに、«Beitrag»という語には「寄与」という意味が含まれてはいる。だが、彼自身そのような意味に対しては否定的である。すなわち、この表題は「あたかも哲学の《進歩》のための《学問的》《寄与》が問題となっているかのような外見を生じさせるにちがいない」(GA 65: 3) と、彼にそのような「寄与する」意図のないことが示唆されているのだ（そのような意図があったなら、このような言い方はしないのではないか）。したがって「寄与という外見を生じさせ」はしても、その意図のない彼の真意を汲み、さらに「寄稿（論集）」という一般的意味にも当てはまるという理由から、本書では「寄稿」と訳す。

(12) 事実、ハイデッガーは一九五九年に「ここで思索された事柄〔性起〕について、筆者はすでに二五年以上前から、自らの手稿のうちでは、性起という語を使ってきた」(GA 12: 248) と述べた。つまり彼は一九三四年以前から、自身の手稿のうちでは、「性起」という語を「性起せしめる」という意味で使ってきた、ということになる（これについてはまた後述する）。

(13) F.-W. von Herrmann, *Wege ins Ereignis: Zu Heideggers “Beiträgen zur Philosophie”*, 1994.

(14) R. Polt, *Ereignis*, in: “*A Companion to Heidegger*”, 2005, pp. 375ff.

(15) T. Sheehan, *Kehre and Ereignis: A Prolegomenon to Introduction to Metaphysics*, 2001.

(16) I. Kant, *Kritik der reinen Vernunft*, 1. Aufl. S. 348ff.

(17) H. Heimsoeth, *Persönlichkeitsbewußtsein und Ding an sich in der Kantischen Philosophie*, in: “*Immanuel Kant. Festschrift zur zweiten Jahrhundertfeier seines Geburtstages*”, 1924.

(18) ペゲラーは多少触れている。O. Pöggeler, *Der Denkweg Martin Heideggers*, 1983, S. 326ff. H・イェーガーも自性と性起との関わりを論じてはいる。H. Jaeger, *Heidegger und die Sprache*, 1971, S. 104 f. だが、自性について主題的・全面的に論じたものは、ほとんどない。

(19) この《転回》という《 》付きの表現は、ハイデッガー自身の «Kehre» という表現による。詳細はこの後論じる。

(20) 近年、ハイデッガーとF・ヴィプリンガーとの対話として、『非-伏蔵性について――ハイデッガーとの対話の報告』が、フレンツキ記録で公刊された。F. Wiplinger, *Von der Un-Verborgenheit, F. Wiplingers Bericht von einem Gespräch mit M. Heidegger*, aufgezeichnet von E. Fräntzki, 1987. そのうちでハイデッガーは自らの思索の転換を「非本来的転回」と呼んで、「アレーテイアの根源的本質のうちへの転入〔Einkehr〕という意味で」の「本来的転回」と区別している、とされている。だがM・ブラッサーによれば、この対話自体がフレンツキによる「文献的フィクション」だという。すなわち、対話が行われたとされる年にはヴィプリンガーはすでに死去しており、フレンツキ自身も友人への書簡で、これがフィクションだと認めた、とされる。ハイデッガーの転回についての議論は、このように混乱を極めていると言わざるをえない。Vgl. M. Brasser, *Wahrheit und Verborgenheit, Interpretationen zu Heideggers Wahrheitsverständnis von “Sein und Zeit” bis “Vom Wesen der Wahrheit”*, 1997, S. 296.

(21) W. J. Richardson, *Heidegger, Through Phenomenology to Thought*, 1963, Vorwort.（Rich., Vorw. と略記）

（22）茅野良男『中期ハイデガーの思索と転回』一九八〇年、三二頁参照。

（23）Vgl. F.-W. von Herrmann, *Hermeneutische Phänomenologie des Daseins: Eine Erläuterung Von "Sein und Zeit"*, Bd.1, S. 398f.

（24）Vgl. F.-W. von Herrmann, a.a.O., S. 402.

（25）ただし「根源的時間」という呼び方には、意味のズレがある。これについては第三章で触れる。

（26）ここからもわかるように、ハイデッガーはしばしば「時間性」を「現存在の存在」と言ったり、「存在の意味」と言ったりしている。

（27）クラウス・ヘルトは、このようなハイデッガーの『存在と時間』の意図が「フッサールの地平的・志向的現象についての教説、つまり《現象学》を、前進させ、変革するものだ」とする。K. Held, *Europa und die interkulturelle Verständigung. Ein Entwurf im Anschluß an Heideggers Phänomenologie der Grundstimmungen*, S. 90.

（28）これは実証科学的普遍学としての「総括的存在者論」（summarische Ontik）とは区別されている。Vgl. GA 26: 199f.

（29）フォン・ヘルマンは「現存在の脱自的時間性において地平的に時熟した時間を提示した後、逆転した視線方向で、存在と存在の諸性格と諸様態とが時間から根源的に意味規定されていることを、……存在のテンポラリテートとして、取り出して仕上げる」こと、と見ている。F.-W. von Herrmann, *Wege ins Ereignis: Zu Heideggers "Beiträgen zur Philosophie"*, S. 66f.

（30）古い解釈書は度外視しても、比較的新しいものでも、以下のものはもっぱらハイデッガー自身の思索の転回しか見ていない。O. Pugliese, *Vermittlung und Kehre: Grundzüge des Geschichtsdenkens bei Martin Heidegger*, 1986; W. Marx, *Heidegger und die Tradition*, 1961; W. J. Richardson, *Heidegger, Through Phenomenology to Thought*, 1963.

またマックス・ミュラーは『力と暴力』のうちで「ハイデッガーの《転回》」ということをさまざまに言い換えて解釈しているが、「思索の転回」と「存在自身の転回」とを区別しないで論じている。Vgl. M. Müller, *Macht und Gewalt*, S. 225-244.

（31）ガダマーは「存在者論への転回」について触れているが、ただ触れているというだけで、立ち入った議論をしていない。Vgl. H.-G. Gadamer, *Heideggers Wege: Studien zum Spätwerk*, S. 107f.

（32）フレンツキはこの言葉を、「思索の転回」へのハイデッガー自身の言表として重要視している。Vgl. E. Fräntzki, *Die Kehre, Heideggers Schrift "Vom Wesen der Wahrheit"*, S. 4ff.

（33）昔から議論されてきたハイデッガーの「転回」は、このように、単純ではない。古い解釈書はこの問題の複雑さを正確に把握していないものが多い（ハイデッガーの著作に未公刊のものが多かったゆえ、仕方のないことではあるが）。比較的新しいものでは、たとえば以下のものが挙げられる。A. Rosales, *Heideggers Kehre im Lichte ihrer Interpretationen*, 1991, S. 527ff.　この論文はハイデッガーの

「転回」を、それについてのさまざまな議論の解釈を通じて、明らかにしようとしている。ハイデッガーの「転回」についての諸議論の簡潔なまとめとも言いうる。ここでは特にレーヴィット、マックス・ミュラー、プグリーゼ、ブレートシュナイダー、フォン・ヘルマン、W・シュルツ、ペゲラー、フィンク、フレンツキらの転回論がタイプ毎に分類されている。ケッテリングも、「転回」についての諸解釈を分析しながら、「転回」の錯綜した諸相を一つ一つ解き明かしている。ハイデッガーの「転回」についての議論のうちでは優れたものと言いうる。E. Kettering, *NÄHE: Das Denken Martin Heideggers*, S. 323ff. またフォン・ヘルマンも、ハイデッガーの「転回」概念について言及し、「転回」概念の錯綜の多少の整理を行っている（もちろん、完璧なものではない）。F.-W. von Herrmann, *Wege ins Ereignis: Zu Heideggers "Beiträgen zur Philosophie"*, 1994. J.-C. Youm, *Heideggers Verwandlung des Denkens*, 1995. この論文はハイデッガーの「転換する思索の道に注視し、これをいくつかの Wegstellen において明らかにすることを試みる」（S. 9）ものである。

さらに、シーハンは二〇〇一年に公刊された『転回と性起：形而上学入門序説』（T. Sheehan, *Kehre and Ereignis: A Prolegomenon to Introduction to Metaphysics*, 2001）の中で、ハイデッガーの《Kehre》の意味を性起との関わりで論じており、「性起のうちでの転回」を重視している。『リチャードスン書簡』での「転回」発言にも言及している。しかし「転回へのハイデッガーの洞察が、思索のうちでの転換になる場合、たしかに彼の思索の方向転換の時期を特定することはできる（すなわち一九三〇年から一九三八年まで。特に一九三六年から一九三八年まで）。だがそれは、転回それ自身とは全く別の事柄である」（p. 13）とする。このような見方のもと、「転回」とハイデッガーの「思索の転換」との違いを論じている。だが、ハイデッガー自身の「転回」発言のうちに彼の「思索の転回」を意味する言表があることは、論じていない（『一九六九年ル・トール・ゼミナール』での発言等）。したがって、「転回」という事柄とハイデッガーの思索の転換とを「全く別の事柄である」とするこの論文は、ハイデッガーが「転回」という事柄をめぐって格闘した事態を正確に見て取っていないと言わざるをえない。

さらに以下の論文も、比較的新しいものの中では代表的なものとして挙げられる（詳述する余裕はないため、論及は別の機会に譲る）。Sang-Hie, Shin, *Wahrheitsfrage und Kehre bei M. Heidegger*, 1993; O. Pugliese, *Vermittlung und Kehre: Grundzüge des Geschichtsdenkens bei Martin Heidegger*, 1986; O. Pöggeler, *Der Denkweg Martin Heideggers*, 1983; Max Müller, *Existenzphilosophie im geistigen Leben der Gegenwart*, 1964; W. Bretschneider, *Sein und Wahrheit*, 1985; W. Schulz, *Über den Philosophiegeschichtlichen Ort Martin Heideggers*, in: "*Heidegger*", 1984; W. J. Richardson, *Heidegger, Through Phenomenology to Thought*, 1963; E. Fräntzki, *Die Kehre, Heideggers Schrift "Vom Wesen der Wahrheit"*, 1985.

（34） Vgl. A. Rosales, *Heideggers Kehre im Lichte ihrer Interpretationen*, 1991, S. 527.

（35） Vgl. E. Kettering, *NÄHE: Das Denken Martin Heideggers*, S. 323ff.

（36）Vgl. F.-W. von Herrmann, *Wege ins Ereignis: Zu Heideggers “Beiträgen zur Philosophie”*, 1994, S. 66ff.

（37）M. Riedel, *Heideggers europäische Wendung*, 1993, S. 50.

（38）「転回」については拙稿でも論じた。また「転回という三重の事態」に関しては、ここに挙げたフォン・ヘルマンらの諸論文以前に、すでに指摘していた。本書の論述は、これらの拙稿が基になっている。「『自性』への問い――ハイデッガーにおける『自性的』（eigen）という問題」『実存思想論集三』、実存思想協会編、一九八八年。「思索の根源――ハイデッガーにおける『奥義』（Geheimnis）」『倫理学年報』第三十八集、日本倫理学会編、一九八九年。

（39）Vgl. E. Tugendhat, *Heideggers Idee von Wahrheit*, S. 286ff.

（40）Vgl. Aristoteles, *Metaphysica* E 1, 1026 a 18 ff.『形而上学』初期の巻で特にこの関係が問題になるとされている。これに関してはイェーガーの議論が詳しい。Vgl. W. Jaeger, *Aristotle, Fundamentals of the History of His Development*, 1962.

（41）Vgl. J. Beaufret, *Qu'est-ce que la métaphysique?*, 1985, pp. 101ff.; H. Danner, *Das Göttliche und der Gott bei Heidegger*, 1971, S. 69ff.; J. M. Demske, *Sein, Mensch und Tod: Das Todesproblem bei Martin Heidegger*, 1984; H. Franz, *Das Denken Heideggers und die Theologie*, 1984, S. 190ff.

（42）むろんハイデッガーは一般的神学、特にキリスト教的神学とはこの時点でも一線を画している。参照『現象学と神学』GA 9: 45ff., GA 32: 143 usw.

（43）「超力」については、「作為〔Machenschaft〕という超力」「存在者という超力」等、三〇年代にはさまざまに語られるようになる。

（44）E. Fräntzki, *Die Kehre, Heideggers Schrift “Vom Wesen der Wahrheit”*, 1985. この論文の内容はほとんど『真理の本質について』三〇年版と四三年版との比較ということに尽きる。彼の解釈には問題が多く、«Lichtung»への誤解に根差すその結論は、とうてい首肯しえないものである。なおロザレスもこのフレンツキ論文を取り上げ、三〇年版と四三年版との比較について論じている。Vgl. A. Rosales, *Heideggers Kehre im Lichte ihrer Interpretationen*, S. 135ff.　またブラッサーはフレンツキ論文への批判を試み、ロザレス論文にも触れている。Vgl. M. Brasser, *Wahrheit und Verborgenheit, Interpretationen zu Heideggers Wahrheitsverständnis von “Sein und Zeit” bis “Vom Wesen der Wahrheit”*, S. 295-321.

（45）ベッカーは「人間のうちの現存在」という言い方のうちに、「人間のうちに現存在とは別の何かがあるのかもしれない」と見て、それを«Dawesen»や「パラ・エクシステンツ」（Para - Existenz）と名づけている。Vgl. O. Becker, *Para-Existenz. Menschliches Dasein und Dawesen*, S. 261-285.

（46）これに関しては本論で再三言及することになるが、詳論は別の機会に譲る。フレスコは後期ハイデッガーのうちにも「プラトン的立場との共振」を見ている。M. F. Fresco, *Könnte man Heidegger vorwerfen, er eile zu schnell vorwärts?*, S. 127.

(47) ただし、ハイデッガーは徐々に「存在者の存在」と「存在自身」とを区別し、「存在自身」を「性起」と呼ぶようになった。この書でも「存在」を「超えた」「力を与える働き」(Ermächtigung) ということが説かれており、彼が「存在」と呼ぶ際のこのような「二重性」には注意が必要である。また「光」に関しては、この書のわずか四年後で、同様に「洞窟の比喩」中の «ζυγόν» に触れた『寄稿』においてすでに、ハイデッガーは、プラトンの真理論が「光」「見ること」に依拠することを、批判するようになっている (Vgl. GA 65: 331ff.)。

(48) Vgl. W. Schulz, *Die Aufhebung der Metaphysik in Heideggers Denken*, S. 36.

(49) この場合の «sich zueigen» は «eigen» とほとんど変わらない意味で使われている。

(50) H・イェーガーは、人間が「実存」(Existenz) として捉えられたことにおいてすでに「自己から、自己へと向けて、自己を投企する」あり方が明確にされていた、とする。H. Jaeger, *Heidegger und die Sprache*, 1971, S. 126.

(51) それゆえ、形而上学的存在者論を扱う『現象学の根本諸問題』(一九二七年) では、「〜から、〜へ」という動きが、「拡がり」(Ausdehnung) として重視された。(GA 24: 344ff.)

(52) エーベリングは、ハイデッガーの『存在と時間』での「死」と「良心」との関わりを重点的に論じることによって、カントの自由論との比較等を通じて、「自己性」の問題の解明を試みている。Vgl. H. Ebeling, *Selbsterhaltung und Selbstbewußtsein: Zur Analytik von Freiheit und Tod*, 1979.

(53) Vgl. T. w. Kwan, *Die hermeneutische Phänomenologie und das tautologische Denken Heideggers*, 1982, S. 103f.

(54) ただし『寄稿』をはじめとして、«Sein» と «Seyn» との区別は、場合によっては厳密でない場合もある。

(55) Vgl. M. Heidegger, *Besinnung auf unser Wesen*, in: *"Jahresgabe der Martin-Heidegger-Gesellschaft 1994"*, S. 16.

(56) 『哲学への寄稿』に関しては、次の優れた論文がある。辻村公一「最後の神」(『ハイデッガーの思索』一九九一年所収)。また『寄稿』の解釈書としては、次の論文集も優れている。鹿島徹、相楽勉、関口浩、山本英輔他『ハイデガー『哲学への寄与』解読』二〇〇六年。

(57) 全集第六五巻『寄稿』の最後に(八)として付されている「真存在」の章は、後から付け加えられたものなので、ここでは除外する。Vgl. GA 65: 514ff.

(58) このような複合した意味を込めて使われる «Vorbeigang» という語を、本書では「過《よぎ》り」と訳す。「過り」とは、「立ち寄り」と同時に「通り過ぎ」「避けて通る」という意味をも併せもつ言葉であり、現代語であると同時に、『源氏物語』にも出てくる(『源氏物語』「若紫」)。

(59) 「僅かの者に垣間見えるのみ」ということに関して、以下の論文では、『寄稿』中でのこのような記述をめぐるクラウス・ヘルトとの論争を通じて、ハイデッガーにおける「共存在」としての「民主主義」の可能性が論じられている。Vgl. M. Fehér, *Heidegger und Kant: Heidegger und die Demokratie*, S. 105-127. またペゲラーは、ヘルダーリンに仮託して、「神的なるものの本質は、過りということのうちに、一回性と突如性との連関のうちに、ある」と見る。O. Pöggeler, *Kunst und Politik im Zeitalter der Technik*, S. 104.

(60) A. Rosales, *Heideggers Kehre im Lichte ihrer Interpretationen*, 1991, S. 140.(傍点筆者)。

(61) Vgl. M. Brasser, *Wahrheit und Verborgenheit, Interpretationen zu Heideggers Wahrheitsverständnis von "Sein und Zeit" bis "Vom Wesen der Wahrheit"*, 1997, S. 295; Sang-Hie, Shin, *Wahrheitsfrage und Kehre bei M. Heidegger*, 1993.

(62) 前掲拙稿「『自性』への問い——ハイデッガーにおける『自性的』(eigen)という問題」一九八八年。「思索の根源——ハイデッガーにおける『奥義』(Geheimnis)」一九八九年。

(63) フォン・ヘルマンは「転回」に関して、「性起への、かくして性起に属している転回への、観入が、基礎的存在論的な思索から真存在歴史的な思索への転換を必然的にした」と見る。F.-W. von Herrmann, *Wege ins Ereignis: Zu Heideggers "Beiträgen zur Philosophie"*, 1994, S. 68f. ただし、筆者はすでにこのことは拙論で論じていた。「『自性』への問い——ハイデッガーにおける『自性的』という問題」一九八八年、他。

(64) この講義に関しては以下の論文が詳細に論じている。F. Dallmayer, *Heidegger, Hölderlin and Politics*, in: *"Heidegger Studies"*, vol. 2, pp. 81-95.

(65) Vgl. V. Farías, *Heidegger und der Nationalsozialismus*, 1987. G. Kovacs, *On Heidegger's Silence*, pp. 135-151. ここでは特にハイデッガーのナチ関与の問題が、『ドイツ大学の自己主張』や一九六六年の『シュピーゲル対談』等との連関で論じられている。

またM・ブルームリクは、ハンナ・アーレントらと親交の深いギュンター・アンダースのハイデッガー批判について論究している。それを通じてブルームリクは、、ナチのユダヤ人問題と日本への原爆投下との比較を試みている。日本への原爆投下を哲学的観点から論じた、数少ない論文のうちの一つである。ただし、原爆の被害が単に爆発時のみならず、数十年後まで「原爆症」という形で続いていることを、正確に理解していない。Vgl. M. Brumlik, *Günter Anders, Zur Existentialontologie der Emigration*, in: *"Zivilisationsbruch: Denken nach Auschwitz"*, S. 111-149; Vgl. J. Altwegg, *Heidegger in Frankreich — und zurück?*, S. 14-25; E. Lévinas, *Das Diabolische gibt zu denken*, S. 101-105.

(66) Vgl. M. Heidegger, *Die Bedrohung der Wissenschaft (1937)*, in: *"Zur philosophischen Aktualität Heideggers"*, 1991, Bd.1, S. 5-27.

（67）川原栄峰『ハイデッガーの思惟』一九八一年、五二一頁。Vgl. V. M. Fóti, *Empedocles and Tragic Thought: Heidegger, Hölderlin, Nietzsche*, pp. 277-294.

（68）E. Kettering, *NÄHE: Das Denken Martin Heideggers*, 1987, S. 361.

（69）M. Heidegger, *Die Grundfrage nach dem Sein selbst*, in: *"Heidegger Studies"*, vol. 2, 1986, S. 2.

（70）リヒターはこの「世界の飛び越し」ということに着目し、『存在と時間』及びそれ以後のハイデッガーの真理論との関わりを論じているが、ハイデッガーの真理論の全体と世界の問題との関わりをカバーできていない。Vgl. E. Richter, *Heideggers These vom "Überspringen der Welt" in traditionellen Wahrheitstheorien und die Fortführung der Wahrheitsfrage nach "Sein und Zeit"*, S. 47-78.

（71）*Der Spiegel*, Nr. 23, 1976.

（72）以下の引用において、傍点は筆者。

（73）本書「展望」で、そのような追究を試みる。

（74）Vgl. Aristoteles, *Metaphysica*, E1, 1026 a ff.

（75）ハイデッガーにおける「亀裂」の問題に関し、主題的に扱った論文は現在見当たらない。類似の事柄に関しては次を参照。F. -W. von Herrmann, *Heideggers Philosophie der Kunst*, 1980, S. 256ff.

（76）以下、時間論に関しては「本論」第三章で詳述する。

（77）Vgl. Aristoteles, *Physica*, 217 b 29 ff.

（78）I. Kant, *Kritik der reinen Vernunft*, B 180f.

（79）Vgl. F. Dastur, *La Constitution Ekstatique - Horizontale de la Temporalité chez Heidegger*, pp. 97ff.

（80）これに関しては以下をも参照。F. -W. von Herrmann, *Subjekt und Dasein*, 1985; I. Görland, *Transzendenz und Selbst*, 1981; Vgl. P. Emad, *The Significance of the New Edition of "Subjekt und Dasein" and the Fundamental Ontology of Language*, pp. 141-151.

（81）Vgl. *Antwort, Martin Heidegger im Gespräch*, 1988, S. 104.

（82）これに関しては『寄稿』発刊以前に、すでに指摘した。「『自性』への問い——ハイデッガーにおける『自性的』という問題」一九八八年。

（83）四方域の原型は三〇年代前半からあるが、『寄稿』では完全な原型が語られている。GA 65: 310.

（84）E. Kettering, *NÄHE*, S. 80.

(85) 以上のことに関しては、第四、五章で詳述する。

(86) Vgl. H. -P. Hempel, *Heidegger und Zen*, 1987, S. 147ff.

(87) レーマンは、すでにハイデッガー初期の『宗教現象学入門』（一九二〇―二一年）の頃からのハイデッガーのうちに、「キリスト教的な歴史経験」を見ている。Vgl. K. Lehmann, *Christliche Geschichitserfahrung und ontologische Frage beim jungen Heidegger*, S. 140-168.

ハイデッガーと「神」との問題に関しては、以下をも参照。K. Löwith, *Phänomenologische Ontologie und protestantische Theologie*; H. Franz, *Das Denken Heideggers und die Theologie*.

(88) ハイデッガーの時間論に関する論文には、比較的新しいものでたとえば次のようなものがある。W. Blattner, *Temporality*, in: *"A Companion to Heidegger"*, 2005, pp. 311ff. ここでブラットナーは、本書と同じように「なぜ時間と存在なのか」「だがなぜそれが時間と呼ばれるのか」という問いを表題にしているが、この論文集自身がある種の入門書の性格をもつこともあり、ハイデッガーの言葉をただ紹介しているだけである。F. -K. Blust, *Selbstheit und Zeitlichkeit: Heideggers neuer Denkansatz zur Seinsbestimmung des Ich*, 1987. この論文は、特に前期ハイデッガーにおける「自己性」と「時間性」との関わりを詳細に論じており、最後の方では「時間」と「性起」との関わりや、「思索の転回」などにも言及している。だがハイデッガーの前・後期全体の思索における「時間」の意味を十分論じていない。

さらに次のような論文もある。F. Dastur, *La Constitution Ekstatique - Horizontale de la Temporalité chez Heidegger*, 1986, pp. 97ff.; F. -W. von Herrmann, *Heideggers "Grundprobleme der Phänomenologie": Zur "Zweiten Hälfte" Von "Sein und Zeit"*, 1991; P. Hoffman, *Dasein and "Its" Time*, 2005, pp. 325ff; 茅野良男『ハイデガーにおける世界・時間・真理』一九八一年。これはハイデッガー『存在と時間』前後の時間論を詳細に論じているが、『寄稿』公刊以前であり、中期以降の時間論に関しては「展望」という形で、概観のみしている。

(89) Platon, *Timaeus*, 37 d.

(90) Platon, a.a.O., 38 b.

(91) Vgl. Platon, a.a.O., 37 d - e.

(92) Vgl. Platon, a.a.O., 37 e - 38 a.

(93) Aristoteles, *Physica*, 218 a 30.

(94) Aristoteles, a.a.O., 219 b 1 - 2.

(95) Vgl. Augustinus, *Confessiones*, 11: 20, 26.

(96) もちろんヘーゲルらによる一九世紀からの歴史論の登場も、その背景にあるだろう。

(97) これは一九八九年に出版された講演と、二〇〇五年に新たに出版された論文とを含む。また以下の「現存在自身が時間だ」という論は、この頃随所でなされる。GA 25: 394, GA 29-30: 237 usw.

(98) これは最後期の『時間と存在』（一九六二年）になっても、変わらず主張される（zSD: 11）。

(99) I. Kant, *Kritik der reinen Vernunft*, B 58, A 41 .

(100) I. Kant, a.a.O., B 183, A 144.

(101) Vgl. J. M. Demske, *Sein, Mensch und Tod: Das Todesproblem bei Martin Heidegger*, 1984.

(102) F. -W. von Herrmann, *Wege ins Ereignis: Zu Heideggers "Beiträgen zur Philosophie"*, S. 16.

(103) J. -P. Sartre, *L'être et le néant: Essai d'ontologie phénoménologique*, 1943, p. 65.

(104) J. -P. Sartre, a.a.O., p. 182.

(105) ハイデッガーの「性起」と西田の「絶対無」との比較については、「展望」第一章で論じる。また拙稿でも論じた。「〈場〉としての人間――ハイデッガーと西田哲学とを起点に」（『ハイデッガーと思索の将来――哲学への〈寄与〉』理想社、二〇〇六年、所収）。

(106) Vgl. SZ: 17, GA 24: 15ff. usw. Vgl. F. -W. von Herrmann, *Heideggers "Grundprobleme der Phänomenologie": Zur "Zweiten Hälfte" von "Sein und Zeit"*, 1991; F. -W. von Herrmann, *Hermeneutische Phänomenologie des Daseins: Eine Erläuterung von "Sein und Zeit"*, Bd. 1, 1987.

(107) T. Kisiel, *Das Kriegsnotssemester 1919: Heideggers Durchbruch zur hermeneutischen Phänomenologie*, 1992, S. 121.

(108) ただし、『アナクシマンドロスの箴言』等において時間はある程度語られている（「本論」第四章で詳述）。つまり現前と捉えたときに、同時に、存在がその根源において過去・現在・将来という時間と深く関わっていることが明らかになる、という現前論は、『現象学の根本諸問題』（一九二七年）をはじめとして、ある程度説かれている。

(109) Vgl. H. Ruin, *Contributions to Philosophy*, 2005, pp. 358ff.

(110) たとえば『存在と時間』では、「諸々の《永遠の真理》を主張することは、……キリスト教神学の諸々の残滓に属する」（SZ: 229）とされている。

(111) Vgl. zSD: 8ff.

(112) 溝口宏平「西田哲学とハイデガー哲学」（『西田哲学を学ぶ人のために』所収）七〇頁。

(113) この一九三五年の『形而上学入門』から一年後に書き始められた『寄稿』では、「形而上学」という言葉はすでに否定的に使われている。
(114) ディールス訳の «denn Sein ist» に従った。H. Diels und W. Kranz, *Die Fragmente der Vorsokratiker*, 1974, Bd. 1, S. 232.
(115) H. Diels und W. Kranz, ibid.
(116) W. K. C. Guthrie, *A History of Greek Philosophy*, 1969, p. 21.
(117) なお、パルメニデスの «ἔστι» についての解釈は、トゥーゲントハットも彼の論文『存在と無』の中で挙げている。Vgl. E. Tugendhat, *Das Sein und das Nichts*, 1970, S. 135f.
(118) 『ソクラテス以前哲学者断片集』第二分冊、岩波書店、一九九七年、八一頁。
(119) J. Schlüter, *Heidegger und Parmenides. Ein Beitrag zu Heideggers Parmenidesauslegung und zur Vorsokratiker - Forschung*, 1979.
(120) G. J. Seidel, *Martin Heidegger and the Pre-Socratics, An Introduction to His Thought*, 1964.
(121) H. Diels, und W. Kranz, *Die Fragmente der Vorsokratiker*, Bd. 1, S. 232.　以下の論文ではこの箴言が特に重点的に解釈されている。Vgl. J. -F. Coutine, *The Destruction of Logic: From Λόγος to Language*, pp. 25-53.
(122) D. C. Jacobs, *The Ontological Education of Parmenides*, 1999, pp. 185ff.
(123) これに関しては以下の箇所でも論じられている。Vgl. D. C. Jacobs, *Heidegger, the History of Being, the Presocratics*, p. 19.
(124) この他にも、たとえばジャン・ボーフレの『ハイデッガーへの道』では、パルメニデスについて、ヘラクレイトスとの比較等を通じて論じられている。だがボーフレも、主にパルメニデスの教説詩を、順を追って解釈するにとどまっており、断片六については軽く触れているだけである。Vgl. J. Beaufret, *Wege zu Heidegger*, 1976, S. 45-101.
(125) G. Neumann, *Heideggers frühe Parmenides-Auslegung*, 2006.
(126) グレイシュは、ハイデッガーにおいて「存在は存在する」ということが重要な意味をもつことに、近年注目しだした。後述のように、『寄稿』では「性起」を論じた重要箇所でパルメニデスの「存在は存在する」の断片が論じられ、近年刊行の『寄稿』前後の諸覚書でも、盛んに論じられている。それゆえグレイシュは、特に『寄稿』での「存在は存在する」ということを取り上げて論じている。ただし、パルメニデスの断片六や「存在は存在する」ということに関する言及の変遷を系統的に追ったものではなく、変遷の意味も論じてはいない。Vgl. J. Greisch, *La parole d'origine, l'origine de la parole. Logique et sigétique dans les Beiträge zur Philosophie de Martin Heidegger*, 1991.

　なお筆者はかなり以前から「存在は存在する」という「タウトロギー」については論じていた。「ハイデッガーにおける『同じもの』とタウトロギー」『早稲田大学大学院文学研究科紀要』別冊第一二集、一九八五年。

また『寄稿』の英訳者でもあるイマッドは、『寄稿』で、「存在は存在する」ということは論じられているが、パルメニデス自身やヘラクレイトス、アナクシマンドロスらに関してあまり積極的に論じられていないことを、問題視している。Vgl. P. Emad, *The Place of the Presocratics in Heideggers "Beiträge zur Philosophie"*, pp. 55-71.

(127) この当該の文での «wesen» は、他動詞的にも自動詞的にも取りうる。すなわち、後の文で、「別の原初」での「真存在は存在する」ということは「存在は存在を現成化する」と言い換えられており、またすぐ後に引用する『寄稿』で「真存在は存在する」ということは「真存在はただ自己自身の本質現成（性起）のみを現成せしめる〔wesen〕」と言い換えられ、«wesen» が他動詞的に使われている。これらを考慮すれば、当該の文の «wesen» も他動詞的に使われているととれ、「それは現前者の現前を現成せしめる」とも訳しうる。だが、当該の文は「最初の原初」のうちでの言葉だとされ、«ἔστιν γὰρ εἶναι» の直接的解釈として挙げられている。«ἔστιν γὰρ εἶναι» を通常ハイデッガーは «es ist nämlich Sein» と、«es» を非人称的に訳すことが多い（和訳は、«es» を強調するために、あえて「それ」と訳している）。それを考慮すれば、«es west nämlich das Anwesen des Anwesenden» の «wesen» は、«ist» の言い換えとして自動詞的にとりうる。ここでは後者の解釈をしておく。

(128) この［ ］と次の文の［ ］とは原文で使用されているものであり、筆者の補足としての〔 〕とは異なる。

(129) «ἐόν» は、後には「存在態」(das Seiend) として、「存在と存在者」の「二重襞」(Zwiefalt) を表す言葉として使われるようになる（たとえば以下を参照。WhD: 174, VS: 135)。だが本書引用文中のここでは、次の言い換えからすると、「存在者」という意味合いが強いと見るべきだろう。同様に «ὄντως ὄν» もここでは存在者的意味が強いと思われる。

(130) この «wesen» は、ここでは他動詞的に使われている。

(131) 既述のグレイシュのように、この事柄に注目する解釈者も今後は増えると思われるが。J. Greisch, a.a.O.

(132) 分冊版『技術と転回』版にはあったこの語が、全集版ではなくなっている。Vgl. TK: 43.

(133) Vgl. GA 79, *Nachwort der Herausgeberin*, S. 180.

(134) 「現成」とは、周知のように道元の『正法眼蔵』と連関する言葉である。『正法眼蔵』の「現成公案」等で説かれている「現成」（現に真として成じている）の意味を考えれば、「現成」と «wesen» とによって表されている「事態」が、より明らかになりうるのではないか。

(135) これに関しては以下の論文が詳しい解釈を行っている。Vgl. J. P. Fell, *The Crisis of Reason: A Reading of Heidegger's "Zur Seinsfrage"*, pp. 41-65.

(136) «ἔστι» が文の先頭に来ると、一般に強調を表す。

(137) Vgl. GA 51: 98, GA 5: 322. ハイデッガーが挙げている典拠は以下の通り。H. Diels, *Die Fragmente der Vorsokratiker*, 1903, S. 81.

(138) このことはすでにハイデッガーが初期から説いていたことである。特に一九二七年の『現象学の根本諸問題』等では、このことが詳述される。

(139) Vgl. G. S. Kirk and J. E. Raven, *The Presocratic Philosophers*, 1957, p. 117.

(140) «Es gibt» は一般にフランス語では «il y a» と訳されており、たとえばジャン・ヴァールも、ハイデッガーの «Es gibt Sein»（それが存在を与える）を «il y a de l'être» と訳している。Vgl. Jean A. Wahl, *Traité de metaphysique*: cours professes en Sorbonne, 1953, p. 119.

(141) 分冊版の『四つのゼミナール』と全集第一五巻『諸ゼミナール』とに載っているこのテクストは、ハイデッガーが自らの手稿を朗読したものだとされている。だが全集版の後記によれば、全集版の「補遺」として「初めて公にされた」『思索の由来』と題された文章が、ハイデッガーのオリジナルの手稿だとされる。この手稿は両版のテクストとは少し異なっており、手稿にない言葉がテクストには載っている。だがテクストの方の言葉は、ハイデッガーが口頭で述べたものだとされ、重要な内容を含んでおり、ハイデッガーもテクストを校閲したとされている。それゆえ以下では、テクストの方に従って論を進める。また「訂正」という言葉は、手稿では「再考の試み」となっている（GA 15: 402）。

(142) 引用はハイデッガーの付したドイツ語訳の方に従った。

(143) Vgl. D. F. Krell, *Kalypso: Homeric Concealments after Nietzsche, Heidegger, Derrida, and Lacan*, pp. 101-134; M. Naas, *Keeping Homer's Word: Heidegger and the Epic of Truth*, pp. 73-99.

(144) Vgl. Diels, Bd. 1, S. 230. ハイデッガーは、ここでおそらくこのディールスの訳を念頭においていると思われる。

(145) ブレッカーは、後期ハイデッガーは「存在ということで《存在する》〔ist〕ということを考えてはおらず、非伏蔵性としての真理のことを考えている」と見るが、ここで言われているように、ハイデッガーは非伏蔵性との連関で «ist» ということをめぐって最後まで格闘したのだ。W. Bröcker, *Heidegger und die Logik*, S. 303.

(146) この「顕現せざるものの領域」という言葉は、分冊版では「現象せざるもの〔das Nichterscheinende〕の領域」となっている（VS: 135）。この二つの言葉の相違はハイデッガーの思索にとって重要な問題を含む。これに関しては次章で論じる。

(147) この «Anwesend: Anwesen selbst» という書き方のうちの «:» は単なる言い換えではなく、両項の特殊な関わりを表すものとして使用されているので、そのまま訳しておく。

（148）ベイスラーはこのことを次のように言い表している。「タウトロギーは跳躍の場である。というのも、タウトロギーとは性起の〈現象-せざるもの〉が自らを示す場所なのだから」。O. B., Bassler, *The Birthplace of Thinking: Heidegger's Late Thoughts on Tautology*, 2001, p. 128. 二〇〇一年に発表されたこの論文は、『ツェーリンゲン・ゼミ』での「円なる真理の揺るぎなき心」のテクストを逐語的に解釈しており、パルメニデスの「断片六」にも論及している。これは、最近ようやくこのテクストの重要性と「タウトロギー」の重要性とが注目されだしたことの証拠と言いうる。だがここで論じられている中心点は、すでに筆者がかなり以前から諸拙論で論じてきた（前掲拙論「ハイデッガーにおける『同じもの』とタウトロギー」一九八五年等）。次の論文でも、アレーテイアに関係して、「存在の自己伏蔵において、存在は自らの第一の本質的しるしを与える」と見ている。F. Chiereghin, *Der griechische Anfang Europas und die Frage der Romanitas. Der Weg Heideggers zu einem anderen Anfang*, S. 201.

（149）ハイデッガーの、特に後期のアレーテイア論と性起との関わりに関しては、次の論文が比較的詳しく論じている。ここでも、レーテーと「脱性起」との関わりが重視されている。Vgl. D. Franck, *De l'ἀλήθεια à l'Ereignis*, in: *"Heidegger — l'énigme de l'être"*, pp. 105-130, 2004.

（150）Vgl. J. Derrida, *Le retrait du métaphore*, in: *Analecta Husserliana*, vol. 14, p. 287; Vgl. J. Derrida, *Die Hölle der Philosophie*, S. 83-93; B. Radloff, *Das Gestell and L'écriture: The Discourse of Expropriation in Heidegger and Derrida*, pp. 23-46.

（151）G・クリューガーはハイデッガーの言及のうちにヘーゲルとの連関を見ている。Vgl. G. Krüger, *Martin Heidegger und der Humanismus.* これはヘルムート・クーンも同様である。Vgl. H. Kuhn, *Heideggers «Holzwege»*. またW・シュルツもハイデッガーにおけるヘーゲルとの連関を重視している。Vgl. W. Schulz, *Über den philosophiegeschichtlichen Ort Martin Heideggers*, S. 93-139.

（152）M. Heidegger, *Colloquium über Dialektik, Muggenbrunn. 15. September 1952*, S. 14.

（153）Vgl. G. W. F. Hegel, *Enzyklopädie der philosophischen Wissenschaften im Grundrisse*, §§ 79, 81-82.

（154）Vgl. A. Peperzak, *Einige Fragen zum Thema "Hegel und Heidegger"*, S. 69.

（155）ハイデッガーと弁証法・ヘーゲルとの関わりに関する詳論は、別の機会に譲る。

（156）*Martin Heidegger — Elisabeth Blochomann: Briefwechsel 1918–1969*, S. 55.

（157）Vgl. D. J. Schmidt, *What We Didn't See*, pp. 153-169.

（158）次の論文では、パルメニデスの «ἔστιν» が「……エクシステンチアとエッセンチアなどという区別がなされる以前の、存在の純粋な呼びかけに呼応するものだということ」を「ハイデッガーが正しく見て取った」と、評価されている。L. M. De Rijk, *Ist Logos Satz? — Zu Heideggers Auffassung von Platos Stellung "Am Anfange der Metaphysik"*, S. 27.

（159）M. Heidegger, *Das Wesen des Menschen (Das Gedächtnis im Ereignis)*, in: *"Jahresgabe der Martin-Heidegger-Gesellschaft 1993"*, S. 17.

（160）M. Heidegger, *Europa und die deutsche Philosophie*, in: *"Europa und die Philosophie"*, S. 4; Vgl. H.-H. Gander, *Einleitung: Europa und die Philosophie*, 1993.

（161）Vgl. O. Pöggeler, *Der Denkweg Martin Heideggers*, 1983, *Nachwort zur zweiten Auflage*, S. 354.

（162）Vgl. W. J. Richardson, *Heidegger, Through Phenomenology to Thought*, pp. 484ff.; H.-G. Gadamer, *Heraclitus Studies*, pp. 203-247; C. E. Scott, *Appearing to Remember Heraclitus*, pp. 249-261.

（163）W. J. Richardson, a.a.O. ただし「フッサール的立場」とは異なる「現象学」は、後述のように、ハイデッガーの思索を最後まで貫いていた。またリチャードスンは、ハイデッガーが現象学から離れて存在の思索へと至ったと理解していたが、これに対してはハイデッガー自身が否定した。A.a.O., p. 16.

（164）たとえば、ペゲラーは『ハイデッガーの思索の道』の中で「ハイデッガーは現象学を放棄する」と言っている。すなわちペゲラーは、形而上学的な思索によってと同様、現象学によっても「存在自身の真理」を問い求めることはできない、と述べている。O. Pöggeler, *Der Denkweg Martin Heideggers*, S. 166. またレーヴィットに至ると、ハイデッガーが現象学を放棄したということをすでに前提したうえで議論を進めている。Vgl. K. Löwith, *Heidegger — Denker in dürftiger Zeit, K. Löwith: Sämtliche Schriften*, Bd. 8, 1984. またクワンも「《転回》以後、ハイデッガーは《解釈学》《解釈学的》《存在論》さらに《現象学》という名を放棄する」とする。T. w. Kwan, *Die hermeneutische Phänomenologie und das tautologische Denken Heideggers*, S. 86.

（165）フォン・ヘルマンも、ハイデッガー全集編集の際のハイデッガーからの「一切の解釈なしに編集すること」という指示がすでに、「それ自身からそれ自身を示す」ものを見させる彼の「現象学的要求」の表れだと見ている。F.-W. von Herrmann, *Die Edition der Vorlesungen Heideggers in seiner Gesamtausgabe letzter Hand*, S. 170.

（166）フェッターは、『哲学――それは何か』で言われていたような、«θαυμάζειν»（驚き）のうちで存在者に直面して存在へと「退歩すること〔Zurücktreten〕こそが現象学の根源的意味だ」とする。H. Vetter, *Ursprung und Wiederholung Überlegungen im Anschluß an Heideggers Vortrag "Was ist das — die Philosophie?"*, S. 183.

（167）たとえば、次を参照。井上克人『露現と覆蔵――現象学から宗教哲学へ』、二〇〇三年。また、以下の論文はすべて紹介の域を出ていない。T. w. Kwan, *Die hermeneutische Phänomenologie und das tautologische Denken Heideggers*, 1982; K. Maly, *Parmenides: Circle of Disclosure, Circle of Possibility*, pp. 5ff.; D. J. Todd, *Phenomenology of the Unapparent*, 1980, pp. 40ff.

（168）M. Merleau-Ponty, *Signes*, 1960, p. 30.

(169) 翌一九六三年の『現象学へと至る私の道』では、現象学と（アリストテレスをはじめとする）ギリシア的思索との根本的連関が説かれ、それが若きハイデッガーの思索に決定的影響を与えた、と述べられている。Vgl. zSD: 87. これに関しては次の論文でも論じられている。Vgl. J. Sallis, *Doubles of Anaximenes*, pp. 145-152.

(170) 辻村公一氏は「性起についての言詮の極致は『最高のタウトロギー』となる」とする。ハイデッガー『思索の事柄へ』（訳者註一九二頁）筑摩書房、一九七三年。

(171) T. w. Kwan, *Die hermeneutische Phänomenologie und das tautologische Denken Heideggers*, 1982.

(172) W. Anz, *Die Stellung der Sprache bei Heidegger*, S. 316f.

(173) H. Jaeger, *Heidegger und die Sprache*, 1971.

(174) サルトルとハイデッガーとの関わりに関しては、以下をも参照。J.-M. Palmier, *Wege und Wirken Heideggers in Frankreich*, S. 48-59.

(175) Vgl. M. Perrin, *Sartres Heidegger-Exegese im Stalag*, pp. 26-27.

(176) これに関しては次の著作が詳しい。市倉宏祐『ハイデガーとサルトルと詩人たち』。

(177) ハイデッガーの物論に関してはたとえば次の論文があるが、彼の思索全体における物論の真の意味を見て取っていない。O. Pöggeler, *Der Denkweg M. Heideggers*, 1983; F.-W. v. Herrmann, *Dichterische Einbildungskraft und andenkendes Denken*, 1983, S. 49ff.; Javier Hernández-Pacheco, *Die Auflösung des Seins*, 1983, S. 130ff.

(178) 溝口宏平「西田哲学とハイデガー哲学」（『西田哲学を学ぶ人のために』所収）七〇頁。

(179) M. Heidegger, *Colloquium über Dialektik, Muggenbrunn. 15. September 1952*, in: "*Hegel-Studien*," Bd. 25, S. 13f.

(180) E. Kettering, *NÄHE: Das Denken Martin Heideggers*, 1987, S. 77.

(181) Vgl. O. Pöggeler, *Der Denkweg Martin Heideggers*, 1983, S. 24.

(182) O. Pöggeler, a.a.O., S. 23.

(183) ハイデッガーは、一九一九—二〇年冬学期講義を、当初「中世神秘主義の哲学的基盤」というタイトルで告知していた。だが数週間前になって突然キャンセルし、「現象学の根本諸問題」を講義することとなった。キシールはこの事実を取り上げて、ハイデッガーのうちにキリスト教的な「宗教的生」が深く根づいている、と論じている。Vgl. T. Kisiel, *Heidegger (1920 - 21) on Becoming a Christian*, pp. 175-188.

(184) 『モイラ』は、『思索とは何の謂いか』の未講義に終った最終部分であり、『講演・論文集』に載せられているが、近年その元原稿が発表された。この元原稿は、『弁証法に関するコロキウム』で「弁証法とは存在と存在者との区別の忘却に対応したものだ」ということとの連関で読み上げられたものだが、『モイラ』とはかなり異なっている。本書では『モイラ』の方について論じる。M. Heidegger, *Colloquium über Dialektik, Muggenbrunn. 15. September 1952. Anhang: Letzte, nicht vorgetragene Vorlesung (12) aus dem Sommersemester 1952*, S. 9-40. なお元原稿はマックニールによって英訳もされている。W. McNeill, *The Last, Undelivered Lecture (12) from Summer Semester 1952.*

（185）ただしここでは、断片三の一部のみが取り上げられている。

（186）Vgl. F.-W. von Herrmann, *Wege ins Ereignis: Zu Heideggers "Beiträgen zur Philosophie"*, S. 199.

（187）もっとも、ここで挙げられている「作為」は、他の箇所では現代技術の非本来的働きとして言われており、「作為」が「真理の保蔵」だとされるこの箇所に関しては、本来・非本来の区別は単純ではない。

（188）次の論文では、「技術のもつ覆蔵された、異質な力」ということが特に注目されている。Vgl. R. J. A. van Dijk, *Technik: Planung oder Planetarische Geschick?*, S. 89-91.

（189）講演『物』は一九四九年の『ブレーメン講演』の一つだが、以下の引用は主に『講演・論文集』所収のもの（一九五〇年）から行う。

（190）ビーメルは、この『物』論では「もはや形而上学的であろうとせず、そのうちではもはや主観が中心的位置にいないような仕方での、存在者解釈が試みられている」と見る。W. Biemel, *Metaphysik und Technik bei Heidegger*, 1989, S. 84. またヘンペルは「四方域」としての世界について、「ハイデッガーと禅」という観点から詳細な解釈を試みている。Vgl. H.-P. Hempel, *Heidegger und Zen*, 1987, S. 147ff.; Vgl. D. Sinn, *Die Kritik am Identitätsprinzip: von Heidegger zu Hegel*, 1988, S. 145ff.

（191）「本論」「第七章　芸術の可能性——芸術と性起」。

（192）次の論文でも、「壺における《空・無》」を論じるハイデッガーの叙述のうちに、「無用の用」というような老荘思想との親近性が見られている。すなわち「ハイデッガーは老子の箴言を、ほとんど字義通りに我が物としている」と論じられている。K. K. Cho, *Der Abstieg über den Humanismus. West-Östliche Wege im Denken Heideggers*, S. 148.

（193）ボーアマンは「四方域としての世界」について本格的に論じており、「関わり合い」ということを重視している。四方域に関する論文の中では、一読に値する。Vgl. K. Bohrmann, *Die Welt als Verhältnis: Untersuchung zu einem Grundgedanken in den späten Schriften Martin Heideggers*, 1983.

（194）Meister Eckhart, *Meister Eckhart*, in: *"Deutsche Mystiker des 14. Jahrhunderts,"* hrsg. v. F. Pfeiffer, Bd. 2, S. 483ff.; Vgl. Adolf Lasson, *Meister Eckhart, Der*

Mystiker, 1968, S. 185ff.
　ただし、田島照久氏はその著書の中で、「離脱」における「突破」（Durchbruch）を重視している。ここでは、「神と人間」の関わりは単純には捉えられないことが示されている。この書は «esse・creatio・generatio»（存在・創造・誕生）という「思惟のトリアーデ構造」を解釈地平とすることで、エックハルトの思惟の核心を捉えていると言いうる。参照。田島照久『マイスター・エックハルト研究：思惟のトリアーデ構造 esse・creatio・generatio 論』一九九六年。

（195）F. Dastur, *Europa und der „andere Anfang"*, S. 193. またW・シュルツも、四方域の四者の「関わり合い」としての「四重化」（Vierung）を、「存在者を対向遊動のうちにもたらすことによって、存在者を存在せしめる媒介」と捉えている。W. Schulz, *Die Aufhebung der Metaphysik in Heideggers Denken*, S. 42.

（196）次の論文でも「自性〔Eigenes〕の経験、根底への帰還こそが……他と異質なものとを了解するための必須の前提条件なのだという思想が、ハイデッガーにおいて再三見いだされる」と説かれている。R. Thurnher, *Der Rückgang in den Grund des Eigenen als Bedingung für ein Verstehen des Anderen im Denken Heideggers*, S. 134.

（197）ガダマーは、すでに「一九二〇年代初頭に」（実際は一九一〇年代だが）ハイデッガーが「それは世界する」（Es weltet）と述べたことを、思索の決定的転換という意味で「転回以前の転回だ」とする。H.-G. Gadamer, *Anfang und Ende der Philosophie*, S. 18.

（198）全集第七七巻には、『放下の究明に向けて』（Gel. GA 13）の元原稿が『アンキバシエー』として載せられている。だが、本書で引用した『放下の究明に向けて』の箇所の「会域は、一切を出会わせつつ」という言葉が、第七七巻では「世界は、それが世界する限り」となっており、「会域」の働きが「世界」の働きとされている。Vgl. GA 77: 149.

（199）Vgl. J.-P. Sartre, *L'être et le néant: Essai d'ontologie phénoménologique*, 1943, pp. 365-427.

（200）J.-P. Sartre, a.a.O., p. 271.

（201）M. Merleau-Ponty, *Le visible et l'invisible*, 1964, p. 17.

（202）Vgl. M. Merleau-Ponty, *La Structure du Comportement*, p. 139.

（203）ニーチェの身体論とハイデッガーとの関わりに関しては、以下の論文が詳しい。Borislav Mikulić, *Sein, Physis, Aletheia*, 1987, S. 248ff.

（204）『存在と時間』で、ハイデッガーが物を道具として捉えたことのうちに身体性の問題を見ることに関しては、たとえば以下の著作でも指摘されている。湯浅慎一『知覚と身体の現象学』一三九頁以下参照。また湯浅泰雄氏は、西田が道具を身体との関わりで捉えたのに対し、ハイデッガーではそうではないとし、この点が両者の違いだとしているが、筆者は首肯しえない。湯浅泰雄『身体

――東洋的身心論の試み』四四頁以下参照。

(205) これに関しては以下でも論じられている。M. Haar, *Le prima de la Stimmung sur la corporéité du Dasein*, pp. 67-80.

(206) J. Beaufret, *Wege zu Heidegger*, 1976, S. 97f.

(207) 「トポロギー」と「住まうこと」とに関しては、次の著作が詳細に解き明かしており、「ハイデッガーにおけるトポロギーの問題」の重要性をいち早く知らしめた、優れた著作である。川原栄峰『ハイデッガーの思惟』一九八一年。

(208) たとえば以下のようなものがある。F.-W. von Herrmann, *Heideggers Philosophie der Kunst*, 1980; W. Perpect, *Heideggers Kunstlehre*, 1984, S. 217ff.; O. Pöggeler, *Kunst und Politik im Zeitalter der Technik*, 1989, S. 93ff.; E. Kettering, *NÄHE: Das Denken M. Heideggers*, 1987.

(209) この論文は一九三五年に初めて講演され、三六年にも講演された。現在公刊されているのはこの第二講演。ただし最近、この論文の初稿が発表され、これはこれまでのものとはかなり体裁が異なる。M. Heidegger, *Vom Ursprung des Kunstwerks: Erste Ausarbeitung*, in: *"Heidegger Studien,"* vol. 5, 1989, S. 5ff.（フォン・ヘルマンによれば、この初稿の執筆は一九三一年頃にまで遡るとされる。Vgl. F.-W. von Herrmann, *Wege ins Ereignis: Zu Heideggers "Beiträgen zur Philosophie,"* S. 199.）またすでに一九三一―三二年の『真理の本質について』（GA 34）でも、「芸術・詩」について多少触れられている（後述）。さらに本格的詩論は一九三四―三五年の『ヘルダーリンの讃歌《ゲルマーニエン》と《ライン》』ですでに展開されていた。

(210) 以上の引用で、傍点は筆者。

(211) Vgl. Sang-Hie, Shin: *Wahrheitsfrage und Kehre bei M. Heidegger*, 1993, S. 93ff.

(212) ポイエーシスとテクネーとに関しては、以下の論文が、プラクシスとの関わりで、ハイデッガーの思索の全体を辿りながら論じているが、概観するにとどまっている。Vgl. R. Bernasconi, *The Fate of the Distinction Between Praxis and Poiesis*, pp. 111-139.

(213) Vgl. Platon, *Ion*, 533 e - 535 a. Platon, *Phaedrus*, 245 a.

(214) Vgl. A. G. Baumgarten, *Aesthetica* , 1750, § 1.

(215) G. W. F. Hegel, *Vorlesungen über die Ästhetik*, 1, Suhrkamp, 1. Aufl. 1986, S. 25.

(216) F. Nietzsche, *Der Wille zur Macht*, A. 796.

(217) F. Nietzsche, *Der Wille zur Macht*, A. 853.

(218) 次の拙論を参照されたい。「存在の亀裂――ハイデッガーにおける真存在の『亀裂』をめぐる問題性」『哲学』第四一号、日本哲学会、一九九一年。

(219) リーデルはこの講義中の「生」や「世界」ということと、フッサールの「生活世界」(Lebenswelt) とが連関する、と見る。Vgl. M. Riedel, *Naturhermeneutik und Ethik im Denken Heideggers*, S. 157; Vgl. H. -G. Gadamer, *Europa und die Oikoumene*, S. 66-86.

(220) T. Kisiel, *Das Kriegsnotssemester 1919: Heideggers Durchbruch zur hermeneutischen Phänomenologie*, 1992, S. 121.

(221) Vgl. E. Øverenget, *Seeing The Self: Heidegger on Subjectivity*, 1998. この論文は、ハイデッガーの特にマールブルク期から『存在と時間』までの初期の「主観性」概念の検証を行っているが、フッサールの「全体と部分」「カテゴリー的直観」等の概念をハイデッガーが使用しており、フッサールの現象学的意味で使われたこれらの概念がハイデッガーの「現存在」解釈の基礎になっていることを指摘している。これらによって、ハイデッガーの「現存在」についての実存論的分析が、「自己性」としての«Subjectivity»の現象学的発展へと続く体系的論述であることを示している。

(222) これに関し興味深い議論を、『露現と覆蔵——現象学から宗教哲学へ』の中で井上克人氏が行っている。氏は、「生ける現在」を「立ち止まりつつ-流れる現在」という「覆蔵的露現」の「動き」として、「それ自身に於いて自己同一的境域」を開くものと見、世界と自己との同一性の成立根拠だとする(三二頁以下)。氏はこのようにフッサール時間論のうちに「覆蔵的露現という動き」を見、最終的にE・フィンク的な「知の〈アルケオロギー〉」としての現象学(四四頁)は、このような自己覆蔵的「成立根拠」へと遡源する「覆蔵性の現象学」になる、とする。井上克人『露現と覆蔵——現象学から宗教哲学へ』二〇〇三年、参照。

(223) フッサールは『論理学研究』で、「本来性」と「非本来性」とについて論じている。E. Husserl, *Husserliana, Gesammelte Werke*, Den Haag, Martinus Nijhoff, 19-2. これがハイデッガーにおける「本来性」に及ぼしている影響についての詳論は、別の機会に譲る。

(224) 高崎直道「華厳教学と如来蔵思想——インドにおける『性起』思想の展開」(『如来蔵思想二』一九八九年)七〇頁。

(225) 高崎直道、前掲書、一一八頁。

(226) 高崎直道、前掲書、一一一頁、参照。傍点筆者。

(227) 鎌田茂雄「性起思想の成立」『印度学仏教学研究』第五巻第二号所収、一九五七年。

(228) 以上の総括は、辻村公一氏からのお手紙によるご教示も参考にした。氏はその中で、「«Ereignis» には三義ある」として、«Ereignis» の次のような意味を挙げられた(訳は筆者による)。

(一) Sich - ins - Eigene - erbringen (自らを-自性の-うちへと-至らしめること)

(二) Sich - zueinander - bringen (自らを-相互に-もたらすこと)

(三) Erblicken d. h. Erblitzen (観取-即-閃光)

氏の『ハイデッガー論攷』（一九七一年）、『ハイデッガーの思索』（一九九一年）をはじめとする著書、及びハイデッガーに関する翻訳書は、「性起」を理解するための良い手引きとなる。

（229）ただし、日本語の「起」には「起こる」（自動詞）意味と「起こす」（他動詞）意味とが含まれており、「性起する」（sich ereignen）と「性起せしめる」（ereignen）との両方の意味を含んだ名詞形としての「性起」（Ereignis）には、自動詞的意味（自性が起こる）と他動詞的意味（自性を起こす）とが含まれうる。本書で使用する「性起」という訳語はこの両方の意味を含んだものであり、華厳教学における「性起」の意味をそのまま継承するものではない。ただし、動詞の «ereignen» に関しては、その「せしめる」働きを強調するため、「性起せしめる」と訳す。

（230）R. Descartes, *Meditationes de Prima philosophia*, Librairie Philosophique, J. VRIN, 1970, p. 25.

（231）R. Descartes, a.a.O., p. 27.

（232）I. Kant, *Kritik der reinen Vernunf*, B 135.

（233）S. Kierkegaard, *Die Krankheit zum Tode*, übersetzt v. E. Hirsch, 1954, S. 8.

（234）Vgl. M. Heidegger, *Existenzialismus*, in: *"Jahresgabe der Martin-Heidegger-Gesellschaft 1995"*, S. 11.

（235）Vgl. S. Kierkegaard, a.a.O.

（236）中村元『自己の探求』一九九四年、特に一二頁以下参照。

（237）ただし、ごく僅かではあるが「自動詞」的に使われている場合もある。たとえば『寄稿』の冒頭の「性起について、性起からして〔Vom Ereignis〕……真存在《の》語への帰属が性-起する〔er - eignen〕」（GA 65: 3）等である。ただしこの引用箇所も、「性起から、性起-せしめられて……」と他動詞の過去分詞ととる解釈者もいる。Vgl. M. Heidegger, *Contributions to Philosophy (From Enowning)*, translated by Parvis Emad and Kenneth Maly, 1999, p. 3.

（238）ハイデッガー研究者でも、「性起せしめる」（ereignen）と「性起する」（sich ereignen）とを厳密に区別しないまま論じている者が多い。だがこの区別は性起の根本に関わる。さらに、人間に関して、ここで述べたようなことを明確にしている研究者は、まだほとんどいない。

（239）すでに触れたように、全集第六五巻『寄稿』の最後に付けられた（八）「真存在」の章は、後から付け加えられたものなので、除外する。

（240）Platon, *Timaeus*, 29 a.

(241) Vgl. Aristoteles, *Physica*, 2, 1.

(242) Vgl. F. Nietzsche, *Werke u. Briefe, Historisch-kritische Gesamtausgabe*, Bd. 2, S. 55.

(243) 西谷啓治氏は、「世界の自己限定」が西田の最も根本的な概念だとする。西谷啓治『西田幾多郎』、二四六頁参照。

(244) 小坂国継氏は「世界の自己限定」と人間とに関して、「それはわれわれの働きを世界自身の自己限定として世界の側から見ようとする立場であり、われわれ自身を創造的世界の創造的要素として考えようという立場である」とする。小坂国継『西田幾多郎――その思想と現代』、一六一頁参照。

(245) 鈴木亨氏は「人間が実在的世界を表現することは矛盾的に世界の表現点となることであり、世界が人間を通して自己を形成することである」と説明する。鈴木亨『西田幾多郎の世界』、七一頁参照。

(246) R. Descartes, *Meditationes de Prima philosophia*, Librairie Philosophique, J. VRIN, 1970, p. 18.

(247) K. Löwith, *Gott, Mensch und Welt in der Metaphysik von Descartes bis zu Nietzsche*, 1967.

(248) ハイデッガーの「自己・性起」と西田の「自己」との連関を問題にした論文は、これまでのところ見当たらない。ハイデッガーと西田との連関については、たとえば次のものがある（それぞれについての論評は、別の機会に譲る）。高坂正顕「ハイデッガーの『帰向』――最近のハイデッガーの傾向と西田哲学」（『心』一九五三年　所収）、大江精志郎「西田哲学とハイデッガー思想との親近性について」（『理想』第三二六号、一九六〇年　所収）、湯浅泰雄「無と空の間――和辻・西田・サルトル・ハイデッガー」（『実存主義』第四〇号、一九六七年　所収）、大橋良介「西田哲学とハイデッガー」（『西田哲学』一九九四年　所収）、辻村公一「セザンヌ『サント・ヴィクトワル山』をめぐって――西田哲学とハイデッガーの思索」（『西田哲学を語る』一九九五年　所収）、溝口宏平「西田哲学とハイデガー哲学」（『西田哲学を学ぶ人のために』一九九六年　所収）。西田のハイデッガー批判については、大橋氏と溝口氏とが論じている。また大橋氏は西田の「自己から世界へ」が「世界から自己へ」と転回したとし、それをハイデッガーの「思索の転回」と関連させている。大橋良介「西田哲学の『哲学史的』意義」（『西田哲学』一九八七年　所収）参照。

(249) 大橋良介「西田哲学とハイデッガー」（『西田哲学』所収）参照。

(250) 西田哲学の時期区分は諸説ある。次の論文が詳しい。松丸壽雄「西田哲学の時期区分説――多様なる西田哲学像」（『西田哲学』所収）。

(251) K. Löwith, *Sämtliche Schriften*, Bd. 8, 1984, S. 152.

(252) このような「世界と人間」という観点から「性起と絶対無」について、『寄稿』をはじめ近年刊行の最新の資料を用いて主題的に論じた論文は、現在見当たらない。西田の絶対無については、今回は性起との関わりに絞って論じる。

(253) Vgl. C. Hackenesch, *Selbst und Welt, Zur Metaphysik des Selbst bei Heidegger und Cassirer*, 2001, S. 23ff.　この論文は、カッシーラーとの関わりで「自己と世界」の問題を論じているが、ハイデッガーの「自己と世界」については紹介的議論にとどまっており、深い議論はなされていない。

(254) この二面性と西田の「絶対無の場所」との連関については、次で触れられており、深い議論がなされている。辻村公一『ハイデッガー論攷』九四頁以下。

(255) H.-G. Gadamer, *Der Eine Weg Martin Heideggers*, S. 15.

(256) Vgl. M. Riedel, *Naturhermeneutik und Ethik im Denken Heideggers*, S. 157.

(257) 「事実的生」については以下を参照。これは、特に全集第六一巻『アリストテレスについての現象学的解釈』の詳細な解釈を行っている。H. Tietjen, *Philosophie und Faktizität*, S. 11-40.

(258) A. Augustinus, *Confessiones*, 10: 33, 50.

(259) Gadamer, ibid.

(260) Vgl. Aristoteles, *Physica*, 217 b 29 ff.

(261) 小坂国継氏はこれに関連して、「理想は……現実の内底にある」ということだとし、これと華厳宗の「理事無礙法界」との親近性を見ている。小坂国継『西田幾多郎をめぐる哲学者群像——近代日本哲学と宗教』一九九七年、七頁参照。

(262) たとえばフォン・ヘルマンは、性起への問いの地平内で「神への問いが根源的に着手される」と見ている。F.-W. von Herrmann, *Wege ins Ereignis: Zu Heideggers “Beiträgen zur Philosophie”*, S. 350.　またダナーは、「神の欠在」「神的なるもの」等のハイデッガー独自の神論を、前期から後期思想にわたって論じており、特に後期思想では性起との関わりが重要になってくる。だがこの論文は古く、いまだ『寄稿』の「最後の神」等への言及がない。Vgl. H. Danner, *Das Göttliche und der Gott bei Heidegger*, 1971.　なお「最後の神」に関しては、『寄稿』以後もいくつかの論及がなされている。たとえば『合図』（一九四一年）では「最後の神に帰属しつつ切願するものたちの時が、原初的に、隠されて近づいてくる」（GA 13: 32）と述べられている。

(263) Vgl. M. Brasser, *Wahrheit und Verborgenheit, Interpretationen zu Heideggers Wahrheitsverständnis von “S.u.Z.” bis “Vom Wesen der Wahrheit”*, 1997, S. 282ff.; D. F. Krell, *Contributions to Life*, 1999, pp. 269ff.

(264) 小坂国継氏は、西田の「自覚」論の形成に、フィヒテの『知識学の第二序論』等での「自己意識」論が影響を与えた、と見る。小

(265) 坂国継『西田幾多郎をめぐる哲学者群像――近代日本哲学と宗教』、一一頁参照。

小坂国継氏は「『純粋経験』の立場はやがてフィヒテを介して『自覚』の立場へと移行し、次いでギリシア哲学を介して『場所』の立場にいたり、ヘーゲルやマルクスを介して『弁証法的世界』の立場に落ち着くが、……それは『意識』の立場から『世界』の立場へと、いわば客観的方向に深められていく過程である」と見る。小坂国継『西田哲学の研究――場所の論理の生成と構造』、三一頁参照。

(266) 以下は Platon, *Timaeus* 特に 48 e - 53 c.

(267) W. K. C. Guthrie, *A History of Greek Philosophy*, vol. 5, 1978, p. 263.

(268) Platon, *Timaeus*, 51 b.　傍点は筆者。

(269) Platon, *Timaeus*, 52 e.

(270) ただし、『ティマイオス』で語られている、宇宙秩序生成以前の無限定・無秩序なものとしての「場と物」の「動き」と相互作用とは、ハイデッガーで語られているいわば本来的「関わり合い」としての「世界と物」の「動き」と、一応区別されねばならない。だが根本においては、「場と物」の本質はこのような「動き」「働き合い」として見て取られ、両者に本質的違いはない。

(271) Vgl. Aristoteles, *Metaphysica*, I, 9. 991 a 8 - 11.

(272) 田中美知太郎『プラトン2』一九八一年、四三九頁。

(273) Platon, *Timaeus*, 49 a.

(274) Vgl. Aristoteles, *Physica*, 209 b 11 - 12.　むろん、「対決」とは言っても、アリストテレスがプラトンを批判したということだが、事柄そのものとしては両者のまさに「対決」と言ってよい。

(275) Aristoteles, *Physica*, 209 b 10 - 20.

(276) W. K. C. Guthrie, a.a.O., p. 265.

(277) C. Baeumker, *Das Problem der Materie in der griechische Philosophie, Eine historisch-kritische Untersuchung*, 1890, S. 187.

(278) C. Baeumker, a.a.O., S.151f.

(279) C. Baeumker, a.a.O., S. 177.

(280) C. Baeumker, a.a.O., S. 180.

(281) F. M. Cornford, *Plato's Cosmology: the Timaeus of Plato translated with a running commentary*, 1937, p. 181.

(282) 田中美知太郎『プラトン2』、四二七頁。

(283) Vgl. H. Bergson, *Quid Aristoteles de loco senserit, Thesim Facultati Litterarum Parisiensi proponebat.* （邦訳「アリストテレスの場所論」村治能就、広川洋一訳、『ベルグソン全集』第一巻所収）。

(284) 以上、Vgl. Aristoteles, a.a.O., 212 a 1 - 2.

(285) 以下「根源的物性」、身体に関しては、以下の拙稿も参照されたい。前掲拙稿「存在の亀裂」（『哲学』所収）、「物性への問い――ハイデッガーにおける物と世界と人間」（『哲学世界』第十五号、早大大学院、一九九二年　所収）。

(286) J. G. Fichte, *Grundlage der gesamten Wissenschaftslehre, Fichtes sämmtliche Werke*, Bd. 1, 1845, S. 96.

(287) 三木清『西田先生との対話』一九五〇年、六七―六八頁。

(288) 『景徳傳燈録』第十巻。

(289) 高坂正顕氏は西田の「純粋経験」との関わりで次のように述べているが、事態を正しく見て取っている。「火の熱さを直接に経験しているとき、我々は火の熱さを身内に感じているのである。……熱さは火の属性であり、我の触覚がそれを熱しと感じたのであると考える如きは、むしろ二次的に考えられたことに過ぎない。純粋経験においては、我は火であり、火は我である。……思惟の立場からは神秘的とほか言いようのない主客合一の状態は、我々が時々刻々に経験しつつある最も手近な状態ではないであろうか。……目を翻せば、我々は真実の直中にある」。高坂正顕『西田幾多郎先生の生涯と思想』、五五頁。

(290) 中村雄二郎氏は西田の『哲学概論』等の「心」論を、「精神＝身体的存在としての人間活動を〈自己組織系〉と見なす最近の生物学の考え方に近い」と見る。中村雄二郎「場所論への最接近」（上田閑照編『西田哲学への問い』所収）三三一頁参照。

(291) Vgl. W. Heisenberg, *Physics and Philosophy – The Revolution in Modern Science*, 1958.

(292) Vgl. W. Heisenberg, *Wandlungen in den Grundlagen der Naturwissenschaft*, 1. 1980.

(293) Vgl. H. -P. Hempel, *Natur und Geschichte. Der Jahrhundertdialog zwischen Heidegger und Heisenberg*, 1990. ここではハイデッガーのハイゼンベルク批判が取り上げられている。ハイゼンベルクは、古典物理学のパラダイム転換を、プラトンの存在論への還帰によって確証しようとした。だがハイデッガーはかかるハイゼンベルクの試みを否定した、とヘンペルは見る。

(294) もっとも、ハイデッガーはたとえば『時間と存在』では、ハイゼンベルクの「宇宙方程式」を、パウル・クレーの絵画やトラークルの詩と同列に並べ、自らの思索と同様、「即座に理解せよという要求を放棄する気になる」ような深さをもつものだ、としている（zSD: 1f.）。ハイデッガーのハイゼンベルクへの言及は、ここで挙げた『ツォリコーン・ゼミナール』をはじめとして、しばしばなされている（VA: 31-61, GA 9: 402, FD: 51 usw.）。両者の関わりに関しては、ヘンペルの前掲書が詳しい。H.-P. Hempel, a.a.O.

（295）L. Wittgenstein, *Tractatus Logico - Philosophicus*, S. 150.　アーペルは、ハイデッガーが『同一性と差別』で「困難は言葉のうちにある」（ID: 72）と語ったことを取り上げ、ハイデッガーとウィトゲンシュタインとの言語論の比較を試みている。Vgl. K.-O. Apel, *Wittgenstein und Heidegger, Die Frage nach dem Sinn von Sein und der Sinnlosigkeitsverdacht gegen alle Metaphysik*, S. 358-396.

（296）なお「自己は自己する」という表現は、「事象は事象する」という事態との連関で、筆者がハイデッガーの同様の語を知る以前から使ってきたものである。むしろ、筆者がハイデッガー哲学に関心を抱いた根本は、彼が同様の表現をしていることへの興味からだった、と言いうる。

（297）もっとも、このようなシャンカラの主張はかなり大乗仏教の影響を受けており、本来の『ブラフマ・スートラ』の真意とは異なると説く者もいる。むしろヴィシュヌ派のラーマーヌヂャなどの解釈の方が、本来の『ブラフマ・スートラ』の原意に近いという説がある。金倉圓照『インド哲学の自我思想』、一二二頁以下参照。

（298）Benedictus de Spinoza, *Ethica ordine geometrico demonstrata, Spinoza Opera*, 1924, 2, S. 213.

（299）Vgl. Detlev von Uslar, *Die Welt als Ort des Menschen*, in: *"Neue Anthropologie,"* 1975, Bd. 7.

（300）F. W. J. v. Schelling, *Schellings Werke*, hrsg. v. M. Schröter, München, 1978, Bd. 4, S. 7.

あとがき

本書は博士学位論文として二〇〇七年に早稲田大学に受理されたものに、その後加筆したものである。
本書は以下の論文が元になっている。学問的研究には往々にしてありがちだが、自らの独創で記した事柄であるにもかかわらず、その後他の研究者によってそれが先に公にされると、その研究者の説を模倣したとみなされることが多い。それゆえ初出一覧を示す必要が生じてくることになる。真理を探究することにおいては、そのような風潮は首肯しえるものではないが。

初出一覧（括弧内は本書の内容と主に関わる事柄を示す）

●「ハイデッガーにおける『同じもの』とタウトロギー」『早稲田大学大学院文学研究科紀要』別冊第一二集、一九八五年（同論文の元になった修士論文も含む。「最高・真正のタウトロギー」「顕現せざるものの現象学」「パルメニデスの断片六へのハイデッガーの解釈史」）
●「自性への問い——ハイデッガーにおける『自性的』（eigen）という問題」『実存思想論集』三、実存思想協会、一九八八年（「自性と性起」「性起と時間性との連関」）
●「思索の根源——ハイデッガーにおける『奥義』（Geheimnis）」『倫理学年報』第三八集、日本倫理学会、一九八九年（「奥義」「転回と存在の自己伏蔵との連関」「世界と人間との根源的関わり合いとしての思索」）

●「存在の亀裂――ハイデッガーにおける真存在の『亀裂』(Zerklüftung)を巡る問題性」『哲学』第四一集、日本哲学会、一九九一年(「性起の亀裂的構造」「時間」「身体」)
●「物性への問い――ハイデッガーにおける物と世界と人間」『哲学世界』第一五号、早稲田大学大学院文学研究科、一九九二年(「物と世界」「根源的物性」)
●「芸術の可能性――ハイデッガーを手引きとして」『哲学の探求』第二二号、全国若手哲学研究者ゼミナール、一九九四年(「芸術と性起」)
●「『自己する』自己:『自己』という『事態』――ハイデッガーと西田哲学」『〈対話〉に立つハイデッガー』理想社、二〇〇〇年所収(「事態としての自己」「ハイデッガーと西田幾多郎とにおける『自己』の問題」)
●「哲学の可能性:哲学の終焉――『哲学的思索』をめぐるハイデッガーと西田」『二一世紀への思想』北樹出版、二〇〇一年所収(「ハイデッガーと西田幾多郎とにおける『思索の可能性』」)
●「〈場〉としての人間――ハイデッガーと西田哲学」『ハイデッガーと思索の将来――哲学への〈寄与〉』理想社、二〇〇六年所収(「場」「ハイデッガーの性起と西田哲学の絶対無」)

*

本書を仕上げるために、多くの方々に助けられた。それに対し、心からの感謝を捧げたい。まず博士学位論文の主査をしていただいた鹿島徹早稲田大学教授と、副査をしていただいた佐藤真理人早稲田大学教授、森一郎東京女子大学教授に、心から感謝申し上げたい。読みにくい論文を丁寧に読んでいただき、貴重なご意見もいただいた。深甚の感謝を捧げるものである。

また、筆者の早稲田大学大学院時代の指導教授であられた川原榮峰先生にも、心からの感謝を捧げたい。先生には、哲学研究とはどのようなものかを、筆者の大学院時代、大学教員時代を通じて、いろいろな仕方で教わった。博士学位論文を仕上げるに際しても、先生の貴重なご指導を賜った。先生が亡くなられても、そのお教えが消えることはない。

さらに、京都大学教授であられた辻村公一先生に、心からの感謝を捧げたい。学会でお会いした折、ハイデッガーについてのこちらの質問に、先生は丁寧にお答え下さった。それを機に、その後もずっとお手紙でのご教示をいただいた。筆者の博士学位論文の主題が「性起」だとご報告したら、「性起の本質」について手紙にびっしりと貴重なご教示をいただいた。それ以前に「ハイデッガーと西田哲学」について論文を書いた際には、出版社の当てがあるかなどのご心配までいただいた。先生の『有と時』を始めとして、さまざまなご高著、ご高訳書の注釈などで、ハイデッガー哲学の何たるかを教わったように思う。先生のご冥福を、心からお祈りするばかりである。

また、本書の出版の機会を与えて下さった日下部吉信立命館大学教授に、心からの感謝を捧げたい。出版の機会の少ないこのような学術書が世に出ることのできたのは、法政大学出版局にご推薦いただいた先生のお陰である。本当に感謝申し上げる次第である。

本書を仕上げるためというのみならず、いろいろな方々に、この場を借りて感謝申し上げたい。旧川原先生の研究室の諸先輩方には、日頃から大変お世話になっている。特に那須政玄早稲田大学教授、加藤直克自治医科大学教授、中島徹国士舘大学教授、江黒忠彦帝京平成大学教授、川口雅之湘南短期大学教授には、大学院時代からさまざまな機会を通じてご指導いただいた。心からの感謝を捧げるものである。また博士学位論文を仕上げる際に、次の方々に読んでいただき、大変貴重なアドバイスをいただいた。山本英輔金沢大学教授、干場薫一橋大学助手、皆見浩史日本体育大学講師。以上の方々に助けていただけなかったら、学位論文の提出は遅くなっていただろう。心から感謝する次第である。

上記の方々以外にも、大学院時代やハイデッガー研究会などの研究会等で、じつにいろいろな方々に刺激を受け、ご教示をいただいた。ここにお名前は記さないが、本当に感謝申し上げる次第である。さらに、筆者が哲学の道に入ることとなったのは、吉田明氏のご教示によることが多い。この場を借りて、心からの感謝を捧げたい。

また、本書の出版を引き受けていただき、編集の労をとられた法政大学出版局元編集代表であられる秋田公士氏に、心から感謝申し上げる次第である。読みにくい本書に対し、丁寧に編集・校正などしていただき、本当にこれがプロの技と感嘆するばかりだった。本書の出版が筆者の都合で遅れたことをお詫び申し上げると共に、この場を借りて、深く感謝申し上げる次第である。

最後に、本来このような場であまり私的なことを述べるのはどうかと今まで思っていたが、やはり言っておきたいという思いが強くなり、この場を借りて述べさせていただきたい。筆者が今日まであるのは、やはり父母のお陰であり、ここに心からの感謝を捧げたい。父はいつも変わらずずっと私を支え、守ってくれた。父が急逝したとき、本当に「地盤喪失」とはこのようなことだと、身をもって感じた。それほど、父の存在は大きかった。母は、私が博士学位を授与されたことを告げると、病床で泣いて喜んでくれた。ずっと心配の掛け通しだった母が私のことであれほど喜んでくれたのは、おそらく初めてだったのではないか。それから三週間後、母は静かに息を引き取った。また兄勇一は、本書が出版されることを告げると、分かりにくい専門書であるにもかかわらず、「出版されたら送ってくれよ。読みたいから」と言ってくれた。その兄も、昨年早春、急逝した。こうしてようやく本書が出版されることになった。だがこれを、一体どこに送ったらいいのだろう……。最後に、いつも変わらず私を見守ってくれている弟夫妻に、心からの感謝を捧げたい。

生と死は、もうあまりかけ離れたことだとは思えなくなった。本書第三章の「〈時間〉という謎」冒頭で述べた言葉が、再び胸をよぎる。

生は　深い無の上を漂う　一瞬の夢だ

「一瞬の夢」の中で、だがやはりいま一歩を進めてゆくしかないのだろう。そしてそのような歩みの先に、おそらくは「時の彼方」に行ける日が、あるいは来るかもしれない。

二〇一一年　夏

小柳美代子

著 者

小柳美代子（こやなぎ みよこ）

最終学歴：早稲田大学大学院文学研究科哲学専攻博士後期課程修了．
現　　在：早稲田大学教員，博士（文学）．

主要業績：
『ハイデッガーと思索の将来——哲学への〈寄与〉』（理想社，2006年，共編著）．
『二一世紀への思想』（北樹出版，2001年，共著）．
『〈対話〉に立つハイデッガー』（理想社，2000年，共著）．
M. リーデル他著『ハイデッガーとニーチェ』（南窓社，1998年，共訳）．
E. ケッテリング著『近さ——ハイデッガーの思惟』（理想社，1989年，共訳）．

〈自己〉という謎

——自己への問いとハイデッガーの「性起」

2012年 5 月30日　　初版第 1 刷発行

著　者　小柳美代子
発行所　財団法人 法政大学出版局
〒102-0073 東京都千代田区九段北 3-2-7
電話 03（5214）5540 振替 00160-6-95814
整版：緑営舎，印刷：平文社，製本：誠製本

Printed in Japan

ISBN 978-4-588-15065-4

人名索引

あ 行

アインシュタイン（Einstein, A.） 117-119
アウグスティヌス（Augustinus, A.） 3, 116, 120, 125, 346
アナクシマンドロス（Anaximander） 169-170, 236, 384
アーペル（Apel, K.-O.） 398
アリストテレス（Aristoteles） 5, 48f., 58, 79, 97f., 116-122, 125f., 131, 143f., 204, 239, 254, 269, 311, 321, 348, 353-359, 363, 388, 396
アーレント（Arendt, H.） 379
アンダース（Anders, G.） 379
アンツ（Anz, W.） 212
イェーガー（Jaeger, H.） 212, 374, 378
イェーガー（Jaeger, W.） 377
井上克人 392
イマッド（Emad, P.） 384
ヴァール（Wahl, Jean A.） 385
ウィトゲンシュタイン（Wittgenstein, L.） 366f., 398
ヴィプリンガー（Wiplinger, F.） 374
ヴィンデルバント（Windelband, W.） 225-227
ヴェルギリウス（Publius Vergilius Maro） 280
エーベリング（Ebeling, H.） 378
オーウェン（Owen, G. E. L.） 145
大橋良介 394

か 行

カール・ブライヒ（Braig, C.） 226
ガスリー（Guthrie, W. K. C.） 144, 353, 357f.
ガダマー（Gadamer, H.-G.） 342, 346, 375, 390
カッシーラー（Cassirer, E.） 395
鎌田茂雄 307
茅野良男 381
川原栄峰 380, 391
カント（Kant, I.） 4f., 21f., 60, 97-99, 101, 105, 107f., 116f., 120-122, 125, 131, 176, 225f., 239, 246, 263, 274, 312f., 363, 365, 368, 378
キシール（Kisiel, T.） 129, 298, 388
キルケゴール（Kierkegaard, S.） 313f.
クリステヴァ（Kristeva, J.） 215
クリューガー（Krüger, G.） 386
グレイシュ（Greisch, J.） 383f.
クワン（Kwan, T. w.） 212, 387
クーン（Kuhn, H.） 386
ケッテリング（Kettering, E.） 42, 87, 106, 224, 376
ゲーテ（Goethe, J. W. v.） 280, 284
高坂正顕 397
小坂国継 394-396
コーンフォード（Cornford, F. M.） 145, 358

さ 行

サルトル（Sartre, J.- P.） 118, 126f., 213-218, 264f., 268, 272, 333, 388, 394
ジェイコブズ（Jacobs, D. C.） 146
シェークスピア（Shakespeare, W.） 280
シェリング（Schelling, F. W. J. v.） 5, 322, 368-371
シーハン（Sheehan, T.） 9, 376
釈迦 306
シャンカラ 369, 398
ジャン・ジュネ（Genet, J.） 217
ジャン・ボーフレ（Beaufret, J.） 271, 383
宗密 306
シュテファン・ゲオルゲ（George, S.） 213
シュリューター（Schlüter, J.） 145f.
シュルツ（Schulz, W.） 60, 376, 386, 390
ショーペンハウアー（Schopenhauer, A.） 264
シン（Shin, Sang-Hie） 78
鈴木亨 394
スピノザ（Spinoza, Benedictus de） 4, 370
セザンヌ（Cézanne, P.） 394
セーデル（Seidel, G. J.） 146
ソクラテス（Sokrates） 205, 310f.

た　行

高崎直道　306f.
田島照久　390
ダストゥール（Dastur, F.）　258
ダナー（Danner, H.）　395
田中美知太郎　356
ダンテ（Dante, A.）　280
智儼　306, 308
澄観　306
辻村公一　378, 388, 392
ディールス（Diels, H.）　145, 383, 385
ディルタイ（Dilthey, W.）　225, 227, 325, 338
デカルト（Descartes, R.）　4f., 21f., 87, 99, 269, 299, 301, 312, 333, 363, 365
デリダ（Derrida, J.）　192, 215
道元　362, 370f., 384
トゥーゲントハット（Tugendhat, E.）　383
ドゥンス・スコトゥス（Duns Scotus J.）　225
トラークル（Trakl, G.）　213, 397

な　行

中村雄二郎　397
西田幾多郎　15, 127, 138, 323-343, 347-353, 359-363, 366, 382, 390, 394-397
西谷啓治　394
ニーチェ（Nietzsche, F.）　4f., 169, 217, 257, 264, 269, 272, 288f., 322, 363, 390
ニュートン（Newton, I.）　117, 121
ノイマン（Neumann, G.）　146

は　行

ハイゼンベルク（Heisenberg, W.）　272, 364f., 397
ハイムゼート（Heimsoeth, H.）　21
バウムガルテン（Baumgarten, A. G.）　288
パウリ（Pauli, W.）　364
パウル・クレー（Klee, P.）　397
バーネット（Burnet, J.）　145
パルメニデス（Parmenides）　146-148, 383f.
ビーメル（Biemel, W.）　389
ヒルシュ（Hirsch, E.）　313
ファリアス（Farías, V.）　81
フィヒテ（Fichte, J. G.）　60, 360f., 368, 395
フィルヒョウ（Virchow, R.）　364
フィンク（Fink, E.）　376, 392
フェッター（Vetter, H.）　387
フォン・ヘルマン（Herrmann, F.-W. von）　9, 29, 42f., 125, 249, 375-379, 387, 391, 395
プグリーゼ（Pugliese, O.）　376
フッサール（Husserl, E.）　264, 375, 392
ブッダバドラ　305f.
ブラッサー（Brasser, M.）　78, 374, 377
ブラットナー（Blattner, W.）　381
プラトン（Platon）　48,59, 88, 98, 107, 115f., 127, 143, 193, 213, 232f., 254, 263, 276, 279, 286-288, 291, 311, 322, 334, 352-359, 363-365, 377f., 396f.
プルタルコス（Plutarchos）　358
ブルトン（Breton, A.）　217
ブルームリク（Brumlik, M.）　379
フレスコ（Fresco, M. F.）　377
ブレッカー（Bröcker, W.）　385
ブレートシュナイダー（Bretschneider, W.）　376
フレンケル（Fraenkel, E.）　145
フレンツキ（Fräntzki, E.）　374-376,
ベイスラー（Bassler, O. B.）　386
ペゲラー（Pöggeler, O.）　374, 376, 379, 387
ヘーゲル（Hegel, G. W. F.）　22, 121, 124, 192-194, 239, 269, 276, 288, 329, 338, 344, 358, 368f., 382, 386, 396
ベッカー（Becker, O.）　377
ヘラクレイトス（Herakleitos）　146, 383f.
ペリクレス（Perikles）　358
ベルクソン（Bergson, H.）　264, 358
ヘルダーリン（Hölderlin, F.）　72, 80, 85, 109, 157, 213, 216, 218, 285, 295, 379
ヘルト（Held, K.）　375, 379
ヘンペル（Hempel, H.-P.）　389, 397f.
ボーアマン（Bohrmann, K.）　389
ボイムカー（Baeumker, C.）　358
法蔵　306, 308
ボードレール（Baudelaire, C.）　217
ホメロス（Homeros）　280
ポルト（Polt, R.）　9

ま　行

マイスター・エックハルト（Eckhart, Meister）

258, 390
マックス・シェーラー（Scheler, M.） 229
マックニール（McNeill, W.） 389
マラルメ（Mallarmé, S.） 217
マルクス（Marx, K.） 396
ミュニエ（Munier, R.） 200
ミュラー（Müller, M.） 375f.
メルロ・ポンティ（Merleau-Ponty, M.） 118, 210, 220, 264f., 272

や 行

ヤーコプ・ベーメ（Jakob Böhme） 352
湯浅慎一 390
湯浅泰雄 390

ら 行

ライプニッツ（Leibniz, G. W.） 131, 204f., 257
ラスク（Lask, E.） 220, 224-227
ラーマーヌヂャ 398
ランボー（Rimbaud, J. A.） 213, 217
リチャードスン（Richardson, W. J.） 41, 206, 387
リッケルト（Rickert, H.） 224-227
リーデル（Riedel, M.） 43, 298, 342, 392
リヒター（Richter, E.） 380
リルケ（Rilke, R. M.） 213
レーヴィット（Löwith, K.） 334, 339, 376, 387, 341-343
レーヴン（Raven, J. E.） 145
レーマン（Lehmann, K.） 381
老子 389
ロザレス（Rosales, A.） 78, 375-377

事項索引

あ　行

空け開け（Lichtung）　81, 86-91, 150, 182-185, 190, 236, 247-251, 281, 327, 351
集め－立て（Ge-Stell）　90f., 154f., 250, 283, 326f.
アレーテイア（ἀλήθεια, 真理）　55, 86, 177-179, 181-186, 190f., 195f., 237-239, 250, 351, 386, 394
意味（Sinn）　28, 30-33, 46, 54, 59, 62, 65, 69, 98, 123, 125, 147, 202, 210, 224-226, 265, 268, 375
永遠（Ewigkeit）　115f., 125, 127, 134f., 329, 348, 352
奥義（Geheimnis）　23f., 55-60, 68-71, 78-83, 86-95, 103, 111, 142, 296, 298, 304

か　行

会域（Gegnet）　259, 390
開顕性（Offenbarkeit）　80, 221f., 302
開示性（Erschlossenheit）　45, 240, 242
解釈学（Hermeneutik）　335-339, 346, 387
開性（Offenheit）　28, 41, 44, 78, 102, 128, 132, 230
開蔵（する）（Entbergen, Entbergung）　45, 52, 54-57, 71, 87, 91, 104, 106, 139, 150, 158, 164-167, 173f., 177, 186, 195f., 211, 235-238, 247, 261, 283
懐胎（Austrag）　107, 238, 261f.
開襞（Entfalten, Entfaltung）　72, 235-238
関わり合い（Verhältnis）　85, 94, 110f., 134, 219f., 223, 238, 250-253, 258, 263, 274, 289, 296, 304, 309-317, 323, 330-334, 355f., 389f.
学・学問・科学（Wissenschaft）　21f., 34-36, 48, 51, 79-81, 101, 119, 147, 206, 298-301, 365, 373, 375
神・神々（Gott, Götter）　4-6, 9, 15, 47-49, 67, 71-76, 93, 106f., 216f., 239, 255-258, 284, 290, 295, 317, 322, 331-334, 350f., 361f., 369-371, 379, 381, 390, 395
　最後の神（der letzte Gott）　71-75, 290, 317, 350, 395
　神的なるものたち（die Göttlichen）　85, 94, 110, 162, 250, 255-258, 351
観入（Einblick）　26, 50, 153, 191, 379
危険（Gefahr）　72, 78, 155-159, 162, 283
既在（性）（Gewesen, Gewesenheit）　58, 62f., 66, 123, 156, 228, 343
技術（Technik）　90, 154-158, 250, 282f., 326, 330, 350, 389
基礎的存在論（Fundamentalontologie）　26, 35, 38, 43, 47f., 65, 141, 301, 379
来たる－べき者たち（Die Zu-künftigen）　71f., 285
気分（Stimmung）　240, 270-272
鏡－戯（Spiegel-Spiel）　250f., 257-260
共属（Zusammengehören）　58, 91, 94, 134f., 189, 221, 235, 238, 257f., 304, 316, 327-329, 330f., 348, 352, 359
亀裂（Zerklüftung）　73f., 97f., 105-111, 193
空間（Raum）　75, 90, 102-104, 117f., 122, 132f., 163, 182, 202, 230, 232, 252, 267f., 273, 358
クロノロギー（Chronologie）　32, 121
形而上学（Metaphysik）　29, 40-43, 47f., 56-60, 99f., 141, 229, 233f., 382
芸術（Kunst）　246-249, 262, 271, 273-291, 354f., 391
華厳教学　305-310, 317, 393
言（Sage）　149, 209, 211
原初（Anfang）　71-73, 142, 149-151, 160, 194, 232, 275
現成（する）（Wesen, Wesung）　70, 74-77, 92, 107-111, 132, 150f., 153-164, 180, 195f., 201, 209, 212, 237f., 251, 256-258, 327, 384
現象学（Phänomenologie）　108, 183, 206-210, 272, 301f., 335-339, 375, 387, 392
　顕現せざるものの現象学（Phänomenologie des Unscheinbaren）　108, 191f., 200-202, 206-210, 272, 301

現前（Anwesen） 165-173, 177f., 188-190, 200, 223, 237f., 343, 382
現前性（Anwesenheit） 130
現存在（Dasein） 21, 31-40, 43-69, 76f., 79, 84, 89f., 99-106, 120f., 123-125, 127-129, 133, 141, 172, 186, 227-232, 241-246, 250, 266-271, 278f., 299-301, 330, 341, 343-347, 375, 377, 382, 392
現–存在（Da-sein） 52-60, 73f, 76, 109, 186, 230-232, 250
拘束性（Verbindlichkeit） 51, 103, 128
呼応（する）（Entsprechen, Entsprechung） 69, 75, 78, 93f., 108, 263, 289, 316, 327, 331, 350, 373
故郷（Heimat） 84, 93, 255, 259
言葉（Sprache） 92f., 156, 179, 199-205, 210-218, 266, 275f., 279f., 285-290, 366, 398
根拠（Grund） 4f., 37, 44, 46, 51-60, 68f. 74, 83, 99, 102, 108, 132, 207, 210, 221, 231f., 238, 242, 260, 279, 321-323

さ　行

作為（Machenschaft） 155, 157f., 249, 351, 377, 389
死（Tod） 3, 49, 57, 62-68, 95, 102, 110f., 113, 123f., 127, 135, 171, 241-243, 255, 343, 347f.
時間（Zeit） 8-11, 30-35, 37, 52-58, 61, 76, 89, 95, 98-104, 113-135, 165, 170, 227, 230, 242, 302, 343f., 347-349, 375, 381, 384
時間–空間（Zeit-Raum） 57, 72, 76, 104, 130-133, 268
時間する（zeiten） 130
時間–遊動–空間（Ziet-Spiel-Raum） 89, 104, 230, 344
時間性（Zeitlichkeit） 30-35, 37, 43-45, 52-58, 61-66, 69, 87, 90, 95, 98-111, 123-129, 132f., 172, 228, 230-232, 302, 343f., 375, 381, 384
事行（Tathandlung） 361f., 368
只在的，只在性（vorhanden, Vorhandenheit） 21, 32, 46, 235, 245-246, 249, 253, 270
詩作（Dichtung, Dichten） 93, 248, 262, 284-287, 360
時熟（Zeitigen, zeitigen） 33-35, 43-45, 51, 54-56, 63-66, 90, 101f., 121, 123, 127-133, 172, 242f., 302, 343f.
自性（Eigenes） 6-11, 19, 22f., 85, 91, 95, 110, 189, 195, 211, 256-260, 270, 309, 325-327, 374, 392f.
自性的（eigen） 8-11, 19, 22-25, 57-70, 81f., 84-87, 91, 93-95, 100-104, 110f., 123, 133, 158, 174
自性的ならしめる（eignen） 10, 23-25, 64, 67-70, 76-78, 81-83, 95, 101, 104, 108, 110, 133, 189, 211, 296, 304, 309, 316, 325
死すべき者ども（die Sterblichen） 21, 53, 85, 94, 110, 115, 135, 162, 184, 242, 250f., 255-261, 325, 351
実存（Existenz） 21f., 33-35, 46, 49, 63f., 141, 314, 345f., 378
脱–存（Ek-sistenz） 52, 57
地盤喪失（Bodenlosigkeit） 22, 241, 334, 340, 347, 350f., 363
四方域（Geviert） 85, 94, 106, 110, 162f., 250f., 255-257, 261-263, 273, 296, 304, 327, 350f., 380, 389f.
示し（Zeige） 211
自由（Freiheit） 35, 44, 49-58, 67f., 71, 103, 124-126, 231f., 259, 278f., 326
瞬間（Augenblick） 72-74, 121, 132, 134, 242, 348
性起（Ereignis） 6-11, 23, 70-78, 84f., 91-95, 104-110, 133-135, 151f., 158, 160f., 173-175, 179-181, 189, 211f., 237f., 282f., 290, 295-310, 315-317, 327-347, 374, 392f.
性起する（sich ereignen） 310, 316, 393
性起せしめる（ereignen） 23, 179, 211, 251, 297, 309f., 316, 393
将来（Zukunft） 62f., 123, 170, 228, 343, 348, 382
序音（Anklang） 71-73, 104
神学（Theologie） 47-49, 97, 226, 346, 377, 382
親密性（Innigkeit） 93, 106, 250
真理（Wahrheit） 35-37, 44, 50-57, 60, 68-77, 86-88, 103-106, 109-111, 181, 184-187, 191f., 195f.
身体・身体性（Leib, Leiblichkeit） 3, 263-273, 288-290, 301, 311, 314-316, 332, 360-363, 368, 390, 397
生起（Geschehen） 27, 44f., 71, 73-75, 104, 128, 158, 195, 280, 284, 296-309
世界（Welt） 4-6, 13-15, 44-46, 50-53, 58, 64, 68f., 76f., 83f., 89-91, 128-130, 134f., 219f., 223f., 230-234, 238-244, 246-263, 273-275, 281, 288-291, 295-302, 308-317, 321-356, 359-371, 380, 389f., 392-396
世界する（welten） 51, 128, 202, 243f., 251, 258-262, 289, 326-331, 342, 351, 356, 359, 367f., 390

世界–内–存在（In-der-Welt-sein） 58, 64, 230, 240-242, 264f.
創基（する）(Gründen, Gründung) 71-77, 88, 108f.
贈遣（Geschick） 28, 90, 155, 157f., 327
相互–対–向（Gegen-einander-über） 94, 258
存在棄却（Seinsverlassenheit） 12, 71, 73f., 105, 108, 137f., 155-159
真存在棄却（Seynsverlassenheit） 72, 209, 351
存在者論（Ontik） 26, 28, 36-42, 47, 64f., 69, 83, 375, 378
存在–神–論（Onto-theo-logie） 193
存在忘却（Seinsvergessenheit） 26, 72, 78, 154-158, 162, 173, 283, 327
存在論的差別（ontologische Differenz） 31-34, 44, 101, 107, 138f., 160, 219-234, 238, 247, 261, 282, 316, 370

た　行

対向遊戯（Zuspiel） 71-73
大地・地（Erde） 76f., 85f., 106f., 110, 247, 255-258, 351
頽落（Verfallen） 46, 63, 66f., 123, 241, 346
タウトロギー（Tautologie） 92f., 108, 178-181, 188-197, 199-212, 256f., 383-386, 388
タウトロギー的思索（das tautologische Denken） 108, 200-202, 206, 210
脱去（する）(Entzug, entziehen) 79f., 86f., 91, 103, 134, 173f., 211, 263, 298, 304
脱自態（Ekstase） 44, 63f., 102, 128, 228
脱性起（Enteignis） 91, 106, 174, 180, 192, 257, 304, 350
地平（Horizont） 30, 33-36, 44-48, 51, 59, 64, 83, 88, 90, 99, 101-104, 123-125, 127-129, 133, 227-233, 247, 268, 343f., 375
地平的図式（horizontales Schema） 64, 99
超越（Transzendenz） 34-36, 44-53, 56-60, 67-69, 103, 225, 228, 231-234, 244-248, 278f., 330
超越論的（transzendental） 30, 34f., 44, 51, 57, 60, 99, 225f., 231-233, 278, 312
超存在論・メトントロギー（Metontologie） 26, 38, 47-49, 103, 267
跳躍（Sprung） 26, 71-73, 109-111, 274
超力（Übermacht）・超力的なもの（das Übermächtige） 48-50, 67, 81, 90, 103f., 231-234, 278f., 326, 377
手許性（Zuhandenheit） 253, 270
転回（Kehre） 23-29, 36-43, 50, 64f., 69-86, 90-94, 101-105, 141, 152-158, 227-230, 233f., 278f., 283, 374-379
天空・天（Himmel） 85, 94, 106, 110, 250f., 255-258, 351
テンポラリテート（Temporalität） 26, 30-38, 45, 98-104, 125-129, 133, 343f., 348, 375
投企（Entwurf） 10, 49, 67, 76, 103, 124, 128, 378
闘争（Streit） 74, 76f., 86, 106, 109, 196, 247, 281, 351
トポロギー（Topologie） 183, 268, 271, 351, 391

な　行

二重襞（Zwiefalt） 107, 234-238, 384

は　行

場（Ort, τόπος） 87-90, 94, 133, 162f., 182-185, 233, 240-243, 247, 250-253, 262, 268, 273f., 284-286, 289, 327, 330-332, 339-341, 350-364, 368
場処（Ortschaft） 26, 268
場の量子論（quantum theory of fields） 364
被投性（Geworfenheit） 48f., 57f., 62-64, 66-68, 102, 123f., 267
非伏蔵性・非–伏蔵性（Unverborgenheit, Un-verborgenheit） 45, 48, 86, 106, 167, 184-186, 233, 239, 250, 254, 261, 284-286, 302, 385
ピュシス（φύσις, 自然） 5, 247, 321f., 342, 363
開け（das Offene, Offenes） 52, 76, 239-243, 255
伏蔵性（Verborgenheit） 46, 54-56, 78-81, 86, 91, 106, 182, 186, 192
伏蔵（する）(Verbergung, Verbergen) 54-60, 68-82, 86-94, 103-106, 111, 130-132, 182, 185f., 191f., 195f., 207-209, 232f., 247f., 268, 279-282, 286f., 296, 298, 304, 351, 386
閉隠性（Verschlossenheit） 46
方域（Gegend） 162, 252, 351
本来性（Eigentlichkeit） 22f., 33-35, 39, 54, 61-65, 83, 101, 104, 106, 123, 133f., 296, 302, 345f., 349f., 392

ま　行

間–分け（Unter-Schied）　107, 219, 224, 238, 261
環り世界（Umwelt）　51, 241, 270, 300
無（Nichts）　58, 66, 95, 106, 111, 113, 124-130, 133-135, 137, 161, 202, 215f., 242, 255, 342, 389
　絶対無　127, 334, 342, 348-353, 359, 395
物（Ding）　214f., 219f., 223f., 230-234, 244-265, 273f., 282-286, 289-291, 316, 333f., 352-364, 388, 396
　物する（dingen）　201, 250-252, 256f., 261f., 273, 316, 356, 359
　根源的物性　111, 219f., 262f., 273f., 289-291, 397

や　行

有意義性（Bedeutsamkeit）　241, 245f., 299, 326, 330, 341f.
有限性（Endlichkeit）　46, 48, 52, 54, 110, 241, 343
用（Brauch, τὸ χρεών）　170-172
用象（Bestand）　154, 250, 262
　用立てる（bestellen）　154
過り（Vorbeigang）　74f., 378f.
　最後の神の過り（Vorbeigang des letzten Gottes）　74f.

ら　行

了解（Verständnis）　31-37, 43-49, 54-59, 62, 65, 76, 88, 101-103, 125, 127-129, 147, 227-233, 240-242, 244, 271, 299, 336-338, 343f.
良心（Gewissen）　65-69, 95,102, 124, 316, 378
歴史（Geschichte）　76f., 90, 107, 155, 243, 327, 332, 336, 352f., 360, 379
歴史学（Historie）　192
ロゴス（λόγος）　131, 203, 207, 256

文献一覧

1　ハイデッガーの著作

(1) ハイデッガー全集

現時点（2008年）までに公刊されているVittorio Klostermann社のハイデッガー全集（Gesamtausgabe）を挙げる（なお，現時点〔2008年〕までに公刊されているハイデッガー全集は，すべて取り上げた）．略号はGAで記す．年は原則として，筆者の使用した初版の出版年である．

GA 1　*Frühe Schriften*, hrsg. von Friedrich-Wilhelm von Herrmann, Frankfurt a. M., 1978.

GA 2　*Sein und Zeit*, hrsg. von Friedrich-Wilhelm von Herrmann, Frankfurt a. M., 1977.

GA 3　*Kant und das Problem der Metaphysik*, hrsg. von Friedrich-Wilhelm von Herrmann, Frankfurt a. M., 1991.

GA 4　*Erläuterungen zu Hölderlins Dichtung*, hrsg. von Friedrich-Wilhelm von Herrmann, Frankfurt a. M., 1981.

GA 5　*Holzwege*, hrsg. von Friedrich-Wilhelm von Herrmann, Frankfurt a. M., 1978.

GA 6.1　*Nietzsche* I, hrsg. von Brigitte Schillbach, Frankfurt a. M., 1996.

GA 6.2　*Nietzsche* II, hrsg. von Brigitte Schillbach, Frankfurt a. M., 1997.

GA 7　*Vorträge und Aufsätze*, hrsg. von Friedrich-Wilhelm von Herrmann, Frankfurt a. M., 2000.

GA 8　*Was heißt Denken?*, hrsg. von Paola-Ludovika Coriando, Frankfurt a. M., 2002.

GA 9　*Wegmarken*, hrsg. von Friedrich-Wilhelm von Herrmann, Frankfurt a. M., 1976.

GA 10　*Der Satz vom Grund*, hrsg. von Petra Jaeger, Frankfurt a. M., 1997.

GA 11　*Identität und Differenz*, hrsg. von Friedrich-Wilhelm von Herrmann, Frankfurt a. M., 2006.

GA 12　*Unterwegs zur Sprache*, hrsg. von Friedrich-Wilhelm von Herrmann, Frankfurt a. M., 1985.

GA 13　*Aus der Erfahrung des Denkens*, hrsg. von Hermann Heidegger, Frankfurt a.M. 1983.

GA 14　*Zur Sache des Denkens*, hrsg. von Friedrich-Wilhelm von Herrmann, Frankfurt a. M., 2007.

GA 15　*Seminare*, hrsg. von Curd Ochwadt, Frankfurt a. M., 1986.

GA 16　*Reden und andere Zeugnisse eines Lebensweges*, hrsg. von Hermann Heidegger, Frankfurt a. M., 2000.

GA 17　*Einführung in die phänomenologische Forschung*, Marburger Vorlesung vom WS 1923/24, hrsg. von Friedrich-Wilhelm von Herrmann, Frankfurt a. M., 1994.

GA 18　*Grundbegriffe der aristotelischen Philosophie*, Marburger Vorlesung vom SS 1924, hrsg. von Mark Michalski, Frankfurt a. M., 2002.

GA 19 *Platon: Sophistes*, Marburger Vorlesung vom WS 1924/25, hrsg. von Ingeborg Schüßler, Frankfurt a. M., 1992.

GA 20 *Prolegomena zur Geschichte des Zeitbegriffs*, Marburger Vorlesung vom SS 1925, hrsg. von Petra Jaeger, Frankfurt a. M., 1979.

GA 21 *Logik. Die Frage nach der Wahrheit*, Marburger Vorlesung vom WS 1925/26, hrsg. von Walter Biemel, Frankfurt a. M., 1976.

GA 22 *Die Grundbegriffe der antiken Philosophie*, Marburger Vorlesung vom SS 1926, hrsg. von Franz-Karl Blust, Frankfurt a. M., 1993.

GA 24 *Die Grundprobleme der Phänomenologie*, Marburger Vorlesung vom SS 1927, hrsg. von Friedrich-Wilhelm von Herrmann, Frankfurt a. M., 1975.

GA 25 *Phänomenologische Interpretation von Kants Kritik der reinen Vernunft*, Marburger Vorlesung vom WS 1927/28, hrsg. von Ingtraud Görland, Frankfurt a. M., 1977.

GA 26 *Metaphysische Anfangsgründe der Logik im Ausgang von Leibniz*, Marburger Vorlesung vom SS 1928, hrsg. von Klaus Held, Frankfurt a. M., 1978.

GA 27 *Einleitung in die Philosophie*, Freiburger Vorlesung vom WS 1928/29, hrsg. von Otto Saame und Ina Saame-Speidel, Frankfurt a. M., 1996.

GA 28 *Der deutsche Idealismus (Fichte, Schelling, Hegel) und die philosophische Problemlage der Gegenwart*, Freiburger Vorlesung vom SS 1929, hrsg. von Claudius Strube, Frankfurt a. M., 1997.

GA 29/30 *Die Grundbegriffe der Metaphysik, Welt – Endlichkeit – Einsamkeit*, Freiburger Vorlesung vom WS 1929/30, hrsg. von Friedrich-Wilhelm von Herrmann, Frankfurt a. M., 1983.

GA 31 *Vom Wesen der menschlichen Freiheit, Einleitung in die Philosophie*, Freiburger Vorlesung vom SS 1930, hrsg. von Hartmut Tietjen, Frankfurt a. M., 1983.

GA 32 *Hegels Phänomenologie des Geistes*, Freiburger Vorlesung vom WS 1930/31, hrsg. von Ingtraud Görland, Frankfurt a. M., 1980.

GA 33 *Aristoteles: Metaphysik Θ 1 - 3, Vom Wesen der Wirklichkeit der Kraft*, Freiburger Vorlesung vom SS 1931, hrsg. von Heinrich Hüni, Frankfurt a. M., 1981.

GA 34 *Vom Wesen der Wahrheit. Zu Platons Höhlengleichnis und Theätet*, Freiburger Vorlesung vom WS 1931/32, hrsg. von Hermann Mörchen, Frankfurt a. M., 1988.

GA 36/37 *Sein und Wahrheit: 1. Die Grundfrage der Philosophie, 2. Vom Wesen der Wahrheit*, Freiburger Vorlesungen vom SS 1933 und WS 1933/34, hrsg. von Hartmut Tietjen, Frankfurt a. M., 2001.

GA 38 *Logik als die Frage nach dem Wesen der Sprache*, Freiburger Vorlesung vom SS 1934, auf der Grundlage der Vorlesungsnachschrift von Wilhelm Hallwachs, hrsg. von Günter Seubold, Frankfurt a. M., 1998.

GA 39 *Hölderlins Hymnen »Germanien« und »Der Rhein«*, Freiburger Vorlesung vom WS 1934/35, hrsg. von Susanne Ziegler, Frankfurt a. M., 1980.

GA 40 *Einführung in die Metaphysik*, Freiburger Vorlesung vom SS 1935, hrsg. von Petra Jaeger, Frankfurt a. M., 1983.

GA 41 *Die Frage nach dem Ding. Zu Kants Lehre von den transzendentalen Grundsätzen*, Freiburger Vorlesung vom WS 1935/36, hrsg. von Petra Jaeger, Frankfurt a. M., 1984.

GA 42 *Schelling: Vom Wesen der menschlichen Freiheit (1809)*, Freiburger Vorlesung vom SS 1936, hrsg. von Ingrid Schüßler, Frankfurt a. M., 1988.

GA 43 *Nietzsche: Der Wille zur Macht als Kunst*, Freiburger Vorlesung vom WS 1936/37, hrsg. von Bernd Heimbüchel, Frankfurt a. M., 1985.

GA 44 *Nietzsches metaphysische Grundstellung im abendländischen Denken: Die ewige Wiederkehr des Gleichen*, Freiburger Vorlesung vom SS 1937, hrsg. von Marion Heinz, Frankfurt a. M., 1986.

GA 45 *Grundfragen der Philosophie. Ausgewählte »Probleme« der »Logik«*, Freiburger Vorlesung vom WS 1937/38, hrsg. von Friedrich-Wilhelm von Herrmann, Frankfurt a. M., 1984.

GA 46 *Zur Auslegung von Nietzsches II. Unzeitgemäßer Betrachtung. »Vom Nutzen und Nachteil der Historie für das Leben«*, Freiburger Seminar vom WS 1938/39, hrsg. von Hans-Joachim Friedrich, Frankfurt a. M., 2003.

GA 47 *Nitzsches Lehre vom Willen zur Macht als Erkenntnis*, Freiburger Vorlesung vom SS 1939, hrsg. von Eberhard Hanser, Frankfurt a. M., 1989.

GA 48 *Nietzsche: Der europäische Nihilismus*, Freiburger Vorlesung, II.Trimester 1940, hrsg. von Petra Jaeger, Frankfurt a. M., 1986.

GA 49 *Die Metaphysik des deutschen Idealismus. Zur erneuten Auslegung von Schelling*, Freiburger Vorlesung, I.Trimester 1941, Freiburger Seminar vom SS 1941, hrsg. von Günter Seubold, Frankfurt a. M., 1991.

GA 50 *Nietzsches Metaphysik. Einleitung in die Philosophie — Denken und Dichten*, Vorlesung 1941/42 (angekündigt, aber nicht gehalten), und abgebrochene Vorlesung WS 1944/45, hrsg. von Petra Jaeger, Frankfurt a. M., 1990.

GA 51 *Grundbegriffe*, Freiburger Vorlesung vom SS 1941, hrsg. von Petra Jaeger, Frankfurt a. M., 1981.

GA 52 *Hölderlins Hymne »Andenken«*, Freiburger Vorlesung vom WS 1941/42, hrsg. von Curd Ochwadt, Frankfurt a. M., 1982.

GA 53 *Hölderlins Hymne »Der Ister«*, Freiburger Vorlesung vom SS 1942, hrsg. von Walter Biemel, Frankfurt a. M., 1984.

GA 54 *Parmenides*, Freiburger Vorlesung vom WS 1942/43, hrsg. von Manfred S. Frings, Frankfurt a. M., 1982.

GA 55 *Heraklit. 1. Der Anfang des abendländischen Denkens. 2. Logik. Heraklits Lehre vom Logos,* Freiburger Vorlesung vom SS 1943 und vom SS 1944, hrsg. von Manfred S. Frings, Frankfurt a. M., 1979.

GA 56/57 *Zur Bestimmung der Philosophie. 1. Die Idee der Philosophie und das Weltanschauungsproblem. 2. Phänomenologie und transzendentale Wertphilosophie.*, *mit einer Nachschrift der Vorlesung »Über das Wesen der Universität und des akademischen Studium«*, Die Frühe Freiburger Vorlesung vom Kriegsnotsemester 1919 und SS 1919, hrsg. von Bernd Heimbüchel, Frankfurt a. M.,

1987

GA 58 *Grundprobleme der Phänomenologie (1919/20)*, Frühe Freiburger Vorlesung vom WS 1919/20, hrsg. von Hans-Helmuth Gander, Frankfurt a. M., 1993.

GA 59 *Phänomenologie der Anschauung und des Ausdrucks. Theorie der philosophischen Begriffsbildung*, Frühe Freiburger Vorlesung vom SS 1920, hrsg. von Claudius Strube, Frankfurt a. M., 1993.

GA 60 *Phänomenologie des religiösen Lebens*, 1. Frühe Freiburger Vorlesung vom WS 1920/21, hrsg. von Matthias Jung und Thomas Regehly, 2. Frühe Freiburger Vorlesung vom SS 1921, hrsg. von Claudius Strube, 3. Ausarbeitungen und Entwürfe zu einer nicht gehaltenen Vorlesung 1918/19, hrsg. von Claudius Strube, Frankfurt a. M., 1995.

GA 61 *Phänomenologische Interpretationen zu Aristoteles. Einführung in die phänomenologische Forschung*, Frühe Freiburger Vorlesung vom WS 1921/22, hrsg. von Walter Bröcker und Käte Bröcker-Oltmanns, Frankfurt a. M., 1985.

GA 62 *Phänomenologische Interpretationen ausgewählter Abhandlungen des Aristoteles zur Ontologie und Logik*, Frühe Freiburger Vorlesung vom SS 1922, hrsg. von Günter Neumann, Frankfurt a. M., 2005.

GA 63 *Ontologie (Hermeneutik der Faktizität)*, Frühe Freiburger Vorlesung vom SS 1923, hrsg. von Käte Bröcker-Oltmanns, Frankfurt a. M., 1988.

GA 64 *Der Begriff der Zeit. 1. Der Begriff der Zeit (1924), 2. Der Begriff der Zeit (Vortrag 1924)*, hrsg. von Friedrich-Wilhelm von Herrmann, Frankfurt a. M., 2004.

GA 65 *Beiträge zur Philosophie (Vom Ereignis)*, hrsg. von Friedrich-Wilhelm von Herrmann, Frankfurt a. M., 1989.

GA 66 *Besinnung*, hrsg. von Friedrich-Wilhelm von Herrmann, Frankfurt a. M., 1997.

GA 67 *Metaphysik und Nihilismus. 1. Die Überwindung der Metaphysik. 2. Das Wesen des Nihilismus*, hrsg. von Hans-Joachim Friedrich, Frankfurt a. M., 1999.

GA 68 *Hegel. 1. Die Negativität. Eine Auseinandersetzung mit Hegel aus dem Ansatz in der Negativität. 2. Erläuterung der »Einleitung« zu Hegels »Phänomenologie des Geistes«*, Abhandlungen 1938/39, 1941 und 1942, hrsg. von Ingrid Schüßler, Frankfurt a. M., 1993.

GA 69 *Die Geschichte des Seyns. 1. Die Geschichte des Seyns (1938/40). 2. KOINON. Aus der Geschichte des Seyns (1939/40)*, hrsg. von Peter Trawny, Frankfurt a. M., 1998.

GA 70 *Über den Anfang*, hrsg. von Paola-Ludovika Coriando, Frankfurt a. M., 2005.

GA 75 *Zu Hölderlin: Griechenlandreisen*, hrsg. von Curd Ochwadt, Frankfurt a. M., 2000.

GA 77 *Feldweg-Gespräche (1944/45). Erdachte Gespräche 1944/45*, hrsg. von Ingrid Schüßler, Frankfurt a. M., 1995.

GA 79 *Bremer und Freiburger Vorträge. 1. Einblick in das was ist. 2. Grundsätze des Denkens, Vorträge 1949 und 1957*, hrsg. von Petra Jaeger, Frankfurt a. M., 1994.

GA 81 *Gedachtes*, hrsg. von Paola-Ludovika Coriando, Frankfurt a. M., 2007.

GA 85 *Vom Wesen der Sprache: Die Metaphysik und die Wesung des Wortes. Zu Herders Abhandlung*

»Über den Ursprung der Sprache«, Oberseminar vom SS 1939, hrsg. von Ingrid Schüßler, Frankfurt a. M., 1999.

GA 87 *Nietzsche: Seminare 1934 und 1944. 1. Nietzsches metaphysische Grundstellung (Sein und Schein). 2. Skizzen zu Grundbegriffe des Denkens*, Übungen vom SS 1937 und SS 1944, hrsg. von Peter von Ruckteschell, Frankfurt a. M., 2004.

GA 88 *Seminare (Übungen) 1937/38 und 1941/42, 1. Die metaphysischen Grundstellungen des abendländischen Denkens, 2. Einübung in das philosophische Denken*, Seminare (Übungen) vom WS 1937/38 und WS 1941/42, hrsg. von Alfred Denker, Frankfurt a. M., 2008.

GA 90 *Zu Ernst Jünger*, hrsg. von Peter Trawny, Frankfurt a. M., 2004.

(2) ハイデッガーの単行本，論文

これまでに公刊されたハイデッガーの単行本，論文のうちで，取り上げたものを記す．現在の時点でハイデッガー全集に収録されているものも含める．略号は最初に掲げる．また年は，最初に初版の出版年，次に筆者の使用した版の出版年を挙げる．

SZ *Sein und Zeit*, 1927, Tübingen: Niemeyer, 13. Aufl. 1976. (in GA 2).

Kant *Kant und das Problem der Metaphysik*, 1929, Frankfurt a. M.: Klostermann, 4. Aufl. 1973. (in GA 3).

SdU *Die Selbstbehauptung der deutschen Universität. Das Rektorat 1933/34 — Tatsachen und Gedanken*, hrsg. von Hermann Heidegger, 1983, Frankfurt a. M.: Klostermann, 1. Aufl. 1983. (in GA 16).

Höld *Erläuterungen zu Hölderlins Dichtung*. 1944, Frankfurt a. M.: Klostermann, 5. Aufl. 1981. (in GA 4).

HW *Holzwege*, 1950, Frankfurt a. M.: Klostermann, 5. Aufl. 1972. (in GA 5).

EiM *Einführung in die Metaphysik*, 1953, Tübingen: Niemeyer, 3. Aufl. 1966. (in GA 40).

VA *Vorträge und Aufsätze*, 1954, Pfullingen: Neske, 5. Aufl. 1985. (in GA 7, teilweise in GA 79).

VA 1, 2, 3 *Vorträge und Aufsätze. Teil 1,2,3*, 1954, Pfullingen: Neske, 3. Aufl. 1967. (in GA 7, teilweise in GA 79).

WhD *Was heißt Denken?*, 1954, Tübingen: Niemeyer, 3. Aufl. 1971. (in GA 8).

WiP *Was ist das — die Philosophie?*, 1956, Pfullingen: Neske, 6. Aufl. 1981. (in GA 11).

SvG *Der Satz vom Grund*, 1957, Pfullingen: Neske, 5. Aufl. 1978. (in GA 10).

ID *Identität und Differenz*, 1957, Pfullingen: Neske, 6. Aufl. 1978. (in GA 11, teilweise in GA 79).

Gel *Gelassenheit*, 1959, Pfullingen: Neske, 6. Aufl. 1979. (Teilweise in GA 13, GA 77).

UzS *Unterwegs zur Sprache*, 1959, Pfullingen: Neske, 5. Aufl. 1975. (in GA 12).

N 1, 2 *Nietzsche*, 2 Bde. 1961, Pfullingen: Neske, 4. Aufl. 1983. (in GA 6.1, GA 6.2, teilweise in GA 43, GA 44, GA 48).

TK *Die Technik und die Kehre*, 1962, Pfullingen: Neske, 3. Aufl. 1976. (in GA 79).

FD *Die Frage nach dem Ding*, 1962, Tübingen: Niemeyer, 2. Aufl. 1975. (in GA 41).

WM *Wegmarken*, 1967, Frankfurt a. M.: Klostermann, 1. Aufl. 1967. (in GA 9).

zSD *Zur Sache des Denkens*, 1969, Tübingen: Niemeyer, 2. Aufl.1976. (in GA 14).

VS *Vier Seminare, Le Thor 1966, 1968, 1969, Zähringen 1973*, Frankfurt a. M.: Klostermann, 1. Aufl. 1977. (in GA 15).

FB *Zur Frage nach der Bestimmung der Sache des Denkens*, hrsg. von Hermann Heidegger, St. Gallen, Zürich: Erker-Verlag, 1984, 1. Aufl. 1984.

ZS *Zollikoner Seminare*, hrsg. von Medard Boss, 1987, Frankfurt a. M.: Klostermann, 1. Aufl. 1987.

Her *Martin Heidegger — Eugen Fink: Heraklit. Seminar Wintersemester 1966/1967.* Frankfurt a. M.: Klostermann, 1970, 1. Aufl. 1970. (in GA 15).

Heidegger, M., *Die Bedrohung der Wissenschaft (1937)*, in: *"Zur philosophischen Aktualität Heideggers"*, hrsg. von D. Papenfuss und O. Pöggeler, Frankfurt a. M.: Klostermann, 1991, Bd. 1, Philosophie und Politik, S. 5-27.

Heidegger, M., *Colloquium über Dialektik, Muggenbrunn. 15. September 1952. Anhang: Letzte, nicht vorgetragene Vorlesung (12) aus dem Sommersemester 1952*, in: *"Hegel-Studien"*, Bd. 25, Bonn: Bouvier , 1990, S. 9-40.

Heidegger, M., *The Last, Undelivered Lecture (12) from Summer Semester 1952*, translated by Will McNeill, in: *"The Presocratics after Heidegger"*, ed. by D. C. Jacobs, State University of New York Press, 1999.

Heidegger, M., *Europa und die deutsche Philisophie*, in: *"Europa und die Philosophie"*, Martin-Heidegger-Gesellschaft Schriftenreihe, Bd.2, Frankfurt a. M.: Klostermann, 1993, S. 31-41.

Heidegger, M., *Die Grundfrage nach dem Sein selbst*, in: *"Heidegger Studies"*, vol. 2, Ork Brook: Eterna Press, 1986, S. 1-3.

Heidegger, M., *Vom Ursprung des Kunstwerks: Erste Ausarbeitung*, in: *"Heidegger Studien"*, vol. 5, Berlin: Duncker & Humblot, 1989, S. 5-22.

Heidegger, M., *Das Wesen des Menschen (Das Gedächtnis im Ereignis)*, in: *"Jahresgabe der Martin-Heidegger-Gesellschaft 1993"*, S. 13-18.

Heidegger, M., *Besinnung auf unser Wesen*, in: *"Jahresgabe der Martin-Heidegger-Gesellschaft 1994"*, S. 13-17.

Heidegger, M., *Existenzialismus*, in: *"Jahresgabe der Martin-Heidegger-Gesellschaft 1995"*, S. 11-12.

Heidegger, M., *Das Spiegel-Interview*, in: *"Antwort, Martin Heidegger im Gespräch"*, Pfullingen: Neske,1988.

Antwort, Martin Heidegger im Gespräch, hrsg. von Emil Kettering, Pfullingen: Neske, 1988.

Heidegger, M., *Martin Heidegger — Elisabeth Blochomann: Briefwechsel 1918–1969*, hrsg. von J. W. Storck, Marbach a. Neckar: Deutsche Shillergesellschaft, 1989.

Heidegger, M., *Contributions to Philosophy (From Enowning)*, translated by Parvis Emad and Kenneth Maly, Bloomington & Indianapolis: Indiana University Press, 1999.

[*Von der Un-Verborgenheit, Fridolin Wiplingers Bericht von einem Gespräch mit Martin Heidegger,* Fridolin

Wiplinger, aufgezeichnet von E. Fräntzki, Centaurus-Verlagsgesellschaft, Pfaffenweiler, 1987.]（M. ブラッサーによれば，この対話自体がフレンツキによる「文献的フィクション」だとされる．Vgl. M. Brasser, *Wahrheit und Verborgenheit, Interpretationen zu Heideggers Wahrheitsverständnis von "Sein und Zeit" bis "Vom Wesen der Wahrheit"*, Würzburg: Königshausen und Neumann, 1997, S. 296.）

2　ハイデッガーに関する研究文献

本論で取り上げたものを挙げる．

Altwegg, J., *Heidegger in Frankreich — und zurück?*, in: *"Die Heidegger-Kontroverse"*, hrsg. von J. Altwegg, Frankfurt a. M.: Athenäum, 1988.

Anz, W., *Die Stellung der Sprache bei Heidegger*, in: *"Heidegger: Perspektiven zur Deutung seines Werkes"*, hrsg. von O.Pöggeler, Königstein/ Ts.: Athenäum, 1984.

Apel, K. -O., *Wittgenstein und Heidegger, Die Frage nach dem Sinn von Sein und der Sinnlosigkeitsverdacht gegen alle Metaphysik*, in: *"Heidegger: Perspektiven zur Deutung seines Werkes"*, hrsg. von O. Pöggeler, Königstein/ Ts.: Athenäum, 1984.

Bassler, O. B., *The Birthplace of Thinking: Heidegger's Late Thoughts on Tautology*, in: *"Heidegger Studies"*, vol. 17, Berlin: Duncker & Humblot, 2001.

Beaufret, J., *Wege zu Heidegger*, Frankfurt a. M.: Klostermann, 1976.

Beaufret, J., *Qu'est-ce que la métaphysique ?*, in: *"Heidegger Studies"* , vol. 1, Ork Brook: Eterna Press, 1985.

Becker, O., *Para-Existenz. Menschliches Dasein und Dawesen*, in: *"Heidegger: Perspektiven zur Deutung seines Werkes"*, hrsg. von O.Pöggeler, Königstein/ Ts.: Athenäum, 1984.

Bernasconi, R., *The Fate of the Distinction Between Praxis and Poiesis*, in: *"Heidegger Studies"*, vol. 2, Ork Brook: Eterna Press , 1986.

Biemel, W., *Metaphysik und Techinik bei Heidegger*, in: *"Heideggers These vom Ende der Philosophie"*, hrsg. von M. F. Fresco, Bonn: Bouvier, 1989.

Blattner, W., *Temporality*, in: *"A Companion to Heidegger"*, ed. by H. L. Dreyfus and M. A. Wrathall, Blackwell Publishing, 2005.

Blust, F. -K., *Selbstheit und Zeitlichkeit: Heideggers neuer Denkansatz zur Seinsbestimmung des Ich*, Würzburg: Königshausen und Neumann, 1987.

Bohrmann, K., *Die Welt als Verhältnis: Untersuchung zu einem Grundgedanken in den späten Schriften Martin Heideggers*, Frankfurt a. M.: Lang, 1983.

Brasser, M., *Wahrheit und Verborgenheit, Interpretationen zu Heideggers Wahrheitsverständnis von "Sein und Zeit" bis "Vom Wesen der Wahrheit"*, Würzburg: Königshausen und Neumann, 1997.

Bretschneider, W., *Sein und Wahrheit. Über die Zusammengehörigkeit von Sein und Wahrheit im Denken Martin Heideggers*, Meisenheim a. Gl.: A. Hain, 1985.

Bröcker, W., *Heidegger und die Logik*, in: *"Heidegger: Perspektiven zur Deutung seines Werkes"*, hrsg. von O. Pöggeler, Königstein/ Ts.: Athenäum, 1984.

Brogan, W. A., *Heraclitus, Philosopher of the Sign*, in: *"The Presocratics after Heidegger"*, ed. by D. C. Jacobs, Albany: State University of New York Press, 1999.

Brumlik, M., *Günter Anders. Zur Existentialontologie der Emigration*, in: *"Zivilisationsbruch: Denken nach Auschwitz"*, Frankfurt a. M.: Fischer Taschenbuch Verlag, 1988.

Chiereghin, F., *Der griechische Anfang Europas und die Frage der Romanitas. Der Weg Heideggers zu einem anderen Anfang*, in: *"Europa und die Philosophie"*, Martin-Heidegger-Gesellschaft Schriftenreihe, Bd.2, Frankfurt a. M.: Klostermann, 1993.

Cho, K. K., *Der Abstieg über den Humanismus. West-Östliche Wege im Denken Heideggers*, in: *"Europa und die Philosophie"*, Martin-Heidegger-Gesellschaft Schriftenreihe, Bd.2, Frankfurt a. M.: Klostermann, 1993.

Coutine, J. -F., *The Destruction of Logic: From Λόγος to Language*, in: *"The Presocratics after Heidegger"*, ed. by D. C. Jacobs, Albany: State University of New York Press, 1999.

Dallmayer, F., *Heidegger, Hölderlin and Politics*, in: *"Heidegger Studies"*, vol. 2, Ork Brook: Eterna Press, 1986.

Danner, H., *Das Göttliche und der Gott bei Heidegger*, Meisenheim a. Gl.: A. Hain, 1971.

Dastur, F., *La Constitution Ekstatique-Horizontale de la Temporalité chez Heidegger*, in: *"Heidegger Studies"*, vol. 2, Ork Brook: Eterna Press , 1986.

Dastur, F., *Europa und der "andrere Anfang"*, in: *"Europa und die Philosophie"*, Martin-Heidegger-Gesellschaft Schriftenreihe, Bd.2, Frankfurt a. M.: Klostermann, 1993.

Demske, J. M., *Sein, Mensch und Tod: Das Todesproblem bei Martin Heidegger*, Freiburg/ München: Alber, 1984.

Derrida, J., *Die Hölle der Philosophie*, in: *"Die Heidegger-Kontroverse"*, hrsg. von J. Altwegg, Frankfurt a. M.: Athenäum, 1988.

Dijk, R. J. A. van, *Technik: Planung oder Planetarische Geschick?*, in: *"Heideggers These vom Ende der Philosophie"*, hrsg. von M. F. Fresco, Bonn: Bouvier, 1989.

Ebeling, H., *Selbsterhaltung und Selbstbewußtsein: Zur Analytik von Freiheit und Tod*, Freiburg, München: Alber, 1979.

Emad, P., *The Place of the Presocratics in Heideggers "Beiträge zur Philosohie"*, in: *"The Presocratics after Heidegger"*, ed. by D. C. Jacobs, Albany: State University of New York Press, 1999.

Emad, P., *The Significance of the New Edition of "Subjekt und Dasein" and the Fundamental Ontology of Language*, in: *"Heidegger Studies"*, vol. 2, Ork Brook: Eterna Press, 1986.

Farías, V., *Heidegger und der Nationalsozialismus*, Frankfurt a. M.: S. Fischer, 1987.

Fehér, M., *Heidegger und Kant: Heidegger und die Demokratie*, in: *"Europa und die Philosophie"*, Martin-Heidegger-Gesellschaft Schriftenreihe, Bd. 2, Frankfurt a. M.: Klostermann, 1993.

Fell, J. P., *The Crisis of Reason: A Reading of Heidegger's "Zur Seinsfrage"* in: *"Heidegger Studies"*, vol. 2, Ork

Brook: Eterna Press , 1986.

Fóti, V. M., *Empedocles and Tragic Thought: Heidegger, Hölderlin, Nietzsche*, in: "*The Presocratics after Heidegger*", ed. by D. C. Jacobs, State University of New York Press, 1999.

Franck, D., *De l'ἀλήθεια à l'Ereignis*, in: "*Heidegger — l'énigme de l'être*", Paris: PUF, 2004.

Franz,H., *Das Denken Heideggers und die Theologie*, in: "*Heidegger: Perspektiven zur Deutung seines Werkes*" hrsg. von O. Pöggeler, Königstein/ Ts.: Athenäum, 1984.

Fräntzki, E., *Die Kehre, Heideggers Schrift "Vom Wesen der Wahrheit"*, Pfaffenweiler, 1985.

Fresco, M. F., *Könnte man Heidegger vorwerfen, er eile zu schnell vorwärts?*, in: "*Heideggers These vom Ende der Philosophie*", hrsg. von M. F. Fresco, Bonn: Bouvier, 1989.

Gadamer, H. -G., *Anfang und Ende der Philosophie*, in: "*Heideggers These vom Ende der Philosophie*", hrsg. von M. F. Fresco, Bonn: Bouvier, 1989.

Gadamer, H. -G., *Der Eine Weg Martin Heideggers*, in: "*Jahresgabe der Martin-Heidegger-Gesellschaft*, 1986".

Gadamer, H. -G., *Europa und die Oikoumene*, in: "*Europa und die Philosophie*", Martin-Heidegger-Gesellschaft Schriftenreihe, Bd. 2, Frankfurt a. M.: Klostermann, 1993.

Gadamer, H. -G., *Heideggers Wege: Studien zum Spätwerk*, Tübingen: Mohr, 1983.

Gadamer, H. -G., *Heraclitus Studies*, in: "*The Presocratics after Heidegger*", ed. by D. C. Jacobs, Albany: State University of New York Press, 1999.

Gander, H. -H., *Einleitung: Europa und die Philosophie*, in: "*Europa und die Philosophie*", Martin-Heidegger-Gesellschaft Schriftenreihe, Bd. 2, Frankfurt a. M.: Klostermann, 1993.

Görland, I., *Transzendenz und Selbst: Eine Phase in Heideggers Denken*, Frankfurt a. M.: Klostermann, 1981.

Greisch, J., *La parole d'origine, l'origine de la parole. Logique et sigétique dans les Beiträge zur Philosophie de Martin Heidegger*, in: "*Rue Descartes*", No. 1, 1991.

Haar, M., *Le prima de la Stimmung sur la corporéité du Dasein*, in: "*Heidegger Studies*", vol. 2, Ork Brook: Eterna Press , 1986.

Hackenesch, L. C., *Selbst und Welt, Zur Metaphysik des Selbst bei Heidegger und Cassirer*, Hamburg: Meiner, 2001.

Härle, C. -C., *Martin Heidegger, das Rektorat und die neuere französische Philosophie*, in: "*Die Heidegger-Kontroverse*", hrsg. von J. Altwegg, Frankfurt a. M.: Athenäum, 1988.

Held, K., *Europa und die interkulturelle Verständigung. Ein Entwurf im Anschluß an Heideggers Phänomenologie der Grundstimmungen*, in: "*Europa und die Philosophie*", Martin-Heidegger-Gesellschaft Schriftenreihe, Bd. 2, Frankfurt a. M.: Klostermann, 1993.

Hempel, H. -P., *Heidegger und Zen*, Frankfurt a. M.: Athenäum, 1987.

Hempel, H. -P., *Natur und Geschichte: Der Jahrhudertdialog zwischen Heidegger und Heisenberg*, Frankfurt a. M.: Hain, 1990.

Hernández-Pacheco, Javier, *Die Auflösung des Seins: die Entwicklung einer phänomenologischen Ontologie im*

Denken Martin Heideggers, Wien: VWGÖ, 1983.

Herrmann, F. -W. von, *Dichterische Einbildungskraft und andenkendes Denken*, in: *"Distanz und Nähe"*, Würzburg: Königshausen und Neumann,1983.

Herrmann, F. -W. von, *Die Edition der Vorlesungen Heideggers in seiner Gesamtausgabe letzter Hand*, in: *"Heidegger Studies"*, vol. 2, Ork Brook: Eterna Press , 1986.

Herrmann, F. -W. von, *Heideggers Philosophie der Kunst: Eine systematische Interpretation der Holzwege-Abhandlung "Der Ursprung des Kunstwerkes"*, Frankfurt a. M.: Klostermann, 1980.

Herrmann, F. -W. von, *Heideggers "Grundprobleme der Phänomenologie": Zur "Zweiten Hälfte" von "Sein und Zeit"*, Frankfurt a. M.: Klostermann, 1991.

Herrmann, F. -W. von, *Hermeneutische Phänomenologie des Daseins: Eine Erläuterung von "Sein und Zeit"*, Bd. 1, Frankfurt a. M.: Klostermann, 1987.

Herrmann, F. -W. von, *Subjekt und Dasein: Interpretation zu "Sein und Zeit"*, Frankfurt a. M.: Klostermann, 1985.

Herrmann, F. -W. von, *Wege ins Ereignis: Zu Heideggers "Beiträgen zur Philosophie"*, Frankfurt a. M.: Klostermann, 1994.

Hoffman, P., *Dasein and "Its" Time*, in: *"A Companion to Heidegger"*, ed. by H. L. Dreyfus and M. A. Wrathall, Blackwell Publishing, 2005.

Imdahl, G., *Das Leben verstehen: Heideggers folmal anzeigende Hermeneutik in den Friburger Vorlesungen (1919 bis 1923)*, Würzburg: Königshausen und Neumann, 1994.

Jacobs, D. C., *Heidegger, the History of Being, the Presocratics*, in: *"The Presocratics after Heidegger"*, ed. by D. C. Jacobs, Albany: State University of New York Press, 1999.

Jacobs, D. C., *The Ontological Education of Parmenides*, in: *"The Presocratics after Heidegger"*, ed. by D. C. Jacobs, Albany: State University of New York Press, 1999.

Jaeger, H., *Heidegger und die Sprache*, Bern und München: Francke, 1971.

Kettering, E., *NÄHE: Das Denken Martin Heideggers*, Pfullingen: Neske, 1987.

Kisiel, T., *Heidegger (1920-21) on Becoming a Christian: A Conceptual Picture Show*, in: *"Reading Heidegger from the Start: Essays in his Earliest Thought"*, State University of New York Press, 1994.

Kisiel, T., *Das Kriegsnotssemester 1919: Heideggers Durchbruch zur hermeneutischen Phänomenologie*, in: *"Philosophisches Jahrbuch"*, Freiburg/ München: Alber, 1992.

Kovacs, G., *On Heidegger's Silence*, in: *"Heidegger Studien"*, vol. 5, Berlin: Duncker & Humblot, 1989.

Krell, D. F., *Contributions to Life*, in: *"Heidegger toward the Turn. Essays on the Work of the 1930s"*, Albany: State University of New York Press, 1999.

Krell, D. F., *Kalypso: Homeric Concealments after Nietzsche, Heidegger, Derrida, and Lacan*, in: *"The Presocratics after Heidegger"*, ed. by D. C. Jacobs, Albany: State University of New York Press, 1999.

Krüger, G., *Martin Heidegger und der Humanismus*, in: *"Theologische Rundschau"*, N. F.18/2, Breslau: Trewendt und Granier, 1950.

Kuhn, H., *Heideggers «Holzwege»*, in: *"Archiv für Philosophie"*, 4/3, Stuttgart: Kohlhammer, 1952.

Kwan, T. w., *Die hermeneutische Phänomenologie und das tautologische Denken Heideggers*, Bonn: Bouvier, 1982.

Lehmann, K., *Christliche Geschichitserfahrung und ontologische Frage beim jungen Heidegger*, in: *"Heidegger: Perspektiven zur Deutung seines Werkes"*, hrsg. von O. Pöggeler, Königstein/ Ts.: Athenäum, 1984.

Lévinas, E., *Das Diabolische gibt zu denken*, in: *"Die Heidegger-Kontroverse"*, hrsg. von J. Altwegg, Frankfurt a. M.: Athenäum, 1988.

Löwith, K., *Phänomenologische Ontologie und protestantische Theologie*, in: *"Heidegger: Perspektiven zur Deutung seines Werkes"*, hrsg. von O. Pöggeler, Königstein/ Ts.: Athenäum, 1984.

Maly, K., *Parmenides: Circle of Disclosure, Circle of Possibility*, in: *"Heidegger Studies"*, vol. 1, Ork Brook: Eterna Press, 1985.

Marx, W., *Heidegger und die Tradition: Eine problemgeschichtliche Einführung in die Grundbestimmungen des Seins*, Stuttgart: W. Kohlhammer, 1961.

Mikulić, Borislav, *Sein, Physis, Aletheia: Zur Vermittlung und Unmittelbarkeit im "ursprünglichen" Seinsdenken Martin Heideggers*, Würzburg: Königshausen und Neumann, 1987.

Müller, M., *Existenzphilosophie im geistigen Leben der Gegenwart*, 3. Aufl., Heidelberg: Kerle, 1964.

Müller, M., *Macht und Gewalt. Ein Versuch über "Herkunft und Zukunft in der 'Frömmigkeit des Denkens' im Hinblick auf Martin Hedegger"*, in: *"Europa und die Philosophie"*, Martin-Heidegger-Gesellschaft Schriftenreihe, Bd. 2, Frankfurt a. M.: Klostermann, 1993.

Müller, M., *Phänomenologie, Ontologie und Scholastik*, in: *"Heidegger: Perspektiven zur Deutung seines Werkes"*, hrsg. von O. Pöggeler, Königstein/ Ts.: Athenäum, 1984.

Naas, M., *Keeping Homer's Word: Heidegger and the Epic of Truth*, in: *"The Presocratics after Heidegger"*, ed. by D. C. Jacobs, Albany: State University of New York Press, 1999.

Neumann, G., *Heideggers frühe Parmenides-Auslegung*, in: *"Heidegger und die Antike"*, hrsg. von H. -C. Günter und A. Rengakos, München: Verlag C. H. Beck oHG, 2006.

Øverenget, E., *Seeing The Self: Heidegger on Subjectivity*, Dordrecht, The Netherlands, 1998.

Palmier, J.-M., *Wege und Wirken Heideggers in Frankreich*, in: *"Die Heidegger-Kontroverse"*, hrsg. von J. Altwegg, Frankfurt a. M.: Athenäum, 1988.

Peperzak, A., *Einige Fragen Zum Thema "Hegel und Heidegger"*, in: *"Heideggers These vom Ende der Philosophie"*, hrsg. von M. F. Fresco, Bonn: Bouvier, 1989.

Perpeet, W., *Heideggers Kunstlehre*, in: *"Heidegger: Perspektiven zur Deutung seines Werkes"*, hrsg. von O. Pöggeler, Königstein/ Ts.: Athenäum, 1984.

Perrin, M., *Sartres Heidegger-Exegese im Stalag*, in: *"Die Heidegger-Kontroverse"*, hrsg. von J. Altwegg, Frankfurt a. M.: Athenäum, 1988.

Pöggeler, O., *Der Denkweg Martin Heideggers*, Tübingen, Bonn: Bouvier, 1983.

Pöggeler, O., *Philosophie und Politik bei Heidegger*, Freiburg/ München: Alber, 1972.

Pöggeler, O., *Kunst und Politik im Zeitalter der Technik*, in: *"Heideggers These vom Ende der Philosophie"*,

hrsg. von M. F. Fresco, Bonn: Bouvier, 1989.

Polt, R., *Ereignis*, in: *"A Companion to Heidegger"*, ed. by H. L. Dreyfus and M. A. Wrathall, Blackwell Publishing, 2005.

Pugliese, O., *Vermittlung und Kehre: Grundzüge des Geschichtsdenkens bei Martin Heidegger*, Freiburg/München: Alber, 1986.

Radloff, B., *Das Gestell and L'écriture: The Discourse of Expropriation in Heidegger and Derrida*, in: *"Heidegger Studien"*, vol. 5, Berlin: Duncker & Humblot, 1989.

Rentsch, T., *Martin Heidegger — Das Sein und der Tod: Eine kritische Einführung*, München: Piper, 1989.

Richardson, W. J., *Heidegger, Through Phenomenology to Thought*, The Hague: M. Nijhoff, 1963 (Rich. と略記).

Richter, E., *Heideggers These vom "Überspringen der Welt" in traditionellen Wahrheitstheorien und die Fortführung der Wahrheitsfrage nach "Sein und Zeit"*, in: *"Heidegger Studien"*, vol. 5, Berlin: Duncker & Humblot, 1989.

Riedel, M., *Heideggers europäische Wendung*, in: *"Europa und die Philosophie"*, Martin-Heidegger-Gesellschaft Schriftenreihe, Bd. 2, Frankfurt a. M.: Klostermann, 1993.

Riedel, M., *Naturhermeneutik und Ethik im Denken Heideggers*, in: *"Heidegger Studien"*, vol. 5, Berlin: Duncker & Humblot, 1989.

Rijk, L. M. De, *Ist Logos Satz? — Zu Heideggers Auffassung von Platos Stellung "Am Anfange der Metaphysik"*, in: *"Heideggers These vom Ende der Philosophie"*, hrsg. von M. F. Fresco, Bonn: Bouvier, 1989.

Rosales, A., *Heideggers Kehre im Lichte ihrer Interpretationen*, in: *"Zur philosophischen Aktualität Heideggers"*, hrsg. von D. Papenfuss und O. Pöggeler, Bd. 1, Philosophie und Politik, Frankfurt a. M.: Klostermann, 1991.

Ruin, H., *Contributions to Philosophy*, in: *"A Companion to Heidegger"*, ed. by H. L. Dreyfus and M. A. Wrathall, Blackwell Publishing, 2005.

Sallis, J., *Doubles of Anaximenes*, in: *"The Presocratics after Heidegger"*, ed. by D. C. Jacobs, Albany: State University of New York Press, 1999.

Sheehan, T., *Kehre and Ereignis: A Prolegomenon to Introduction to Metaphysics*, in: *"A Companion to Heidegger's Introduction to Metaphysics"*, ed. by R. Polt and G. Fried, New Haven and London: Yale University Press, 2001.

Schlüter, J., *Heidegger und Parmenides. Ein Beitrag zu Heideggers Parmenidesauslegung und zur Vorsokratiker-Forschung*, Bonn: Bouvier, 1979.

Schmidt, D. J., *What We Didn't See*, in: *"The Presocratics after Heidegger"*, ed. by D. C. Jacobs, Albany: State University of New York Press, 1999.

Schulz, W., *Die Aufhebung der Metaphysik in Heideggers Denken*, in: *"Heideggers These vom Ende der Philosophie"*, hrsg. von M. F. Fresco, Bonn: Bouvier, 1989.

Schulz, W., *Über den philosophiegeschichtlichen Ort Martin Heideggers*, in: *"Heidegger: Perspektiven zur*

Deutung seines Werkes", hrsg. von O. Pöggeler, Königstein/ Ts.: Athenäum, 1984.
Scott, C. E., *Appearing to Remember Heraclitus*, in: *"The Presocratics after Heidegger"*, ed. by D. C. Jacobs, Albany: State University of New York Press, 1999.
Seidel, G. J., *Martin Heidegger and the Pre-Socratics: An Introduction to His Thought*, Lincoln/ London, 1964.
Serres, M., *Anaximander: A Founding Name in Hitory*, in: *"The Presocratics after Heidegger"*, ed. by D. C. Jacobs, Albany: State University of New York Press, 1999.
Shin, Sang-Hie, *Wahrheitsfrage und Kehre bei M. Heidegger*, Würzburg: Königshausen und Neumann, 1993.
Sinn, D., *Die Kritik am Identitätsprinzip: von Heidegger zu Hegel*, Bonn: Bouvier, 1988.
Thurnher, R., *Der Rückgang in den Grund des Eigenen als Bedingung für ein Verstehen des Anderen im Denken Heideggers*, in: *"Europa und die Philosophie"*, Martin-Heidegger-Gesellschaft Schriftenreihe, Bd. 2, Frankfurt a. M.: Klostermann, 1993.
Tietjen, H., *Philosophie und Faktizität*, in: *"Heidegger Studies"*, vol. 2, Ork Brook: Eterna Press, 1986.
Todd, D. J., *Phenomenology of the Unapparent*, in: *"Heidegger Studies"*, Berlin: Duncker & Humblot, 1980.
Tugendhat, E., *Heideggers Idee von Wahrheit*, in: *"Heidegger: Perspektiven zur Deutung seines Werkes"*, hrsg. von O. Pöggeler, Königstein/ Ts.: Athenäum, 1984.
Tugendhat, E., *Das Sein und das Nichts*, in: *"Durchblicke, Martin Heidegger zum 80. Geburtstag"*, Frankfurt a. M.: Klostermann, 1970.
Uslar, D. von, *Die Welt als Ort des Menschen*, in: *"Neue Anthropologie"*, hrsg. von, H. -G. Gadamer und P. Vogler, Bd. 7, Stuttgart: Georg Thieme, 1975.
Vetter, H., *Ursprung und Wiederholung. Überlegungen im Anschluß an Heideggers Vortrag "Was ist das — die Philosophie?"*, in: *"Europa und die Philosophie"*, Martin-Heidegger-Gesellschaft Schriftenreihe, Bd. 2, Frankfurt a. M.: Klostermann, 1993.
Wahl, Jean A., *Traité de metaphysique*: cours professes en Sorbonne, Paris: Payot, 1953.
Youm, J. -C., *Heideggers Verwandlung des Denkens*, Würzwurg: Königshausen und Neumann, 1995.
川原栄峰『ハイデッガーの思惟』理想社，1981 年.
辻村公一『ハイデッガー論攷』創文社，1971 年.
辻村公一『ハイデッガーの思索』創文社，1991 年.
鹿島徹，相楽勉，佐藤優子，関口浩，山本英輔，H.P. リーダーバッハ『ハイデガー〈哲学への寄与〉解読』平凡社，2006 年.
茅野良男『ハイデガーにおける世界・時間・真理』朝日出版社，1981 年.
茅野良男『中期ハイデガーの思索と転回』創文社，1980 年.
井上克人『露現と覆蔵——現象学から宗教哲学へ』関西大学出版部，2003 年.
湯浅慎一『知覚と身体の現象学』太陽出版，1984 年.
湯浅泰雄『身体——東洋的身心論の試み』創文社，1986 年.
ハイデッガー研究会編『ハイデッガーと思索の将来——哲学への〈寄与〉』理想社, 2006 年.

市倉宏裕『ハイデガーとサルトルと詩人たち』日本放送出版協会，1997年．

○ハイデッガーと西田哲学との連関を論じたもの
辻村公一「セザンヌ『サント・ヴィクトワル山』をめぐって――西田哲学とハイデッガーの思索」『西田哲学を語る』所収，一燈園燈影舎，1995年．

高坂正顕「ハイデッガーの〈帰向〉――最近のハイデッガーの傾向と西田哲学」『心』所収，心編集所，1953年．

大江精志郎「西田哲学とハイデッガー思想との親近性について」『理想』第326号所収，理想社，1960年．

大橋良介「西田哲学とハイデッガー」『西田哲学』所収，創文社，1994年．

大橋良介「西田哲学の『哲学史的』意義」『西田哲学――新資料と研究への手引き』所収，ミネルヴァ書房，1987年．

溝口宏平「西田哲学とハイデガー哲学」『西田哲学を学ぶ人のために』所収，世界思想社，1996年．

湯浅泰雄「無と空の間――和辻・西田・サルトル・ハイデッガー」『実存主義』第40号所収，理想社，1967年．

3　その他の文献

本論で引用，あるいは取り上げたものを挙げる．

Aristoteles, *Metaphysica*.
Aristoteles, *Physica*.
Augustinus, A., *Confessiones*.
Baeumker, C., *Das Problem der Materie in der griechische Philosophie, Eine historisch-kritische Untersuchung*, Drück und Verlag der aschendorffschen Buchhandlung: Münster, 1890.
Baumgarten, A. G., *Aesthetica*, 1750.
Bergson, H., *Quid Aristoteles de loco senserit, Thesim Facultati Litterarum Parisiensi proponebat*.（邦訳「アリストテレスの場所論」村治能就，広川洋一訳，『ベルグソン全集』第1巻所収，白水社，1965年．）
Cornford, F. M., *Plato's Cosmology: the Timaeus of Plato translated with a running commentary*, London, 1937.
Derrida, J., *Le retrait du métaphore*, in: *Analecta Husserliana*, ed. by Anna-Teresa Tymieniecka Dordrecht: D. Reidel , vol. 14, 1977-78.
Descartes, R., *Meditationes de Prima philosophia*, Librairie Philosophique, J. VRIN, 1970.
Diels, H. und Kranz, W., *Die Fragmente der Vorsokratiker*, Berlin: Weidmann, Bd. I, 1934, 1974.
Eckhart, Meister, *Meister Eckhart*, in: *"Deutsche Mystiker des 14. Jahrhunderts"*, Bd. 2, hrsg. von F. Pfeiffer,

Aalen: Scientia , 1966.

Fichte, J. G., *Grundlage der gesamten Wissenschaftslehre, Fichites sämmtliche Werke*, Bd.1, 1845.

Guthrie, W. K. C., *A History of Greek Philosphy*, Cambridge University Press, 1965–.

Hegel, G. W. F., *Enzyklopädie der philosophischen Wissenschaften im Grundrisse*, 1, Frankfurt a. M.: Suhrkamp, 1. Aufl. 1986.

Hegel, G. W. F., *Vorlesungen über die Ästhetik*, Frankfurt a. M.: Suhrkamp, 1. Aufl. 1986.

Heimsoeth, H., *Persönlichkeitsbewußtsein und Ding an sich in der Kantischen Philosophie*, in: *"Immanuel Kant. Festschrift zur zweiten Jahrhundertfeier seines Geburtstages"*, 1924.

Heisenberg, W., *Physics and Philosophy — The Revolution in Modern Science*, New York: Harper and Row, 1958.

Heisenberg, W., *Wandlungen in den Grundlagen der Naturwissenschaft*, Stuttgart: Hirzel, 1980.

Husserl, E., *Husserliana, Gesammelte Werke*, Den Haag: Martinus Nijhoff, 14/2.

Jaeger, W., *Aristotle, Fundamentals of the History of His Development*, Oxford, Clarendon Press, 1962.

Kant, I., *Kant's gesammelte Schriften*, Berliner Akademie-Ausgabe, Bd. 21, 1936.

Kant, I., *Kritik der reinen Vernunft*.

Kierkegaard, S., *Die Krankheit zum Tode*, übersetzt v. E. Hirsch, Düsseldorf: Eugen Diederichs Verlag, 1954.

Kirk, G. S. and Raven, J. E., *The Presocratic Philosophers: A Critical History with a Selection of Texts,* Cambridge University Press, 1957.

Lasson, A., *Meister Eckhart, Der Mystiker*, Aalen: Scientia, 1968.

Löwith, K., *Gott, Mensch und Welt in der Metaphysik von Descartes bis zu Nietzsche*, Göttingen: Vandenhoeck & Ruprecht, 1967.

Löwith, K., *Heidegger — Denker in dürftiger Zeit, K. Löwith: Sämtliche Schriften*, Bd. 8, Stuttgart: Metzler, 1984.

Merleau-Ponty, M., *L'Œil et l'Esprit*, Paris: Gallimard, 1964.

Merleau-Ponty, M., *Phénoménologie de la Perception*, Paris: Gallimard, 1945.

Merleau-Ponty, M., *Signes*, Paris: Gallimard, 1960.

Merleau-Ponty, M., *La Structure du Comportement*, (Bibliothéque de Philosophie Contemporaine) 2e .ed., Paris: Presses universitaires de France, 1953.

Merleau-Ponty, M., *Le Visible et l'Invisible*, Paris: Gallimard, 1964.

Nietzsche, F., *Fatum und Geschichte, F. Nietzsche Werke und Briefe, Historisch-kritische Gesamtausgabe*, Bd. 2, München: Beck.

Nietzsche, F., *Der Wille zur Macht, Versuch einer Umwertung aller Werte*, Stuttgart: A. Kröner, 1964.

Platon, *Ion*.

Platon, *Phaedrus*.

Platon, *Sophistes*.

Platon, *Timaeus*.

Sartre, J. -P., *Critique de la raison dialectique,* Paris: Gallimard, 1960.
Sartre, J. -P., *Esquisse d'une théorie des émotions*, Paris: Hermann, 1965.
Sartre, J. -P., *L'être et le néant: Essai d'ontologie phénoménologique*, Paris: Gallimard, 1943.
Sartre, J. -P., *L'Existentialisme et un Humanisme*, Paris: Nagel, 1970.
Sartre, J. -P., *L'imaginaire: Psychologie phénoménologique de l'imagination*, Paris: Gallimard, 1940.
Sartre, J. -P., *L'imagination*, Librairie Félix Alcan, 1936.
Sartre, J. -P., *La Nausée*, Paris: Gallimard, 1938.
Sartre, J. -P., *Saint Genet. Comédien et Martyr*, Paris: Gallimard, 1952.
Sartre, J. -P., *Qu'est-ce que la littérature, Situations 2*, Paris: Gallimard, 1948.
Sartre, J. -P., *Questions de méthode*, Paris: Gallimard, 1986.
Schelling, F. W. J. v., *Schellings Werke*, hrsg. von M. Schröter, Bd. 4, München: Beck.
Schelling, F. W. J. v., *Schellings Werke*, hrsg. von M. Schröter, Bd. 5, München: Beck.
Spinoza, Benedictus de, *Ethica ordine geometrico demonstrata, Spinoza Opera, im Auftrag der Heidelberger Akademie der Wissenschaften*, hrsg. von C. Gebhardt und C. Winter, Heidelberg, 1924.
Wittgenstein, L., *Tractatus Logico-Philosophicus*, London, Routledge & Kegan Paul, 1961.
景徳傳燈録，第 10 巻.
西田幾多郎『西田幾多郎全集』岩波書店，1978-80 年.
高坂正顕『西田幾多郎先生の生涯と思想』国際日本研究所，1971 年.
小坂国継『西田哲学の研究——場所の論理の生成と構造』ミネルヴァ書房，1992 年.
小坂国継『西田幾多郎——その思想と現代』ミネルヴァ書房，1995 年.
小坂国継『西田幾多郎をめぐる哲学者群像——近代日本哲学と宗教』ミネルヴァ書房，1997 年.
鈴木亨『西田幾多郎の世界』勁草書房，1977 年.
西谷啓治『西田幾多郎』筑摩書房，1985 年.
松丸壽雄「西田哲学の時期区分説——多様なる西田哲学像」『西田哲学——新資料と研究への手引き』所収，ミネルヴァ書房，1987 年.
三木清『西田先生との対話』角川文庫，1950 年.
上田閑照編『西田哲学』創文社，1994 年.
茅野良男／大橋良介編『西田哲学——新資料と研究への手引き』ミネルヴァ書房，1987 年.
上田閑照編『西田哲学への問い』岩波書店，1991 年.
西田記念館編『西田哲学を語る』一燈園燈影舎，1995 年.
大峯顯編『西田哲学を学ぶ人のために』世界思想社，1996 年.
高崎直道「華厳教学と如来蔵思想——インドにおける『性起』思想の展開」『如来蔵思想二』法蔵館，1989 年.
鎌田茂雄「性起思想の成立」『印度学仏教学研究』第 5 巻第 2 号 所収，1957 年.
鎌田茂雄「唯心と性起」『講座大乗仏教三　華厳思想』所収，春秋社，1983 年.
宇井伯寿「縁起と性起」『仏教汎論　下』所収，岩波書店，1948 年.

西尾京雄「仏教経典成立史上に於ける華厳，如来性起経について」『大谷大学研究年報』第 2 輯 所収，1943 年.
坂本幸男「性起思想と悪について」『印度学仏教学研究』第 5 巻第 2 号 所収，1957 年.
中村元『自己の探求』青土社，1994 年.
金倉圓照『インド哲学の自我思想』大蔵出版，1974 年.
田島照久『マイスター・エックハルト研究：思惟のトリアーデ構造 esse・creatio・generatio 論』創文社，1996 年.
田中美知太郎『プラトン 2』岩波書店，1981 年.